BIBLIOTHÈQUE
LATINE-FRANÇAISE

PUBLIÉE

PAR

C. L. F. PANCKOUCKE.

PARIS. — IMPRIMERIE DE C. L. F. PANCKOUCKE,
Rue des Poitevins, n. 14.

OEUVRES

COMPLÈTES

DE CICÉRON

RHÉTORIQUE A HERENNIUS

TRADUCTION NOUVELLE

PAR M. DELCASSO

PROFESSEUR AU COLLÈGE ROYAL
DE STRASBOURG.

PARIS
C. L. F. PANCKOUCKE
MEMBRE DE L'ORDRE ROYAL DE LA LÉGION D'HONNEUR
ÉDITEUR, RUE DES POITEVINS, N° 14.

M DCCC XXXV.

NOTICE

SUR CICÉRON.

Quand une nation est arrivée au faîte de la puissance, quand ses armées triomphantes portent jusqu'aux extrémités de la terre la gloire de son nom, il est rare que les institutions qui ont préparé cette splendeur, conservent assez de vigueur pour garantir la sécurité des peuples, pour maintenir leur liberté. Des chefs ambitieux promènent la victoire au dehors; mais, dans le sein de leur patrie, ils ramènent le meurtre. Le pacte social s'efface; le sang des citoyens, plus encore que l'injure du temps, ronge l'airain qui portait les caractères sacrés des lois. A leurs dispositions tutélaires succèdent l'arbitraire, la violence : c'en est assez de l'ordre d'un soldat heureux pour dicter les proscriptions, pour faire tomber les têtes des plus illustres citoyens, en attendant qu'un revers de fortune, élevant au pouvoir un chef plus audacieux et plus cruel encore, ouvre à ce fleuve de sang des sources nouvelles, et fasse de ceux qui hier étaient les bourreaux, les victimes d'aujourd'hui. Dans ces temps de malheurs la providence, comme pour consoler l'humanité, accorde parfois à la terre un homme que le génie et la vertu placent au dessus de tous ses contemporains : au milieu d'un siècle d'anarchie, de corruption, il reflète, en son beau caractère, les mœurs et le patriotisme des anciens jours; sa parole devient plus puis-

sante que les armes, son courage sait braver les factions, son génie l'entraîne à la tête des affaires. Il sauve la patrie tant qu'elle peut être sauvée, et quand il tombe avec elle, il lègue à la postérité une impérissable admiration, de grands et d'utiles exemples, et l'histoire de sa noble vie, seule digne de continuer l'histoire des siècles écoulés. Tel fut Cicéron : quand Jugurtha était livré à Sylla, quand Marius anéantissait les Cimbres, il hasardait ses premiers pas; il était dans l'âge mûr, quand Pompée acheva la destruction de l'empire de Mithridate; il s'avançait vers la vieillesse, quand César s'illustra par la conquête de la Gaule; mais, à l'intérieur, Marius et Cinna désolèrent Rome pendant sa première jeunesse; ses débuts au Forum affrontèrent la proscription de Sylla; il dompta Catilina, se fit vaincre avec Pompée, confondit Antoine, et mourut quand Rome n'avait plus d'armes que contre ses citoyens, plus de lois que la volonté d'odieux tyrans.

Marcus Tullius Cicéron naquit en l'an de Rome 647 (127 ans avant Jésus-Christ), sous les consuls Q. Servilius Cépion et C. Attilius Serranus : ce fut le 3 janvier, et dans une terre voisine d'Arpinum, ville municipale du pays des Volsques. Il paraît que ce bien était héréditaire dans sa maison. C'est de là, dit-il, qu'est issue notre antique famille; c'est là que sont notre culte, et les nombreux souvenirs de nos aïeux. Quelques auteurs font descendre Cicéron du roi volsque Tullus, et ne se contentent pas de la noblesse équestre de son père; ils vont même jusqu'à prendre au sérieux une plaisanterie des *Tusculanes*, qui ferait descendre l'orateur romain de Servius Tullius, ils ne réfléchissent pas que, dans son *Brutus*, il se moque de toutes les généalogies de ce genre (ch. XVI). Tullius était son véritable nom, celui qui appartenait à toute la famille; mais les Romains avaient toujours un troisième nom qui caractérisait toute une branche; c'était le *cognomen*; or, les Tullius d'Arpinum s'appelaient Cicéron. Plutarque croit que le premier qui porta ce surnom avait au bout du nez une excroissance de la forme d'un pois : j'aime mieux l'étymologie indiquée

par Pline. Il nous apprend que cette désignation venait probablement de l'agriculture, à laquelle les anciens Romains en empruntaient souvent de semblables : ainsi Fabius, ainsi Lentulus devaient ces noms à l'habileté de leurs ancêtres pour cultiver les fèves et les lentilles. On appela Pilumnus l'inventeur du pilon à broyer le blé, et Bubulcus un des Junius qui savait fort bien gouverner les bœufs. Quant au prénom, les garçons le recevaient neuf jours, les filles huit jours après leur naissance : on le leur conférait dans une cérémonie religieuse. Il était naturel que Cicéron, le premier né, eût celui de son père et de son grand-père, qui vivait encore au moment où il vit le jour. Plutarque appelle sa mère Olbia; mais il y a lieu de croire que ce n'est qu'une faute de copiste : outre que ce nom n'est pas romain, la Chronique d'Eusèbe nous la fait connaître sous le nom de Helvia, qui est celui d'une famille distinguée; elle apporta des richesses assez considérables dans la famille des Cicérons. Helvia avait une sœur mariée à C. Aculéon, chevalier romain et célèbre jurisconsulte : de cette union naquirent les deux Aculéons, qui paraissaient avoir été élevés avec Cicéron et avec Quintus, son frère, ainsi que nous le savons par ce qu'il en dit, liv. II, ch. 1, de l'*Orateur*. Arpinum faisait alors partie du nouveau Latium. Elle avait obtenu, dès 450 de Rome, sous les consuls Servius Cornelius Lentulus et Lucius Genucius, le droit d'isopolitie ou de cité romaine : cent quinze ans plus tard, elle acquit aussi l'exercice du droit de suffrage aux comices, et vota dans la tribu Cornelia.

Les plus hautes dignités de Rome auraient donc été accessibles aux Cicérons dès l'an 565, car ils occupaient à Arpinum un rang distingué : néanmoins on ne voit pas que l'ambition ait déterminé aucun d'eux à quitter les champs paternels pour la direction des affaires publiques, ni son heureuse obscurité pour la périlleuse carrière des honneurs. Marius était aussi d'Arpinum : son illustration a pu exciter ses concitoyens à l'imiter, à sortir de leur retraite; et peut-être fut-ce sa gran-

deur qui fit concevoir au père de Cicéron le projet d'élever ses enfans de manière à ce qu'ils pussent un jour devenir pour leur famille et leur patrie un sujet d'orgueil. Quant à lui, sa faible santé lui interdisait tout projet ambitieux; il ne quitta sa ville municipale que pour les conduire à Rome, où il possédait une maison. Il se peut toutefois qu'ils aient habité celle de leur oncle Aculéon pendant qu'ils fréquentaient les écoles avec ses fils.

Le jeune Marcus ne tarda point à se distinguer : on remarquait en lui des dispositions et un zèle qui lui firent bientôt dépasser toute la jeunesse contemporaine; et dans un âge bien tendre encore, deux orateurs célèbres, L. Licinius Crassus et Marcus Antonius, applaudirent à ses efforts. Ils ne dédaignèrent pas de concourir, par leurs leçons, à l'éducation d'un élève à peine sorti de l'enfance. Quand l'on considère combien était grande l'illustration de ces nobles Romains, qui appartenaient aux plus anciennes maisons, et qui avaient rempli les plus hautes fonctions, on conçoit tout l'essor qu'en dut recevoir une âme aussi ardente, aussi capable d'enthousiasme que l'était celle du jeune Cicéron. Toutefois, sa pensée n'en était pas asservie. Crassus voulait faire croire qu'il dédaignait les préceptes de la rhétorique : Antoine s'imaginait que ses discours seraient mieux accueillis par le peuple, et l'on pensait qu'il n'avait eu besoin de faire aucune étude; tous deux se flattaient d'avoir plus de considération et d'autorité, en paraissant l'un mépriser les Grecs, l'autre ne pas même les connaître. Ce travers, Cicéron, si jeune qu'il fût, savait en faire justice. Vainement on se servait de l'exemple de ces orateurs pour le détourner des bonnes études; vainement on accusait son père de l'astreindre à un travail inutile, déjà il avait la force de réfuter ces assertions et d'y répondre par des succès dus à l'étude, et surtout à l'étude des modèles grecs. D'abord il s'appliqua à la poésie : ses premiers essais furent un poëme intitulé *Pontius Glaucus*, qu'il composa à l'âge de quatorze ans; puis, quelques années après, il fit un poëme

en l'honneur de Marius, et la traduction en vers des *Phénomènes d'Aratus*. Scévola avait une telle estime pour le poëme de Marius, qu'il dit : *Canescat sæclis innumerabilibus*. Cependant était arrivée l'année de Rome 665, et la dix-septième de Cicéron. Il déposa la robe prétexte pour prendre la robe virile, et parut au Forum, où il fut solennellement introduit par tous ses parents et tous ses amis. L'usage était de placer les jeunes gens de bonne famille sous le patronage spécial de quelque sénateur, qu'ils allaient saluer dès le point du jour, et qu'ils accompagnaient dans tous les lieux publics. Quintus Mucius Scévola, que l'on appelait l'augure pour le distinguer du souverain-pontife du même nom, fut le patron de Cicéron. Mon père, dit-il, m'avait conduit à lui ; je ne devais le quitter que le plus rarement possible ; je gravais dans ma mémoire et ses raisonnemens judicieux, et ses traits lumineux et concis, et je tâchais de m'instruire aux leçons de son expérience.

Les deux Scévola furent les maîtres de Cicéron en droit civil ; mais il s'en fallait de beaucoup qu'il s'appliquât exclusivement à cette science : il voulait débuter en maître ; il pratiqua beaucoup l'usage du style grec, parce que, plus riche d'ornemens, il lui donnait l'habitude de parler le latin avec plus d'abondance. L'étude du grec l'entraîna vers la philosophie ; il s'y livra tout entier, et, dans toutes les circonstances de sa vie, elle fut pour lui un sujet d'adoucissement à ses fatigues, et de consolation à ses malheurs. Les grands alors avaient ordinairement chez eux des Grecs libres qui faisaient profession d'enseigner les connaissances comprises sous les noms de grammaire, de rhétorique et de philosophie. Le premier maître de Cicéron fut un de ces hommes qui venaient chercher fortune à Rome : il en parle encore avec respect dans une lettre écrite à Memmius trente ans après ; avant qu'il connût Philon, Phèdre l'Épicurien jouissait de toute son estime, et il se l'était conservée par la probité de son caractère doux et officieux.

Un jeune homme qui n'avait à se prévaloir ni de l'autorité ni de la richesse de sa famille, ne pouvait alors parvenir aux hautes dignités de l'état que par le mérite personnel ; il fallait ou qu'il se distinguât sur les champs de bataille, ou que sa voix généreuse fît retentir le Forum de la défense des accusés. Mais telle était la constitution de la république romaine, que, pour être citoyen accompli, il fallait savoir à la fois combattre et parler, commander les légions et diriger les délibérations. Ceux-là même dont le caractère doux et paisible était plus propre aux études qu'aux exercices militaires, payaient à la patrie le tribut de leur valeur. Cicéron marcha sous Pompée Strabon, père du grand Pompée, et sous ses ordres il fit la guerre des Marses, connue dans l'histoire sous le nom de guerre Sociale, parce que les peuples alliés, qui supportaient toutes les charges de la bourgeoisie romaine, réclamaient, les armes à la main, les avantages attachés à ces charges, parce qu'ils voulaient exercer les mêmes droits politiques que les Romains eux-mêmes. Il combattit aussi sous Cornelius Sylla, qui alors n'était encore que le lieutenant du consul L. Papirius, mais qui s'était illustré déjà sous Marius dans la guerre d'Afrique. Ensuite, voyant s'élever les guerres civiles dans sa patrie, et des guerres civiles naître les tyrans, Cicéron se renferma dans la vie contemplative et littéraire, et se perfectionna dans les sciences. Lui-même nous rend compte de ses progrès. J'entendais tous les jours à la place publique les orateurs du premier ordre, qui occupaient les magistratures ; mais au moment où je me livrais avec passion au plaisir d'écouter, mon premier chagrin fut l'exil de Cotta. Bientôt l'étude m'absorba : j'écrivais, je lisais, je composais, et cependant je ne m'en tenais pas à ces exercices oratoires. Alors Sulpicius était tribun, et prononçait tous les jours des harangues qui me firent connaître à fond le genre de son éloquence. Il périt en cette même année, et je pris aussi à Rome les leçons de Molon, plaideur éloquent et maître accompli. Je passais les nuits et les jours à l'étude de toutes les sciences. J'étais près du

stoïcien Diodote, qui, après avoir passé chez moi la plus grande partie de sa vie, est mort dernièrement dans ma maison. Je lui dois beaucoup de connaissances ; mais il me formait surtout à la dialectique, que l'on pourrait appeler une éloquence abrégée, et sans laquelle on ne saurait atteindre à la véritable éloquence. Malgré l'ardeur avec laquelle je suivais ce maître et ses leçons sur des connaissances si vaines, si multipliées, je ne laissais pas s'écouler un seul jour sans me livrer aux exercices oratoires : je composais des déclamations tantôt avec M. Pison, tantôt avec Q. Pompée. Je pratiquais beaucoup cet usage en latin, et plus encore en grec, parce que, si je n'eusse déclamé en grec, je n'aurais pu profiter des leçons ni des corrections des premiers maîtres de la Grèce. Quand les lois et la justice reprirent leur autorité, je me hasardai à plaider des causes d'un intérêt public ou particulier. Je fis coïncider avec ces débuts les leçons de Molon, qui, sous la dictature de Sylla, était venu demander au sénat des récompenses pour les Rhodiens.

Dans ce récit, Cicéron accumule ses études de plusieurs années, et le double voyage de Molon. La guerre que Rome faisait à Mithridate inquiétait, dans leur patrie, beaucoup de savans grecs qui venaient chercher un asile en Italie ; il paraît que telle avait été la raison du premier séjour de Molon. Le mérite de ce savant triompha des préjugés des Romains contre les Grecs. Le premier il obtint la permission de haranguer le sénat en une langue étrangère, et ce privilège atteste en même temps que la connaissance du grec était déjà universellement répandue à Rome.

Cependant Sylla prenait Athènes ; Marius, Cinna, Sertorius, assiégeaient Rome : ils y rentrèrent en vainqueurs irrités : le Forum était désert, ou plutôt c'était une mer de sang. Il se fit un carnage horrible des meilleurs citoyens. Un mot, un signe de tête de Marius coûtait la vie à ceux qui se présentaient devant lui : quiconque l'abordait sans qu'il rendît le salut était massacré sur-le-champ... On ne voit pas que Ci-

céron ait eu des dangers à courir pendant ce temps d'horreur. Le monstre qui souillait ses victoires de tant de crimes, mourut paisiblement. Cinna se perpétua de consulat en consulat, et fut tué par un centurion à l'approche de Sylla. Non moins cruel dans ses proscriptions, ce vainqueur nouveau ne paraît pas avoir troublé Cicéron dans ses études; ce fut même quand il eut obtenu la suprême puissance avec charge de reconstituer la république, que le jeune orateur se montra au Forum. Sylla était consul pour la seconde fois avec Q. Cécilius Metellus Pius. En l'an de Rome 675, quand il prononça son discours pour Roscius d'Amérie, il avait déjà parlé souvent dans des causes d'intérêt particulier : c'était la première fois qu'il entreprenait la défense d'un accusé.

Ce fut de la part de Cicéron un grand acte de courage. Roscius avait été assassiné dans une des rues de Rome, et Chrysogon, le favori du dictateur, s'était emparé de ses biens : pour se délivrer des réclamations du fils, ce Chrysogon imagina de le faire accuser de ce meurtre, et, pour le mieux dépouiller, il le déclarait parricide. Il s'adressa donc à un de ces délateurs de place, à un de ces entrepreneurs d'accusations que les proscriptions avaient suscités en grand nombre. Sextus Roscius eut la douleur de voir deux de ses parens se joindre à cette honteuse trame : pas un défenseur ne se présentait : tous craignaient Chrysogon et le dictateur. Cicéron se fit entendre, et Sextus fut sauvé. Il dit lui-même que son discours fut tellement goûté, qu'il n'y eut plus de cause qui parût au dessus de ses forces.

Ordinairement l'on nous présente le discours pour Quintus comme ayant précédé celui-là ; mais, pour se convaincre que cette classification est erronée, il suffit de le lire avec attention. Tout annonce que déjà la dictature de Sylla est écoulée. Le procès avec Névius avait duré deux ans; un certain M. Junius l'avait plaidé devant Aquillius Gallus, depuis qu'il avait été renvoyé à ce dernier, et ce renvoi n'avait eu lieu que depuis le mois de septembre 672 : or, le terme des pro-

scriptions n'avait été fixé par Sylla qu'aux calendes de juin de cette même année. Il se pourrait donc qu'il n'eût plaidé pour Quintus qu'à son retour de Grèce. Nous ne rendrons pas compte du différent qui s'éleva entre le crieur Névius et le frère de son associé. Cette cause était purement civile, et ce procès n'est qu'une des nombreuses contestations dont Cicéron fut chargé dans le commencement de sa carrière. Il nous parle lui-même d'un autre succès obtenu dans sa jeunesse : il défendit, contre le célèbre jurisconsulte Cotta, la liberté d'une femme d'Arrétium ; il ajoute formellement qu'il obtint gain de cause du vivant de Sylla.

Plutarque prétend que Cicéron ne partit pour la Grèce qu'afin d'échapper à la vengeance de Sylla, irrité de son discours pour Roscius. Toutefois, il demeura encore à Rome plus d'une année, se livrant sans réserve aux exercices du Forum ; d'ailleurs il nous donne de son voyage un tout autre motif : « J'étais alors maigre et d'un physique débile, mon cou était mince et allongé. On sait que, pour peu que le travail et les efforts des poumons se joignent à ce tempérament, il n'y a pas loin de là au péril de la vie. Ceux auxquels j'étais cher en concevaient d'autant plus d'inquiétude, que je faisais tout sans relâche, sans distraction ; et que je déclamais à grands éclats de voix en y joignant toute l'action de mon corps. Aussi quand mes amis et les médecins me pressaient d'abandonner la plaidoirie, je répondis que je subirais toute espèce de danger plutôt que de renoncer à la gloire que je me promettais de l'éloquence. Cependant je me persuadai qu'en abaissant, qu'en modérant ma voix, enfin qu'en changeant de méthode, je pourrais éviter le danger, et même me faire un genre plus doux. Le but de mon voyage en Asie fut donc de prendre une autre méthode. Après deux ans d'exercice, et lorsque mon nom avait déjà quelque célébrité, je quittai Rome.

Il partit donc pour se perfectionner dans son art, et non pour éviter une vengeance qui l'eût atteint dans tout l'empire

aussi bien qu'à Rome : ce fut en 674, sous le consulat de P. Servilius Vatia l'Isaurique et d'Appius Claudius Pulcher. Arrivé à Athènes, il reçut pendant six mois les leçons d'Antiochus, le plus célèbre et le plus éclairé des philosophes de l'ancienne académie. En même temps il se livrait à de fréquens exercices chez Demetrius de Syrie, maître d'éloquence qui n'était pas sans mérite. Après ce séjour à Athènes, Cicéron partit pour l'Asie, où les meilleurs orateurs prirent plaisir à seconder ses efforts. Nous citerons surtout Menippus de Stratonicée, que Cicéron jugea être le plus éloquent de tous les habitans de l'Asie. Denys de Magnésie ne quittait pas le jeune Romain, qui vécut aussi dans la société d'Eschyle de Cnide et de Xénoclès d'Adramyte. Il alla ensuite à Rhodes se confier à Molon, qui deux fois, déjà, était venu à Rome : c'était l'homme le plus habile à signaler, à reprendre les défauts. Il n'eut à réprimer dans Cicéron que la surabondance de paroles et le débordement d'idées où l'entraînait la témérité naturelle à son âge. Plutarque ajoute à ces détails un fait dont Cicéron n'a point consacré le souvenir, quoiqu'il fût bien honorable pour lui : Apollonius Molon, qui est peut-être le même Molon dont il vient d'être parlé, le pria de s'exercer en grec devant lui : le jeune orateur s'empressa d'obéir, dans l'espérance de recevoir d'utiles conseils. Quand il eut achevé, l'admiration fut unanime, et il s'éleva entre les auditeurs un combat de louanges : seul, Apollonius ne témoigna aucune joie en l'écoutant. Après le discours de Cicéron, il demeura long-temps pensif et silencieux. L'orateur s'en affligeait. Cicéron, lui dit Apollonius, je te loue et je t'admire, mais je plains le sort de la Grèce, quand je songe que la seule gloire qui nous restait, celle des lettres et de l'éloquence, va devenir par toi la conquête des Romains.

On se rappelle que le Molon qui était venu à Rome avait obtenu la permission de haranguer le sénat en grec. Plutarque nous dit d'Apollonius Molon qu'il ne savait pas le latin, et que, pour cette raison, il pria Cicéron de déclamer en grec.

Ne serait-ce pas plutôt qu'ayant entendu à Rome les exercices du jeune orateur, Molon aurait voulu faire admirer à ses concitoyens la perfection à laquelle un Romain avait poussé la connaissance de leur langue? Toutefois, le texte de Plutarque parle d'un Apollonius fils de Molon, et quelques critiques ont prétendu qu'il fallait corriger le texte de façon que Molon ne fût qu'un surnom d'Apollonius, à raison de la petitesse de sa taille ; sobriquet donné par les Athéniens à tous les petits hommes, depuis que, dans sa comédie des *Grenouilles*, Aristophane avait plaisanté sous ce nom une espèce de nain. Mais laissons ces pauvretés philologiques. Cicéron dit trop formellement qu'il a revu à Rhodes le Molon dont il avait reçu les leçons à Rome : pourquoi donc s'évertuer à défigurer les textes pour lire ce qui n'y est pas ?

Après deux ans d'exercice, Cicéron revint à Rome, non sans avoir consulté l'oracle de Delphes. S'il en faut croire le superstitieux Plutarque, il avait demandé au dieu comment il acquerrait le plus de gloire, et la Pythie avait répondu : « En suivant tes propres inspirations et non celles du peuple. » S'il est douteux que Cicéron ait consulté l'oracle, ce qu'il ne nous dit pas, il est certain du moins qu'il donna à sa réponse un sens éclairé. Ainsi il dédaigna le préjugé populaire qui jetait le ridicule sur les études des Grecs, et se laissa traiter de *Græculus* sans trop se soucier des injures de Calenus ni des autres ignorans. Il était désormais plus exercé, sa voix n'avait plus rien de forcé. Il dit, dans son *Brutus*, que son style avait, en quelque sorte, cessé de fermenter, que sa poitrine s'était renforcée, que son corps avait pris une certaine consistance.

Néanmoins il se conduisit d'abord avec une extrême réserve, voyant fort peu les magistrats, qui le connaissaient à peine ; et prenant avec zèle les leçons de l'acteur Roscius, et d'Ésopus, qui jouait la comédie. Roscius avait écrit un parallèle entre l'art de la pantomime et l'éloquence : tout ce que Cicéron disait, il le rendait à l'instant par ses gestes, et même

si Macrobe, à qui nous devons ce renseignement, n'a point été trop crédule, Roscius faisait assaut avec Cicéron, et ils se défiaient l'un l'autre à qui exprimerait le même sens de plus de manières différentes, en sorte que plus Cicéron variait sa parole, plus Roscius changeait ses gestes. Nous ne nous faisons plus aujourd'hui aucune idée de ce qu'était l'action chez les anciens, et il y a une grande différence entre leurs discours à la multitude, prononcés en plein air sur la place publique, et nos délibérations, restreintes à une enceinte où l'on n'a pour auditeurs que des hommes à portée de la voix, et tous capables de juger l'orateur sur ce qu'il dit, et non sur la manière dont il s'agite, ou sur ses courses d'un bout à l'autre des Rostres.

Cicéron regardait l'action comme l'une des plus puissantes armes de la persuasion; il ne croyait pas que la voix pût y suppléer, et se moquait de ceux qui avaient recours à des cris pour produire de l'effet. Alors brillaient au Forum deux orateurs qui lui inspirèrent un vif désir de les imiter. C'étaient Cotta et Hortensius; celui-ci n'avait pas huit ans de plus que Cicéron, qui éprouva pour lui la plus vive sympathie. Hortensius était pompeux, véhément, et tel que l'exigent le mouvement de la foule et le bruit au Forum. Cicéron plaida beaucoup de causes. On rapporte à cette époque son plaidoyer contre M. Claudius, et peut-être celui pour Tullus; mais ce sont des dates incertaines, et nous ne possédons plus ces ouvrages.

On arrive par voie de conséquence à décider qu'en cette même année 676, sous les consuls D. Junius Brutus et Mamercus Émilius Livianus, il épousa Terentia, dont la dot était assez considérable, surtout pour un homme qui n'avait encore à faire valoir que des espérances. Plutarque la porte à cent vingt mille drachmes, ce qui fait 110,000 francs de notre monnaie. Nul auteur n'indique la date de cette union; mais Cicéron maria sa fille à Pison en l'année qui précéda son consulat, c'est-à-dire en 689; elle avait alors treize ans; il en résulte qu'elle était née en 677; nous savons de plus que le jour

de sa naissance était toujours célébré le 5 août, d'où il suit manifestement que le mariage de Cicéron a dû avoir lieu au plus tard en octobre de l'année précédente. Il n'est jamais parlé des parens de Terentia, si ce n'est d'une sœur nommée Fabia; mais ces prénoms et la circonstance que Fabia était vestale, ont fait penser à Midleton que leur famille était noble.

L'année 677 fut remarquable en ce que les trois plus célèbres orateurs parvinrent aux dignités : Cotta eut le consulat, Hortensius l'édilité, Cicéron la questure. C'était le premier degré des magistratures curules, et déjà elle donnait entrée au sénat. Cicéron reçut en cette occasion une preuve éclatante de la bienveillance de ses concitoyens. Dès qu'il eut atteint l'âge de l'éligibilité, il fut nommé à l'unanimité par toutes les tribus, et de tous ses compétiteurs fut proclamé le premier. Il y avait alors, selon l'organisation de Sylla, dix-neuf questeurs, outre celui qui était préposé au trésor de la république, sous le titre de *quæstor urbanus*. Ces fonctionnaires étaient les trésoriers des proconsuls dans les provinces, et le sort assignait à chacun celle où il devait se rendre. La Sicile, à raison de ses richesses et de son immense population, était divisée en deux provinces; l'une ayant pour chef-lieu Syracuse, l'autre Lilybée. C'était la plus importante; elle échut à Cicéron. Les circonstances étaient telles, que, dès son début dans la carrière des gouvernemens, il put faire preuve de prudence, d'habileté, de zèle, et, ce qui dans ces temps de corruption était bien rare, il déploya une équité, un désintéressement et une humanité qui depuis long-temps n'avaient plus d'exemples. La république avait besoin de grands approvisionnemens; tout autre questeur eût rendu ces mesures vexatoires; quant à lui, il sut si bien concilier les devoirs de sa charge avec les égards dus à ses administrés, qu'à son départ les Siciliens lui rendirent des honneurs inouïs jusqu'alors.

Cicéron en avait conçu un juste orgueil; il nous dit, dans le discours pour Plancus, que jamais il n'y avait eu en Sicile de questeur plus aimé ni plus considéré; ce fut pour lui

l'occasion d'un singulier mécompte d'amour-propre. Il revenait satisfait de lui-même, et persuadé qu'il allait retrouver à Rome les distinctions dont il avait été honoré à son départ. Dans ma route, dit-il, je passai par Pouzzoles : c'était la saison où nos favoris de la fortune ne manquent pas de s'y trouver. Je fus presque anéanti lorsque je m'entendis demander quel jour j'étais parti de Rome, et s'il n'y avait rien de nouveau. Ayant répondu que je venais de la province : « Ah! oui, me dit mon questionneur, vous revenez d'Afrique? » J'étais déjà de fort mauvaise humeur. « Eh! non, répliquai-je d'un ton important, c'est de Sicile. » Alors un de ces personnages qui veulent avoir l'air de tout savoir, lui dit : « Quoi! vous ignorez que Cicéron était questeur à Syracuse! » Que faire? je pris le parti de ne plus me fâcher, et me confondis parmi ceux qui étaient venus prendre les eaux.

Pendant sa questure, Cicéron ne cessa de s'exercer à l'éloquence ; il défendit devant le préteur des jeunes gens qui s'étaient enfuis à Rome après avoir manqué à la discipline militaire : on les avait renvoyés en Sicile pour y être jugés. Ils appartenaient aux familles les plus distinguées de Rome, et le désintéressement de Cicéron, qui jamais ne recevait d'honoraires, lui concilia la faveur de beaucoup d'illustres Romains. N'oublions pas de dire qu'en Sicile il découvrit le tombeau d'Archimède.

La questure avait ouvert la carrière politique de l'orateur : il ne négligea aucune des connaissances qui lui parurent nécessaires pour la parcourir ; et, considérant les hommes comme des instrumens, il voulut autant que possible retenir les noms et la demeure des principaux citoyens, le lieu et l'étendue de leurs possessions ; quelque partie de l'Italie que Cicéron traversât, il pouvait nommer et montrer facilement les maisons et les terres de ses amis. Il voulut surtout être connu du peuple romain, et se fit voir tous les jours : passant en quelque sorte sa vie sous ses regards, il ne quittait point le Forum, et se rendait accessible à tous. Personne, pour l'aborder, ne trouvait

d'obstacle, ni dans son portier, ni dans son sommeil. Les jeux et les fêtes, il les employait à composer ses harangues, à écrire celles qu'il avait prononcées ; car il avait pris pour règle ce mot de Caton : *Les grands hommes ne sont pas moins responsables de leurs loisirs que de leurs occupations.* Malheureusement nous ne possédons plus aucun des discours de cette époque. Il en existait encore quelques-uns au temps de Quintilien et de Priscien.

Cependant les lois fixaient un intervalle de cinq ans, pendant lesquels le questeur ne pouvait se présenter à aucune autre élection. Rome avait alors à combattre trois ennemis puissans : Spartacus ébranlait la vieille Italie jusque dans ses fondemens ; en Espagne, Sertorius, l'un des plus grands généraux de cette époque, menaçait la république, et Mithridate effrayait de son nom redoutable et de ses armes victorieuses l'orient tout entier : il fut menaçant jusqu'à ce que Lucullus vînt mettre un terme aux malheurs des Romains. Dans ce temps-là même, Verrès fut successivement préteur de Rome et de Sicile, et ses crimes dans cette province préparaient la gloire la plus belle que pût acquérir Cicéron.

Ce grand orateur venait de recevoir un second témoignage de l'estime universelle de ses concitoyens. Ce fut encore par les suffrages unanimes de toutes les tribus qu'il fut nommé édile ; ce fut encore parmi tous ses concurrens le premier qui fut proclamé. Jusque-là Cicéron n'avait accusé personne. Les Siciliens, pénétrés d'admiration pour lui, vinrent implorer son appui afin d'obtenir justice des odieuses exactions de Verrès. L'entreprise n'était pas facile : les plus puissans personnages protégeaient hautement l'ancien préteur, et le plus habile des orateurs, Hortensius, s'était déclaré son défenseur. L'or lui servait d'auxiliaire, et, dans l'opinion de Verrès, ce métal ne rencontrait plus de consciences de juges qui ne fussent à vendre. Rien ne rebuta le zèle de Cicéron : il ne craignit ni les menées de son adversaire, ni la haine des grands. « Nous voyons, s'écria-t-il, jusqu'où va l'animosité

qu'allument dans le cœur de certains nobles la vertu et l'activité des hommes nouveaux. Pour peu que nous détournions les yeux, que de pièges ils nous tendent! pour peu que nous donnions prise au soupçon et au blâme, nous ne pouvons échapper à leurs coups ; il nous faut toujours veiller, toujours agir. Eh bien! ces haines nous les braverons, ces travaux nous les entreprendrons, persuadés que les inimitiés sourdes et cachées sont plus à craindre que les haines franches et ouvertes. »

Plutarque prétend que le crédit de Verrès parvint à différer de délais en délais le jugement de son affaire, et que Cicéron ne put plaider, n'en ayant plus le temps. Selon lui ces discours, qui sont des chefs-d'œuvre d'éloquence, n'auraient jamais été prononcés, et la condamnation de Verrès aurait été l'effet des seules dépositions des témoins, et de quelques spirituelles allocutions de Cicéron. Malheureusement nous n'avons à opposer à ce témoignage de Plutarque, que l'invraisemblance qui s'attacherait à son assertion si on lui donnait un sens trop absolu. Que Cicéron n'ait point dit devant les juges de Verrès tout ce qui fait l'admiration de la postérité, je le comprends ; mais je ne doute pas qu'il n'ait fait valoir avec force ses principaux argumens, ni que ses plaidoyers n'aient été classés dans l'ordre où nous les avons. Jamais orateur ne fut plus préparé. Il avait commencé, dans le discours intitulé *Divinatio*, par se faire adjuger la préférence sur un autre accusateur, qui n'était, au fond, qu'un homme aposté pour faire échouer l'accusation. Après ce succès, il demanda et obtint cent dix jours afin d'aller recueillir en Sicile des preuves et des témoignages ; mais il n'en mit que cinquante à accomplir cette mission. Il lui fallut prendre un chemin détourné pour éviter les pièges que lui tendait son adversaire, et les pirates qui infestaient les mers. Il parcourut la Sicile à pied, de peur d'être reconnu au train d'un sénateur voyageant en litière : L. Cicéron, son cousin, l'accompagnait. Au lieu de faire retomber sur la province les frais

de cette enquête, il se défraya toujours lui-même. Partout il était reçu avec les honneurs dus à son rang : à Syracuse, la cité lui assigna un logement, et un décret honorifique fut gravé sur l'airain en commémoration de son séjour. Tant de démarches, tant de zèle, n'ont point eu pour résultat le silence. La première Action contre Verrès n'est qu'un exorde, mais cet exorde fut prononcé. Quintilien nous l'atteste, ce style plein d'énergie et de chaleur, cette marche si brusque, si inattendue, ou plutôt cette course vers le triomphe de l'accusation, et ce dédain des succès d'amour-propre que l'orateur pouvait recueillir en s'arrêtant aux ornemens du discours, tout était jusqu'alors sans exemple : Hortensius en fut subjugué et n'osa dire un seul mot. L'accusation contre Verrès fait époque dans les fastes de l'éloquence : elle fut développée le 5 août devant le préteur Glabrion, sous le consulat de Crassus et de Pompée, en l'an de Rome 685. Cicéron avait alors trente-sept ans, et cette même année vit naître Virgile, qui devait assurer à la poésie romaine tout l'éclat dont Cicéron venait de faire briller l'éloquence.

Les cinq discours qui forment la seconde Action renferment encore beaucoup de ces traits qui produisirent tant d'effet sur les juges, et Cicéron, en les rédigeant après coup, se sera conformé à ses souvenirs et au plan qu'il avait suivi ; car il ne pouvait s'en écarter sans être démenti par ses détails. Quoi qu'il en soit, Verrès fut condamné à la restitution. Cicéron avait réclamé au nom de la Sicile cent millions de sesterces, ou 20,450,000 francs ; mais Plutarque dit que quand il s'agit d'arbitrer la peine, il fut soupçonné de s'être laissé corrompre, parce qu'il ne l'évalua qu'à sept cent cinquante mille drachmes, évaluation qui, si elle avait eu lieu réellement, laissait entre les mains de Verrès les vingt millions, fruit de ses rapines. Mais, outre que rien n'est plus incertain que les chiffres, sont altérés dans tous les manuscrits, il n'est pas besoin, pour sauver l'honneur de Cicéron, de recourir à la correction de Ruault, qui veut ajouter huit ou neuf millions de drachmes

au texte de Plutarque. Cicéron, en supposant qu'il ait conclu à cent millions de restitution, établissait quarante millions de spoliation; il agissait, *ex lege*, d'après une loi qui élevait les restitutions au double. Verrès, qui prévint son jugement par un exil volontaire, paya en effet les quarante millions de sesterces aux Siciliens, parce que c'était la restitution de ce qui leur avait été pris. Toutefois cette explication nous laisse dans la nécessité de suppléer au texte de Plutarque. Ainsi je préfère admettre avec lui que Verrès fut réellement condamné; et dèslors l'arbitrage fait entre Hortensius et Cicéron ne regarderait point la restitution, mais la peine due au fisc, qui devait être proportionnée à la somme obtenue par le crime.

Sertorius et Spartacus avaient été vaincus, l'un par Pompée, l'autre par Crassus. En Orient, Mithridate succombait sous les armes victorieuses de Lucullus. La république n'avait plus rien à redouter; mais de violentes séditions éclatèrent. Sylla avait privé les tribuns de presque tous leurs privilèges, il avait enlevé aux chevaliers le jugement des affaires, et le peuple ne cessait de réclamer le rétablissement de l'ancien ordre de choses. En vain le sénat voulut ressaisir, au moyen de la condamnation de Verrès, la considération qui lui échappait, Jules César favorisait le parti populaire : déjà il était redoutable par son crédit sur la multitude. Il fallut que le consul Pompée consentît à réintégrer les tribuns dans tous leurs droits, et la loi de Cotta rendit aux chevaliers la juridiction qu'ils avaient perdue.

En l'année suivante, Hortensius prit possession du consulat, Cicéron de l'édilité. L'un des principaux devoirs des édiles était de surveiller les jeux du théâtre et du Cirque que l'on donnait au peuple à certains jours de fêtes; il fallait qu'ils y contribuassent de leurs deniers, et qu'ils les rendissent aussi splendides que le comportait leur fortune. Comment Cicéron pouvait-il lutter avec les Scaurus, les Lucullus, les Metellus, qui s'indemnisaient ensuite de leurs énormes dépenses aux frais des provinces qu'ils allaient gouverner? Cicé-

ron sut garder un juste milieu entre l'avarice et la prodigalité; et, dans son traité *des Devoirs*, il s'applaudit de la médiocrité des dépenses qu'il a faites pendant l'année de son édilité. Les ressources cependant ne lui eussent pas manqué; les Siciliens reconnaissans lui amenèrent des animaux de leur île, et lui firent de riches présens : il ne s'en servit que pour opérer une baisse dans le prix des vivres.

L'unanimité des suffrages l'éleva encore à la préture dès que le temps marqué par la loi eut séparé sa candidature de son édilité. Il avait des concurrens redoutables et nombreux; mais il fut élu le premier de tous, et devint préteur de la ville. De tous les traits que rapporte Plutarque pour prouver combien il apporta d'équité et de fermeté dans l'exercice de cette charge, nous ne rappellerons que la condamnation de Licinius Macer. Cet accusé comptait tellement sur l'appui de Crassus, que déjà il s'en était retourné chez lui, s'était fait couper les cheveux, et avait quitté ses habits de deuil pour reprendre la toge blanche; mais bientôt il rencontre Crassus, apprend de lui qu'il est condamné à l'unanimité, rentre, se couche, et meurt. Nous avons déjà pour cette époque quelques lettres de Cicéron à Atticus, où il dit qu'il a jugé Macer avec un applaudissement général, et que son crédit ni celui de ses amis ne lui eussent valu l'honneur que ce jugement lui fit dans l'esprit du peuple.

Cependant Pompée avait précédemment obtenu, sur la proposition de Gabinius, une puissance illimitée sur tous les ports de mer et sur tous les vaisseaux : armé de ces moyens extraordinaires, il avait aisément réduit à l'obéissance les pirates qui infestaient les mers. Toutefois, il ne se souciait pas de déposer le commandement; l'occasion se présenta de l'étendre encore. Le rôle que Cicéron joua dans cette affaire eut trop d'influence sur toute sa vie, pour que nous ne rappelions pas sommairement les circonstances qui amenèrent la proposition de C. Manilius, tribun du peuple.

Sylla avait obligé Mithridate, le plus redoutable et le plus

acharné des ennemis de Rome, à accepter une paix honteuse et défavorable. Mais, en 678, au moment même où les gladiateurs et les esclaves révoltés mettaient l'Italie en feu, ce roi avait cédé aux instigations de Servilius, et massacré tous les Romains qui se trouvaient à la portée de ses armes. Lucullus, formé à l'école de Sylla, et grand général lui-même, mit fin aux revers des Romains et aux progrès de Mithridate, et fit contre lui cinq glorieuses campagnes. Déjà il pouvait espérer que bientôt il l'enchaînerait captif à son char de triomphe; Tigrane lui-même avait vu détruire toutes ses armées; sa capitale, ses trésors, indemnisèrent les Romains des secours qu'il avait accordés à leur ennemi, et ce prince, qui se faisait appeler le roi des rois, avait couru demander un asile à Arsace, roi des Parthes, dont Mithridate obtint enfin l'alliance pour combattre avec lui contre les Romains.

Mais, au milieu des succès les plus éclatans, les légions de Lucullus refusèrent de marcher à de nouvelles victoires. Les fatigues et les périls allaient faire place à des fatigues et à des périls nouveaux et plus grands encore que ceux qu'on avait surmontés. La discipline, qui jadis faisait toute la force des armées romaines, s'était entièrement perdue dans les troupes du parti de Marius; la sédition avait gagné tous les rangs, toutes les légions. Vainement Lucullus voulut rétablir l'ordre : il fut obligé de renoncer à ses plans; et, tandis qu'attiré par la richesse du butin il assiégeait Nisibis en Mésopotamie, Mithridate recomposait une armée et rentrait dans le Pont; les lieutenans de Lucullus y éprouvèrent défaites sur défaites. Les ennemis qu'il avait à Rome et les partisans de Pompée ne manquèrent pas de relever dans ces évènemens tout ce qui pouvait être défavorable à ce général, objet de leur envie. Ils se donnèrent tant de mouvement qu'il fut rappelé, et la province de Cilicie fut décernée au consul Glabrion, homme qui, sous aucun rapport, n'était capable de soutenir une guerre contre un adversaire tel que Mithridate. Pompée était alors, comme nous l'avons dit, investi du commandement contre les pirates, et

achevait d'en purger les côtes de Cilicie, quand se répandirent à Rome les bruits les plus exagérés. Non-seulement on disait que toutes les provinces conquises par Lucullus avaient été reprises ; mais on ajoutait que Mithridate allait se jeter dans l'Asie romaine, et qu'il pénétrerait jusqu'en Italie. Glabrion, d'après ces nouvelles, n'avait nulle envie de se mesurer avec ce formidable athlète ; il refusait même de secourir Lucullus, et retirait ses légions dans sa province. Les esprits étaient mûrs désormais pour la proposition que les amis de Pompée préparaient depuis long-temps ; C. Manilius demanda que la puissance que ce général tenait de la loi Gabinia sur toutes les mers et sur toutes les côtes, fût étendue sur la Phrygie, la Bithynie, la Cappadoce et le Pont. Il conclut à ce que Pompée fût exclusivement chargé de terminer la guerre contre Mithridate et ses alliés.

Les consulaires Catulus et Hortensius s'opposèrent, avec toute l'aristocratie, à l'adoption de ce projet, comme ils avaient déjà précédemment combattu la rogation de Gabinius ; mais le préteur Cicéron et Jules César soutinrent Manilius de tout leur crédit. L'un avait acquis déjà une autorité égale à son éloquence, l'autre s'était fait une clientèle puissante dans les basses classes dont il flattait les goûts et les passions. Peut-être la justice eût-elle voulu que Lucullus pût recueillir lui-même le fruit de ses victoires : peut-être Cicéron a-t-il compris tout ce que ses artifices d'éloquence avaient de défectueux contre une cause aussi bonne que l'était celle de ce général ; cependant, comment douter de la sincérité de ses protestations quand il s'écrie : « Manilius, je le jure au peuple romain ! j'en atteste aussi tous les dieux, et particulièrement ceux qui président à cette tribune, à ce temple révéré, et qui lisent dans le cœur de quiconque vient discuter les intérêts de la république! Oui, Romains, je n'agis dans ce moment à la sollicitation de qui que ce soit, et ne cherche point à me concilier la faveur de Pompée, ni à me préparer, auprès d'aucun autre citoyen puissant, des secours dans le danger et

des appuis pour arriver aux honneurs... Tout ce que j'ai fait dans cette cause, je ne l'ai fait que pour la république, je le jure ! »

Cicéron était alors de bonne foi : mais quand on lit sa correspondance avec Atticus pendant la guerre civile, on est surpris de la manière dédaigneuse dont il parle de ce grand Pompée, que lui aussi avait mis au dessus des lois lorsqu'il ne connaissait pas encore l'irrésolution et la petitesse de ses vues. Dans cette circonstance, Pompée usa de dissimulation, feignit d'être affligé de cette nouvelle mission, représenta qu'il n'était qu'un homme, et pria le peuple de lui épargner à l'avenir des entreprises au dessus de ses forces, et de lui laisser enfin goûter quelque repos.

C'était la première fois que Cicéron parlait devant le peuple sur les affaires de la république : bientôt il défendit ce même tribun Manilius. Les circonstances de ce procès sont singulières ; la faveur populaire entourait Manilius, parce qu'on le croyait victime de son affection pour le grand Pompée. Il fut amené à Cicéron, préteur, peu de jours avant l'expiration de sa charge, et, malgré l'usage d'accorder dix jours pour la défense, il lui fixa pour tout délai le lendemain. Le peuple s'en irrita. Interpellé par les tribuns sur cette bizarrerie, il s'écria : « Romains ! moi qui ai toujours traité les accusés avec la douceur et l'humanité que les lois permettent, je serais coupable si je me conduisais autrement avec Manilius ; c'est à dessein que je lui ai accordé pour terme le seul jour de ma préture !... » A ces mots on l'applaudit, on le prie de se charger de la défense : il obéit; et, reprenant toute l'affaire, il s'éleva vivement contre les partisans de l'oligarchie et les envieux de Pompée.

Il ne nous reste de ce discours qu'une seule phrase. Depuis son accusation contre Verrès, Cicéron s'était fréquemment livré aux exercices du barreau. Il avait parlé pour Fonteius, accusé de concussion par les Gaulois, et pour Cécina, au sujet de la possession d'une terre. Ses plaidoyers pour Titinia,

femme de Cotta, et pour A. Gabinius, sont de cette même époque.

Il eût été naturel qu'après sa préture Cicéron eût le gouvernement de quelque province; mais il se refusa à cet avantage pour rester sous les yeux du peuple, et s'assurer d'autant mieux le consulat. D'ailleurs il voulait assister le 16 juillet aux comices du Champ-de-Mars, pour favoriser la candidature de son frère Quintus, qui demandait l'édilité. Durant cette année, il eut une nouvelle occasion de s'attirer la faveur populaire. C. Cornelius, qui avait été tribun du peuple, était cité devant le préteur Q. Gallius, pour crime de lèse-majesté envers la république : les consuls eux-mêmes présidèrent aux débats. Catullus, Lucullus, Hortensius et d'autres sénateurs, déposaient contre l'accusé. Cicéron prononça pour lui deux discours, que Quintilien range parmi les chefs-d'œuvre de l'art oratoire, mais qui ne sont pas arrivés jusqu'à nous. Il plaida aussi pour Cluentius, accusé d'empoisonnement, et contre Ennius, qui avait précédemment appelé ce Cluentius en justice. Ce dernier discours nous manque ainsi que celui qu'il composa pour Fundanius. Catilina était accusé de concussion; Cicéron fut sur le point de le défendre, quoiqu'il fût déjà son compétiteur au consulat; il songeait à s'entendre avec lui pour l'obtenir plus sûrement. Le fils de Cicéron, Marcus, naquit en cette même année, et Quintus fut édile.

Le nom de Catilina, que nous venons de prononcer, rappelle, dans l'histoire de la république agonisante, une de ces crises nombreuses qui menacèrent si souvent la constitution : avant d'en faire la propriété d'un ambitieux, lâche héritier d'un héros, le destin voulait que la liberté subît les attaques d'indignes ennemis. La tempête courba maintes fois l'arbre antique avant de le briser, et ses racines furent souvent baignées de flots de sang. Marius, Cinna, Sylla, ont tour-à-tour interrompu le règne des lois, et quand Cicéron pénétrait les projets atroces de Catilina, un autre tyran, mais plus noble, plus généreux, grandissait pour la gloire militaire. César voyait avec plaisir la renom-

mée guerrière élever Pompée au faîte de la puissance : c'était jalonner pour lui le chemin qui conduisait à la monarchie. Il avait secondé toutes les motions de Gabinius, de Manilius ; il avait applaudi aux discours de Cicéron ; car il renfermait en lui-même plus de valeur, plus de génie que Pompée, et il comprenait que la guerre le mettrait bientôt à la tête de la république.

Sylla avait fait triompher l'aristocratie ; le peuple cherchait à ressaisir peu à peu ses avantages, et César s'était montré le partisan de la démocratie. Déjà Sylla, en accordant sa grâce à ceux qui la lui demandaient, s'était écrié : « Eh bien ! il est à vous ; mais sachez que celui dont vous désirez si vivement le salut, causera la perte de l'aristocratie, et que, dans César, il y a beaucoup de Marius. » Profitant de l'absence de Pompée, qui faisait encore la guerre dans l'orient, les tribuns secondaient les projets des factieux, dont le chef était Catilina. Issu d'une noble famille, il avait une grande force d'esprit et de corps, mais un naturel méchant et pervers. Dès son adolescence, les guerres intestines, les meurtres, les rapines, les émotions populaires charmaient son âme. D'une constitution à supporter la faim, le froid et les veilles au delà de ce qu'on pouvait croire ; esprit audacieux, rusé, fécond en ressources, capable de tout feindre et de tout dissimuler, envieux du bien d'autrui, prodigue du sien, il avait de l'éloquence, mais peu de jugement. Son esprit exalté méditait incessamment des projets chimériques, impossibles. Depuis la mort de Sylla il s'était livré tout entier à l'espoir de s'emparer du pouvoir : quant au choix des moyens, pourvu qu'il régnât seul, il ne s'en inquiétait guère. Cet esprit farouche était toujours plus tourmenté de l'embarras de ses affaires domestiques et par la conscience de ses crimes. Tel est le portrait que nous en fait Salluste. On ajoute qu'il s'était souillé déjà d'inceste et de fratricide, et que, dans la crainte d'être poursuivi, il avait fait porter son frère sur la liste des proscrits de Sylla. Toutefois Catilina ne manquait pas de qualités brillantes, capables de lui attacher la jeunesse corrompue de

Rome : il s'était créé un parti puissant parmi tout ce qu'elle avait de plus entreprenant. Ses concussions fournissaient à ses libéralités. Gouverneur d'Afrique, il avait été accusé et absous ; il le fut de nouveau par le jeune Clodius. C'est de cette seconde accusation que Cicéron songeait à le défendre ; mais les gens de bien avaient pénétré les coupables projets de Catilina ; ils engagèrent Cicéron à lui disputer le consulat ; car la puissance une fois aux mains du chef des conjurés, c'en était fait de la république. Il y avait encore de nobles concurrens : c'étaient Publius Sulpicius Galba, C. Antonius, L. Cassius Longinus, Q. Cornificius et C. Licinus Secundus. Toujours salué d'unanimes acclamations, Cicéron eut la majorité dans toutes les centuries, et fut proclamé consul avec C. Antonius, qui ne l'emporta sur Catilina que de quelques voix. L'histoire soupçonne celui-ci d'une honteuse intelligence avec ce factieux. Du moins est-il certain que Catilina comptait sur sa faiblesse, sinon sur sa complicité. Tous deux s'étaient unis contre Cicéron pour faire échouer sa candidature ; mais C. Antoine fut bientôt ramené par ce grand homme qui, ayant pénétré ce qu'il y avait dans son âme d'ambition et de cupidité, lui céda le gouvernement de Macédoine, qu'il convoitait.

Avant de parler de la conspiration de Catilina, jetons les yeux sur les menées du tribun P. Servilius Rullus. Les agitations qu'il soulevait au milieu du peuple étaient comme les premières ondulations de la tempête qui grondait déjà dans le lointain. Rullus proposait de vendre toutes les propriétés que l'état pouvait posséder en Italie et au dehors, pour en consacrer le prix à acheter des fonds de terre qui seraient partagés entre les citoyens indigens ; de nommer dans une assemblée du peuple, qui serait tenue par l'un des tribuns, dix commissaires ou décemvirs avec un pouvoir absolu pendant cinq ans sur tous les domaines de la république, pour faire rendre compte à tous les généraux, excepté le seul Pompée, de tout le butin, de tout l'argent qu'ils avaient pris ou reçu dans la guerre. Les décemvirs devaient avoir des licteurs avec

le droit de prendre les auspices, et de choisir deux cents cavaliers pour faire exécuter dans les provinces des ordonnances qui seraient sans appel. Cicéron n'eut point de peine à combattre cette proposition dans le sénat; mais comment la faire rejeter par le peuple, comment lui, homme nouveau, lui consul populaire, oserait-il résister aux vœux de ceux qui l'avaient honoré de suffrages unanimes? Les tribuns qui n'avaient pu lui répondre l'appelèrent devant le peuple. Cicéron y vint dans tout l'appareil de sa grandeur; il se fit suivre du sénat. Le discours qu'il prononça est un chef-d'œuvre d'éloquence et d'habileté, et la loi fut abandonnée. Les tribuns voulaient aussi la réintégration des fils des proscrits et l'abolition des dettes; déconcertés par la fermeté du consul, ils renoncèrent à toutes ces propositions. Bientôt il eut à confondre Rullus et les calomnies qu'il répandait contre lui; il lui suffit pour cela d'énergiques et courtes allocutions : elles couvrirent son adversaire de ridicule.

Catilina cherchait toutes les occasions de soulever le peuple : au théâtre, le tribun Roscius Othon avait assigné aux chevaliers des places distinguées : or, l'un des mérites de Cicéron était d'avoir établi une grande concorde entre le sénat et l'ordre des chevaliers. Ceux-ci étaient comme les fermiers-généraux de la république; ils possédaient des biens immenses, et leur influence sur les basses classes était fort puissante. Pline dit que c'est réellement à Cicéron que les chevaliers régénérés durent l'avantage de constituer un troisième ordre dans la république. Dès-lors Catilina devait exciter le peuple contre les chevaliers, quoique depuis quatre ans ils eussent des places séparées, Othon, l'auteur de cette distinction, fut un jour accueilli par des huées et des sifflets, le tumulte était à son comble, les chevaliers répondaient aux huées de la multitude en applaudissant Othon. Cicéron l'apprend; il accourt, et se fait suivre par le peuple au temple de Bellone. Nous n'avons plus la noble harangue qu'il prononça dans cette occasion, mais le peuple, à son retour, applaudit ce même Othon qu'il avait outragé.

Cependant Catilina renouvelait avec ardeur ses prétentions au consulat. Cicéron fit confirmer par le peuple et convertir en loi un sénatus-consulte rendu dès le commencement de l'année, contre les candidats qui se faisaient accompagner par des gens à leurs gages, et donnaient des spectacles ou des repas. Catilina comprit que cette loi était faite contre lui, et résolut, avec quelques conjurés, de tuer le consul le jour de l'élection. Mais Cicéron était instruit de tous ces projets : parmi les conjurés se trouvait un C. Curius, qui vivait avec une dame romaine d'illustre maison, mais de mœurs fort dépravées. Curius s'était ruiné en libéralités pour elle, et depuis qu'il n'avait plus rien à donner, il n'éprouvait de sa part que des froideurs. Un jour, pour ressaisir son affection, il imagina de lui révéler sa future grandeur. Fulvie était adroite ; elle fut bientôt maîtresse de tout le secret. Effrayée de voir renaître les horreurs qui avaient affligé Rome au temps de Marius, elle répandit parmi les personnes de sa connaissance les tristes pressentimens dont elle était agitée et révéla beaucoup de faits, sans cependant y attacher aucun nom. Le bruit en vint jusqu'au consul. Cicéron ne dédaignait aucun moyen pour sauver la patrie. Il gagna Fulvie, et, par elle, il fut constamment informé de toutes les trames des conjurés. Il interpella Catilina en plein sénat, et l'audace de la réponse, les explications données par Cicéron achevèrent de convaincre les plus incrédules. Les consuls furent sur-le-champ *chargés de veiller au salut de la république,* ce qui les investissait de pouvoirs illimités. Le jour de l'élection fut différé.

Les comices se passèrent tranquillement, et on élut pour l'année suivante Decius Junius Silanus et C. Licinius Murena. Toute espérance de s'élever par les voies légales était irrévocablement perdue pour Catilina ; car le peuple avait entouré Cicéron, qui marchait revêtu d'une cuirasse sous sa toge, et qui avait été conduit de sa maison au Champ-de-Mars par les premiers citoyens et une partie de la jeunesse. Il n'y avait

plus un moment à perdre. Catilina rassembla tous ses complices ; on résolut d'incendier la ville, d'égorger les sénateurs ; on fixa le jour de l'exécution. Il y avait parmi les conjurés onze sénateurs, vingt-quatre chevaliers, tous présens à Rome ; d'autres étaient répandus dans les villes municipales et dans les colonies. Le plus éminent était P. Lentulus Cornelius Sura, dont l'aïeul, adversaire de C. Gracchus, avait été prince du sénat. Quant à lui, il avait été consul ; mais la dépravation de ses mœurs avait déterminé les censeurs à le rayer du sénat. Pour y reprendre sa place, il avait brigué et obtenu la préture, qu'il exerçait en ce moment. Les livres Sibyllins annonçaient que trois Cornelius règneraient sur Rome. Cinna et Sylla avaient accompli l'oracle pour les deux tiers, et Lentulus se croyait destiné à le compléter. Après lui on remarquait C. Lentulus Cethegus, autrefois l'un des plus chauds partisans de Marius ; il avait obtenu grâce devant Sylla par sa bassesse, et ses intrigues l'avaient depuis remis en crédit dans la populace.

L'impatience du chef de la conjuration était surtout excitée par les vieux soldats de Sylla dont toute l'Italie était couverte : ils occupaient une grande partie des villes d'Étrurie. Mallius était à leur tête, et l'armée se formait. Il fut décidé que Catilina partirait sur-le-champ pour en prendre le commandement, que Lentulus dirigerait la conspiration dans Rome, que Cassius Longinus mettrait le feu à douze endroits de la ville, et que Cethegus égorgerait le sénat. Mais, avant tout, il fallait se défaire du consul. Catilina ordonne à Marcus et à Cethegus de se présenter le matin à la porte de Cicéron comme pour le saluer, et de le percer de coups : Fulvie en est informée, on avertit le consul, et les meurtriers qu'il avait fait connaître à l'avance à plusieurs sénateurs ne purent pénétrer dans sa demeure.

Cicéron convoqua le sénat dans le temple de Jupiter Stator à l'entrée de la voie Sacrée, au pied du mont Palatin. Catilina, et quelques-uns de ses complices, osèrent s'y pré-

senter. Alors retentit, pour tous les siècles que l'éternité accordera à cette terre, la foudroyante harangue qui sauva Rome en écrasant le coupable. Tous les bancs restèrent vides autour de Catilina. Il voulut parler ; de longs murmures d'indignation couvrirent sa voix. Le consul lui ordonna de sortir de Rome. Il voulut occuper Préneste ; mais la vigilance du consul en avait fait garder les murs, et Catilina, qui méditait une surprise nocturne, se retira plein de confusion.

Les ennemis de Cicéron et les complices de Catilina répandaient le bruit que Catilina, victime de la colère du consul, se retirait paisiblement à Marseille : ils traitaient d'imaginaires tous les périls dont Cicéron venait de préserver la république. Voulant prévenir les dangereux effets de l'imposture, le consul prononça, dès le lendemain, une éloquente harangue dans la place publique, et l'on apprit qu'en effet l'ennemi public s'était rendu au camp de Mallius. Alors le commandement des troupes fut déféré à Antoine. Cicéron continua de surveiller les conjurés. On a peine à se persuader qu'au milieu de soins si importans il ait trouvé encore le loisir de défendre Pison, qui avait été consul en 689, puis gouverneur de la Gaule Cisalpine. César l'accusait d'abus de pouvoir et de rapines. Cicéron plaida aussi pour Murena, de concert avec Hortensius et Crassus. Ce consul désigné était accusé de brigue par Sulpicius, son compétiteur ; et, malheureusement pour lui, la grande autorité de Caton donnait du poids à cette imputation. La plaidoirie fut si habile, il y eut tant de délicatesse dans les attaques de Cicéron contre Sulpicius et Caton, que Murena fut absous.

Nous allons suivre désormais le récit de la conjuration et de la punition des coupables. Il y avait à Rome des envoyés des Allobroges ; ils venaient se plaindre des exactions des généraux romains. Lentulus Sura, les voyant impatiens du joug étranger, pensa qu'il serait facile de les gagner et d'exciter chez eux un soulèvement ; il eut avec eux des conférences secrètes, et leur donna des lettres pour les chefs de leur na-

tion. Mais les Allobroges étaient sous le patronage de Q. Fabius Sanga : dans leur hésitation, les envoyés s'ouvrirent à lui en implorant ses conseils. Cicéron en fut bientôt averti. Il chargea les préteurs Valerius Flaccus et C. Pomptinius d'arrêter et les ambassadeurs et leur suite quand ils passeraient le pont Milvius pour s'en retourner dans la Gaule. Cet ordre fut ponctuellement exécuté ; Vulturcius, l'un des conjurés, partait avec les ambassadeurs : d'abord ils opposèrent de la résistance ; mais, à la vue des préteurs, ils se rendirent. On saisit leurs lettres, on les ramena chez Cicéron, qui les interrogea avant le jour. En même temps il manda chez lui et fit arrêter Gabinius, Statilius, Cethegus et Lentulus, qui ignoraient ce qui venait de se passer. Le sénat fut immédiatement convoqué dans le temple de la Concorde. Le consul y parut amenant à sa suite et les Allobroges et les conjurés ; il rendit compte de tout, produisit les lettres encore cachetées, les fit reconnaître par les accusés, et les interrogea. Vulturcius, auquel on promit sa grâce, avoua qu'il portait à Catilina des lettres de Lentulus ; que, dans ces lettres, on l'avertissait d'armer les esclaves pour renforcer son armée, et de marcher sur Rome quand l'incendie éclaterait. Les Allobroges déclarèrent qu'ils apportaient à leurs compatriotes des lettres de Lentulus, de Cethegus et de Statilius, et que L. Crassus leur demandait un prompt secours de cavalerie. Ils parlèrent de la prédiction des livres Sibyllins que s'appliquait Lentulus, et dirent que le jour de l'exécution n'était pas encore fixé, les uns voulant mettre le feu à Rome aux Saturnales, les autres désirant hâter l'accomplissement de ce projet. On donna lecture des lettres; leur contenu confirmait ces déclarations. Lentulus voulut payer d'audace ; il niait qu'il eût jamais eu de relations avec ces Allobroges ; mais, confondu par eux, il se dépouilla en plein sénat du costume de préteur, et fit l'aveu de son crime. Cicéron avait aposté des sténographes qui rédigèrent toute la séance, et des copies furent envoyées à tous les magistrats des provinces.

On décréta des remercîmens à Cicéron et aux préteurs qui avaient si bien exécuté ses ordres. Des supplications furent votées dans tous les temples au nom de Cicéron, Sauveur de la république, honneur insigne qui, jusque là, n'avait été accordé à aucun magistrat pour des actes purement civils. Quant à Antoine, le sénat ne l'oublia point : on le remercia simplement d'avoir éloigné de ses conseils tous ceux qui avaient participé à cette conjuration. En sortant du sénat, le consul alla rendre compte au peuple de tout ce qui s'était passé. C'est le sujet de la troisième *Catilinaire*, vif et rapide, récit des manœuvres employées par les conjurés. Cicéron ne s'épargne point les éloges ; mais la modestie eût été moins propre à convaincre ses auditeurs, que la véhémence et la peinture des dangers auxquels il les avait arrachés.

Cependant la fin du consulat de Cicéron s'approchait, et on n'avait point encore statué sur le sort des conjurés. La délibération pouvait offrir quelque danger : les timides s'abstinrent d'y venir. Comment condamner un Lentulus, un Cethegus, un Sylla, un Autronius, un Cassius? Le sénat, dans des cas extraordinaires, avait sans doute prononcé la peine de mort ; mais, outre que ces exemples étaient rares, une ancienne loi de Porcius Lecca réservait toujours au condamné l'appel au peuple, et la loi de C. Gracchus défendait expressément de faire périr un citoyen qui n'aurait pas été condamné par le peuple. Cicéron comprenait l'étendue de sa responsabilité. Le sénat fut réuni le 5 décembre. Là Junius Silanus, qui, en qualité de consul désigné, donna son avis le premier, demanda que les conjurés fussent punis du dernier supplice : tous les consulaires appuyèrent sa motion. Mais, quand vint le tour de Jules César, préteur désigné, il se déclara contre la peine de mort ; non, dit-il, qu'il la jugeât trop cruelle, mais parce qu'il la croyait contraire aux lois et à l'esprit de la constitution romaine. Il vota la réclusion perpétuelle des coupables et la confiscation de leurs biens, en établissant à l'avance des peines contre quiconque jamais pro-

poserait d'adoucir leur sort. Cet avis, soutenu avec une éloquence persuasive, produisit une profonde impression : la plupart de ceux qui avaient voté revinrent de leur opinion : Silanus fut de ce nombre ; Cicéron lui-même hésitait. Caton parla : c'était le premier des neuf tribuns dont on recueillit l'opinion. La gravité de sa parole détruisit tout l'effet du discours de César. Il démontra la nécessité de la peine de mort. L'anxiété était universelle ; tous les yeux étaient tournés vers Cicéron, tous semblaient l'interroger. Ce fut l'occasion de la quatrième *Catilinaire*, que l'on regarde avec raison comme le chef-d'œuvre de l'orateur et de l'homme d'état. Il affecte de garder une parfaite neutralité entre les deux opinions, et fait adroitement triompher celle de Silanus, tout en prévoyant les dangers qu'elle aura pour lui-même. Le supplice des condamnés fut décrété. Le consul ne tarda point ; il alla chercher Lentulus Sura, que l'on gardait chez son parent Lentulus Spinther, le conduisit dans les prisons et le livra à l'exécuteur, en ordonnant à celui-ci de faire son devoir. Cethegus, Gabinius et Statilius furent étranglés dans la même nuit.

Après cette exécution, tous les sénateurs, tous les chevaliers romains ramenèrent Cicéron vers sa maison : partout sur son passage les fenêtres étaient illuminées, et les toits étaient chargés d'un peuple qui voulait voir le grand consul, et le proclamait le Sauveur de la patrie. Sur la place publique il aperçoit plusieurs complices attroupés qui croyaient que leurs chefs vivaient encore, et qui attendaient la nuit pour les délivrer. Cicéron se tourne vers eux et leur dit avec dignité : *Ils ont vécu !*

Le vénérable Q. Lutatius Catulus proclama Cicéron *Père de la patrie*, titre qui lui fut décerné par le sénat, et que le tribun Caton répéta du haut de la tribune au peuple assemblé, qui le sanctionna de ses acclamations. Toutes les villes de l'Italie imitèrent l'exemple de Rome. Ce titre, si flatteur quand il était décerné par une nation libre, devait bientôt servir de lâche adulation envers les plus méprisés et les plus

cruels des tyrans, et c'est encore une des gloires de Cicéron que les empereurs n'aient pu se croire suffisamment honorés qu'en se parant du nom que lui seul avait mérité. Octave naissait dans la même année, comme si la destinée eût voulu assembler la création de cet honneur insigne, et la naissance de celui qui devait l'usurper le premier. Tout devait être grand dans le consulat de Cicéron, tout jusqu'au dernier jour. C'était un usage antique et solennel que chaque consul, en déposant sa dignité, vînt devant le peuple déclarer qu'il l'avait exercée dans l'intérêt général, et qu'il affirmât par serment qu'il avait fait tout ce qui était en lui pour le bien de l'état. Ordinairement cela se faisait dans un discours. Cicéron monta à la tribune avec la conscience de ses services; il allait parler : tout à coup, Q. Metellus Nepos, l'un des neuf tribuns, se leva, et, comme s'il eût voulu faire connaître à l'avance ce que l'on pouvait attendre de lui, il interdit à Cicéron la faculté de haranguer le peuple. Il ne permettrait pas, disait-il, que celui qui avait fait périr des citoyens romains parlât de ses services. *Eh bien!* s'écria Cicéron d'une voix forte et sonore, *eh bien! je jure donc que moi seul j'ai sauvé cette ville et toute la république.* Et le peuple entier saisi d'enthousiasme : *Et nous, nous jurons que vous venez de jurer la vérité!* On le reconduisit à sa maison, et l'empressement autour de lui fut tel, que quiconque n'était pas avec lui ne paraissait pas être du nombre des citoyens.

Au commencement de l'année suivante, Catilina, se voyant abandonné de tous, engagea, avec une poignée de monde, un combat désespéré contre Petréius, lieutenant d'Antoine, et périt les armes à la main.

Cicéron réunit en un recueil et publia toutes les harangues qu'il avait prononcées pendant son consulat. Voici l'énumération qu'il en fait dans une de ses lettres à Atticus. La première et la seconde ont pour objet la loi agraire; la troisième était pour Othon; la quatrième pour Rabirius; la cinquième sur les enfans des proscrits; la sixième sur la renonciation qu'il fit de-

vant le peuple au gouvernement qui lui était échu ; la septième est celle qui chassa Catilina ; il adressa la huitième au peuple, le lendemain de sa fuite ; la neuvième encore au peuple, le jour de la dénonciation des Allobroges ; et enfin la dixième au sénat le 5 décembre. Cicéron indique encore deux autres petits discours qui ne sont que des suites de la discussion sur la loi agraire, et comme il ne comptait que ses harangues consulaires, il ne parle ni du discours pour Pison, ni de celui pour Muréna, qui ne sont que de simples plaidoyers.

Plus Cicéron s'était acquis de gloire, plus aussi il avait d'envieux et d'ennemis. Pompée pour lequel il avait tout fait, César dont il avait quelquefois traversé les desseins, nourrissaient des projets ambitieux. Le premier lui tenait moins de compte de l'appui qu'il en avait reçu à l'occasion de la loi Manilia, qu'il ne lui portait d'envie pour une grandeur due à la vertu, acquise par la seule force de la parole, et sans le secours de la gloire militaire. Le second, qui n'échappait pas au soupçon de s'être uni à Catilina, se souvenait encore de son opinion rejetée au sénat, et de ces glaives que les chevaliers tournèrent contre lui quand il sortit de l'assemblée. L'opposition de Metellus Népos à ce que Cicéron parlât au peuple, n'avait pas moins été dictée par l'un que par l'autre. Ce fougueux tribun s'était abouché avec Pompée, son beau-frère ; celui-ci voyait avec douleur arriver le terme de son commandement. Bientôt, si l'on n'y pourvoyait, le libérateur des mers, le vainqueur de Mithridate ne serait plus qu'un simple citoyen. Il ne pouvait résigner sa puissance, et cependant il ne voulait pas la devoir à la force, et c'est au nom des lois qu'il convoitait l'anéantissement de la constitution, et le pouvoir que Sylla n'avait acquis qu'en violant et ces lois et cette constitution. Pompée se croyait assez grand pour obtenir de ses concitoyens la souveraine puissance. Metellus Népos, secondé par César alors préteur, propose au peuple « de le faire revenir d'Orient à la tête de son armée pour rétablir le règne des lois. » Proposition spécieuse, qui frappait Cicéron au cœur. La conjuration de Ca-

tilina ne se présentait plus aux esprits que comme souvenir; l'urgence de la répression n'était plus appréciée. On affectait de répéter que d'illustres citoyens avaient été conduits au supplice, sans le jugement du peuple romain. La loi d'appel à ce peuple était demeurée sans force, et le sénat avait fait, par l'influence de Cicéron, un coup d'état. Dès-lors la mission de Metellus Népos était facile; il prévoyait néanmoins que le sénat, ferme dans ses principes, rejetterait sa *rogation*. Il la présenta donc pour satisfaire à la forme; puis, malgré le refus de cette compagnie, il convoqua le peuple. Dès le matin, il remplit le Forum de gens de la lie de la populace qu'il avait armés de glaives et de bâtons.... Caton, son collègue, s'était déclaré son adversaire. Il vint avec Minucius Thermus, autre tribun, et sans autres armes que la justice de sa cause. Ce ne fut pas sans peine qu'il arriva jusqu'au banc des tribuns; car César avait pris sa place à côté de Metellus. Quand le greffier voulut lire la proposition, Caton déclara s'y opposer; Metellus alors se mit à lire lui-même, et Caton lui arracha l'écrit qu'il tenait à la main. Metellus, sans se troubler, prononça de mémoire ce qu'il ne pouvait lire; mais la main de Caton lui ferma la bouche. Enfin Metellus fait signe à ses affidés; le combat s'engage, et le tumulte est à son comble; si bien que le sénat, assemblé dans le temple de la Concorde, charge les consuls *de veiller au salut de la république*, formule solennelle réservée pour les dangers imminens. Le consul Murena accourt avec des troupes, il délivre Caton et Thermus des fureurs de la populace; mais à peine le repos est-il rétabli, que Metellus recommence la lecture de sa proposition. Le parti du sénat avait pris le dessus; il fut obligé de quitter le Comitium avec le préteur César, non sans se répandre en invectives contre le sénat, non sans lui imputer les désordres que lui-même venait d'occasioner. Il poussa la perfidie jusqu'à feindre que sa vie était en danger, et prit la fuite pour rejoindre Pompée, qu'il aigrit aisément contre le sénat en attribuant à jalousie la résistance qu'il avait éprouvée.

Cicéron ne paraît pas avoir pris à cette discussion une part bien active. Il avait toujours contribué à l'élévation de Pompée; il ne voulait donc pas se contredire. D'un autre côté, voyant le sénat ferme dans son attitude contre les détracteurs de son consulat, il pouvait dédaigner les attaques de ses ennemis. Il sut résister aussi, de toute la force de son éloquence, à Torquatus, qui accusait Sylla, et qui le traita lui-même avec une liberté qui approchait de l'insolence. Selon Torquatus, Cicéron avait mal-à-propos épargné Sylla, que les Allobroges avaient nommé dans leurs révélations. Cicéron lui-même, dans une lettre à Pompée, se serait plaint de sa conduite; mais Sylla aurait avancé à Cicéron de quoi solder le prix de la maison que celui-ci venait d'acheter de Crassus sur le mont Palatin; maison splendide et digne d'un consul, plutôt que de la fortune de l'acquéreur qui la payait plus de trois millions de sesterces, en abandonnant à son frère Quintus la demeure paternelle contiguë à ce palais. Il est vrai que Cicéron jugeait le prix si élevé, qu'il dit à Atticus, que, pour payer ses dettes, il aurait eu besoin d'entrer aussi dans une conjuration.

Vers la fin de cette année, une aventure de débauche, plutôt qu'un évènement, vint agir d'une manière funeste sur la carrière de Cicéron. P. Clodius, que l'on compte parmi ceux qui avaient le plus exalté le mérite de Cicéron, était un jeune homme de mœurs fort dépravées. Il aimait Pompéia, la femme de César; voulant lui prouver qu'il n'était rien qu'il ne fût prêt à braver pour elle, il s'introduisit dans sa maison sous un déguisement de femme, le jour même où l'on y célébrait les mystères de la Bonne-Déesse. Or, l'accès de la maison était interdit à tout homme; le maître en sortait dès la veille; on emmenait les esclaves et même les animaux mâles; on voilait les images ou les statues qui représentaient des êtres de ce sexe. Ces mystères étaient célébrés pour le salut du peuple romain, qui y attachait une grande importance, et toujours ils avaient lieu, soit dans la demeure de l'un des consuls, soit chez le préteur. Égaré la nuit dans ce lieu redoutable,

Clodius est interpellé par une des femmes d'Aurelia, mère de César; il répond qu'il cherche Abra esclave de Pompéia; mais sa voix le trahit, elle révèle la présence d'un homme : les mystères sont troublés et Rome entière retentit de ce scandale. On crie justice, on demande vengeance au nom de la déesse outragée, au nom du salut de la république.

Quel était le coupable? on l'ignorait encore. Clodius était parvenu à s'échapper sans être reconnu. Le sénat renvoya l'affaire aux pontifes, qui déclarèrent qu'il y avait sacrilège. On voulait déférer le jugement à l'assemblée du peuple; mais les partisans de Clodius, dès qu'ils virent le danger qui le menaçait, surent détourner l'effet de cette résolution. Fufius Calenus le tribun, et le consul Pupius Piso Calpurnianus, comprirent qu'il était perdu si le peuple décidait de son sort, et, sur le conseil d'Hortensius, le tribun publia une loi qui chargeait le préteur de l'instruction et du jugement auquel seraient appelés des chevaliers. Clodius soutint que pendant la célébration des mystères, il était loin de Rome; mais Cicéron, témoin dans cette affaire, confondit ce mensonge en affirmant que le soir même Clodius était venu chez lui. Clodius n'en fut pas moins absous. Trente-une voix se déclarèrent en sa faveur, et vingt-cinq le condamnèrent. Aussi advint-il qu'un jour, quand il reprocha à Cicéron le peu de foi qu'avait rencontré son témoignage, celui-ci lui répondit : « Vingt-cinq ont eu confiance en moi; les autres ne se sont pas fiés à toi puisqu'ils ont voulu être payés d'avance. » Qu'est-il besoin de chercher à la déposition de Cicéron d'autres motifs que le devoir de rendre hommage à la vérité? et cependant on imagine qu'il n'avait voulu que rompre avec Clodius pour rétablir la paix de son ménage, troublée par les soupçons de Terentia. On dit qu'elle avait conçu la crainte d'être répudiée, parce que Cicéron avait des égards pour l'une des sœurs de Clodius; on ajoute qu'un certain Tullus, en qui Cicéron avait la plus intime confiance, allait sans cesse chez Clodius. Dans cette supposition, Cicéron n'aurait parlé contre Clodius que pour mettre un terme à ces tra-

casseries. Rien de plus mal imaginé : outre que les sœurs de Clodius étaient fort décriées à raison de leur conduite, elles étaient toutes mariées ; en supposant donc que Cicéron eût voulu s'abaisser jusqu'à épouser une femme appelée Quadrantaria parce qu'on l'accusait de se vendre pour le dixième d'un sesterce, il aurait fallu pour contracter cette union un double divorce ; et quelque acariâtre qu'ait été Terentia, que cependant il garda plus de vingt-cinq ans, il n'est pas probable que pour satisfaire à sa conscience un si grand homme n'ait eu d'autre vue que d'apaiser une méchante femme.

Depuis lors, Clodius conçut contre Cicéron une implacable haine : il appartenait à une famille de patriciens illustres, mais il voulait être tribun et se fit adopter par un plébéien. Une fois nommé, il dissimula d'abord ses projets et ne s'occupa, en apparence, que de motions dans l'intérêt de la multitude : par exemple, il demanda que désormais les grains fussent distribués gratuitement aux pauvres citoyens, au lieu de leur être vendus à vil prix ; il proposa le rétablissement des associations qu'on avait proscrites sous le consulat de Cécilius Metellus et de Marcius Rex ; il défendit, par une autre motion, d'entraver sous prétexte d'auspices les délibérations du peuple. Cicéron ne se fiait pas à ce calme apparent ; il conçut l'idée de suivre César dans la Gaule, et fut désigné par lui pour être son lieutenant ; il paraît même que César insista beaucoup pour lui faire accepter cette mission. Mais un retour de sécurité le trompa ; il se laissa prendre aux manœuvres de Clodius, remit à César sa lieutenance et rentra dans les affaires publiques. Toutefois, comme chaque jour elles lui offraient de nouveaux sujets de dégoût, il se retira à sa campagne près d'Albe, et se livra à la culture des lettres, rédigeant des mémoires grecs sur son consulat, consacrant un poëme au même sujet, et traduisant les *Phénomènes d'Aratus*. Peu de temps auparavant, il avait prononcé pour le poëte Archias un mémorable plaidoyer, et l'avait fait maintenir dans le droit de cité qu'il devait à Lucullus. Il nous est impossible de rapporter ni d'analyser, année

par année, tous les travaux de Cicéron. Nous ne parlerons donc ni de son oraison *pour Metellus Scipion Nasica*, accusé de brigue par M. Favonius, ni de sa défense d'Antonius son ancien collègue au consulat, poursuivi pour concussion quand il revint de Macédoine. Nous tairons aussi ses deux plaidoyers *pour Aulus Minucius Thermus*, et celui *pour L. Valerius Flaccus* dont il plaida la cause avec Hortensius. La plupart de ces exercices, ainsi que la rédaction de mémoires secrets sur son consulat, occupèrent l'an de Rome 694. Ce fut au commencement de l'année suivante que Clodius fit au peuple les funestes motions dont nous avons parlé. Content d'avoir sauvé Rome, il semble que Cicéron se soit tenu à l'écart; mais ses ennemis ne lui surent aucun gré de sa réserve. Pompée l'avait fait attaquer par Metellus Népos; César ne cessait de le décrier; Clodius levait enfin le masque. Il profita du moment où César allait partir pour la Gaule, dont une loi funeste lui assurait le gouvernement pour cinq ans. Il assembla le peuple dans le cirque Flaminien, en dehors de Rome, afin que César pût y assister, quoiqu'il fût sorti avec le titre de proconsul. Le tribun manda aussi la noblesse et les chevaliers pour rendre compte de l'intérêt qu'ils prenaient à Cicéron. Néanmoins sans nommer personne, il proposa un plébiscite qui punirait d'exil quiconque aurait, sans jugement du peuple, fait périr un citoyen romain. Aussitôt que parurent les partisans de Cicéron, Clodius les fit attaquer à l'improviste : Hortensius faillit être tué; un sénateur mourut quelques jours après de ses blessures. Le tribun, cependant, somma les consuls de s'expliquer. Gabinius s'exprima avec beaucoup de force dans le sens de la motion; Pison, sans rien conclure, déclara qu'il blâmait toujours ceux qui s'étaient montrés cruels; enfin César, tout en partageant cet avis, dit qu'il n'aimait point qu'on revînt sur choses passées. Jusque là rien encore n'était personnel à Cicéron, mais il prit le deuil et avec lui tout l'ordre des chevaliers. Le sénat propose de le faire prendre au peuple entier; mais Clodius fait briller les glaives de ses sicaires, et les sénateurs s'enfuient. Par-

tout où se présentait Cicéron, Clodius s'attachait à ses pas, excitant contre ce grand citoyen une populace qui répondait à ses supplications en lui jetant des pierres et de la boue. Vainement il implora le secours de Pompée : prévenu de sa visite, celui-ci se déroba à ses regards en s'échappant par une porte de derrière. Restait la ressource des armes, mais le consul Pison le supplia de s'éloigner, de sauver une seconde fois la patrie, que sa résistance exposerait à tous les maux de la guerre civile. Dans le conseil qu'il tint avec ses amis, Lucullus seul voulait qu'il restât; il céda à l'avis des autres, se rendit au Capitole, déposa dans le temple une petite statue de *Minerve Protectrice* de Rome, et sortit vers le milieu de la nuit de cette ville qu'il avait sauvée naguère de la destruction. Cicéron voulait aller en Sicile par la Lucanie; en arrivant à la vue de cette île, il reçut du préteur Virgilius la défense absolue d'y mettre le pied. Il se rendit donc à Brindes et s'embarqua, mais la tempête le força de revenir; bientôt cependant il fit le trajet et arriva à Dyrrachium et de là à Thessalonique, où Plancius, le questeur de la Macédoine, le reçut avec des honneurs qui adoucirent un peu le chagrin de sa situation. Dès qu'il eut quitté Rome, Clodius fit prononcer un décret qui lui interdisait l'eau et le feu, et défendait sous peine de la vie de lui donner asile à une distance de quatre cents milles de l'Italie. Sa maison fut rasée; Clodius y consacra une chapelle à la liberté, et incendia ses maisons de campagne. Les consuls ne demeurèrent pas étrangers au pillage, et Gabinius alla jusqu'à faire enlever des arbres pour les transplanter dans ses jardins; mais on mit vainement les biens de Cicéron à l'enchère : personne ne se présenta pour les acheter.

On accuse Cicéron d'avoir montré une grande faiblesse dans son exil. Il ne cessait de pleurer, il se reprochait d'avoir vécu et menaçait de finir ses jours par un suicide. Hortensius et les amis qui lui ont conseillé de partir, lui deviennent suspects; son ami Atticus lui-même n'échappe pas au reproche. Il se condamne de n'avoir point armé les citoyens;

il s'impute d'avoir déserté sa cause. Puis quand ses regrets s'adressent à Terentia, quand les expressions de la tendresse la plus vive pour sa fille, pour son fils, viennent se mêler à ses plaintes, le lecteur ne peut se défendre d'une profonde émotion. Il lui semble que, placé près de Cicéron, il attende avec lui ces lettres tant désirées, qui doivent le rappeler dans Rome. Elles arrivèrent, mais ce ne fut qu'après de longues angoisses, et il fallut vaincre bien des obstacles.

Clodius désormais ne ménageait pas même Pompée. Fatigué de cette insolence qui attaquait jusqu'à sa gloire militaire, celui-ci seconda vivement les nouveaux consuls, Lentulus Spinther et Q. Metellus Népos. Le premier proposa le rappel de Cicéron, dès son entrée au consulat, et Metellus déclara qu'il sacrifiait ses ressentimens à l'autorité du sénat et au bien public. Milon et Sextius, tous deux tribuns, s'associèrent à cette noble démarche. Milon était d'un caractère énergique et d'une taille athlétique : il n'avait pas moins d'audace que Clodius, mais son activité s'exerçait pour le bien, et s'il osait tout, c'est qu'il pensait que l'on pouvait défendre la république par les moyens qu'employait son adversaire pour l'attaquer. Clodius avait des sicaires; il faisait tout par la violence. Milon eut aussi une troupe armée; il se trouvait parfois sur le chemin de Clodius, et leurs luttes ensanglantèrent plus d'une fois la place publique. La négociation traînait en longueur, le sénat y mit un terme en déclarant qu'il ne s'occuperait de nulle autre affaire que le rappel de Cicéron ne fût consommé ; enfin Pompée, suivi d'une grande partie du peuple et de nombreux citoyens des villes voisines, chassa Clodius du Forum, et toutes les centuries votèrent le retour du grand homme qui depuis seize mois manquait à la patrie. Des remercîmens et des éloges furent adressés aux villes qui avaient accueilli l'illustre banni ; on décida que sa maison de Rome et ses maisons de campagne seraient rétablies aux frais de l'état.

Ce fut pour l'Italie une joie universelle. Dès qu'il avait eu connaissance du décret du sénat, Cicéron était venu à Brin-

des, et le hasard voulut qu'il partît de Dyrrachium le 4 août, le jour même où Rome était dans l'ivresse à raison de son rappel. Partout les populations se pressaient sur son passage. Il arrivait des députations officielles de toutes les cités. Lorsqu'il s'approcha de Rome, il n'y eut pas un citoyen connu qui ne vînt au devant de lui. Les degrés des temples étaient chargés de peuple, et on le conduisit en triomphe au Capitole, où, par un acte de violence qu'il est plus facile de comprendre que d'excuser, il brisa les tables sur lesquelles étaient inscrits les actes de Clodius. Caton ne put le lui pardonner, parce que parmi ces actes se trouvait le plébiscite qui l'avait envoyé à Cypre et à Byzance.

Le lendemain de son retour, 5 septembre, il rendit grâces au sénat, et le jour suivant il adressa les mêmes remercîmens au peuple. Dans ce discours il ne prononce pas une fois le nom de Clodius; ce démagogue avait encore de nombreux partisans, et ne se condamnait point au silence. La populace attroupée par lui s'était portée au théâtre et de là à la porte du sénat; on criait que Cicéron était cause de la cherté du blé. Dans ces conjonctures, il proposa de charger Pompée des approvisionnemens. Les consuls renchérirent encore sur cette proposition; ils rédigèrent un décret par lequel Pompée était investi pour cinq ans de la surintendance des blés dans tout l'empire, avec droit de disposer de tout l'argent du trésor, et de lever des troupes, d'armer une flotte et de commander dans toutes les provinces. Ce décret mettait Pompée au niveau de César, qui, déjà, avait dompté les Helvétiens et Arioviste, et, dans la Gaule, préparait des fers à Rome. Pompée feignit de préférer la première motion, mais ses partisans firent passer l'autre.

Quinze jours après, Cicéron parla devant les pontifes pour obtenir l'annulation de la dédicace de l'emplacement de sa maison, et il gagna sa cause. Nous avons encore ce discours, que d'excellens critiques regardent comme apocryphe et qua-

lifient de mauvaise déclamation, tandis que d'autres en défendent l'authenticité.

L'année suivante eut pour consuls P. Cornelius, Lentulus, Marcellinus et L. Marcius-Philippus : Ptolémée Aulète était venu à Rome implorer le secours du sénat contre ses sujets révoltés. Cette mission était ambitionnée par Pompée, mais il affectait de répéter que le soin de l'expédition devait revenir au proconsul de Cilicie, qui était Lentulus Spinther. Cependant les partisans de Pompée, et Ptolémée lui-même, agissaient sous main pour qu'il fût chargé de cette affaire. Le sénat, au contraire, appréhendait les conséquences de ce pouvoir toujours croissant : on recourut aux livres Sibyllins; ils répondirent que le roi d'Égypte ne devait pas être ramené dans ses états à main armée. Cicéron sut concilier dans cette affaire la reconnaissance qu'il devait à Lentulus, le *dieu de sa vie*, avec les égards que lui commandait sa prudence : il ne blessa point Pompée, et ces débats duraient depuis long-temps, lorsqu'on apprit, l'année suivante, que de son propre mouvement Gabinius avait rétabli Ptolémée Aulète sur son trône.

Cicéron défendit Pison Bestia, qui était accusé de brigue; il fit en cela preuve de générosité, car ce Bestia, tribun du peuple, avait été de moitié avec Metellus Népos, dans l'affront fait à Cicéron le dernier jour de son consulat. Puis vint un acte de reconnaissance : c'était un discours pour Sextius, qui avait fait un voyage tout exprès afin d'obtenir de César qu'il ne s'opposât point au rappel de Cicéron, et qui ne s'était point découragé de son refus. Vatinius avait paru comme témoin dans cette affaire; c'était un homme également vil et audacieux; l'orateur l'accabla de questions qui rappelèrent aux juges les circonstances les plus odieuses de sa vie. Vatinius ne put résister à cette terrible attaque : après avoir balbutié quelques mots, il se retira chargé du mépris et de la haine publique. Cette invective ayant pour but d'anéantir le témoignage de Vatinius, elle a été évidemment prononcée avant la défense de Sextius. Des prodiges affligeaient Rome; une

statue de Junon se tourna de l'orient au nord, un loup entra dans la ville, trois citoyens furent frappés de la foudre. Clodius ne manqua pas de répandre le bruit que les dieux étaient irrités du rétablissement de la maison de Cicéron en un lieu consacré, et le chargea d'imprécations ; mais Cicéron le terrassa dans une harangue pleine de chaleur et de véhémence.

Cicéron cherchait à se rapprocher de César; en plusieurs occasions, déjà, il avait appuyé de toutes ses forces les demandes que ce général faisait au sénat. Le consul Marcellinus ayant assemblé le sénat pour délibérer suivant la loi Sempronia sur le choix des provinces où devaient être envoyés au bout de dix-sept mois les consuls désignés, Cicéron prit la parole avec chaleur, et déclara à ceux qui l'interrompaient que les services rendus par César à la république le réconciliaient avec lui ; que seul il pouvait achever la soumission de la Gaule, et que, voulût-il revenir, il faudrait s'y opposer. Les républicains ne pardonnèrent pas à Cicéron cet acte de faiblesse.

Un accusateur conteste à Cornelius Balbus le droit de cité romaine que lui a conféré Pompée, et Cicéron le défend de concert avec Pompée et Crassus, qui parlent avant lui. La défense de Célius Rufus fut un acte moins honorable : ce jeune libertin était devenu l'amant de Clodia, sœur de Clodius, de cette célèbre Quadrantaria, veuve de Rutilus Celer. C'était la Lesbie de Catulle, qui, dans ses poésies, badine agréablement avec Célius sur leur commune maîtresse. Il en avait tiré des sommes considérables, et elle les lui réclamait. Ce plaidoyer est l'un des plus adroits de l'orateur.

Tullie, qui avait perdu son premier mari Pison Frugi, épousa Furius Crassipès; Atticus, qui avait plus de cinquante-quatre ans, s'unit à Pilia. Pendant ce temps le triumvirat se formait : vers l'époque des comices, Pompée et Crassus allèrent voir César en Ligurie. Dans cette entrevue il fut décidé qu'on ne négligerait rien pour anéantir la candidature de Domitius Ahenobarbus, et que Pompée et Crassus obtiendraient

le consulat à tout prix. Si les comices eussent été tenus régulièrement, la réussite de Domitius n'était pas douteuse; il importait donc d'empêcher que l'élection ne se fît sous la présidence de Marcellinus. De son côté, celui-ci employait toute son autorité pour différer les réunions dans lesquelles Caïus Caton le tribun et les démagogues vendus aux triumvirs pourraient faire au peuple des motions dangereuses. L'année se passa sans élections : il fallut un interroi; c'est ce que voulaient les triumvirs. Ils firent arriver à Rome le fils de Crassus, qui servait dans la Gaule sous César; il amena des citoyens qui faisaient partie de la même armée. Quand Domitius se présenta au Champ-de-Mars, on lui en interdit l'accès, et M. Caton, candidat à la préture, fut grièvement blessé. Pompée et Crassus, nommés malgré le sénat, se firent décerner les commandemens d'Espagne et de Syrie, et, pour la préture, l'indigne Vatinius l'emporta sur le plus vertueux et le plus sage des Romains.

Si nous jetons un regard sur la carrière littéraire de Cicéron, nous verrons que ce fut en cette même année qu'il écrivit ses livres de l'*Orateur*. Il ne cessa de se montrer grand orateur lui-même. Ainsi, quand Pison revenant de Macédoine se plaignit au sénat des termes peu honorables dont s'était servi Cicéron en conseillant son rappel, celui-ci l'accabla de toute la vigueur de son éloquence. Il plaida ensuite pour Cispius, tribun qui avait contribué à faire cesser son exil, pour Caninius Gallus, tribun de l'année précédente; puis il passa tout l'été à la campagne. Revenu à Rome en novembre, il fut surpris d'entendre Crassus embrasser inopinément la cause de Gabinius : sans aucun ménagement pour lui, il reprit un moment son ancienne liberté, et son éloquent emportement confondit le triumvir. Pompée et César se hâtèrent de lui écrire pour opérer une réconciliation, et en effet Cicéron parla en faveur de Crassus, lorsqu'on proposa de lui retirer le commandement de Syrie, ou de limiter son autorité. Nous n'avons plus ce discours; mais, dans une lettre, Cicéron dit à Crassus : « J'ai trouvé

l'occasion de faire éclater mes véritables inclinations; c'est à toute la ville que j'ai fait connaître combien je vous suis attaché. »

Antiochus, roi de Comagène, tenait de César le titre d'ami du peuple romain, et de Pompée la ville de Séleucie, et demandait la confirmation de ce don. L'un des nouveaux consuls, Appius Clodius, dévoué aux triumvirs, soutenait avec ardeur les prétentions d'Antiochus. Cicéron y opposa le ridicule; et non-seulement la requête fut rejetée, mais on retrancha des états d'Antiochus, Zeugma, l'une de ses villes les plus importantes, qui, de ce côté, était la clef des régions voisines de l'Euphrate. Cicéron se rendit à Réate et plaida, devant ce même consul Appius, la cause des habitans de cette ville contre ceux d'Interamna, qui, par des travaux exécutés au lac Velinus, avaient détourné le cours des eaux. Puis il prêta le secours de sa parole à Caïus Messius, l'un des tribuns qui lui avaient été favorables, à Drusus, que Q. Lucretius accusait d'avoir prévariqué dans un procès criminel, et enfin à ce même Vatinius qu'il avait si mal traité dans l'affaire de Sextius. C'était sans doute pour plaire à César; mais, dans ses lettres, il s'en applaudit comme d'une belle action. La défense de Scaurus était plus généreuse. Cicéron fut l'un de ses six avocats. M. Émilius Scaurus était fils de ce Scaurus prince du sénat dont Cicéron fait si souvent l'éloge; il s'était ruiné aux jeux de son édilité, et on l'accusait de s'en être indemnisé dans son gouvernement d'Espagne. Caton présidait, et Scaurus fut absous. Si le temps a dévoré tous ces beaux ouvrages, du moins il nous a laissé le discours *pour Plancius*, qui avait obtenu l'édilité, et que son compétiteur Latérensis accusait de brigue, en réclamant contre lui l'application de la loi Licinia, qui permettait à l'accusateur de choisir lui-même ses juges. Ce discours est plein de sensibilité, et la péroraison est une des plus pathétiques.

Cicéron avait sauvé Plancius; mais pourquoi faut-il qu'il ait fléchi devant Pompée et César, au point de se charger

honteusement de la défense de Gabinius, dont il avait tant à se plaindre, et qui s'était rendu coupable de lèse-majesté, de brigue et de corruption? L'intègre Caton le condamna, et il subit un exil éternel. Dans le plaidoyer que Cicéron prononça ensuite *pour Rabirius Postumus*, il expose longuement les motifs qu'il a eus d'accepter cette défense. Toutefois il est visible que ses relations politiques l'entraînèrent à ces sortes d'écarts d'une éloquence habituellement consacrée au service de la vertu. Il plaida aussi pour Memmius Gemellus, connu pour avoir été l'accusateur de Lucullus, vainqueur de Mithridate, et pour avoir séduit la femme de Varron Lucullus, et Mucia, épouse de Pompée. Il s'était présenté au consulat; mais il fut condamné pour brigue à la poursuite de Q. Curtius. Un second plaidoyer *pour Scaurus*, aussi accusé de brigue, précéda celui que Cicéron consacra à Rabirius Postumus, auquel on demandait une partie des dix mille talens que Gabinius s'était fait payer pour rétablir Ptolémée Aulète sur le trône d'Alexandrie. Par une bizarrerie inouïe, Cicéron eut à combattre Memmius Gemellus, accusateur de Rabirius, qu'en même temps il défendait contre l'accusation de brigue, dont nous venons de parler.

Le jeune Crassus ayant été tué avec son père dans l'expédition contre les Parthes, Cicéron fut nommé au collège des augures à sa place. Cette dignité était fort recherchée à cause de la considération qu'elle donnait, et parce qu'on en gardait toute sa vie le titre et les privilèges sans qu'aucune condamnation pût effacer ce caractère sacré. C'est vers ce temps aussi qu'il composa son traité *de la République*, ouvrage immortel, si la matière à laquelle l'écrivain confia sa pensée eût été aussi impérissable que ses conceptions étaient sublimes.

Le commencement de l'an de Rome 704 fut signalé par l'un des évènemens qui ont exercé le plus d'influence sur la vie de Cicéron. Clodius sollicitait la préture, Milon le consulat. Outre les raisons qu'avait Cicéron de favoriser celui-ci, il y allait de sa propre sûreté d'avoir un consul qui le mît à

l'abri des persécutions du préteur. D'ailleurs les espérances que Cicéron avait fondées sur le triumvir Crassus venaient de s'évanouir : après sa mort, il n'y avait guère que Milon qui pût sauver la république, si toutefois elle pouvait l'être. C'était le seul qui osât braver les fureurs de Clodius. Au besoin, il aurait maintenu la balance égale entre César et Pompée, et, l'équilibre une fois rompu, il eût décidé du succès en se déclarant pour l'un ou pour l'autre. C'en était assez pour que tous deux fussent contraires à son élévation.

Il n'avait que deux compétiteurs, C. Cornelius Scipion et P. Plautius Hypséus, l'ancien questeur de Pompée, dans la guerre contre Mithridate. Tous deux s'appuyaient sur le parti de Clodius, et l'assistance de trois tribuns, Sallustius Crispus, Munatius Plancus et Pompeius Rufus, leur donnait de grands avantages sur Milon. Toutefois les autres tribuns, la plus grande partie du sénat et les chevaliers, étaient pour lui. La fortune immense de Fausta, sa femme, n'était pas, dans ces temps de corruption, le moindre appui de sa candidature; puis il n'avait, pour opérer un coup de main, ni moins d'habileté ni moins d'audace que Clodius. Chaque jour amenait de nouvelles rixes d'esclaves et de sicaires à gages. On se battait dans les rues, et la brigue était poussée à son comble. Le consul Calvinus, voulant apaiser une émeute, fut blessé en marchant à la tête de ses licteurs.

Dans ce tumulte l'année s'était écoulée sans élections. La constitution voulait un interroi; mais Munatius Plancus, qui n'abandonnait pas le projet de faire Pompée dictateur, s'y opposa; l'anarchie fut complète. Enfin un évènement imprévu vint terminer cette crise d'une manière violente. Le 20 janvier, Milon et Clodius se rencontrèrent sur la voie Appienne, à peu de distance de la ville. Milon allait avec Fausta, sa femme, et l'un de ses amis, à Lanuvium, où il était dictateur, et où il devait présider à une élection. Il était suivi d'une centaine d'esclaves bien armés et de quelques gladiateurs. Clodius était à cheval, et son escorte était d'environ trente

serviteurs qui revenaient avec lui de sa terre d'Aricie. Les deux bandes avaient passé assez tranquillement l'une à côté de l'autre, quand un gladiateur de Milon chercha querelle à la suite de Clodius. Des deux côtés l'arrière-garde en vint aux mains; alors Clodius accourut avec son emportement ordinaire. Il parla aux gens de Milon d'un ton si impérieux, qu'un gladiateur, irrité, lui porta sur l'épaule un coup qui le renversa de cheval. Les esclaves de Milon s'en tinrent là, laissant à ceux de Clodius le soin de l'emporter à Boville, petite ville voisine du lieu de la rencontre, pour y faire panser sa blessure. Cependant Milon, qui revenait aussi sur ses pas, comprit, aussitôt qu'il fut informé du fait, que désormais il y avait plus de sûreté pour lui à se défaire entièrement de son ennemi qu'à le laisser vivre pour exercer une vengeance qui ne connaîtrait plus de bornes. Il est donc assez probable que ce fut par son ordre que sa troupe se jeta de nouveau sur celle de Clodius, tua les uns, mit les autres en fuite, et, le retirant de son asile, laissa gisant et percé de coups sur la route, jusqu'à ce qu'un sénateur, qui passait par hasard, le fit mettre sur sa voiture et le rapporta dans Rome. Il n'était pas nuit encore, quand le cadavre fut déposé dans le vestibule de la maison Clodia sur le mont Palatin : une foule nombreuse s'y porta, et Fulvie, la femme de Clodius, qui plus tard le fut du triumvir Antoine, se jeta sur ce corps avec toutes les démonstrations du plus violent désespoir ; elle découvrait les blessures de son époux, elle implorait la vengeance du peuple. Le lendemain, au point du jour, se présentèrent les tribuns; Munatius Plancus et Pompéius Rufus; ils ordonnèrent de dépouiller le cadavre de ses vêtemens, et de le porter au Forum. Là leurs discours, et la vue de Clodius assassiné, excitèrent la populace à se livrer aux plus grands excès. On porta le mort dans la curie Hostilia, comme pour braver le sénat dont on connaissait les sentimens pour Milon ; on enfonça les portes, on brisa les bancs et les tables, et de leurs éclats on fit un bûcher. La Curie elle-même et la basilique Porcia furent incendiées, puis

la populace courut chez le grand-pontife, M. Émilius Lepidus;
elle brisa les images de ses aïeux, et c'en était fait de lui, sans
l'opiniâtre résistance qu'il opposa à cette multitude. Milon devint à son tour l'objet de la rage de ces furieux; mais habitué
aux attaques de ses ennemis, il avait fait de sa maison une
sorte de forteresse; ses gardes accueillirent les assaillans d'une
grêle de traits qui balaya la rue en un clin d'œil. Alors la
foule alla chercher les faisceaux des consuls, qui pendant l'interrègne étaient gardés dans un temple; ces faisceaux furent
portés aux demeures des deux candidats Scipion et Hypséus.
On les pressa de s'emparer sans plus de formalité du pouvoir
consulaire, et de venger le peuple, et, sur leur refus souvent
renouvelé, on alla devant la maison de Pompée qu'on appela
à grands cris, en le proclamant tantôt consul, tantôt dictateur.
Enfin la nuit ramena le silence; mais ces émeutes durèrent
plusieurs jours, et l'on pilla beaucoup de maisons des amis
de Milon, sous prétexte de faire la recherche de sa personne.

Ces excès eurent pour effet d'intéresser à Milon quiconque
n'était pas du parti de Clodius. On répétait un bruit qui, de
jour en jour, prenait plus de faveur. Milon, disait-on, avait
été attaqué par Clodius; il s'était vu obligé de le tuer pour
sauver sa vie. Cicéron alla jusqu'à dire dans le sénat qu'il avait
bien mérité de la patrie en la débarrassant de ce pervers. Enfin
Milon put se montrer, il put même donner suite à sa demande
du consulat. Désormais les deux partis pressaient l'élection;
lui, pour prévenir l'accusation qu'on ne manquerait pas de
porter contre lui; Scipion et Hypséus pour ne pas laisser à
l'indignation publique le temps de se refroidir. Alors les désordres recommencèrent : en vain il y eut un interroi; en vain
il fut chargé ainsi que les tribuns de veiller au salut de la république; l'aristocratie elle-même convenait qu'il fallait recourir à un pouvoir extraordinaire : tous les yeux étaient
tournés vers Pompée. Ses partisans pensaient toujours à la
dictature; mais, depuis Sylla, ce titre était devenu odieux aux
Romains; Bibulus proposa donc de ne nommer de consul que

Pompée, avec pouvoir de lever des troupes dans toute l'Italie. On lui donna de plus la faculté de s'adjoindre un consul de son choix, si après deux mois il le jugeait nécessaire. Caton même sanctionna ces mesures, et Pompée déclara qu'il ne se conduirait que par ses conseils.

Il commença par faire rendre une loi sur la brigue, et quoique les évènemens en fissent comprendre la nécessité, on vit bien qu'elle était dirigée contre Milon. Les partisans de Clodius, pour achever de le perdre dans l'esprit de Pompée, apostèrent un certain Licinius qui prétendit avoir appris de quelques esclaves de Milon, que le projet de leur maître était de se défaire de Pompée. Celui-ci feignit la peur, alla s'établir dans sa maison du faubourg et s'entoura de gardes; quelquefois même les assemblées du sénat eurent lieu chez lui, comme s'il n'eût pas été en sûreté dans Rome. Il pressa le jugement de Milon, et Célius Rufus, le tribun, s'y étant opposé, il menaça de faire par la force des armes ce qu'il ne pouvait accomplir par les voies légales.

Les débats s'ouvrirent donc sous la présidence du consulaire Domitius Ahénobarbus : d'après la nouvelle loi de Pompée trois jours furent consacrés à l'audition des témoins; il y assistait en personne, et saisit le prétexte d'une légère rumeur pour faire garder l'enceinte par un grand nombre de soldats. L'instruction commencée, le tribun Munatius Plancus monta à la tribune, exhorta le peuple à venir le lendemain en grand nombre, de peur que le coupable n'échappât à la peine qui lui était due. Ce fut, peut-être, en cette occasion que Cicéron lui répondit, car parmi ses discours perdus il s'en trouvait un contre Munatius Plancus Bursa. Dès le grand matin la foule se précipita dans le Forum : Milon avait conseillé à son défenseur de s'y faire porter la nuit, afin d'y être le premier, et de n'être point subitement ému de l'appareil menaçant dont il se verrait entouré. Quant à lui, il ne daigna ni laisser croître sa barbe, ni prendre des habits de deuil, et se présenta toujours avec la même audace. Cependant Pompée, assis au haut du

Forum, semblait commander à l'assemblée ; les accusateurs étaient Appius Clodius, neveu de celui que Milon avait tué, Marc-Antoine, qui devint triumvir, et P. Valerius Népos. Bien que Cicéron eût pour l'assister Hortensius, Marcellus Calidius, Faustus Sylla et M. Caton, le soin de la défense lui était confié à lui seul. Quand il voulut parler, des clameurs s'élevèrent ; l'appareil militaire dont il se voyait environné, les dispositions hostiles de Pompée, peut-être l'extrême désir de se surpasser lui-même, tout contribua à l'émouvoir, à paralyser l'essor de son génie. Il balbutia, se tut, reprit la parole et parvint à grand'peine à remplir les trois heures accordées par la loi pour la défense. Ce discours, recueilli par des sténographes, se répandit dans le public : on le possédait encore au temps de Quintilien et d'Asconius, et il était bien différent de celui que depuis il rédigea dans le silence du cabinet, et qu'il envoya à Marseille où s'était retiré Milon, cet illustre exilé, qui, après l'avoir admiré, s'écria : « Oh ! qu'il est heureux que ce discours n'ait pas été prononcé ! je ne mangerais pas à Marseille de ces poissons que j'aime tant. »

Il est probable néanmoins que Pompée avait pris ses mesures de telle façon qu'il eût été difficile à Milon d'être absous. Trente-huit voix contre treize le condamnèrent, et il partit, comme le pouvait tout accusé tant que le jugement n'avait pas été proclamé devant le peuple assemblé. Dès que Munatius Plancus Bursa eut déposé sa charge, Cicéron l'accusa de violence et de l'incendie de la curie Hostilia, et il fut banni à perpétuité. Pompée, qui venait d'épouser la veuve de Crassus, fille de Metellus Scipion, s'était associé son beau-père pour exercer le consulat jusqu'à la fin de l'année.

La brigue n'était en général si violente que parce que les magistrats, en sortant de charge, devenaient gouverneurs de riches provinces dans lesquelles ils s'indemnisaient amplement des dépenses qu'ils avaient faites pour parvenir au pouvoir. Pompée proposa au sénat, et fit adopter par le peuple une loi qui mettait un intervalle de cinq ans entre la préture, le con-

sulat et le gouvernement des provinces. Une disposition transitoire voulait que les consuls et les préteurs des dix dernières années qui avaient refusé les gouvernemens, remplissent l'intervalle qui résulterait de la création de ce délai à l'égard des magistrats nouveaux. Toutefois avant de régler ainsi les choses, Pompée, habitué à des faveurs exceptionnelles, s'était fait proroger son commandement d'Espagne pour cinq ans. Cicéron était avec Bibulus au nombre de ces consulaires; il fallut donc accepter un gouvernement, on lui donna la Cilicie et à Bibulus la Syrie. La Pisidie, la Pamphylie et l'île de Chypre étaient comprises dans la province de Cicéron; cependant on ne lui donnait que deux légions, et on le chargeait de rétablir le roi Ariobarzane en Cappadoce. Il s'acquitta de cette mission avec assez d'habileté pour être dispensé de prendre les armes.

Il semble qu'il n'ait eu d'autre but que de faire honte aux proconsuls de leurs intolérables excès, et il gouverna avec un désintéressement d'autant plus apprécié, qu'il succédait à Appius Pulcher, qui s'était rendu coupable de beaucoup d'exactions, et dont la hauteur éloignait des Romains les peuples de ces contrées déjà fort ébranlés par la défaite de Crassus. Cicéron eut sans cesse à redouter l'invasion des Parthes, et mille terreurs paniques vinrent tour à tour le troubler. En effet il n'aurait pu résister à une attaque sérieuse : cependant il se conduisit en chef courageux, il purgea le mont Amanus des brigands qui l'infestaient, il prit la ville de Pindenissum après un siège régulier, et fut salué par ses soldats du titre d'*imperator*. A Rome, des supplications lui furent décernées. Cicéron s'attira l'admiration et l'amour des peuples; son séjour et ses voyages ne leur coûtaient absolument rien; il rendait justice à toutes les villes, et, du matin au soir, il était accessible à toutes les réclamations; enfin il réunissait à sa table toutes les notabilités de sa province; mais le commandement l'importunait, car Rome seule occupait sa pensée. Dans toutes ses lettres il supplie qu'on ne prolonge point son absence; c'est à peine s'il attend qu'on lui donne un successeur,

et il se hâte de fuir cette province où il était l'objet de tant de vénération. Dans son retour, il s'arrêta quelque temps à Rhodes, puis à Athènes. Il est doux, dans un âge avancé, de revoir les lieux où l'on essaya ses premiers pas dans la vie, où l'on puisa dans l'étude les forces nécessaires au maniement des affaires, et la philosophie qui convient à la disgrâce ou au repos. Arrivé devant Rome le 4 janvier, après avoir séjourné depuis la fin de novembre en différens endroits de l'Italie, Cicéron n'entra point en ville : l'usage voulait qu'il s'en abstînt, parce qu'il sollicitait l'honneur du triomphe.

La guerre civile était imminente. Avant de quitter Rome, Cicéron avait appuyé une motion qui permettait à César de demander le consulat, quoique absent. Ce général feignait d'approuver qu'on eût prolongé le commandement de Pompée ; il ne voulait qu'être maintenu sur un pied d'égalité. Toutefois le soulèvement des Gaules l'occupa, et il ne put sur-le-champ profiter de la faveur que le sénat lui avait accordée d'assez mauvaise grâce, après de vives réclamations de la part de Marcellus et de Caton. César ne cessa, pendant l'absence de Cicéron, de gagner des partisans à Rome par ses libéralités ; on commençait à suspecter ses intentions. Dans les premiers temps de son proconsulat, trois légions lui avaient été données, il en avait maintenant douze. On parlait de le rappeler, mais l'année 702 s'était passée en vains bruits de paroles ; enfin, sur la motion de Metellus Scipion, le beau-père de Pompée, les consuls de l'année suivante 703, Émilius Paulus et C. Claudius Marcellus, furent expressément chargés de fixer le jour où l'on traiterait la question du gouvernement de la Gaule. César ne voulait pas résigner le pouvoir, mais il faisait entendre qu'il ne quitterait sa province que si on lui accordait le consulat. Il voulait aussi que Pompée se contentât de son commandement d'Espagne, et s'y rendît sur-le-champ. Pompée dédaignait toutes ces propositions ; il se croyait sûr de toute l'Italie : à l'entendre, il n'avait qu'à frapper du pied la terre pour avoir des soldats ; les vétérans de César eux-mêmes abandonneraient

leur général plutôt que de combattre la république. Le 1er janvier 704, un sénatus-consulte ordonna impérieusement à César de licencier son armée, et le déclara, s'il refusait, perturbateur du repos public. M. Antonius et Q. Cassius, tribuns du peuple, s'opposent à cette mesure; mais bientôt ils sont forcés de songer à leur propre sûreté, et l'on rend ce terrible décret : « Que les consuls, les préteurs, les tribuns du peuple, les consulaires qui sont près de Rome, veillent à ce que la chose publique ne reçoive aucun dommage. » Habillés en esclaves, les deux tribuns opposans s'enfuient la nuit et vont rejoindre César.

Tel était l'état des affaires, quand Cicéron arriva de Cilicie; il n'épargna rien pour prévenir les malheurs de la patrie; il écrivit à César, il supplia Pompée, mais il ne put les concilier. Alors il fut en proie à une désolante hésitation. Son estime pour Pompée était bien diminuée. « Il n'a montré, dit-il dans une lettre à Atticus, ni prudence ni résolution. » Et ailleurs : « Quelle honte ! qui l'eût jamais cru ? ce n'est plus le même homme. Il n'a ni courage, ni résolution, ni prévoyance, ni activité. » Cicéron désapprouvait surtout le timide parti de quitter l'Italie, et de se retirer devant César dont les progrès étaient assez rapides pour augmenter de jour en jour son anxiété. Ce général lui fit écrire par Trebatius. Il répondit qu'il ne ferait rien d'indigne de lui, consulta Atticus et le consulta encore, et pendant tous ces délais il accomplissait négligemment la mission qu'il avait reçue de lever des troupes en Campanie, à tel point qu'il put faire dire à César, par Oppius et Balbus, ses intermédiaires, qu'il se tenait tranquille à sa campagne et ne s'en mêlait pas.

César lui avait écrit de venir à Rome; quelque temps après, vers la fin de mars, il eut avec lui une entrevue; mais Cicéron lui parla plutôt de manière à s'en faire estimer qu'à mériter ses remercîmens, et lui refusa constamment d'aller à Rome. Il brava sa mauvaise humeur, qui se manifestait avec beaucoup d'amertume. « Si vous ne voulez pas, lui dit César, que je me serve de vos conseils, je serai obligé d'en prendre d'au-

tres, et d'en venir peut-être à de fâcheuses extrémités. » Cependant les hésitations de Cicéron n'étaient point arrivées à leur terme; César étant parti pour l'Espagne, il songea à se rendre à Malte pour y attendre l'issue de la campagne. Toute sa famille le suppliait de demeurer neutre, et surtout Dolabella, qui avait épousé Tullie pendant que Cicéron gouvernait la Cilicie. Il répondit un jour à Atticus, qu'il n'attendrait plus, et qu'il valait mieux quitter César victorieux que l'abandonner vaincu. Il partit donc ; mais il fut reçu froidement par Pompée, qui lui reprocha de venir bien tard. « Non, répondit-il, car je ne vois rien de prêt. »

Nous savons par une lettre à M. Marius, son parent, qu'il n'avait pas été long-temps à se repentir du parti qu'il avait pris, mais que ce fut moins par la vue du danger que par celle des fautes que l'on commettait tous les jours. En effet, il ne cessa de blâmer Pompée de tout ce qu'il faisait, et celui-ci en conçut tant d'humeur, qu'il ne le chargea de rien. Cicéron laissa trop entrevoir cette défiance du succès qui ne se pardonne jamais. Un jour, Pompée lui dit avec humeur : « Passez dans le camp de César, et c'est moi que vous craindrez. » Cicéron ne demeurait pas sans réplique. Un transfuge du camp de César, dit que dans la précipitation du départ il avait oublié son cheval : « Cet homme, dit Cicéron, a mieux pourvu à la sûreté de son cheval qu'à la sienne. » *Où est votre gendre?* lui demanda Pompée, irrité de ne pas voir Dolabella parmi les siens. *Avec votre beau-père*, répliqua Cicéron.

Ce qu'il avait tant prévu arriva : Pompée fit combattre une milice formée à la hâte contre des légions endurcies à la guerre, et la bataille de Pharsale donna un maître à l'univers. Cicéron prit alors la résolution d'abandonner une lutte où il n'y avait plus d'autre espérance que de tomber entre les mains du vainqueur. En vain Caton, qui avait à Dyrrachium une nombreuse armée, lui en offrit le commandement, que lui donnait d'après la loi son rang de consulaire; Cicéron refusa. Il eût été tué par le jeune Pompée et ses amis, si Caton, se

jetant entre eux, ne lui eût fait un rempart de son corps. Cicéron revint à Brindes et y resta fort long-temps; ayant appris la mort de Pompée, il s'en affligea profondément. « Je ne puis m'empêcher de le pleurer, dit-il; j'estimais sa vertu, ses mœurs, sa prudence.... » Plus haut il avait dit : « Je ne me suis jamais reproché d'avoir quitté un parti où l'on voyait des nations barbares mêlées avec les Romains, où tout respirait la cruauté, où la proscription aurait été générale. »

Cependant Cicéron eut encore plus d'un sujet d'inquiétude. Son frère et son neveu, par une indigne lâcheté, le dénoncèrent à César, comme l'unique cause de leur défection. Plus généreux, il écrivit à César pour excuser son frère. D'un autre côté, la maladie de sa fille l'agitait, et cependant il n'osait encore approcher de Rome, il négociait toujours par l'intercession d'Oppius et de Balbus. Les bruits les plus inquiétans se répandirent bientôt : on crut César vaincu dans l'Orient, et son parti fléchit en effet en Afrique et en Espagne. Cette alternative de revers et de succès pouvait devenir funeste à l'homme que le parti de Pompée considérait comme un traître, pour avoir abandonné les armées qu'il aurait animées de sa présence. Il avait tout à craindre de ses anciens amis, et bien peu de chose à espérer de César, qui cependant lui annonça son retour en lui écrivant une lettre fort bienveillante.

Au mois de septembre 706, César reparut en Italie : dès que Cicéron sut qu'il était débarqué à Tarente, et qu'il se dirigeait vers Brindes, il alla au devant de lui. Quand César l'aperçut, il lui témoigna le plus grand respect; descendit de cheval et marcha l'espace de plusieurs stades en s'entretenant avec lui, à la vue de tous les grands qui étaient accourus pour le saluer, et depuis ce moment il ne cessa de le combler d'honneurs.

A Rome, César rétablit l'ordre, mit fin à quelques menées séditieuses de Dolabella, quant aux dettes et aux loyers des maisons; accepta ou plutôt prit pour l'année suivante le consulat qu'il partagea avec Lépide, et partit pour l'Afrique, où il fit cette belle campagne que termina la célèbre victoire de

Thapsus. On en connaît les évènemens, et l'on sait que l'indomptable Caton y acquit par sa mort plus de gloire que le vainqueur n'en avait recueilli dans toute sa vie.

Le jeune Marcus avait pris la robe virile au commencement de la guerre civile. Cicéron, vivant désormais en simple particulier, paraît avoir écrit en 706 et en 707 plusieurs ouvrages destinés à l'instruire; par exemple, les *Partitions oratoires*, et quelques traductions en vers des tragiques et d'Homère. Il traduisit aussi le *Timée* de Platon; et ses plaidoyers *pour la Couronne*, rédigea son *Brutus*, son traité *du Meilleur genre d'éloquence*, son *Orateur*. Les lettres le consolaient des malheurs publics. Ce fut dans le même temps qu'il fit son *Éloge de Caton*. César, de retour à Rome, y répondit en comblant d'éloges l'auteur du livre qu'il réfutait, et c'est sans doute dans cette réponse que se trouvait la belle pensée que nous a conservé Pline. César disait que Cicéron était au dessus de tous les triomphateurs, parce qu'il était plus glorieux d'avoir reculé pour les Romains les bornes du génie que celles de leur empire.

L'estime de César pour Cicéron se manifestait en toute occasion. M. Claudius Marcellus, consul de l'an de Rome 703, avait été l'un des plus grands adversaires de ce général. Son inimitié avait éclaté par la motion qu'il fit de lui ôter son gouvernement; puis, comme par dérision de son autorité, il avait fait battre de verges un magistrat de Novum Comum, ville à laquelle César avait conféré le droit de cité; Marcellus lui avait, de plus, ordonné d'aller montrer à son patron quel cas il faisait de ses nouveaux citoyens. Après la bataille de Pharsale, il s'était enfui à Mitylène.... Dans le sénat son nom fut prononcé par le beau-père de César, Pison Césoninus; aussitôt C. Marcellus se jeta aux pieds du vainqueur, et demanda la grâce de son frère. César, après avoir avec aigreur énuméré tous ses griefs contre le fugitif, déclara que néanmoins il n'avait rien à refuser à l'intercession du sénat; et quand il prit les avis, Cicéron, qui, depuis le nouvel ordre de choses, s'était borné à voter, adressa à César le discours le plus noble, le

plus pathétique, et en même temps le plus patriotique que la reconnaissance, l'amitié et la vertu puissent inspirer à une âme élevée et sensible. Avant de partir de Mitylène, Marcellus écrivit à Cicéron une lettre pleine de reconnaissance : mais il ne le revit plus ; car, en passant à Athènes, il fut tué par Magius Philon, par le motif étrange que Marcellus avait un ami dont il faisait plus de cas que de lui ; Magius Philon se tua ensuite lui-même. Singulier exemple de jalousie dans l'amitié, circonstance qui écarte tout soupçon défavorable à César.

Au mois de septembre, Cicéron adressait à Ligarius une lettre touchante pour le consoler du malheur de l'exil. Bientôt il le défendit devant César et obtint son rappel. Le crime de Ligarius était d'avoir remis sans difficulté son commandement d'Afrique à Attius Varus, choisi par les partisans de Pompée. Tubéron, qui l'accusait, avait été envoyé par le sénat pour prendre ce même commandement ; mais il n'avait pu l'obtenir de Varus, et c'est ce Tubéron qui s'opposait aux démarches des amis de Ligarius, quoique lui-même ne dût son existence qu'au pardon du vainqueur. La colère de César sembla se réveiller. La cause fut renvoyée au Forum. César présida ; mais au fond ce jugement ne devait être qu'une vaine démonstration, car César tenait déjà dans ses mains la condamnation de Ligarius. « Qui nous empêche d'écouter Cicéron ? dit-il à ses amis ; il y a si long-temps que nous ne l'avons entendu. Ligarius n'échappera point. » Mais une fois que Cicéron eut pris la parole, on vit César suivre tous les mouvemens du discours, changer plusieurs fois de visage, et s'étonner de pardonner. Ce discours, Cicéron le rédigea l'année suivante. Oppius et Balbus, sachant le plaisir qu'il avait fait à César, le lui envoyèrent en Espagne. Les lettres de Cicéron nous montrent qu'en général on le traite fort légèrement, quand on soutient qu'il faisait habituellement à ses rédactions des changemens notables. « Je ne puis plus rien ajouter à mon discours *pour Ligarius*, dit-il à Atticus ; il est déjà trop répandu. »

La fin de cette année fut marquée par beaucoup de chagrins

domestiques : Dolabella, dont Cicéron avait eu à se plaindre, répudia sa chère Tullie. C'était, pour ainsi dire, contre le gré de son père qu'elle avait épousé ce jeune débauché ; et l'on voit par la lettre qu'il écrivait de Cilicie que Cicéron songeait à la donner à Tiberius Néron, mais qu'il avait cédé au désir de sa femme et de Tullie elle-même. Il paraît que dès la guerre civile Dolabella avait causé à sa femme de graves sujets de plainte. Dans le temps même où ce divorce se faisait, Cicéron renvoyait Terentia. On a peine à concevoir comment après une union de trente-trois ans, après la vive tendresse qu'il a fait paraître pour elle pendant son exil, il a pu se résoudre à rompre le lien de sa vie entière. Il faut, ou qu'il ait été bien léger, ou que Térentia ait eu envers lui des torts bien graves. D'une part, on prétend que quand Tullie était venue au devant de son père à Brindes, Terentia ne lui avait pas donné les moyens de voyager selon son rang ; de l'autre, on dit que Cicéron trouva sa maison et ses affaires dans un grand désordre. Quoi qu'il en soit, sa correspondance prouve que, sous le rapport de l'intérêt, la mésintelligence était à son comble depuis quelques années. Mais Terentia, justement irritée de se voir ainsi répudiée, soutint qu'elle était victime d'une passion tardive que Cicéron aurait conçue dans sa vieillesse pour la jeune Publilia sa pupille. Ce qui semble justifier cette assertion, c'est qu'il l'épousa en effet peu de temps après ; mais ce mariage même est expliqué. Tiron, l'affranchi de Cicéron, dit qu'il ne le contracta que pour pouvoir payer ses dettes, la fortune considérable de cette jeune fille étant déposée entre ses mains à titre de fidéi-commis. Il ajoute que ses parens et ses amis lui conseillaient cette union, comme le seul moyen de s'acquitter d'une manière honorable ; ce qui prouve qu'il y eut en effet plus de calcul que d'amour dans la conduite de Cicéron, c'est qu'il ne garda point Publilia plus de trois mois. Elle était loin d'avoir pris sur lui l'empire que donne ordinairement à une jeune femme la disproportion des âges.... Tullie était toujours l'objet de l'attachement excessif de son père. Après son di-

vorce elle avait donné le jour à un fils, ses couches avaient été heureuses; mais tout à coup elle mourut à Tusculum. Publilia en témoigna peu de douleur, et Cicéron, indigné, la répudia sur-le-champ, et ne voulut plus recevoir ni elle-même, ni sa mère; malgré toutes les démarches qu'elles tentèrent à cet égard, il préféra payer cette dot dont il avait un si grand besoin. Toutes les consolations échouèrent, il ne tira de la philosophie aucun secours pour apaiser ses chagrins; il ne songeait qu'à sa chère Tullie. Ce n'était point un tombeau, c'était un temple qu'il fallait lui élever. Cette idée fixe le domina long-temps, et sa correspondance n'a d'autre objet que l'achat de jardins ou d'une terre, où ce temple, qui devait coûter des sommes immenses, se trouverait à la vue de tout le monde, et se conserverait d'âge en âge au moyen de l'inauguration.

Dès qu'il put reprendre ses esprits, il se voua dans la retraite aux études philosophiques de sa jeunesse; composa les *Académiques*, le traité *des vrais Biens* et l'*Éloge de Porcie*, sœur de Caton. Puis il envoya son fils à Athènes et le confia au péripatéticien Cratippe; enfin il écrivit une grande lettre politique à César. Nous ne l'avons plus : mais il paraît qu'à son retour d'Espagne, César montra toujours la même déférence à Cicéron. Celui-ci s'intéressait beaucoup à Dejotarus, ancien tétrarque de la Galatie, que Pompée avait fait roi d'Arménie, en récompense des services qu'il avait rendus dans la guerre contre Mithridate. Dejotarus avait embrassé avec chaleur le parti de Pompée; malgré son grand âge, il était venu au champ de Pharsale, avec un corps de cavalerie. César l'en punit en lui ôtant l'Arménie. Ce n'était pas assez de ce malheur : le petit-fils de Dejotarus, Castor, s'étant déclaré son implacable ennemi, vint à Rome l'accuser d'avoir voulu faire assassiner César, pendant qu'il recevait l'hospitalité chez lui. Il paraît que ce bruit occupa César sur sa route en revenant d'Espagne, car Brutus lui parla avec force pour Dejotarus, à son passage à Nice; mais à Rome Cicéron le défendit dans la maison même du dictateur, n'ayant pour juge et pour audi-

teur que lui. César avait été frappé de la véhémence de Brutus, et s'était écrié : « Il n'est pas indifférent que ce qu'il veut soit juste, car ce qu'il veut il le veut fort. » Mais Brutus n'obtint rien. D'autres prétendent que ce ne fut pas dans cette occasion, mais précédemment, à Nicée en Bithynie, que Brutus défendit Dejotarus. S'il est vrai que le *Brutus* ait été composé en 707, cette défense ne peut avoir été prononcée à Nicée en 708, au retour de César de la guerre d'Espagne, car elle y est citée. D'un autre côté, je ne vois pas pourquoi Brutus aurait défendu Dejotarus en Bithynie, lorsqu'il ne s'agissait d'aucune accusation. Je conjecture que Brutus en parla deux fois à César, la première à Nicée en Bithynie; la seconde à Rome même, quand il fut question de l'accusation portée par Castor. Il a pu le défendre avant Cicéron ou conjointement avec lui. Quoi qu'il en soit, le discours de Cicéron ne produisit d'autre effet que de faire remettre la cause à un plus ample informé. César ne fit pas à Dejotarus plus de mal qu'il ne lui en avait fait jusqu'alors. Cicéron, au surplus, jugeait fort sévèrement cette production; il dit dans une lettre à Dolabella : « Je vous l'envoie comme une pièce faible, qui ne mériterait pas beaucoup d'être conservée. »

A la fin de décembre, César vint avec une suite nombreuse faire une visite à Cicéron, qui dit dans une lettre fort agréable sur son séjour : « Il n'est pas de ces hôtes auxquels on dit, Ne manquez pas de repasser chez moi lorsque vous reviendrez. Mais je m'en suis tiré avec honneur. » Il ajoute que la conversation fut toute littéraire, et qu'il ne fut point question d'affaires publiques.

Cependant les ides de mars approchaient. Cicéron n'était pas initié au secret des conjurés; mais il en avait une connaissance vague : il savait qu'un grand changement se préparait, sans être instruit des moyens par lesquels la patrie serait affranchie. Il était au sénat quand César fut frappé; et Brutus, brandissant son poignard, l'appela pour le faire en quelque sorte assister à la renaissance de la liberté qu'il avait tant dé-

fendue. Dans cette occasion, Cicéron ne connut d'autre sentiment que la joie. Il monta au Capitole avec les conjurés et une grande partie des sénateurs. Vainement on lui reprochait ce sentiment; vainement on l'accusait d'ingratitude : l'amour de la patrie l'emportait en lui sur toute autre pensée. Il élevait, au dessus de tous, les libérateurs de la république. Dans la première assemblée tenue au Capitole, les avis furent partagés. On n'avait pour se défendre qu'une troupe de gladiateurs appartenant à Decimus Brutus; c'est peut-être ce qui engageait Brutus et Cassius à préférer une transaction avec Antoine au parti plus énergique que proposait Cicéron. Le consulaire semblait dans ce moment avoir repris toute l'énergie qu'il avait, cinq ans auparavant, déployée contre Catilina ; il voulut que le sénat fût convoqué; il ne tenait pas compte d'Antoine; et quand, négligeant ses avis, les consulaires présens se rendirent chez lui, il refusa de les accompagner.

Dès que ce factieux cessa de craindre, il reprit l'attitude d'un consul, convoqua le sénat pour le surlendemain ; et, le Capitole étant toujours occupé, l'assemblée se tint dans le temple de Tellus. Cicéron nous apprend dans ses lettres que les vétérans, craignant pour les privilèges qu'ils tenaient de César, entouraient le lieu des séances et menaçaient de violence quiconque oserait leur enlever le moindre avantage. La réunion fut très-orageuse. Enfin on décida que la mort de César ne serait point vengée. Ce décret rendu à l'unanimité prouva que l'on regardait généralement César comme ayant usurpé le pouvoir : toutefois on confirma tous ses actes, et l'exécution en fut confiée aux consuls : la présence des vétérans, la fermentation populaire, enfin l'intérêt personnel commandèrent cette mesure, qui était en contradiction avec la première partie de la résolution. Si le pouvoir de César était légal, il fallait poursuivre les meurtriers ; s'il était tyrannique, il fallait anéantir tout ce qu'il avait fait. Cicéron néanmoins opina dans le sens de la décision du sénat ; il vanta la sagesse des Athéniens, qui avaient plus d'une fois sauvé leur république par

l'oubli de torts réciproques. Il suffit de lire ses lettres pour se convaincre combien il avait trahi sa pensée en accédant à cette lâcheté. En plusieurs endroits il dit que tout est perdu si César reçoit publiquement les honneurs funèbres. En effet, le calme semblait rétabli; Brutus et Cassius étaient descendus du Capitole pour reprendre les fonctions de la préture; mais, le jour des funérailles, Antoine n'épargna rien pour exciter la fureur de la populace : on éleva un bûcher dans le Champ-de-Mars, on y mit un lit d'ivoire couvert de pourpre et d'or ; au chevet était un trophée avec le vêtement que portait César quand il fut tué; et dans les jeux funèbres on récita des vers qui faisaient allusion à sa mort et à ses meurtriers. C'était mal observer la loi d'amnistie; aussi le peuple voulut incendier les maisons de Cassius et de Brutus; sur son chemin il trouva Helvius Cinna, et le prenant pour Cornelius, par suite d'une erreur de nom, il le massacra et porta sa tête au bout d'une pique. Brutus, Cassius, Trebonius et leurs adhérens furent obligés de s'enfuir de Rome.

Cicéron, qui comprenait ce que l'évènement dont on n'avait pas su profiter aurait pu avoir de résultats pour la liberté, dit qu'après s'être conduits comme des hommes, les conjurés avaient agi comme des enfans. Sa haine contre Antoine était des plus violentes, et il ne concevait pas qu'on ne l'eût point immolé avec César. Cependant il gardait avec lui les dehors d'une politesse qu'on pourrait presque qualifier de fausseté. De son côté, Antoine feignait de le consulter sur quelques points délicats ; il lui écrivit un jour, pour le supplier de ne point s'opposer au rappel de Sextus Clodius, l'affranchi du tribun ; mais, à travers cette lettre si affectueuse, on entrevoit bien qu'il se passera du consentement qu'il sollicite ; car il invoque la volonté de César, que cependant il ne veut exécuter qu'autant que Cicéron n'en serait point offensé. Il serait impossible d'écrire avec plus d'affection à l'homme qu'on chérit le plus que ne le fit Cicéron dans sa réponse. Il regrette qu'Antoine ne lui ait pas fait cette demande de vive voix, parce qu'il aurait vu

à son visage, à ses yeux, et sur son front, toute l'amitié dont il est pénétré pour lui. Et, en même temps, il écrit à Atticus, pour se plaindre de la démarche d'Antoine, pour l'accuser d'hypocrisie ; il dit qu'il y a impudence, effronterie, scélératesse dans cette proposition ; il en est si courroucé, qu'il lui semble, en certains momens, qu'il pourrait regretter César.

Cependant les désordres continuaient. On éleva dans le Forum une colonne de marbre de Numidie, et l'on y inscrivit ces mots en l'honneur de César : AU PÈRE DE LA PATRIE. Pendant long-temps on y offrit des sacrifices. Dolabella la fit abattre, et il ordonna de précipiter du haut de la roche Tarpéienne, ou mettre en croix, selon qu'ils étaient libres ou esclaves, les auteurs de ces désordres. On a peine à concevoir que Cicéron ait poussé l'exagération jusqu'à mettre Dolabella au rang des héros ; il avait à se plaindre de lui, il en avait été blessé dans tout ce qu'il avait de plus cher, et l'action qu'il louait était assez ordinaire pour ne diminuer en rien sa haine contre celui qui avait répudié Tullie. Brutus ne voyait pas dans cette ombre de satisfaction donnée par Dolabella aucun motif de sécurité ; il songeait à quitter l'Italie, et ne voulut pas revenir à Rome, comme Cicéron le lui conseillait. Toujours dévoué au parti républicain, et surtout à Brutus, celui-ci négociait avec les anciens amis de César, Hirtius et Pansa, consuls désignés pour l'année suivante ; la cause des lois n'attendait plus de salut que de leur administration. D'un autre côté, le jeune Octave, à son retour d'Apollonie, vint voir Cicéron avec son beau-père, Philippe, héritier de César, dont il était le fils adoptif ; il n'y avait pas d'apparence qu'Octave pût être favorable à la cause de la liberté, qui était celle des conjurés. Aussi lisons-nous dans une lettre de Cicéron à Atticus : « Je soutiens qu'il ne peut pas être bon citoyen ; j'en juge par ceux qui l'entourent : ils menacent nos conjurés, et disent que ce qu'ils ont fait ne peut pas rester impuni. Que sera-ce donc lorsque ce jeune homme entrera dans Rome ? »

Antoine y dominait cependant, moins en sa qualité de con-

sul, que parce qu'il abusait des actes et des papiers de César, pour leur faire dire tout ce qu'il voulait. Il avait près de lui Faberius, le secrétaire du dictateur, circonstance qui favorisait l'exécution de tous les faux qu'il jugeait à propos de commettre. Nous ne citerons que la réintégration de Dejotarus dans son royaume de la petite Arménie. Ce roi avait à Rome des envoyés qui devaient traiter cette affaire avec César et le sénat. Rien ne devait être entrepris sans le conseil de Cicéron; mais quand César eut été tué, ils firent mieux : ils s'adressèrent à Fulvie et obtinrent, à prix d'argent, l'insertion aux actes de César d'une décision qu'il n'avait jamais prise. Pendant ce temps-là, Dejotarus, instruit de sa mort, reprenait ses états.

Pour Cicéron, il ne savait se décider à rien. Une réunion du sénat était indiquée pour le 1er juin : il voulut d'abord y venir, et se mit en route; mais, arrivé chez Brutus, à Lanuvium, il eut avec lui une conférence qui paraît avoir augmenté ses irrésolutions; enfin, plus il s'approchait, plus il se repentait du parti qu'il avait pris. Il ne revint donc pas jusqu'à Rome, et conçut l'idée d'aller en Grèce, en sollicitant ce que les Romains appelaient une légation libre ou congé honorifique. Dolabella, qui avait déjà consenti à se l'attacher en qualité de lieutenant quand il irait à son gouvernement, lui accorda cette faveur. On voit, par la correspondance de Cicéron avec Atticus, qu'il avait toujours eu le projet d'aller joindre son fils à Athènes, et que, désespérant de rien faire pour le salut de la république tant que durerait le consulat d'Antoine, il se promettait bien de revenir pour le 1er janvier, afin d'assister à l'installation de Hirtius et de Pansa. Toutefois il hésitait beaucoup : son âge, la nature des moyens de transport, les pirates; tout l'intimidait. Tout à coup il imagine de partir avec Brutus, qui avait une flotte sur les côtes de Campanie; mais sa proposition est reçue si froidement, qu'il n'y donna point de suite. Il part enfin, en juillet, naviguant le long des côtes de l'Italie : il s'arrête à Vélie, à Rhégium. Là, de nouvelles incertitudes s'emparent de lui : ira-t-il par

Syracuse sur un gros navire? ou bien, avec ses trois petits bâtimens, franchira-t-il l'Adriatique à l'endroit où l'Épire est le plus près de l'Italie? Il met enfin à la voile, et les vents contraires le jettent sur la côte d'Italie, à Rhégium. Aussitôt que Brutus sut qu'il était à Vélie, il vint à pied le trouver. Cicéron vit aussi des habitans du pays, récemment arrivés de Rome, qui lui racontèrent qu'Antoine était dans de meilleures dispositions, et que désormais il ne voulait gouverner que par le sénat. Il sut, d'ailleurs, que l'on blâmait son départ et qu'on attribuait son voyage au désir, au moins puéril, d'assister aux jeux Olympiques; enfin Brutus lui fit connaître le discours de Pison Césoninus, qui avait parlé avec chaleur pour la liberté, bien qu'il eût été le beau-père de César.

Cicéron revint donc à Rome le dernier jour d'août, dans l'espoir de voir renaître la république. Il lui fallut toute une journée pour pénétrer jusqu'à sa demeure : tant était grande la foule des Romains de tout âge et de tout rang qui se précipitaient au devant de lui en se félicitant de revoir ce grand homme! Antoine convoqua le sénat pour le lendemain, mais Cicéron se fit excuser sur la fatigue du voyage et le mauvais état de sa santé. Cette réponse, parvenue à Antoine quand le sénat était déjà réuni, le mit en fureur. Il dit en pleine assemblée qu'il irait avec des ouvriers démolir la maison de Cicéron. Le lendemain, le consul Antoine étant absent à son tour, l'orateur prononça sa première *Philippique*, discours assez modéré, mais plein d'une noble confiance. Il s'étonne que l'absence lui ait été imputée à crime la veille précisément par celui qui lui-même ne venait pas aujourd'hui. Quant à sa maison, rebâtie en vertu d'un sénatus-consulte, il ne craint pas de la voir tomber par le caprice d'un homme. Quinze jours après, le sénat s'assemble de nouveau. Antoine, irrité de la harangue de Cicéron, s'était retiré à sa maison de Tibur; il y avait composé une invective virulente où il attaquait la vie entière de Cicéron. Il vint la prononcer, lui reprocha d'être le premier auteur de la mort de César, et produisit la lettre pleine de dé-

monstrations d'amitié que Cicéron lui avait écrite au sujet du rappel de Sextus Clodius. Cicéron n'était pas présent; craignant toujours les embûches d'Antoine, il s'était retiré près de Naples, dans la plus éloignée de ses maisons de campagne, où il rédigea sa deuxième *Philippique*, apologie de sa vie politique, et véhémente diatribe contre Antoine; mais elle ne fut publiée que plus tard, pendant la guerre de Modène. Il est probable que la violence des emportemens de l'orateur, la bassesse des actions qu'il reprochait à son adversaire, la honte qui en rejaillit sur celui-ci, contribuèrent beaucoup à la haine implacable qu'Antoine lui voua, et à l'opiniâtreté qu'il mit à le faire périr, malgré Lépide, malgré Octave. César, avant de mourir, avait assigné à Brutus et à Cassius les gouvernemens de Macédoine et de Syrie. Antoine fit changer cette destination par le peuple; il se fit adjuger la Macédoine, et à Dolabella la Syrie: mais bientôt, dans la pensée que le gouvernement de la Gaule Cisalpine, que César avait donné à Decimus Brutus, serait plus favorable pour l'accomplissement de ses desseins, il le demanda sans succès au sénat. Le jeune Octave, dans la vue d'humilier un des meurtriers de César, le lui fit accorder par le peuple. Tantôt ces deux hommes étaient unis, tantôt ils se menaçaient. Antoine alla à Brindes chercher quatre légions qu'il avait fait venir de Macédoine; Octave le devança dans Rome à la tête de dix mille vétérans levés en Campanie; deux légions d'Antoine passèrent de son côté. Cependant Antoine, qui comprenait l'importance de la position de Decimus Brutus, le somma d'obéir au décret qui lui enlevait cette province: mais Decimus Brutus répondit qu'il saurait faire respecter l'autorité du sénat; et, chose bizarre, ce même Octave, qui avait provoqué la décision prise contre Decimus Brutus, se rangea du côté du sénat et des consuls.

Cicéron se tenait toujours caché; il ne se croyait jamais assez près de la mer. Cependant il revint à Rome le 9 décembre. Il n'y avait plus de magistrats présens que les tribuns du peuple; ils convoquèrent le sénat pour le 20; alors ils proposèrent

de donner une garde aux consuls désignés. Cicéron appuya leur motion, prononça sa troisième *Philippique*, et, le lendemain, il adressa au peuple le discours qui la suit dans les éditions de ses œuvres. Il veut que l'on agisse sur-le-champ contre Antoine, qui n'a pas attendu l'expiration de son consulat pour attaquer la république. Il élève Octave au dessus de tous les hommes; il désire qu'un titre légal vienne sanctionner ce qu'il fait pour la cause des lois. Toutefois Cicéron, dans ses lettres à Atticus et à Decimus Brutus, dit clairement sa pensée sur ce jeune ambitieux : il voudrait qu'on pût se passer de son secours. Ce ne fut donc qu'en désespoir de cause que Cicéron seconda ses projets; et les reproches que lui adressa Brutus, dans ses lettres à Atticus, de vouloir se donner un maître favorable, plutôt que sauver la liberté, nous paraissent d'autant plus injustes, que le fils de Cicéron quitta ses études à Athènes pour prendre un commandement dans l'armée des conjurés.

Le sénat avait fait tout ce que proposait Cicéron; mais aux calendes de janvier, un sénateur ayant proposé d'envoyer des députés à Antoine, et de suspendre les hostilités, il combattit, dans un discours admirable, cette motion qui était en contradiction avec le décret rendu peu de temps auparavant. Trois jours après, il rend compte au peuple de ce qui s'est passé dans le sénat et de la sommation qui va être faite à Antoine de lever le siège de Modène. Cette décision déplaisait à Cicéron, aussi se dérobait-il à la foule, qui le pressait de monter à la tribune; mais il ne put s'en dispenser quand le tribun Apuléius l'y invita. Cicéron annonça dès-lors qu'Antoine n'obéirait pas à l'injonction du sénat. Il signala tour-à-tour et les menées des agens qu'Antoine entretenait à Rome pour égarer l'esprit public, et les propositions timides par lesquelles les députés s'étaient engagés envers lui; il fit maintenir à Brutus le commandement de l'armée qui s'était formée autour de lui, essaya de conserver à Cassius le soin de venger contre Dolabella le meurtre qu'il avait commis sur Trebonius pour lui enlever

son gouvernement; et s'il n'obtint d'abord qu'un triomphe d'éloquence, il parvint enfin au but qu'il se proposait.

Sur ces entrefaites, Antoine poussait vivement le siège de Modène. Decimus Brutus était aux abois. On ne doutait pas qu'Antoine ne lui réservât le sort que Trebonius avait éprouvé par l'ordre de Dolabella. Dans la vue de le sauver, on nomma de nouveaux députés, et Cicéron fut du nombre; mais il se repentit bientôt d'avoir accepté cette mission périlleuse, et les raisons qu'il donna de son refus firent agréer sa démission. Cependant, vers la fin du mois de mars, Pansa sortit avec ses légions pour aller joindre son collègue Hirtius et le jeune César. Lépide écrivit au sénat pour l'engager à traiter avec Antoine; plusieurs sénateurs étaient décidés à déférer à cette invitation, mais Cicéron confondit ces timides conseillers, lut la lettre qu'Antoine avait adressée à Hirtius, commenta et réfuta toutes ses assertions, et fit voir que son retour ainsi que celui de ses adhérens était incompatible avec la liberté. Cicéron parla pour la dernière fois, après la bataille de Modène, où Pansa fut blessé mortellement, où Octave défendit vaillamment le camp, où Hirtius tailla en pièces les troupes d'Antoine, qui s'en revenaient de l'attaque. L'orateur proposa des supplications aux dieux en l'honneur de ces généraux, des récompenses aux soldats, aux veuves et aux enfans de ceux qui avaient péri.

Un nouveau combat, dans lequel périt Hirtius, fit lever le siège de Modène. Octave était vainqueur, la cause de la liberté semblait triompher, le génie de Cicéron régnait en quelque sorte dans le sénat; mais on eut la maladresse de négliger le jeune vainqueur, dont on s'était servi avec tant de succès. Le sénat voulut licencier son armée, il prétendit que la république, délivrée d'Antoine, n'avait plus besoin de tant de soldats. Alors Octave se rapprocha d'Antoine qui s'était réuni à Lépide, Decimus Brutus s'enfuit et mourut lâchement.

Il est bien loin d'être avéré, comme le prétend Plutarque, que Cicéron ait donné dans le piège que lui tendit Octave, et qu'il ait appuyé la demande que celui-ci faisait du consulat

pour être investi de cette dignité en même temps que lui. Au lieu d'être dupe de ce jeune ambitieux, Cicéron mit beaucoup de finesse dans sa conduite, et s'il proposa de lui décerner l'ovation, ce fut une combinaison de la plus habile politique, car cette distinction enlevait le commandement des troupes à qui l'obtenait. Les lettres de Cicéron font foi des conseils qu'il donnait à Octave ; il ne négligea rien pour s'opposer à ses desseins. Il paraît même avoir répondu avec une grande énergie à un centurion qui vint braver le sénat pendant que huit légions campaient aux portes de Rome. Fatigué des retards qu'on apportait à l'élection, ce centurion s'était écrié en montrant son glaive : « Si vous ne le faites bientôt consul, celui-ci le fera. » Cicéron dit avec dignité : « Si c'est ainsi que vous le demandez, il l'obtiendra. »

Cette noble fermeté de l'orateur fait comprendre l'indifférence d'Octave ; elle explique comment il finit par céder la tête de Cicéron à Antoine. S'il en eût été si bien secondé, il serait inconcevable qu'il l'eût défendu avec tant de mollesse. En général il faut se défier des sources auxquelles a puisé Plutarque. Cicéron eut beaucoup d'ennemis parmi ses contemporains les plus illustres ; Asinius Pollion, par exemple. D'ailleurs, sous les premiers empereurs, on n'osait parler favorablement de ce défenseur infatigable de la république. Le neveu même d'Auguste s'empressa de cacher le livre qu'il lisait, un jour que l'empereur le surprit tenant un de ses ouvrages. Il est vrai que ce prince s'écria, en le lui rendant : « C'était un homme éloquent, mon fils, un grand homme qui aimait bien sa patrie ; » mais l'action du jeune parent de l'empereur prouve qu'il y avait quelque défaveur à craindre pour ceux qui lisaient les œuvres du grand homme, ou qui honoraient sa mémoire. Dès-lors, les écrivains à gages et les flatteurs devaient s'attacher à entourer sa réputation de faits controuvés et d'assertions défavorables.

Les triumvirs étaient campés près de Bologne ; ils se réunirent et firent en commun une liste de proscrits. Cicéron

y fut porté. Plutarque prétend qu'Octave n'y consentit qu'après trois jours de résistance, mais qu'Antoine ne voulant entendre à aucune transaction que cela ne lui fût accordé, il finit par céder. Il est possible que Plutarque ait consulté les Mémoires d'Auguste. Il devait naturellement déguiser l'horreur de son action; mais il est peu vraisemblable qu'il ait sincèrement voulu le salut d'un homme qui serait devenu son ennemi dès qu'il serait lui-même devenu l'ennemi des lois.

Cicéron s'était retiré à Tusculum. Peut-être songeait-il encore à demander des consolations à l'étude. Depuis la mort de César, il avait vécu dans de continuelles agitations; mais rien n'avait pu le détourner de la philosophie. On conçoit qu'il ait prononcé des discours, que son éloquence ait brillé d'un nouvel éclat, que son discours sur l'amnistie, ses quatorze *Philippiques* aient rappelé et la vigilance du consul et le patriotisme de l'orateur dont la voix avait anéanti Catilina; mais comment trouva-t-il le loisir d'écrire les *Tusculanes*, et le délicieux traité *de la Vieillesse*, et les sublimes ouvrages sur *la Nature des dieux*, sur *le Destin, la Gloire, la Divination*? Sans doute, il y avait dans sa grande âme un secret pressentiment qui l'attirait vers de plus nobles régions, qui la séparait de cette terre, en la fécondant de divines inspirations, comme si la Providence eût voulu que celui qui avait été si grand citoyen dans Rome, devînt aussi le citoyen de tous les siècles et de toutes les nations, le modèle de tous les orateurs, la lumière de tous les philosophes.

Quand il eut connaissance des proscriptions, son frère Quintus était avec lui à Tusculum; aussitôt ils se rendirent à Astura, terre que Cicéron avait sur la côte; car ils voulaient aller joindre Brutus en Macédoine. Chemin faisant, ils rapprochèrent leurs litières l'une de l'autre, et se livrèrent au désespoir le plus violent. Quintus surtout, qui ne prévoyait pas l'évènement, avait quitté Rome sans emporter autre chose que ce qu'il lui fallait pour passer quelques jours chez son frère. Celui-ci n'avait guère plus de ressources. Il fut donc décidé

que Cicéron continuerait sa route, et que Quintus s'en retournerait à Rome pour se préparer à une longue absence. Les deux frères se quittèrent en versant des larmes amères, et en se donnant l'un à l'autre les marques de la plus vive tendresse. De retour chez lui, Quintus ne put échapper aux espions d'Antoine ; des gens armés se présentèrent chez lui. D'abord il se cacha ; mais comme il entendit du fond de sa retraite que l'on donnait la torture à son fils, pour le forcer de le dénoncer, il ne voulut point de la vie au prix des tourmens que l'on faisait endurer à ce courageux jeune homme. Il se présenta donc, et demanda pour toute grâce qu'on le fît mourir le premier : le fils implora la même faveur ; il ne voulait pas être témoin du supplice de son père. Les bourreaux furent émus de pitié : on les sépara ; seule faveur que pussent accorder les satellites de ce sanguinaire tyran.

Cicéron s'était embarqué à Astura, et par un vent favorable il arriva jusqu'à Circéies. Les marins voulaient que l'on traversât la mer sur-le-champ ; mais lui, soit dégoût de la navigation, soit par un reste de confiance en la bonne foi d'Octave, se fit mettre à terre et s'avança d'environ cent stades sur la route de Rome. Tout à coup une nouvelle irrésolution le ramena vers la mer. Il passa la nuit sur le rivage, méditant les projets les plus contradictoires : il songea même à pénétrer en secret chez le jeune César, pour se tuer sur son foyer, afin que son génie vengeur le poursuivît à jamais ; mais l'accomplissement de ce dessein offrait trop de dangers, il pouvait être surpris et livré à la torture. Il s'abandonna donc à la conduite de ses esclaves, et vint par mer à Caïète : il avait dans les environs une maison de campagne dont le séjour était fort agréable en été. Cicéron descendit à terre et se coucha pour y prendre quelque repos. Je passe ici sur le prodige des corbeaux sortis d'un temple d'Apollon, et qui, depuis le vaisseau, poursuivirent Cicéron jusqu'à la fenêtre de son habitation, et se posèrent sur son lit pour lui enlever doucement sa couverture. Le vieux Plutarque rattache à ce prodige la solli-

citude des esclaves qui firent aussitôt partir leur maître. Il ne nous dit pas pourquoi Cicéron, après s'être embarqué deux fois, s'exposait toujours à de nouveaux dangers; mais le rhéteur Sénèque nous a gardé un beau fragment de Tite-Live : lui aussi racontait la mort de Cicéron. Ce qui précède, ce qui suit ce récit a péri par l'injure des âges; mais le peu de paroles qu'il a consacrées à la mort d'un grand homme participe de leur immortalité à tous deux. Il faudrait pour bien louer Cicéron, un autre Cicéron, dit Tite-Live; mais la destinée ne doit pas à la terre deux génies aussi vastes. Tite-Live rapporte que Cicéron s'était plusieurs fois embarqué, que tantôt le vent contraire et tantôt le mal de mer le faisaient revenir à la côte, et qu'enfin, fatigué de sa fuite et de la vie, il s'écria : « Je mourrai dans cette patrie que j'ai si souvent sauvée. » Il se dirigea donc vers sa maison de campagne située à une demi-lieue de la mer, et il était entouré d'esclaves bien armés et prêts à le défendre vaillamment; mais quand il se vit poursuivi, il leur enjoignit de déposer sa litière et de souffrir patiemment ce qu'ordonnerait la destinée [*]. C'est alors que survinrent les sicaires d'Antoine, parmi lesquels le centurion Herennius et le tribun Popilius. Cicéron présenta sa tête à Herennius; les assistans se détournèrent avec horreur. D'autres auteurs donnent à Popilius Lénas tout l'odieux de cette action; ils vont jusqu'à soutenir que ce Popilius avait été autrefois défendu par Cicéron d'une accusation de parricide; mais s'il est vrai qu'à la recommandation de Célius, ce grand homme ait autrefois plaidé pour lui, la

---

[*] La rapidité de l'extrait de Tite-Live ne nous permet pas de savoir s'il disait, comme Plutarque, que les meurtriers l'avaient d'abord vainement cherché chez lui. Selon ce dernier, tous les serviteurs ayant répondu qu'ils ne l'avaient point vu, Philologus, jeune affranchi de Quintus, élevé par Cicéron lui-même à l'étude des sciences, indiqua au tribun la litière qu'on portait vers le rivage par des allées couvertes; alors le tribun fit un détour pour gagner l'issue de ces allées, pendant qu'Herennius traversait le jardin à la course.

nature de la cause ne paraît avoir été imaginée que pour servir d'alimens aux exercices de déclamation pratiqués dans les écoles au temps de Sénèque le Rhéteur. Il s'agissait de pousser à l'extrême la scélératesse du meurtrier. L'un de ces déclamateurs s'écrie : « Popilius, tu as bien fait de tuer ton père, avant d'attenter aux jours de Cicéron. » Un autre a remarqué que cette réunion d'atrocités n'aggravait pas l'indignation, mais la fatiguait.

On apporta au Forum cette tête vénérable qui avait si longtemps veillé au salut de la patrie, et ces mains, qui avaient tracé les *Philippiques*, furent clouées à la tribune aux harangues. Antoine, comblé de joie, s'écria que désormais les proscriptions étaient finies ; il donna pour récompense à Popilius un million de sesterces. Fulvie, aussi abjecte dans sa haine qu'Antoine était cruel, perça d'un fer brûlant la langue éloquente qui avait flétri jadis les indignités de Clodius, son premier mari, et qui naguère avait été si redoutable dans le sénat pour celui dont elle partageait maintenant la puissance et les crimes.

Plutarque rapporte des circonstances atroces de la vengeance de Pomponia sur Philologus, que l'on présume être le Philogonus dont il est parlé dans les lettres à Quintus. Antoine, par un caprice de justice, lui aurait livré ce traître ; et Pomponia l'aurait contraint à se couper lui-même les chairs, à les rôtir et à les manger. Cette femme eût donc été plus haïssable encore que Fulvie. Heureusement Plutarque convient qu'il n'est pas dit un mot de cela dans les Mémoires de Tiron, non plus que de la trahison de Philologus. Ce motif doit suffire pour refuser toute foi à cet horrible récit. Tiron, l'affranchi de Cicéron, l'ami de son ancien maître, n'eût certainement pas omis un fait aussi important.

Nous n'avons point de raisons pour rejeter un renseignement que nous donne la vie de Cicéron publiée en latin par M. l'abbé Maï, d'après deux manuscrits du quatorzième siècle. Les restes mutilés de Cicéron, y est-il dit, furent recueillis par

un Lamia, qui est probablement celui pour lequel plaida Asinius Pollion. Trois épigrammes de l'ancienne Anthologie célèbrent aussi le courage et le dévoûment de ce Lamia : elles sont transcrites dans une note de l'édition de M. Le Clerc. Il paraît donc que l'opinion générale adoptait ce fait comme avéré.

En l'an de Rome 725, après la bataille d'Actium, le fils de Cicéron fut quelque temps consul avec Auguste, et pendant son consulat on annonça la mort d'Antoine. Les statues du triumvir furent abattues par l'ordre du sénat; on abolit tous les décrets rendus en son honneur, et il fut interdit à tous les membres de la famille Antonia de jamais s'appeler Marcus. Un nom devenu immortel par les vertus et le génie de Cicéron, ne devait plus se répéter dans une famille qu'Antoine avait tant avilie par sa bassesse et ses cruautés. C'est la seule fois que l'histoire s'occupe du jeune Cicéron; il n'y figure que pour venger noblement son père, et disparaît ensuite dans la foule des générations dévorées par les âges : la postérité n'a retenu de lui que ce qui a rapport au grand homme dont elle redira toujours la gloire, lors même que le monde aurait autant d'avenir que les rêves de quelques auteurs de systèmes lui donnent de passé.

DE GOLBERY.

RHÉTORIQUE
A C. HERENNIUS

TRADUCTION NOUVELLE

PAR M. DELCASSO

ANCIEN ÉLÈVE DE L'ÉCOLE NORMALE,
PROFESSEUR AU COLLÈGE ROYAL DE STRASBOURG.

INTRODUCTION.

Nous n'avons pas la prétention d'approfondir ici toutes les questions qui ont pu être soulevées par les savans, à propos de l'ouvrage dont nous donnons une traduction nouvelle. Après les doctes travaux de MM. Schütz et Le Clerc, il ne reste plus rien de neuf à dire sur ce sujet. Notre devoir se borne à présenter, dans un résumé succinct, le résultat des recherches de nos devanciers.

La *Rhétorique à Herennius* est citée comme un ouvrage de Cicéron par plusieurs écrivains * qui appartiennent au commencement du moyen âge, c'est-à-dire à cette seconde antiquité si voisine de la première, et qui la connaissait si bien. Alors on possédait encore beaucoup d'auteurs perdus aujourd'hui, et on lisait ceux qui nous restent dans des manuscrits plus anciens et plus complets que les nôtres. On avait donc, pour vérifier l'authenticité des productions littéraires de l'âge précédent, des ressources dont nous sommes privés. Parmi les graves autorités de cette époque qui attribuent à Cicéron le traité suivant, nous ne citerons que saint Jérôme. «Lisez, dit-il, les livres de Cicéron à Herennius; lisez ses livres de rhétorique; ou bien, comme il avoue lui-même que ce sont des ébauches imparfaites, échappées à son inexpérience, feuilletez ses trois dialogues *de l'Orateur.* » Ce témoignage est confirmé par les meilleurs manuscrits, et par les savans éditeurs du quinzième et du seizième siècle, qui s'accordent presque tous à ranger la *Rhétorique* en question parmi les œuvres de l'orateur romain.

Cependant la plupart des éditeurs modernes n'ont pas cru de-

---

* *Div.* Hieronym. *Adv. Ruf.*, lib. 1, p. 137; et in *Proœm. comment. ad Abdiam.* — Rufinus, *de Compos. et meth. orat.* — Priscian., passim., etc.

voir adopter cette opinion. Fondés sur quelques passages de Quintilien, ils ont affirmé que l'ouvrage n'était point de Cicéron, et se sont livrés à d'immenses recherches pour en découvrir le véritable auteur.

Comme il se trouve, en effet, dans le traité adressé à Herennius, quelques idées que Quintilien rapporte sous le nom de Cornificius, il était naturel de songer d'abord à ce rhéteur, pour le substituer à Cicéron. Mais quel est donc cet heureux rival qui vient déposséder un si puissant propriétaire? Quintilien ne nous le fait pas suffisamment connaître, et les érudits, comme pour augmenter encore notre embarras, sont parvenus à exhumer trois ou quatre personnages de ce nom. Tandis que les avis étaient partagés entre ces concurrens, une critique sévère a démontré qu'aucun des Cornificius ne pouvait être l'auteur cherché*. Dès-lors ceux qui voulaient, à tout prix, exclure Cicéron, se sont livrés à de nouvelles hypothèses, les unes ingénieuses, les autres ridicules, toutes inadmissibles. On a nommé M. Tullius, fils de Cicéron; Lauréa Tullius et Tullius Tiron, ses affranchis; M. Gallion, Virginius Rufus, Marc Antoine Gniphon, et même Timolaüs, fils de la reine Zénobie. Sans alléguer les divers argumens qu'on peut opposer à chacun de ces candidats, contentons-nous de faire observer qu'il n'en est pas un qui ait en sa faveur l'unique titre des Cornificius, je veux dire la mention de Quintilien.

Avant de s'enfoncer dans ces interminables recherches, il aurait fallu s'arrêter plus sérieusement à la question préliminaire, et se demander s'il y avait lieu d'élever des doutes sur l'auteur de la rhétorique. Rappelons qu'il n'y a contre Cicéron que l'autorité de Quintilien. Si ce témoignage est décisif, l'auteur, quel qu'il soit, doit se nommer Cornificius; si les passages cités dans les *Institutions oratoires* n'offrent rien de concluant, nous n'avons nul motif pour chercher un auteur à l'ouvrage : c'est une propriété non contestée qui reste, de plein droit, à son ancien possesseur.

Or un examen scrupuleux a démontré que, parmi les allusions

---

* Schutz, *Ciceronis opera rhetorica*, 3 vol.; Leipsick, 1804-1808. — Schutz, *Ciceronis opera*, 20 vol.; Leips., 1814-1821. — Le Clerc, *OEuvres de Cicéron*, t. I, introduction. — Fabric., *Bibl. lat.*, c. viii. — Baehr., *Geschichte der Romischen litteratur*, B. III, c. xv, § 248.

de Quintilien à l'ouvrage de Cornificius*, quelques-unes sont étrangères à la rhétorique qui nous occupe, d'autres n'y ont qu'un rapport éloigné. Une seule paraît s'en rapprocher davantage; mais la ressemblance ne porte que sur les noms de plusieurs figures. Deux auteurs ne peuvent-ils pas, en traitant le même sujet, avoir adopté, à peu près, les mêmes termes et les mêmes classifications? Voilà cependant la base fragile sur laquelle reposent tant d'hypothèses et de discussions.

A ces preuves, qu'on pourrait appeler négatives, M. Le Clerc en ajoute de plus puissantes encore, tirées de l'ouvrage même. D'abord, il détermine approximativement l'époque à laquelle il a dû être composé. En fixant avec exactitude la date des faits contemporains qui s'y trouvent mentionnés, on a constaté que le plus récent est la mort du tribun Sulpicius** tué par ordre de Sylla, l'an de Rome 665. Cicéron avait alors dix-neuf ans. M. Le Clerc en conclut qu'il aurait pu rédiger cette rhétorique après sa vingtième année.

Un autre passage peut concourir avec le précédent à déterminer l'époque que nous cherchons. L'auteur de la *Rhétorique* mentionne, liv. 1, ch. 11, une loi qui impose à l'un des augures l'obligation de proposer à l'assemblée du peuple le candidat qui demande à remplacer un augure décédé. Cette loi ne peut être que la loi *Domitia* abrogée par Sylla en 674. C'est donc avant cette année que l'ouvrage a été composé, et il n'a pas pu l'être avant 665, comme le prouve le fait cité plus haut***.

L'auteur de la traduction publiée en 1816, sans aborder directement la difficulté, avance un fait qui, s'il était constant, renverserait notre calcul et celui de M. Le Clerc. « Une chose bien digne de remarque, dit-il, et à laquelle les critiques n'ont peut-être pas fait attention, c'est qu'on trouve dans la *Rhétorique à*

---

* Quintil., v, 10, 2, *Rh. ad Herenn.*, iv, 18. — Quint., ix, 2, 27; *Rh. ad Herenn.*, iv, 36. — Quint., ix, 3, 31, *Rh. ad Herenn.*, iv, 14. — Quint., ix, 3, 69, *Rh. ad Herenn.*, iv, 14. — Quint., ix, 3, 91, *Rh. ad Herenn.*, iv, 17, 25. — Quint., ix, 4, 98, *Rh. ad Herenn.*, iv, 15, 16, 24, 27, 34, etc.

** *Rhetor. ad Herenn.*, i, 15. Cf. *Brutus*, lxxxix.

*** *Voyez* la note 25 du livre premier.

Herennius des exemples pris dans les discours de l'orateur romain, et notamment dans la cinquième *Philippique*. » Si cette assertion était fondée, il ne serait guère possible d'attribuer à Cicéron un ouvrage postérieur à la cinquième *Philippique*. Mais une découverte pareille méritait bien que l'auteur prît la peine d'indiquer ces passages que, le premier entre tant de critiques, il avait découverts. Comme il n'en a rien fait, nous craignons fort qu'il n'ait été dupe de quelque illusion. De légers rapports entre les expressions et les pensées ne prouveraient rien ici. Pourquoi Cicéron n'aurait-il pas repris dans les ouvrages de son âge mûr ou de sa vieillesse quelques-unes des idées qu'il avait déjà émises dans ses premières compositions?

D'autres motifs nous confirment encore dans notre opinion. On reconnaît à chaque page de la *Rhétorique à Herennius* l'esprit des études que l'auteur avait faites en Grèce : c'est bien la méthode péripatéticienne avec ses définitions précises, ses divisions multipliées. Le style, aussi bien que le fond des idées, annonce un jeune homme; l'expression, habituellement vive et ingénieuse, est trop souvent obscure et recherchée. Néanmoins ce premier essai n'est pas indigne d'un grand maître; nous y reconnaissons le futur héritier des philosophes et des orateurs grecs, avec son jugement sain, sa critique délicate, son imagination féconde. Il a déjà son goût pour les vieux poètes latins, qu'il cite à chaque instant; déjà même il manifeste les opinions politiques du dernier chef de l'aristocratie romaine. Enfin, si l'on trouve peu de charme dans une science décomposée trop minutieusement, et, pour ainsi dire, pulvérisée, on ne saurait pourtant se défendre d'admirer la force d'analyse qui a su ramener ainsi l'art oratoire à ses élémens constitutifs.

Par une bizarrerie, qui nous semble inexplicable, ceux qui veulent enlever à Cicéron la *Rhétorique* ne lui contestent point le traité de *l'Invention*, qui n'est évidemment qu'une seconde édition du premier ouvrage. En effet, s'il y a deux auteurs, il faut nécessairement que l'un ait copié l'autre. Or, il est certain que le traité de *l'Invention* a été écrit le dernier; il correspond rigoureusement à la première moitié de la *Rhétorique*; il en reproduit des pages entières, mais avec d'heureuses modifications; ce sont à peu près les mêmes divisions, mais avec plus de méthode; les

mêmes définitions, mais avec plus d'exactitude. Accusera-t-on d'un ignoble plagiat le génie le plus fécond de l'antiquité ?

Reconnaissons donc qu'il n'y a ici qu'un seul auteur. Cicéron, dans un âge plus mûr, a refondu les deux premiers livres de sa *Rhétorique*, comme il refit aussi plus tard, sur un autre plan, les dialogues qu'il avait consacrés à l'histoire des doctrines académiques[*]. Tout, dans le traité *de l'Invention*, porte l'empreinte d'un progrès incontestable. L'auteur ne s'éloigne de la *Rhétorique* que pour la corriger, la perfectionner. L'écrivain, éclairé par l'expérience, change ou modifie les exemples, supprime les détails inutiles, ajoute des développemens nécessaires, rectifie les termes ou les idées. La forme s'est sensiblement améliorée; le fond est resté le même.

Dans les remarques ajoutées à chaque livre, nous reviendrons souvent sur les nombreux rapports qui existent entre les deux ouvrages. Nous renvoyons également aux notes pour une foule d'autres détails dont nous croyons inutile de surcharger cette Introduction.

Quel que soit l'auteur de la *Rhétorique à Herennius*, il est certain qu'il n'a point travaillé d'après la *Rhétorique d'Aristote*. Son traité n'a pas été non plus composé sur le plan de la *Rhétorique à Alexandre*, dont l'auteur est incertain. Les écrits d'Hermagoras sont vraisemblablement la source à laquelle il a puisé de préférence.

---

[*] *Voyez* t. xxvii, *Académiques*, introduction du livre premier, page 2, et introduction du livre second, page 62.

ARGUMENT

DU LIVRE PREMIER.

L'AUTEUR, dans une courte préface, indique l'objet qu'il se propose (ch. 1er); ensuite il fait connaître les trois genres d'éloquence, *démonstratif, délibératif, judiciaire*, et les conditions que l'orateur doit remplir, c'est-à-dire, l'*invention*, la *disposition*, l'*élocution*, la *mémoire* et la *prononciation* (II). Il consacre ce premier livre à l'invention en général, qui comprend l'*exorde*, la *narration*, la *division*, la *confirmation*, la *réfutation* et la *conclusion* (III).

Pour bien traiter l'exorde, il faut l'approprier au genre de la cause. On distingue quatre genres de causes, l'*honnête*, le *honteux*, le *douteux* et le *bas* (III). Il y a deux sortes d'exorde, le *simple début* (IV et V) et l'*insinuation* (VI et VII).

On distingue trois espèces de *narration* : 1° la narration fondamentale, sur laquelle roule toute la cause; 2° les narrations accessoires, qui se présentent dans le cours des plaidoiries; 3° les narrations de fantaisie, qu'on écrit pour s'exercer (VIII). L'auteur s'arrête sur la première, qui doit être *courte, claire, vraisemblable* (IX); puis il passe à la *division* et à la *distribution* (X); de là il nous conduit à la *confirmation* et à la *réfutation*, qui doivent se subordonner à l'état de la question. Il y a trois questions, *conjecturale, légale, juridiciaire* (XI-XV). L'état de la question étant trouvé, il faut chercher la *raison* de la cause, la *réplique* de l'adversaire et le *point à juger* (XVI et XVII). Une conclusion assez insignifiante termine ce livre.

RHETORICORUM AD C. HERENNIUM

LIBER PRIMUS.

I. Etsi negotiis familiaribus impediti, vix satis otium studio suppeditare possumus, et id ipsum, quod datur, otii, libentius in philosophia consumere consuevimus; tamen tua nos, C. Herenni, voluntas commovit, ut de ratione dicendi conscriberemus : ne aut tua causa noluisse nos, aut fugisse laborem putares. Et eo studiosius hoc negotium suscepimus, quod te non sine causa velle cognoscere rhetoricam intelligebamus. Non enim parum in se fructus habet copia dicendi, et commoditas orationis, si recta intelligentia et definita animi moderatione gubernetur. Quas ob res illa, quæ græci scriptores inanis arrogantiæ causa sibi assumserunt, reliquimus. Nam illi, ne parum multa scisse viderentur, ea conquisierunt quæ nihil attinebant, ut ars difficilior cognitu putaretur: nos autem ea quæ videbantur ad rationem dicendi pertinere, sumsimus. Non enim spe quæstus, aut gloria commoti venimus ad scriben-

RHÉTORIQUE
A C. HERENNIUS

LIVRE PREMIER.

I. Quoique je puisse à peine, au milieu des affaires privées qui me captivent, réserver assez de loisir pour l'étude, et que même, ce peu de temps qui me reste, je le consacre plus volontiers à la philosophie, cependant, C. Herennius, cédant à vos désirs, je me suis décidé à écrire sur l'art oratoire : je ne veux point que vous me reprochiez de vous avoir refusé quelque chose, ou de reculer devant le travail. Je me suis chargé de cet ouvrage avec d'autant plus d'ardeur que, si vous aspirez à connaître la rhétorique, ce n'est pas sans motifs, je le sais. En effet, la richesse de la pensée et la facilité de l'élocution n'offrent pas de stériles avantages, lorsqu'elles sont réglées par un jugement droit et par une méthode sévère. Voilà pourquoi nous avons laissé de côté certains détails dont les écrivains grecs ne s'embarrassèrent que par une vaine ostentation. Dans la crainte de ne pas paraître assez savans, ils ont recherché au loin des choses étrangères au sujet, afin qu'on crût l'art plus difficile : nous, au contraire, nous n'avons abordé que les questions relatives à la rhétorique. Ce n'est ni par l'espoir

dum, quemadmodum ceteri; sed ut industria nostra tuae morem geramus voluntati. Nunc, ne nimium longa sumatur oratio, de re dicere incipiemus; si te unum illud monuerimus, artem sine assiduitate dicendi non multum juvare: ut intelligas hanc rationem praeceptionis ad exercitationem accommodari oportere.

II. Oratoris officium est, de his rebus posse dicere, quae res ad usum civilem moribus ac legibus constitutae sunt, cum assensione auditorum, quoad ejus fieri poterit. Tria sunt genera causarum, quae recipere debet orator: demonstrativum, deliberativum, judiciale. Demonstrativum est, quod tribuitur in alicujus certae personae laudem, vel vituperationem: deliberativum est, quod in consultatione positum, habet in se suasionem et dissuasionem: judiciale est, quod positum in controversia, habet accusationem, aut petitionem cum defensione.

Nunc, quas res oratorem habere oporteat, docebimus: deinde, quo modo has causas tractari conveniat, ostendemus. Oportet igitur esse in oratore inventionem, dispositionem, elocutionem, memoriam, et pronuntiationem. Inventio est excogitatio rerum verarum aut verisimilium, quae causam probabilem reddant. Dispositio est ordo et distributio rerum; quae demonstrat quid quibus in locis sit collocandum. Elocutio est idoneorum verborum et sententiarum ad inventionem accommodatio. Memoria est firma animi rerum et verborum

de gain, ni par l'appât de la gloire, que nous avons été entraînés à écrire, comme tant d'autres; notre unique but est de vous complaire. Maintenant, sans nous égarer en un trop long préambule, nous entrerons en matière, après vous avoir donné un avis : c'est que l'art, sans l'exercice de la parole, n'est pas d'un grand secours; comprenez donc bien que notre théorie doit toujours être adaptée à la pratique.

II. Le devoir de l'orateur[1] est de pouvoir parler sur toutes les questions de l'ordre civil qui sont réglées par les coutumes ou par les lois, en se conciliant, autant qu'il est possible, l'assentiment des auditeurs. Il y a trois genres de causes que l'orateur doit embrasser, le démonstratif, le délibératif et le judiciaire[2]. Le démonstratif est consacré à louer ou à blâmer une personne déterminée : le délibératif, qui suppose une consultation, a pour but de conseiller ou de dissuader; le judiciaire, qui repose sur une controverse, renferme l'accusation ou l'attaque, et la défense.

Nous allons indiquer à présent les conditions indispensables pour être orateur. Nous montrerons ensuite comment il faut traiter ces trois genres de causes[3]. L'orateur doit posséder l'invention, la disposition, l'élocution, la mémoire et le débit. L'invention trouve les moyens vrais ou vraisemblables qui viennent à l'appui d'une cause; la disposition classe et distribue ces moyens; elle nous enseigne où chaque chose doit être placée. L'élocution trouve les mots et les phrases qui conviennent le mieux aux idées fournies par l'invention. Par la mémoire, l'esprit retient fermement les pensées, les expressions et le plan du discours. La prononciation nuance

et dispositionis perceptio. Pronuntiatio est vocis, vultus, gestus moderatio cum venustate. Hæc omnia tribus rebus assequi poterimus, arte, imitatione, exercitatione. Ars est præceptio, quæ dat certam viam rationemque dicendi. Imitatio est, qua impellimur cum diligenti ratione, ut aliquorum similes in dicendo velimus esse. Exercitatio est assiduus usus consuetudoque dicendi.

Quoniam igitur demonstratum est quas causas oratorem recipere, quasque res habere conveniret, nunc, quemadmodum ad orationem possint oratoris officia accommodari, dicendum videtur.

III. Inventio in sex partes orationis consumitur, in exordium, narrationem, divisionem, confirmationem, confutationem, conclusionem. Exordium est principium orationis, per quod animus auditoris constituitur ad audiendum. Narratio est rerum gestarum, aut perinde ut gestarum, expositio. Divisio est, per quam aperimus quid conveniat, quid in controversia sit; et per quam exponimus quibus de rebus simus dicturi. Confirmatio est nostrorum argumentorum expositio cum asseveratione. Confutatio est contrariorum locorum dissolutio. Conclusio est artificiosus terminus orationis. Nunc, quoniam una cum oratoris officiis, quo res cognitu facilior esset, producti sumus, ut de orationis partibus loqueremur, et eas ad inventionis rationem accommodaremus, de exordio primum dicendum videtur.

avec grâce la voix, la physionomie et le geste. Trois choses nous conduisent à l'accomplissement de toutes ces conditions, l'art, l'imitation et l'exercice. L'art est l'ensemble des préceptes qui dirigent la marche et l'économie du discours; l'imitation nous fait travailler avec soin à ressembler aux modèles que nous avons choisis; l'exercice est la pratique assidue et l'habitude de la parole.

Puisque nous venons d'indiquer les genres de causes que traite l'orateur, les conditions qu'il doit remplir, maintenant nous avons à dire comment ces principes s'appliquent à la composition d'un discours.

III. L'invention se résout en six parties oratoires : exorde, narration, division, confirmation, réfutation, conclusion. L'exorde ou le commencement du discours dispose l'esprit de l'auditeur à l'attention : la narration est l'exposé des choses faites, ou données comme faites; la division met au jour ce qui est convenu, ce qui est contesté : par elle nous exposons les objets dont nous avons à parler. La confirmation établit nos argumens dans toute leur force; la réfutation détruit les moyens qu'on nous oppose; la conclusion est la fin du discours ménagée avec art. A propos des devoirs de l'orateur, afin de nous faire mieux comprendre, nous avons énuméré les parties du discours, en les rapportant au travail de l'invention : il convient donc de parler d'abord de l'exorde.

Causa posita, quo commodius exordiri possimus, genus causæ considerandum est. Genera causarum sunt quatuor: honestum, turpe, dubium, humile. Honestum causæ genus putatur, quum aut id defendimus, quod ab omnibus defendendum videtur; aut id oppugnamus, quod ab omnibus videtur oppugnari debere : ut pro viro forti contra parricidam. Turpe genus intelligitur, quum aut honesta res oppugnatur, aut defenditur turpis. Dubium genus est, quum habet in se causa et honestatis, et turpitudinis partem. Humile genus est, quum contemta res affertur.

IV. Quum hæc ita sint, conveniet exordiorum rationem ad genus causæ accommodari. Exordiorum duo sunt genera : Principium, quod græce προοίμιον appellatur; et insinuatio, quæ ἔφοδος nominatur. Principium est, quum statim auditoris animum nobis idoneum reddimus ad audiendum. Id ita sumitur, ut attentos, ut dociles, ut benivolos auditores habere possimus. Si genus causæ dubium habebimus, a benivolentia principium constituemus, ne quid illa turpitudinis pars nobis obesse possit. Sin humile erit genus causæ, faciemus attentos. Sin turpe causæ genus erit, insinuatione utendum est, de qua posterius dicemus, nisi quid nacti erimus, quare adversarios criminando, benivolentiam capere possimus. Sin honestum causæ genus erit, licebit recte vel uti, vel non uti principio. Si uti vole-

La cause une fois posée, il faut, pour que l'exorde soit plus approprié au sujet, examiner quel est le genre de la cause [4]. Il y a quatre genres de causes : l'honnête, le honteux, le douteux et le bas. La cause appartient au genre honnête, quand nous défendons ce qui semble devoir être défendu par tout le monde, ou que nous attaquons ce que chacun semble devoir attaquer; ainsi l'on parle en faveur d'un homme de bien, ou contre un parricide. Le genre est appelé honteux, lorsqu'on attaque ce qui est honnête ou qu'on défend ce qui ne l'est pas [5]. Le genre est douteux quand la cause est en partie honnête, en partie honteuse; le genre est bas, quand on présente une chose méprisée.

IV. Puisqu'il en est ainsi, il conviendra de conformer l'exorde au genre de la cause [6]. Il y a deux sortes d'exorde : l'un, que les Grecs nomment προοίμιον, n'est qu'un simple début; l'autre, qu'ils nomment ἔφοδος, se fait par insinuation. L'exorde n'est qu'un simple début quand, dès l'abord, nous disposons l'auditeur à nous écouter. Il a pour but de le rendre attentif, docile [7], bienveillant. Si le genre de la cause est douteux, nous débuterons en réclamant la bienveillance, afin que la partie honteuse qu'il contient ne nous soit point nuisible. Si le genre est bas, nous provoquerons l'attention; s'il est honteux, on se servira de l'insinuation, dont nous devons parler plus bas, à moins qu'on n'ait trouvé un moyen de capter la bienveillance en accusant les adversaires. Si le genre est honnête, il sera permis d'employer ou de ne pas employer le simple début; si nous voulons l'employer, il faudra montrer ce qui constitue l'honnêteté de la cause, ou exposer brièvement le sujet du discours; si nous ne voulons

mus, aut id oportebit ostendere, quare causa sit honesta, aut breviter, quibus de rebus simus dicturi, exponere. Si principio uti nolemus, a lege, a scriptura, aut ab aliquo firmissimo nostræ causæ adjumento principium capere oportebit.

Quoniam igitur docilem, benivolum, attentum habere auditorem volumus, quomodo quidque [confici possit, aperiemus. Dociles auditores habere poterimus, si summam causæ breviter exponemus, et si attentos eos faciemus; nam docilis est is qui attente vult audire. Attentos habebimus, si pollicebimur nos de rebus magnis, novis, inusitatis verba facturos, aut de iis rebus quæ ad rempublicam pertineant, aut ad eos ipsos qui audient, aut ad deorum immortalium religionem : et, si rogabimus, ut attente audiant : et, si numero exponemus res, quibus de rebus dicturi sumus. Benivolos auditores facere quatuor modis possumus, a nostra, ab adversariorum, ab auditorum persona, et a rebus ipsis.

V. A nostra persona benivolentiam contrahemus, si nostrum officium sine arrogantia laudabimus, aut in rempublicam quales fuerimus, aut in parentes, aut in amicos, aut in eos ipsos qui audiunt, referemus, dum hæc omnia ad eam ipsam rem de qua agitur, sint accommodata. Item, si nostra incommoda proferemus, inopiam, solitudinem, calamitatem : et, si orabimus, ut nobis sint auxilio, simul ostendemus, nos in aliis

point l'employer, il faudra débuter en citant une loi, un écrit, ou quelque circonstance qui offre un solide appui à la cause.

Puisque nous voulons avoir un auditeur docile, bienveillant, attentif[8], faisons connaître les moyens de parvenir à ce but. Nous pourrons avoir des auditeurs dociles, si nous exposons succinctement le fond de la cause, et si nous fixons leur attention : car être docile, c'est consentir à écouter attentivement. Nous obtiendrons l'attention, si nous déclarons devoir parler de choses importantes, nouvelles, extraordinaires, de choses qui intéressent l'état, ou les auditeurs, ou le culte des dieux immortels; si nous prions qu'on nous écoute attentivement, et si nous exposons avec ordre les questions que nous allons traiter. Pour rendre l'auditoire bienveillant, nous avons quatre moyens : parler de nous-mêmes, des adversaires, des auditeurs, et du sujet.

V. Nous exciterons la bienveillance en parlant de nous-mêmes, si nous faisons valoir nos services sans arrogance, si nous rappelons ce que nous avons fait pour l'état, pour nos parens, pour nos amis, ou pour ceux même qui nous écoutent, pourvu que tous ces détails aient rapport à l'objet dont il s'agit; si nous retraçons nos peines, notre détresse, notre abandon, notre calamité; enfin si, en implorant le secours des auditeurs, nous déclarons qu'en eux seuls nous avons voulu mettre nos espérances. Nous obtiendrons la bienveillance en

spem noluisse habere. Ab adversariorum persona benivolentia captabitur, si eos in odium, in invidiam, in contemtionem adducemus. In odium rapiemus, si quod eorum spurce, superbe, perfidiose, crudeliter, confidenter, malitiose, flagitiose factum proferemus. In invidiam trahemus, si vim, si potentiam, factionem, divitias, incontinentiam, nobilitatem, clientelas, hospitium, sodalitatem, affinitates adversariorum proferemus, et his adjumentis magis, quam veritate eos confidere aperiemus. In contemtionem adducemus, si inertiam, ignaviam, desidiam, luxuriam adversariorum proferemus. Ab auditorum persona benivolentia colligetur, si res eorum fortiter, sapienter, mansuete, magnifice judicatas proferemus : et si, quæ de iis existimatio, quæ judicii exspectatio sit, aperiemus. Ab rebus ipsis benivolum efficiemus auditorem, si nostram causam laudando extollemus, adversariorum per contemtionem deprimemus.

VI. Deinceps de insinuatione aperiendum est. Tria sunt tempora, quibus principio uti non possumus, quæ diligenter sunt consideranda : aut quum turpem causam habemus, hoc est, quum ipsa res animum auditoris a nobis alienat; aut quum animus auditoris persuasus videtur esse ab iis qui ante contra dixerunt; aut quum defessus est eos audiendo qui ante dixerunt.

Si causa turpitudinem habebit, exordiri poterimus

parlant de nos adversaires, si nous attirons sur eux la haine, l'envie, le mépris. Nous les dévouerons à la haine, si nous citons de leur part quelque trait d'infamie, d'orgueil, de perfidie, de cruauté, de présomption, de malice, de perversité. Nous les livrerons à l'envie, si nous mettons en avant leur force, leur puissance, la faction qui les soutient, leurs richesses, leur ambition effrénée, leur noblesse, le nombre de leurs cliens, de leurs hôtes, de leurs amis, de leurs parens; et si nous démontrons qu'ils placent leur confiance dans ces appuis plutôt que dans la vérité. Nous les ferons tomber dans le mépris, si nous dévoilons leur ignorance, leur mollesse, leur lâcheté, leurs mauvaises mœurs. Nous recueillerons la bienveillance en parlant des auditeurs, si nous rappelons les jugemens où ils firent preuve de courage, de sagesse, de clémence, de grandeur d'âme; si nous étalons à leurs yeux et l'estime qui les environne, et l'attente excitée par l'arrêt qu'ils vont prononcer. Nous rendrons l'auditoire bienveillant en parlant du sujet même, si nous relevons notre cause par des louanges adroites, et si nous rabaissons avec mépris celle de la partie adverse.

VI. A présent il faut développer ce qui concerne l'insinuation [9]. Il y a trois circonstances où l'on ne peut se servir du simple début, et qu'il faut considérer avec soin : quand nous avons une cause honteuse, c'est-à-dire quand le sujet même aliène de nous l'esprit de l'auditeur; en second lieu, quand l'auditeur paraît avoir été persuadé par ceux qui, auparavant, ont parlé contre nous ; enfin, quand il est déjà fatigué d'avoir entendu les discours qui ont précédé le nôtre.

Si la cause est du genre honteux, on pourra com-

his rationibus : *rem, non hominem;* aut *hominem, non rem spectari oportere : non placere nobis ipsis, quæ facta dicantur ab adversariis, et esse indigna aut nefaria.* Deinde quum diu rem auxerimus, nihil simile a nobis factum ostendemus; aut aliquorum judicium de simili causa, aut de eadem, aut de minore, aut de majore proferemus. Deinde ad nostram causam pedetentim accedemus, et similitudinem conferemus. Item si negabimus, nos de adversariis, aut de aliqua re dicturos, et tamen occulte dicemus interjectione verborum. Si persuasus auditor fuerit, id est, si oratio adversariorum auditoribus fidem fecerit (neque enim non facile scire poterimus, quoniam non sumus nescii quibus rebus fides fieri soleat) : ergo si fidem factam putabimus, his nos rebus insinuabimus ad causam : de eo quod adversarii firmissimum sibi adjumentum putaverint, primum nos dicturos pollicebimur; aut ab adversarii dicto exordiemur, et ab eo maxime quod ille nuperrime dixerit; aut dubitatione utemur, quid potissimum dicamus, aut cui loco primum respondeamus, cum admiratione. Si defessi erunt audiendo, ab aliqua re quæ risum movere possit exordiemur, ab apologo, a fabula verisimili, imitatione, depravatione, inversione, ambiguo, suspicione, irrisione, stultitia, exsuperatione, collatione, litterarum mutatione; præterea exspectatione, similitudine, novitate, historia, versu; aut ab alicujus interpellatione,

mencer par ces argumens : *Il faut avoir égard à la chose, et non à la personne; ou bien, à la personne et non à la chose : nous n'approuvons point le fait qu'on nous impute, il est indigne ou criminel.* Ensuite, après avoir longuement insisté sur la gravité du fait, nous montrerons que nous n'avons commis rien de pareil. D'autres fois, nous alléguerons un jugement prononcé par d'autres juges sur une cause semblable, ou identique, ou moins importante, ou plus sérieuse; puis, nous nous approcherons à pas comptés de notre sujet, et nous l'aborderons par une similitude. On réussit de même en déclarant qu'on ne dira rien des adversaires ou de quelque autre chose, dont on parle cependant à la dérobée, en glissant quelques mots avec adresse. Si l'auditeur a été persuadé, si le discours de la partie adverse a obtenu créance (ce qui n'est point difficile à remarquer, puisque nous connaissons les moyens qui opèrent la conviction); si, dis-je, nous croyons nos juges convaincus, voici les différentes manières de nous insinuer dans la cause : Nous nous engagerons à parler d'abord de ce que l'adversaire aura présenté comme son plus puissant secours; ou bien nous commencerons par une de ses assertions, surtout par la dernière; ou bien encore nous paraîtrons hésiter, ne sachant à quel argument donner la préférence, à quelle attaque répondre d'abord, embarrassés du choix. Si l'attention de l'auditoire est déjà fatiguée, nous commencerons par quelque chose qui puisse exciter le rire[10]; ou bien par un apologue, un conte vraisemblable, une imitation, une charge, une inversion de mots, une équivoque, une allusion maligne, une raillerie, une bouffonnerie, une exagération, un rapprochement, un changement de lettres; on peut aussi débuter en piquant la

aut arrisione; et si promiserimus, aliter ac parati fuerimus, nos esse dicturos; nos non eodem modo, ut ceteri soleant, verba facturos; quid alii soleant, quid nos facturi simus, breviter exponemus.

VII. Inter insinuationem, et principium hoc interest. Principium hujusmodi debet esse, ut statim apertis rationibus, quibus præscripsimus, aut benivolum, aut attentum, aut docilem faciamus auditorem : at insinuatio ejusmodi debet esse, ut occulte per dissimulationem eadem illa omnia conficiamus, ut ad eamdem commoditatem in dicendi opere pervenire possimus. Verum hæ tres utilitates tametsi in tota oratione sunt comparandæ, hoc est, ut auditores sese perpetuo nobis attentos, dociles, benivolos præbeant; tamen id per exordium causæ maxime comparandum est.

Nunc, ne quando vitioso exordio utamur, quæ vitia vitanda sint, docebo. In exordienda causa servandum est, ut lenis sit sermo, et usitata verborum consuetudo, ut non apparata oratio esse videatur. Vitiosum exordium est, quod in plures causas potest accommodari, quod vulgare dicitur; item vitiosum est, quo nihilominus adversarius potest uti, quod commune appellatur; item illud, quod leviter commutato adversarius poterit uti ex contrario; item vitiosum est, quod ni-

curiosité, en offrant une similitude, une chose inattendue, une anecdote, un vers; ou bien nous profiterons d'une interpellation, d'un sourire, échappés à quelqu'un de nos auditeurs; nous pourrons aussi promettre de parler autrement que nous ne nous y étions préparés; de ne pas nous exprimer comme les autres ont coutume de le faire; et, dans ce dernier cas, nous exposerons en peu de mots leur méthode et la nôtre.

VII. Voici en quoi l'insinuation diffère du simple début. Dans le simple début, on cherche à rendre l'auditeur bienveillant, attentif, docile, en présentant de prime abord les moyens que nous avons prescrits [11]; tandis que l'insinuation, en dissimulant sa marche, arrive au même but, et nous procure la même faveur dans l'exercice de la parole. Je sais que, dans toute la durée du discours, ce triple avantage ne doit jamais nous manquer; il faut que nos auditeurs se montrent constamment attentifs, dociles, bienveillans; mais c'est à l'exorde surtout d'assurer ce triomphe au reste de la cause.

Maintenant je vais enseigner quels sont les défauts à éviter pour ne point faire un mauvais exorde. Au commencement d'un discours, ayez soin de donner de la douceur à l'expression, de ne pas vous éloigner du langage usité, en sorte que votre style soit sans apprêt. L'exorde est mauvais, s'il peut convenir à plusieurs causes : c'est ce qu'on appelle un exorde banal; il ne l'est pas moins, si l'adversaire peut s'en servir sans y rien changer : c'est ce qu'on appelle un exorde commun; il est encore défectueux, quand, avec de légers changemens, l'adversaire peut l'employer contre nous. On condamne aussi l'exorde,

mium apparatis verbis compositum est, aut nimis longum est, et quod non ex ipsa causa natum videtur (quod separatum vocatur; in quo etiam translatum includitur), ut proprie cohæreat cum narratione: et quod neque benivolum, neque docilem, neque attentum facit auditorem. De exordio satis dictum est: deinceps ad narrationem transeamus.

VIII. Narrationum tria sunt genera. Unum est, quum exponimus rem gestam, et unumquodque trahimus ad utilitatem nostram, vincendi causa: quod pertinet ad eas causas de quibus judicium futurum est. Alterum genus narrationis est, quod intercurrit nonnunquam fidei, aut criminationis, aut transitionis, aut alicujus apparitionis, vel laudationis causa. Tertium genus est id quod a causa civili remotum est: in quo tamen exerceri convenit, quo commodius illas superiores narrationes in causis tractare possimus. Ejus narrationis duo sunt genera: unum, quod in negotiis; alterum, quod in personis positum est. Id, quod in negotiorum expositione positum est, tres habet partes, fabulam, historiam, argumentum. Fabula est, quæ neque veras, neque verisimiles continet res, ut hæ quæ a tragœdis traditæ sunt. Historia est res gesta, sed ab ætatis nostræ memoria remota. Argumentum est ficta res, quæ tamen fieri potuit, velut argumenta comœdiarum. Illud genus narrationiss, quod in personis positum est,

si la diction en est trop recherchée, s'il est trop long, s'il ne sort point du sujet naturellement et de manière à se rattacher sans effort à la narration (on l'appelle, en ce cas, exorde détaché, ce qui comprend l'exorde d'emprunt); enfin, s'il ne rend l'auditeur ni bienveillant, ni docile, ni attentif [12]. C'en est assez sur l'exorde; passons à la narration.

VIII. Il y a trois sortes de narrations [13]. La première, exposant le fait, en tourne toutes les circonstances au profit de notre cause, afin d'obtenir la victoire : elle appartient aux causes dans lesquelles on attend un jugement. La deuxième intervient quelquefois au milieu du discours; elle offre une preuve, une accusation, une transition, une préparation, un éloge. La troisième, quoique étrangère aux causes civiles, présente un exercice avantageux, pour apprendre à traiter les deux autres. Ce genre se divise en deux espèces, l'une concerne les choses, l'autre les personnes. La narration consacrée aux choses est triple : merveilleuse, historique, ou feinte. La narration merveilleuse présente des choses qui ne sont ni vraies, ni vraisemblables, comme il s'en trouve dans les tragiques. La narration historique rapporte un fait véritable, mais éloigné de notre époque [14]. La narration feinte nous offre un fait supposé, mais possible, comme celles des comédies. La narration consacrée aux personnes exige les grâces du style, la variété des caractères; tour-à-tour grave ou légère, elle peint l'espoir, la crainte, le soupçon, le désir, la dissimulation, la pitié, les vicissitudes des choses, les changemens de la fortune, un malheur imprévu, une

debet habere sermonis festivitatem, animorum dissimilitudinem, gravitatem, levitatem, spem, metum, suspicionem, desiderium, dissimulationem, misericordiam, rerum varietates, fortunæ commutationem, insperatum incommodum, subitam lætitiam, jucundum exitum rerum. Verum hæc in exercendo transigentur : illud, quod ad veritatem pertinet, quomodo tractari conveniat, aperiemus.

IX. Tres convenit res habere narrationem, ut brevis, ut dilucida, ut verisimilis sit : quæ quoniam fieri oportere scimus, quemadmodum faciamus, cognoscendum est. Rem breviter narrare poterimus, si inde incipiemus narrare, unde necesse erit; et si non ab ultimo initio repetere volemus; et si summatim, non particulatim narrabimus; et si non ad extremum, sed usque eo quo opus erit, persequemur; et si transitionibus nullis utemur, et si non deerrabimus ab eo quod cœperimus exponere; et si exitus rerum ita ponemus, ut ante quoque quæ facta sunt, sciri possint, tametsi nos reticuerimus : quod genus est, si dicam : « me ex provincia redisse, » profectum quoque in provinciam intelligatur. Et omnino non modo id quod obest, sed etiam id quod neque obest, neque adjuvat, satius est præterire. Et, ne bis aut sæpius idem dicamus, cavendum est : etiam ne id quod semel supra diximus, deinceps dicamus, hoc modo :

Athenis Megaram vesperi advenit Simo :

joie inespérée, un dénoûment heureux. Au reste, c'est par l'exercice qu'on se forme à ce genre de narration : occupons-nous seulement de celle qui appartient à une cause véritable [15].

IX. La narration doit avoir trois qualités, brièveté, clarté, vraisemblance. Puisque nous savons que ces conditions sont essentielles, apprenons à les remplir. Nous raconterons avec brièveté, si nous commençons par où il faut commencer, sans remonter à la première origine [16]; si nous présentons l'essentiel, sans entrer dans de minutieux détails; si nous nous arrêtons à propos, sans poursuivre le fait jusqu'à ses dernières conséquences; si, évitant toute digression [17], nous ne nous écartons jamais du sujet que nous aurons entrepris; si, en présentant les conséquences d'une action, nous laissons deviner ce qui a précédé, bien que nous ne le disions point; quand je dis, par exemple, que je suis revenu de la province, on comprend que j'y étais allé. En tout cas, le mieux est de passer non-seulement ce qui nuit, mais encore ce qui n'est ni avantageux ni nuisible. Gardons-nous aussi de répéter deux ou trois fois la même chose; et de reprendre dans chaque phrase ce qui vient d'être dit dans la précédente, comme en cet exemple :

Simon arriva le soir, d'Athènes à Mégare;

Ubi advenit Megaram, insidias fecit virgini :
Insidias postquam fecit, vim in loco attulit.

Rem dilucide narrabimus, si, ut quidque primum gestum erit, ita primum exponemus, et rerum ac temporum ordinem conservabimus, ut gestæ res erunt, aut ut potuisse geri videbuntur. Hic erit considerandum, ne quid perturbate, ne quid contorte, ne quid ambigue, ne quid nove dicamus, ne quam in aliam rem transeamus, ne ab ultimo repetamus, ne longe persequamur, ne quid quod ad rem pertineat, prætereamus; et si sequemur ea quæ de brevitate præcepta sunt : nam quo brevior, eo dilucidior et cognitu facilior narratio fiet.

Verisimilis narratio erit, si, ut mos, ut opinio, ut natura postulat, dicemus; si spatia temporum, personarum dignitates, consiliorum rationes, locorum opportunitates constabunt : ne refelli possit, aut temporis parum fuisse, aut causam nullam, aut locum idoneum non fuisse, aut homines ipsos facere, aut pati non potuisse. Si vera res erit, nihilominus hæc omnia narrando conservanda sunt ; nam sæpe veritas, nisi hæc servata sint, fidem facere non potest : sin erit ficta, eo magis erunt conservanda. De iis rebus caute confligendum est, quibus in rebus tabulæ, aut alicujus firma auctoritas videbitur interfuisse.

Adhuc quæ dicta sunt, arbitror mihi constare cum

Dès qu'il fut arrivé à Mégare, il tendit des pièges à la jeune fille;

Après lui avoir tendu des pièges, il lui fit violence dans le même lieu.

La narration sera claire, si nous exposons d'abord ce qui s'est fait d'abord; si, conservant l'ordre des choses et des temps, nous montrons les objets tels qu'ils ont été ou qu'ils ont pu être (ici, il faudra éviter avec soin la confusion, l'entortillage, l'ambiguité, les termes nouveaux, les digressions étrangères au sujet; il faudra ne point remonter trop haut, ne point descendre trop bas, ne rien omettre de ce qui appartient au sujet); enfin nous serons clairs, si nous observons les préceptes relatifs à la brièveté : car plus un récit est court, plus il est lucide et facile à saisir.

La narration sera vraisemblable, si nous conformons nos paroles à l'usage, à l'opinion, à la nature; si nous avons égard au laps de temps, à la dignité des personnes, aux motifs des résolutions, à la convenance des lieux, de peur qu'on ne nous dise : Le temps n'a point suffi; il n'y avait pas de motif; le lieu n'était pas convenable; de tels hommes ne pouvaient ni faire ni souffrir de tels actes. Lors même que le fait est vrai, il faut encore, en le racontant, observer toutes ces conditions : car, si vous n'en tenez compte, la vérité peut souvent n'être pas crue. Quand le fait est supposé, c'est une raison de plus pour suivre nos règles; enfin, vous ne contesterez qu'avec circonspection les faits qui paraissent appuyés sur des titres écrits, ou sur une autorité respectable.

Jusqu'ici, dans ce que j'ai avancé, je crois être d'ac-

ceteris artis scriptoribus, nisi quia de insinuationibus nova excogitavimus, quod eas soli nos, præter ceteros, in tria tempora divisimus, ut plane certam viam et perspicuam rationem exordiorum haberemus.

X. Nunc, quod reliquum est, quoniam de rerum inventione disputandum est, in qua singulare consumitur oratoris officium, dabimus operam, ut nihilo minus industrie, quam rei utilitas postulabit, quæsiisse videamur; si prius pauca de causarum divisione dixerimus.

Causarum divisio in duas partes distributa est. Primum enim perorata narratione debemus aperire, quid nobis conveniat cum adversariis; et si ea quæ nobis utilia erunt, convenient, quid in controversia relinquatur, hoc modo : « Interfectam esse matrem ab Oreste, convenit mihi cum adversariis : jurene fecerit, et licueritne facere, id est in controversia. » Item e contrario, « Agamemnonem esse a Clytæmnestra occisum confitentur : quum id ita sit, me ulcisci parentem negant oportuisse. » Deinde quum hoc fecerimus, distributione uti debemus. Ea dividitur in duas partes, enumerationem et expositionem. Enumeratione utemur, quum dicemus numero, quot de rebus dicturi simus. Eam plus quam trium partium numero esse non oportet : nam et periculosum est, ne quando plus minusve dicamus, et suspicionem affert auditori meditationis et artificii; quæ

cord avec les maîtres de l'art [18], à l'exception de ce que j'ai dit de neuf sur les insinuations, que j'ai, seul, divisées en trois espèces, afin de donner à l'exorde une méthode claire et sûre.

X. Il nous reste encore à traiter cette partie de l'invention [19] qui contient le principal devoir de l'orateur. Pour apporter à ce travail tout le soin que réclame le sujet, je consacrerai d'abord quelques mots à la division des causes.

La division a deux parties : en effet, la narration achevée, nous devons d'abord montrer ce que nous admettons avec l'adversaire; et si les points convenus entre nous sont à notre avantage, passer ensuite à ce qui est en controverse; par exemple : « Oreste a tué sa mère, j'en conviens avec la partie adverse. En avait-il le droit? Ce meurtre était-il permis? voilà ce qui est controversé [20]. » De même dans la réplique : « On avoue qu'Agamemnon a été tué par Clytemnestre, et néanmoins on prétend que je ne devais pas venger mon père. » Après avoir divisé, nous emploierons la distribution qui comprend l'énumération et l'exposition. L'énumération indique le nombre des objets dont on va parler. Il ne faut pas qu'elle ait plus de trois parties : car il y a du danger à dire trop ou trop peu; on pourrait aussi par là faire soupçonner à l'auditeur de la préméditation et de l'artifice, ce qui enlève au discours toute confiance. L'exposition a pour but de présenter en peu de mots, mais complètement, le sujet du discours [21].

res fidem abrogat orationi. Expositio est, quum res, de quibus dicturi sumus, exponimus breviter et absolute.

Nunc ad confirmationem et confutationem transeamus. Tota spes vincendi, ratioque persuadendi posita est in confirmatione et confutatione : nam quum adjumenta nostra exposuerimus, contrariaque dissolverimus, absolute nimirum munus oratorium confecerimus.

XI. Utrumque igitur facere poterimus, si constitutionem causæ cognoverimus. Causarum constitutiones alii quatuor fecerunt : noster doctor Hermes tres putavit esse; non ut de illorum quidquam detraheret inventione, sed ut ostenderet, id, quod oportuisset simpliciter ac singulari modo docere, illos distribuisse dupliciter et bipartito.

Constitutio est prima deprecatio defensoris cum accusatoris insimulatione conjuncta. Constitutiones itaque, ut ante diximus, tres sunt : conjecturalis, legitima, juridicialis. Conjecturalis est, quum de facto controversia est, hoc modo : « Ajax in silva, postquam rescivit quæ fecisset per insaniam, gladio incubuit. Ulysses intervenit; occisum conspicatur; e corpore telum cruentum educit. Teucer intervenit; fratrem occisum et inimicum fratris cum gladio cruento videt; capitis arcessit. » Hic, quoniam conjectura verum quæritur, de facto erit controversia, et ex eo constitutio causæ conjecturalis nominatur. Legitima constitutio est, quum in scripto

Passons maintenant à la confirmation et à la réfutation. Tout l'espoir du triomphe, tous les moyens de persuasion reposent sur ces deux parties. En effet, dès que nous aurons développé nos preuves, et détruit celles de l'adversaire, nous aurons entièrement accompli la tâche imposée à l'orateur.

XI. Nous serons à même de traiter ces deux parties, si l'état de la question nous est connu. La plupart des rhéteurs ont établi quatre sortes de questions[22]; Hermès, notre maître, n'en admettait que trois, non qu'il retranchât quelque chose de ce que les autres mettaient dans l'invention; il voulait montrer qu'on avait divisé, et considéré sous un double point de vue, ce qu'il aurait fallu offrir dans son indivisible unité.

Ce qui constitue la question, c'est le fonds même de la défense et le point essentiel de l'accusation. Les questions, comme on vient de le dire, sont au nombre de trois : Question conjecturale, question légale, question juridiciaire. La question est conjecturale lorsque le fait est contesté, par exemple : « Ajax, ayant appris ce qu'il a fait pendant son délire, se jette sur son épée, au sein d'un bois. Ulysse arrive, le voit sans vie, arrache de son corps le fer sanglant. Teucer survient, et voyant auprès de son frère tué, l'ennemi de son frère tenant le glaive ensanglanté, il accuse Ulysse d'assassinat. » Comme on cherche la vérité par conjecture, il y aura discussion sur le fait; et voilà pourquoi la question est appelée conjecturale. La question est légale, quand il s'élève quelque contestation au sujet d'un écrit. Elle se divise en six parties[23] : 1° la lettre et l'esprit; 2° les lois con-

aliquid controversiæ nascitur. Ea dividitur in partes sex : scriptum et sententiam, contrarias leges, ambiguum, definitionem, translationem, ratiocinationem.

Ex scripto et sententia nascitur controversia, quum videtur scriptoris voluntas cum scripto ipso dissentire, hoc modo : « Si lex sit, quæ jubeat, eos qui propter tempestatem navim reliquerint, omnia perdere ; eorum navim, ceteraque esse, si navis conservata sit, qui remanserint in navi : magnitudine tempestatis omnes perterriti navim reliquerunt, et in scapham conscenderunt, præter unum ægrotum ; is propter morbum exire et fugere non potuit : casu et fortuitu navis in portum incolumis delata est : illam ægrotus possidet : navim petit ille, cujus fuerat. » Hæc constitutio legitima est ex scripto et sententia.

Ex contrariis legibus controversia constat, quum alia lex jubet aut permittit, alia vetat quippiam fieri, hoc modo : « Lex vetat eum qui de pecuniis repetundis damnatus sit, in concione orationem habere. Altera lex jubet, augurem in demortui locum qui petat, in concione nominare. Augur quidam damnatus de pecuniis repetundis, in demortui locum nominavit : petitur ab eo multa. » Constitutio hæc legitima est ex contrariis legibus.

XII. Ex ambiguo controversia nascitur, quum res in unam sententiam scripta, duas aut plures sententias

traires; 3° les termes ambigus; 4° la définition; 5° la translation; 6° l'analogie.

La controverse roule sur la lettre et l'esprit, lorsque l'intention de celui qui a écrit ne paraît pas d'accord avec le texte; par exemple : « Une loi [24] porte que ceux qui, dans une tempête, abandonnent leur vaisseau, doivent perdre bâtiment et cargaison, et que, si le vaisseau est sauvé, tout appartiendra à ceux qui ne l'auront point quitté. Effrayés par une horrible tempête, tous les passagers d'un vaisseau l'ont abandonné et se sont jetés dans le canot, à l'exception d'un malade que son état a empêché de sortir du navire et de fuir le danger. Le hasard, la fortune conduisent sans accident le vaisseau dans le port : le malade se trouve possesseur du bâtiment; l'ancien propriétaire le réclame. » Voilà une question légale qui repose sur la lettre et l'esprit.

La controverse a sa source dans des lois contraires, lorsqu'une loi ordonne ou permet ce qu'une autre défend; par exemple : « Une loi défend au citoyen condamné pour concussion de parler devant l'assemblée du peuple. Une autre loi ordonne à l'augure de proposer dans l'assemblée du peuple celui qui se présente [25] pour remplacer l'augure décédé. Un augure condamné pour concussion a proposé le successeur de son collègue. On demande qu'il soit puni. » Voilà une question légale fondée sur deux lois opposées.

XII. La controverse vient de l'ambiguïté des termes, lorsque la phrase, écrite dans un sens, en présente deux,

significat, hoc modo : « Paterfamilias quum filium heredem faceret, testamento vasa argentea uxori legavit. Tullius, heres meus, Terentiæ, uxori meæ, xxx pondo vasorum argenteorum dato, quæ volet. Post mortem ejus vasa pretiosa, et celata magnifice, petit mulier. Tullius se, quæ ipse velit, in xxx pondo ei debere dicit. » Constitutio est legitima ex ambiguo.

Ex definitione constat causa, quum in controversia est, quo nomine factum appelletur; ea est hujusmodi : « Quum L. Saturninus legem frumentariam de semissibus et trientibus laturus esset, Q. Cæpio, qui per id temporis quæstor urbanus erat, docuit senatum, ærarium pati non posse largitionem tantam. Senatus decrevit, si eam legem ad populum ferat, adversus rempublicam videri eum facere. Saturninus ferre cœpit. Collegæ intercedere. Ille nihilominus cistellam detulit. Cæpio, ut illum contra S. C., intercedentibus collegis, adversus rempublicam vidit ferre, cum viris bonis impetum facit, pontes disturbat, cistas dejicit, impedimento est, quo secius feratur lex : arcessitur Cæpio majestatis. » Constitutio est legitima ex definitione. Vocabulum enim definitur ipsum, quum quæritur, quid sit minuere majestatem.

Ex translatione controversia nascitur, quum aut tempus differendum, aut accusatorem mutandum, aut judices mutandos reus dicit. Hac parte constitutionis,

ou plus encore ; par exemple : « Un père de famille, en instituant son fils héritier, a légué par testament des vases d'argent à sa femme, en s'exprimant ainsi : Tullus, mon héritier, donnera a ma femme [26] trente livres de vaisselle d'argent, a son choix. Après la mort du testateur, la femme demande les vases précieux et magnifiquement ciselés. Tullus prétend qu'il peut donner ceux qu'il voudra, pourvu qu'ils pèsent trente livres. » Ici la question légale résulte de l'ambiguité des termes.

Elle dépendra de la définition, si l'on n'est point d'accord sur le nom qu'il faut donner à un acte ; en voici un exemple : « Lorsque L. Saturninus allait porter sur les blés la loi *des demi-as* et *des tiers-d'as*[27], Q. Cépion, alors questeur urbain, avertit le sénat que le trésor public ne pouvait suffire à une si grande largesse. Le sénat décréta que, présenter cette loi au peuple, ce serait agir contre la république. Saturninus la présenta ; ses collègues firent opposition ; Saturninus n'en fit pas moins apporter l'urne des suffrages. Cépion, le voyant, au mépris du sénatus-consulte et de l'opposition de ses collègues, porter une loi contraire à la république, se précipite avec quelques bons citoyens, brise les ponts, renverse les urnes [28], et empêche que la loi ne soit portée. On accuse Cépion de lèse-majesté. » La question légale dépend ici de la définition : en effet, on ne peut déterminer ce qu'on entend par lèse-majesté sans définir ce mot.

La controverse naît de la translation, lorsque l'accusé demande un délai, lorsqu'il veut faire changer l'accusateur ou les juges. Chez les Grecs on se sert de cette espèce de question dans les jugemens qui intéressent

Græci in judiciis, nos in jure civili plerumque utimur. In hac parte nos juris civilis scientia juvabit. In judiciis tamen nonnihil ea utimur, hoc modo : « Si quis peculatus accusetur, quod vasa argentea publica de loco privato dicatur sustulisse, possit dicere, quum definitione sit usus, quid sit furtum, quid peculatus; secum furti agi, non peculatus oportere. » Hæc partitio legitimæ constitutionis his de causis raro venit in judicium, quod in privata actione prætoriæ exceptiones sunt, et causa cadit is, qui non, quemadmodum oportet, egerit; et in publicis quæstionibus cavetur legibus, ut ante, si reo commodum sit, judicium de accusatore fiat, utrum illi liceat accusare, necne.

XIII. Ex ratiocinatione controversia constat, quum res sine propria lege venit in judicium, quæ tamen ab aliis legibus similitudinem quamdam aucupatur. Ea est hujusmodi : Lex est, « Si furiosus escit, agnatum gentiliumque in eo pecuniaque ejus potestas esto. » Et lex, « Qui parentem necasse judicatus erit, ut is obvolutus et obligatus corio, devehatur in profluentem. » Et lex, « Paterfamilias uti super familia pecuniave sua legassit, ita jus esto. » Et lex, «Si paterfamilias intestatus moritur, familia pecuniaque ejus agnatum gentiliumque esto. » Malleolus judicatus est matrem necasse : ei damnato statim folliculo lupino os obvolutum est, et soleæ ligneæ pedibus inductæ sunt, et in carcerem ductus est.

l'état [29] ; chez nous, le plus souvent, dans les jugemens civils. En pareille matière, la science du droit civil sera d'un grand secours. Cependant nous employons parfois ce moyen, même quand il s'agit de crimes d'état ; en voici un exemple : « Si un homme est accusé de péculat pour avoir enlevé d'un lieu particulier des vases d'argent, propriété publique, il peut dire, après avoir défini le vol et le péculat, qu'on doit lui intenter une action de vol et non de péculat. » Cette sorte de question légale se présente rarement devant nos tribunaux, pour deux motifs : d'abord, parce que, dans toute accusation particulière, le préteur fait connaître les exceptions [30], et que celui qui ne suit pas les formes prescrites perd la cause ; en second lieu, parce que, dans les causes publiques, les lois ont permis que préalablement, quand l'accusé y trouve son avantage, il soit décidé par un jugement si l'accusateur a ou n'a point le droit d'accuser.

XIII. La controverse repose sur l'analogie, lorsqu'il faut prononcer sur un fait qu'aucune loi n'a spécialement prévu, mais qui a quelque rapport avec d'autres lois [31]. En voici un exemple : « *Il est une loi ainsi conçue :* Si un homme est furieux [32], sa personne et sa fortune devront être sous la puissance de ses agnats et de ses *gentiles* [33] ; *une autre :* Celui qui est condamné pour avoir tué son père, sera enveloppé et lié dans un sac de cuir ; puis on le jetera à la rivière [34] ; *une troisième :* Si un père de famille a légué ses biens et ses esclaves, que sa volonté soit respectée ; *une quatrième :* Si le père de famille meurt sans avoir testé, ses esclaves et ses biens appartiendront à ses agnats et à ses *gentiles* [35]. Malleolus a été condamné pour avoir tué sa mère [36] ; aussitôt on lui a couvert le visage d'une peau de loup ; on lui a mis

Qui defendebant eum, tabulas in carcerem afferunt; testamentum ipso præsente conscribunt; testes rite affuerunt : de illo supplicium paullo post sumitur; ii qui heredes erant testamento hereditatem adeunt. Frater minor Malleoli, qui eum oppugnaverat in ejus periculo, suam vocat hereditatem lege agnationis. Hic certa lex in rem nulla affertur, et tamen multæ afferuntur, e quibus ratiocinatio nascitur, quare potuerit, aut non potuerit jure testamentum facere. » Constitutio legitima est ex ratiocinatione.

Cujusmodi partes essent legitimæ constitutionis, ostendimus : nunc de juridiciali constitutione dicamus.

XIV. Juridicialis constitutio est, quum factum convenit; sed jure, an injuria factum sit, quæritur. Ejus constitutionis partes sunt duæ, quarum una absoluta, altera assumtiva nominatur. Absoluta est, quum id ipsum quod factum est, ut aliud nihil foris assumatur, recte factum esse dicemus. Ea est hujusmodi : « Mimus quidam nominatim Attium poetam compellavit in scena : cum eo Attius injuriarum agit : hic nihil aliud defendit, nisi licere nominari eum, cujus nomine scripta dentur agenda. » Assumtiva pars est, quum per se defensio infirma est, sed assumta extraria re comprobatur. Assumtivæ partes sunt quatuor : concessio, remotio criminis, translatio criminis, comparatio.

Concessio est, quum reus postulat sibi ignosci : ea

aux pieds des sandales de bois, et on l'a conduit en prison. Ses défenseurs apportent des tablettes dans la prison, écrivent son testament devant lui, en présence de témoins, suivant la loi; peu après, il est livré au supplice. Ceux que le testament institue héritiers réclament la succession. Le frère puîné de Malleolus, qui avait été son accusateur, déclare que l'héritage lui appartient en qualité d'agnat. Aucune loi expresse ne peut être invoquée en cette affaire; mais on en cite plusieurs desquelles on conclut par analogie que Malleolus avait ou n'avait pas le droit de tester.» Telle est la question légale fondée sur l'analogie.

Nous avons montré les différentes espèces de questions légales. Parlons maintenant de la question juridiciaire.

XIV. La question juridiciaire [37] se présente quand on convient du fait, mais en se demandant s'il est ou n'est point conforme au droit. Cette question prend deux formes : elle est absolue [38] ou empruntée [39]. Elle est absolue, quand nous soutenons qu'une action est bonne, sans nous appuyer sur aucun motif étranger; par exemple : « Un comédien apostropha en plein théâtre le poète Attius par son nom; Attius l'accusa d'injures; le comédien borna sa défense à dire qu'il était permis de nommer celui sous le nom duquel la pièce était livrée à la représentation [40]. » La question est empruntée, lorsque la défense, faible par elle-même, s'appuie sur une circonstance prise hors du sujet [41]. Cette question peut se présenter sous quatre points de vue : l'aveu, le recours, la récrimination, l'alternative.

Par l'aveu, l'accusé demande qu'on lui pardonne, soit

dividitur in purgationem, et deprecationem. Purgatio est, quum consulto se negat reus fecisse. Ea dividitur in fortunam, imprudentiam, necessitatem. Fortunam, « ut Cæpio ad tribunos plebis de amissione exercitus : » imprudentiam, « ut ille qui de eo servo qui dominum occiderat cui frater esset, supplicium sumsit, antequam tabulas testamenti aperuit, quum is servus manumissus testamento esset : » necessitudinem, « ut ille qui ad diem commeatus non venit, quod eum aquæ interclusissent. » Deprecatio est, quum et peccasse se, et consulto fecisse reus confitetur; et tamen postulat, ut sui misereantur. Hoc in judicio fere non potest usu venire, nisi quando pro eo dicimus, cujus multa recte facta constant. Hoc modo in loco communi per amplificationem injiciemus : « Quod si hoc fecisset, tamen ei pro pristinis beneficiis ignosci conveniret : verum nihil postulat ignosci. » Ergo in judicium non venit; at in senatum, aut ante imperatorem et in consilium talis causa potest venire.

XV. Ex translatione criminis causa constat, quum fecisse nos non negamus, sed aliorum peccatis coactos fecisse dicimus ; ut « Orestes quum se defendit, in matrem confert crimen. »

Ex remotione criminis causa constat, quum a nobis non crimen, sed culpam ipsam amovemus, et vel in hominem transferimus, vel in rem quampiam conferi-

en excusant sa conduite, soit en suppliant ses juges. Pour s'excuser, il déclarera n'avoir point failli à dessein; il s'en prendra à la fortune, à l'ignorance, à la nécessité [42]. A la fortune : « C'est par cette excuse que Cépion se justifie devant les tribuns du peuple de la perte de son armée; » à l'ignorance : « comme celui qui fit mettre à mort un esclave de son frère, assassin de son maître, avant d'avoir ouvert le testament de la victime, en vertu duquel l'esclave était affranchi; » à la nécessité : « comme celui qui n'est point venu au jour fixé pour se réunir, parce que les eaux lui ont fermé le passage. » L'accusé a recours aux supplications [43], quand il avoue avoir commis une faute avec connaissance de cause, et qu'il implore la pitié des juges. On ne peut guère employer ce moyen en justice, à moins qu'on ne parle pour un homme connu par plusieurs belles actions. Nous l'envelopperons alors dans le lieu commun appelé amplification : « Quand même il serait coupable, il faudrait lui pardonner en considération de ses anciens services; mais il ne veut point de pardon. » Ce moyen, disons-nous, ne convient point en justice; mais il peut être employé devant le sénat ou devant un général et son conseil [44].

XV. La question repose sur la récrimination [45], lorsque nous ne nions pas avoir fait l'action, mais que nous prétendons y avoir été contraints par la faute d'autrui : « Oreste, en se défendant, rejette le crime sur sa mère. »

La question est fondée sur le recours, lorsque nous nous défendons, non du fait, mais de la culpabilité, en la rejetant ou sur quelqu'un ou sur quelque chose : sur quelqu'un, comme « si l'accusé avouait qu'il a tué P. Sul-

mus. In hominem transfertur : ut « si accusetur is qui P. Sulpicium se fateatur occidisse, et id jussu consulum defendat; et eos dicat non modo imperasse, sed rationem quoque ostendisse quare id facere liceret. » In rem confertur, ut « si quis, ex testamento quod facere jussus sit, ex plebiscito vetetur. » Ex comparatione causa constat, quum dicimus necesse fuisse alterutrum facere, et id quod fecerimus satius fuisse facere. Ea causa hujusmodi est : « C. Popillius, quum a Gallis obsideretur, neque effugere ullo modo posset, venit cum hostium ducibus in collocutionem; ita discessit, ut, si impedimenta relinqueret, exercitum educeret. Satius esse duxit, amittere impedimenta, quam exercitum : exercitum eduxit, impedimenta reliquit. Arcessitur majestatis. »

XVI. Quæ constitutiones, et quæ constitutionum partes sint, videor ostendisse. Nunc quo modo eas, et qua via tractari conveniat, demonstrandum est; si prius aperuerimus quid oporteat ab ambobus in causa destinari, quo ratio omnis totius orationis conferatur. Constitutione igitur reperta, statim quærenda est ratio : ratio est, quæ causam facit, et continet defensionem, hoc modo (ut docendi causa in hoc potissimum consistamus) : « Orestes, quum confiteatur se occidisse matrem, nisi attulerit facti rationem, perverterit defensionem : ergo affert eam; quæ nisi intercederet, ne

picius [46], mais en alléguant un ordre des consuls, et en ajoutant qu'ils n'ont pas seulement commandé ce meurtre, qu'ils ont donné des raisons pour en établir la légitimité; » sur quelque chose, comme « si un plébiscite s'oppose à l'exécution de ce qu'un testament nous prescrit. » La cause roule sur l'alternative, lorsque nous disons qu'il n'y avait que deux partis à prendre, et que nous avons préféré le meilleur. Voici une question de ce genre : « Caïus Popilius, cerné par les Gaulois, et n'ayant aucun moyen d'échapper, entra en pourparler avec les généraux ennemis, et obtint de se retirer avec son armée, à condition qu'il laisserait les bagages. Il pensa qu'il valait mieux perdre ses bagages que son armée. Il emmena donc son armée et abandonna ses bagages. On l'accuse de lèse-majesté [47]. »

XVI. Je crois avoir suffisamment montré quelles sont les questions, et comment elles se divisent. Mais de quelle manière, avec quelle méthode les traiterons-nous? voilà ce qu'il faut enseigner maintenant, toutefois après avoir fait saisir, de part et d'autre, le point essentiel de la cause, dans lequel se résume la *raison* [48] de toute la plaidoirie. L'état de la question étant trouvé, on doit donc aussitôt en chercher la *raison :* nous entendons par ce mot ce qui constitue la cause, ce qui contient l'esprit de la défense. Citons toujours le même exemple, afin de nous faire mieux comprendre : « Oreste, en avouant qu'il a tué sa mère, ne peut se défendre, s'il ne donne une *raison* de cet acte; il en donne donc une:

causa quidem esset : Illa enim, inquit, patrem meum occiderat. » Ergo (ut ostendi) ratio ea est, quæ continet defensionem, sine qua ne parva quidem dubitatio potest remorari damnationem.

Inventa ratione, firmamentum quærendum est; id est, quod continet accusationem, quod affertur contra rationem defensionis, de qua ante dictum est. Id constituetur hoc modo : Quum usus fuerit Orestes ratione, hoc pacto, «Jure occidi, illa enim patrem meum occiderat; » utetur accusator firmamento, hoc pacto : « Sed non abs te occidi, neque indemnatam pœnas pendere oportuit. »

Ex ratione defensionis, et ex firmamento accusationis, judicii quæstio nascatur oportet; quam nos judicationem, Græci κρινόμενον appellant. Ea constituetur ex conjunctione firmamenti et rationis [defensione], hoc modo : « Quum dicat Orestes, se patris ulciscendi causa matrem occidisse, rectumne fuerit, a filio, sine judicio, Clytæmnestram occidi. » Ergo hac ratione judicationem reperire convenit. Reperta judicatione, omnem rationem totius orationis eo conferri oportebit.

XVII. In omnibus constitutionibus et partibusconstitutionum hac via judicationes reperientur, præterquam in conjecturali constitutione. Nam in ea nec ratio quare fecerit quæritur; fecisse enim negatur : nec firmamentum exquiritur; quoniam non subest ra-

elle avait tué mon père, » dit-il. Ainsi, je le répète, la *raison* est le point fondamental de la défense : sans elle il ne reste pas même le moindre doute qui puisse retarder la condamnation.

Une fois qu'on a trouvé la *raison*, il faut chercher la réplique de l'adversaire, en d'autres termes, le point essentiel de l'accusation, ce que l'on oppose à cette *raison* de la défense dont je viens de parler. Voici la manière de déterminer ce point : Oreste adopte cette *raison* : « J'ai eu le droit de la tuer, car elle avait tué mon père. » L'accusateur répliquera : « Mais elle ne devait pas périr de votre main, et subir le supplice sans avoir été condamnée. »

De la *raison* de la défense, et de la réplique de l'accusation, résulte le point à juger, que les Latins nomment *judicatio*, et les grecs κρινόμενον. Ce qui le constitue, c'est le concours de la *raison* de la défense, et de la réplique de l'accusation ; on le pose ainsi : « Puisque Oreste déclare avoir tué sa mère pour venger son père, était-il juste que Clytemnestre fût tuée par son fils et sans jugement ? » Tel est le moyen de trouver le point à juger. Dès qu'il est découvert, c'est là qu'il faut rapporter tout le système de la plaidoirie.

XVII. C'est par la même méthode qu'on saisit le point à juger dans toutes les questions et dans leurs diverses parties, si l'on excepte la question conjecturale, dans laquelle on ne cherche point la *raison* du fait, puisque le fait est nié ; dans laquelle l'absence de la raison dispense de la réplique. Là le point à juger résulte de l'im-

tio. Quare ex intentione et infitiatione judicatio constituitur, hoc modo : Intentio : « Occidisti Ajacem. » Infitiatio : « Non occidi. » Judicatio : « Occideritne ? » Ratio omnis utriusque orationis, ut ante dictum est, ad hanc judicationem conferenda est. Si plures erunt constitutiónes, aut partes constitutionum; judicationes quoque plures erunt in una causa, sed omnes simili ratione reperientur.

Sedulo dedimus operam, ut breviter et dilucide, quibus de rebus adhuc dicendum fuit, diceremus. Nunc quoniam satis hujus voluminis magnitudo crevit, commodius est in altero libro de ceteris rebus deinceps exponere; ne qua, propter multitudinem litterarum, possit animum tuum defatigatio retardare. Sed si quo tardius hæc, quam studes, absolventur, quum rerum magnitudini, tum nostris quoque occupationibus assignare debebis. Verumtamen maturabimus, et quod negotio deminutum fuerit, exæquabimus industria : ut pro tuo in nos officio et nostro in te studio munus hoc accumulatissime tuæ largiamur voluntati.

putation et de la dénégation. L'imputation : « Vous avez tué Ajax; » la dénégation : « Je ne l'ai pas tué; » le point à juger : « L'a-t-il tué? » A ce point doit se rapporter, comme je l'ai dit, tout le système des deux plaidoiries. S'il y a plusieurs questions, ou plusieurs parties de question dans une seule cause, il y aura aussi plusieurs points à juger; mais on les trouvera tous par la même voie.

Nous avons apporté une attention scrupuleuse à présenter avec concision et lucidité les matières qui devaient être traitées jusqu'ici. Maintenant, comme ce livre a pris assez de développement, il est plus convenable d'exposer dans un autre la suite de notre sujet, de peur que la multitude des détails ne cause à votre esprit quelque fatigue. Si cet ouvrage s'achève trop lentement au gré de vos désirs, il faut attribuer ce retard à l'importance des questions, et aux affaires qui m'occupent. Néanmoins je me hâterai; mon activité suppléera au défaut de temps, afin de combler vos vœux en vous donnant cet ouvrage pour prix de vos bons offices, et comme gage de mon attachement.

NOTES
SUR LE LIVRE PREMIER.

1. *Le devoir de l'orateur.* Cette définition du devoir de l'orateur est beaucoup trop restreinte. *Voyez*, sur le même sujet, *Invent.*, liv. 1, ch. 5; *de l'Orat.*, liv. 1, ch. 31; Quintil., liv. 11, ch. 15.

2. *Le délibératif et le judiciaire.* Aristote (*Rhétor.*, liv. 1, ch. 3): Τρία γένη τῶν λόγων ῥητορικῶν, κ. τ. λ. Conf. *Invent.*, liv. 1, ch. 5, 6; *Partit.*, ch. 111, vii; *Topiq.*, ch. xxiv; *de l'Orat.*, liv. 11, ch. 10. A cette division, tirée de la nature même du sujet, nous en avons substitué une beaucoup moins philosophique, empruntée au lieu où le discours est prononcé: éloquence de la tribune, éloquence du barreau, éloquence de la chaire, éloquence académique.

3. *Trois genres de causes.* Remarquons, une fois pour toutes, que les transitions inutiles ou maladroites, si fréquentes dans cet ouvrage, décèlent un écolier qui n'est pas sûr de sa méthode, et qui craint à chaque instant de laisser échapper le fil de ses idées.

4. *Examiner quel est le genre de la cause.* Plus haut, on a distingué trois genres de causes d'après le but que se propose l'orateur; maintenant on distingue quatre nouveaux genres, en considérant le discours sous un autre point de vue. Il y a un vice de langage à exprimer par les mêmes termes, deux classifications très-distinctes. Cette confusion se retrouve dans le traité *de l'Invention*, seulement le passage qui nous occupe y est un peu modifié. Au lieu de quatre genres, l'auteur en veut cinq : *Honestum, admirabile, humile, anceps, obscurum.* (*Invent.*, lib. 1, c. 15.)

5. *Lorsqu'on attaque ce qui est honnête ou qu'on défend ce qui ne l'est pas.* Un avocat est quelquefois obligé de se charger d'une mauvaise cause; car tout prévenu doit avoir un défenseur. L'humanité fait un devoir à l'orateur de prêter l'appui de son

éloquence, même au coupable qui le réclame, mais à condition qu'il n'attaquera jamais ce qui est honnête, qu'il ne louera jamais ce qui ne l'est point. Le genre honteux, dont il est ici question, doit donc être proscrit par la rhétorique comme par la morale.

6. *Il conviendra de conformer l'exorde au genre de la cause.* — *Voyez* Quintil., liv. iv, chap. 1; Cicér., *de l'Invent.*, liv. i, ch. 15.

7. *Il a pour but de le rendre attentif, docile.* Le mot *docile* est employé ici dans le sens de son étymologie, *qui doceri potest.* M. Le Clerc a traduit ce mot par des équivalens qui ne permettent pas de conserver la rigoureuse précision de l'original. Pour ne rien changer à la marche didactique de notre auteur, il nous faut ici un adjectif qui manque à la langue française. Autorisés par l'exemple de la plupart des rhéteurs modernes, nous conservons le mot *docile* en l'expliquant.

8. *Un auditeur docile, bienveillant, attentif.* Ce qui suit correspond au liv. i, ch. 16 du traité *de l'Invention.*

9. *A présent il faut développer ce qui concerne l'insinuation.* Ce chapitre correspond au liv. i, ch. 17 du traité *de l'Invention.*

10. *Nous commencerons par quelque chose qui puisse exciter le rire.* Sur le rire, voyez *de Orat.*, lib. ii, c. 54, 72; sur l'apologue, *de Orat.*, lib. ii, c. 66; sur le conte (*fabula*), *de Orat.*, lib. ii, c. 59, et Aristote, *Rhétor.*, liv. ii, chap. 20; sur l'imitation, *de Orat.*, lib. ii, c. 59. Pour traduire *depravatio*, j'ai hasardé un mot très-usité aujourd'hui, et qui rend exactement l'idée de l'auteur. Conf. *de Orat.*, lib. ii, c. 59, et Quint., liv. vi, ch. 3, 9. Pour l'inversion, voyez *de Orat.*, lib. ii, c. 65; pour l'équivoque, *de Orat.*, lib. ii, c. 61, 62; pour l'allusion (*suspicio*), *de Orat.*, lib. ii, c. 66, dernière phrase; sur les bouffonneries, *de Orat.*, lib. ii, 68; sur les rapprochemens, *de Orat.*, lib. ii, c. 66; sur le changement de lettres (παρονομασία), *de Orat.*, lib. ii, c. 63; pour piquer la curiosité, *de Orat.*, lib. ii, c. 63, 70; une anecdote, *de Orat.*, lib. ii, c. 66; un vers, *de Orat.*, lib. ii, c. 64. Nous pouvons juger, par nos débats parlementaires, combien il est avantageux pour l'orateur de profiter d'une interpella-

tion, d'un sourire échappés à ses adversaires. D'imprudentes interruptions ont fourni plus d'une fois des argumens imprévus à Mirabeau, au général Foy. C'est là le sens que nous avons donné aux mots *interpellatione*, *arrisione*.

11. *En présentant de prime abord les moyens que nous avons prescrits:* Cicéron (*Invent.*, liv. 1, ch. 15) dit avec plus de netteté : « Principium est oratio perspicue et protinus perficiens auditorem benivolum, etc. »

12. *Enfin s'il ne rend l'auditeur ni bienveillant, ni docile, ni attentif.* Comparez la fin de ce chapitre avec le chapitre 18 du livre 1er *de l'Invention.*

13. *Il y a trois sortes de narration.* Notre auteur reproduit ce passage (*Invent.*, liv. 1, ch. 19, 21), mais en le corrigeant et en choisissant mieux ses exemples. Il faut nécessairement recourir au dernier ouvrage pour comprendre ce que signifient les mots *fabula*, *historia*, *argumentum*.

14. *La narration historique rapporte un fait véritable, mais éloigné de notre époque.* Des critiques ont voulu voir ici une définition de l'histoire, et ils ont sérieusement reproché à l'auteur d'en avoir restreint le domaine. Il est manifeste que Cicéron ne parle ici que de la narration de fantaisie, qu'on écrit pour s'exercer ou pour se distraire.

15. *Une cause véritable.* Le mot *veritatem* s'explique par ceux-ci, qui terminent le chap. 9 du livre 1 *de l'Invention* : « Nunc de narratione ea quæ causæ continet expositionem dicendum videtur. »

16. *Sans remonter à la première origine.* Ces préceptes rappellent quelques vers de l'*Épître aux Pisons* :

  .... Jam nunc dicat jam nunc debentia dici.....
  Nec gemino bellum trojanum orditur ab ovo.

Ce chapitre xi correspond au 20e du livre 1 *de l'Invention.*

17. *Si, évitant toute digression, etc.* — *Transitio* est expliqué un peu plus bas, et dans le traité *de l'Invention*, liv. 1, ch. 20 : « Si nullam in rem aliam transibitur. »

18. *Je crois être d'accord avec les maîtres de l'art.* Cicéron, sans doute, fait ici allusion aux rhéteurs grecs. Les mots suivans prouvent que l'ouvrage est de la jeunesse de l'auteur : il attache une grande importance à une innovation qui n'en vaut pas la peine. C'est au commencement du chap. vi que se trouve la distinction des trois espèces d'insinuations. La même division se retrouve dans le traité *de l'Invention*, liv. i, ch. 17, ce qui contribue à prouver que cet ouvrage a été composé après la *Rhétorique à Herennius*.

19. *Il nous reste encore à traiter cette partie de l'invention,* etc. Il s'agit ici de la confirmation ; cette transition maladroite a disparu dans le traité *de l'Invention*.

20. « *Ce meurtre était-il permis ?* » Cet exemple, sur lequel l'auteur revient très-souvent, est emprunté à l'*Oreste* d'Euripide.

21. *Le sujet du discours.* Ces observations sont beaucoup plus développées dans le traité *de l'Invention*, liv. i, ch. 22, 23, 24.

22. *La plupart des rhéteurs ont établi quatre sortes de questions.* Cicéron (*Invent.*, liv. i, chap. 8) admet aussi quatre états de question : « Constitutio *conjecturalis* seu *facti*, *definitiva* seu *verbi*, *generalis* seu *generis*, *translativa* seu *actionis*. » Hermès, que l'auteur donne ici pour son maître, a embarrassé les savans. Il n'est désigné, parmi les maîtres de Cicéron, ni par Plutarque, ni par Cicéron lui-même (*voyez* Plutarque, *Vie de Cicéron*, et Cic., *Brutus*, lxxxix-xciii). On peut même dire que ce rhéteur n'est nommé que dans le passage qui nous occupe, à moins qu'on ne veuille le reconnaître sous le nom d'*Hermas*, cité en passant par Suétone (*de Cl. Grammat.*, c. x); mais cette mention insignifiante ne nous apprend rien sur son compte. A ce personnage inconnu, Longueil et Lambin ont substitué *Hermagoras*, dont il est question dans le passage correspondant du traité *de l'Invention*, liv. i, ch. 9. M. Schütz objecte qu'Hermès ne reconnaît que trois *états de question*, tandis qu'Hermagoras en établit quatre. Mais le savant éditeur se trompe ; la division en quatre, attribuée à Hermagoras (*Invent.*, liv. i, ch. 9), n'est qu'une subdivision de la *question de genre* (*generis controversia*), et peut se concilier avec la classification que l'auteur de la *Rhétorique* attribue à *Her-*

mès. Au reste, bien que plusieurs manuscrits portent *Hermag*, nous n'avons pas cru devoir substituer au nom d'*Hermès* celui d'*Hermagoras*. Quant à la division des questions, il suffit de lire avec attention le traité *de l'Invention*, liv. i, ch. 8, 9, 10, 11 et 12, et la *Rhétorique à Herennius*, liv. i, ch. 11, 12, 13, 14 et 15, pour se convaincre que les deux divisions rentrent l'une dans l'autre. Conférez encore *de Orat.*, lib. ii, c. 25 et 26, et QUINTILIEN, liv. iii, chap. 6.

23. *Elle se divise en six parties.* L'auteur revient sur ce sujet avec plus de développemens dans le livre suivant, chapitre ix, et dans le traité *de l'Invention*, liv. i, ch. 13.

24. « *Une loi.* » La même loi est citée, dans le traité *de l'Invention*, liv. ii, ch. 51, comme réelle, et dans la forme consacrée. L'exemple ajouté à la loi est différent.

25. « *Celui qui se présente.* » *Qui petat.* Expression un peu obscure, parce qu'elle est tirée du texte même de la loi. Il faut compléter ainsi le sens : *Eum qui petat se in demortui locum suffici*. La législation sur l'élection des augures a varié plusieurs fois. Une loi de Domitius (an de Rome 651) enleva la nomination au collège des augures pour la donner au peuple, mais en réservant aux augures en charge le droit de proposition (*voyez* la seconde *Philippique*, ch. iv). C'est à cette loi, *Domitia de sacerdotiis*, que le passage que nous expliquons fait allusion. *Nominare* signifie *proposer, présenter, désigner*. C'est dans cette acception que ce mot est pris dans Ulpien (Frag. 2 D., *de Fidejussoribus et nominatoribus*, etc., lib. xxvii, tit. 7). Conférez Frag. 1, § 10, D., *de Conveniendis magistratibus*, lib. xxvii, tit. 8; Frag. 1, §§ 3 et 5, D., eod. tit.). La loi *Domitia* resta en vigueur jusqu'à Sylla, qui rétablit l'ancien droit en 673 ou 674. Nous croyons donc devoir placer la rédaction de la *Rhétorique à Herennius* avant cette dernière date. Il est à remarquer que l'exemple qui nous occupe a disparu dans le passage correspondant du traité *de l'Invention*, liv. ii, chap. 49, ce qui permet de supposer que ce traité fut composé sous la loi de Sylla.

26. « A MA FEMME TERENTIA. » Les mots *Tullus* et *Terentia* sont manifestement interpolés. Tout en admettant que Cicéron est

l'auteur de l'ouvrage, il faut reconnaître qu'il l'a écrit à une époque où il ne pouvait parler ni de son fils ni de sa femme. Le même exemple est reproduit dans le traité *de l'Invention*, liv. II, ch. 40, mais sans les noms propres. Toutefois, l'interpolation que nous relevons, se trouvant dans tous les manuscrits, prouve du moins que l'opinion qui attribue la rhétorique à Cicéron est très-ancienne.

27. « *Des tiers d'as.* » Cette loi, appelée *Apuleia frumentaria*, fut proposée par L. Apuléius Saturninus, tribun du peuple. Ce n'était que la confirmation de la loi *Sempronia* portée par C. Sempronius Gracchus, l'an de Rome 630. Cette loi ordonnait de distribuer du blé au peuple, au prix d'un *demi-as* et d'un *tiers d'as* par boisseau. Q. Cépion, questeur urbain, empêcha la loi *Apuleia frumentaria* d'être promulguée. Le tribun L. Apuléius Saturninus fut tué avec le préteur Q. Servilius Glaucia, an de Rome 653. Cicéron était né en 647.

28. « *Renverse les urnes.* » Les citoyens, pour donner leurs suffrages, étaient successivement introduits dans une enceinte nommée *ovile*, où l'on n'entrait que par des ponts, *pontes*. Chaque votant venait, à son tour, déposer son suffrage dans une boîte, *cistam* ou *cistellam*. Cependant, comme Cicéron emploie d'abord *cistellam* au singulier, puis *cistas* au pluriel, Longueil et quelques autres ont cru que le premier mot désignait la boîte où étaient renfermées les pièces relatives à l'affaire en délibération; le second, les urnes où chaque tribu venait déposer son vote.

29. *Dans les jugemens qui intéressent l'état.* Conférez le traité *de l'Invention*, liv. II, chap. 19. Le mot *judicium*, jugement par excellence, s'applique ici aux affaires d'un intérêt public par opposition au droit civil, *jus civile*.

30. *Le préteur fait connaître les exceptions.* Le préteur, après avoir exposé la cause, prescrivait les formes de la procédure, et indiquait les exceptions. Dès-lors l'accusé ne pouvait plus en invoquer d'autres que celles qui avaient été désignées par le magistrat. Conférez le traité *de l'Invention*, liv. II, ch. 19.

31. *Mais qui a quelque rapport avec d'autres lois.* Il n'est pas

hors de propos de faire remarquer que *a legibus similitudinem aucupare* est une expression très-recherchée, et que plus tard l'auteur a cru devoir dire la même chose avec plus de simplicité (*Invent.*, liv. II, ch. 50).

32. « *Si un homme est furieux.* » — *Si furiosus escit.* Vieille forme pour *erit.* Voyez le traité *de l'Invention*, liv. II, ch. 50. On trouve dans Lucrèce, liv. II, vers 613 :

Ergo rerum inter summam minimamque quid escit?

Aulu-Gelle (liv. XX, ch. 1) cite les mots suivans, extraits des Douze-Tables : *Si morbus ævitasque vitium escit.* Cicéron (*de Legib.*, liv. II), citat. des Douze-Tables : *Quoi auro dentes vincti escunt.* Au troisième livre du même ouvrage, on lit *esunto* pour *sunto.* Les anciens, selon Varron, conjuguaient ainsi le présent : *esum, es, est, esumus, estis, esunt,* ce qui rappelle le grec ἔσομαι. Conférez, sur ce passage, *Tusculanes*, liv. III, ch. 5, et les notes de Bouhier.

33. « *Et de ses* GENTILES. » Voyez *Institutes*, I, 23, 3.

34. « *Puis on le jettera à la rivière.* » Schütz retranche cette seconde citation, qui n'a pas un rapport direct à la question, et qui n'est pas dans le passage correspondant du traité *de l'Invention* (livre II, chap. 50). Mais n'est il pas possible que Cicéron se soit trompé dans le premier ouvrage, et corrigé dans le second?

35. « *A ses agnats et à ses* GENTILES. » Il est bien entendu que c'est à défaut « d'héritiers siens. » (*Institutes*, III, 1, 2.)

36. « *Pour avoir tué sa mère.* » Malleolus, premier parricide condamné à Rome (an de R. 653). Nous avons déjà vu qu'alors Cicéron pouvait être âgé de six ans.

37. *La question juridiciaire.* Cicéron dit, dans les *Topiques*, chap. XXIV, que le mot *juridicialis* lui déplaît. Cependant il traduit exactement le mot δικανικόν. L'auteur revient avec plus de détails sur ce sujet dans le livre suivant (chap. XIII). Conférez *Invent.*, liv. II, ch. 23.

38. *Elle est absolue.* C'est ce que Quintilien (VII, 4, 5) appelle

defensio absoluta. — *Absoluta* signifie ici *in se perfecta*, qui se suffit à elle-même. *Voyez* plus bas, liv. ii, ch. 13.

39. *Ou empruntée.* — *Assumtiva.* C'est-à-dire, *solens assumere aliquid extrinsecus* (Quintilien, liv. vii, ch. 4, 7); en grec, προσληπτική. Un fait douteux par lui-même peut se prouver par des circonstances extérieures.

40. « *La pièce était livrée à la représentation.* » Ce procès a été réellement jugé, et le comédien condamné par P. Mucius Scévola. *Voyez* plus bas, liv. ii, ch. 13.

41. *S'appuie sur une circonstance prise hors du sujet.* Conférez *Invent.*, liv. ii, ch. 50.

42. *Il s'en prendra à la fortune, à l'ignorance, à la nécessité.* Cicéron (*Invent.*, liv. ii, chap. 31) donne un exemple analogue, qu'il rapporte à *casus*, et non à *necessitas*.

43. *L'accusé a recours aux supplications.* Conférez *Invent.*, liv. ii, ch. 34, 35, 36. Remarquez, un peu plus bas, la formule *per amplificationem*; ces deux mots réunis sont le nom même du lieu commun. C'est ainsi que nous lisons, liv. ii, ch. 15, « utetur loco communi *per conquestionem.* » Les exemples de ce genre sont très-nombreux; cependant les meilleurs traducteurs s'y sont trompés.

44. *Devant un général et son conseil.* Il s'agit ici du conseil militaire du général. Cicéron (*de l'Invention*, liv. ii, ch. 37) dit seulement *senatus et consilii*.

45. *La question repose sur la récrimination.* Plus haut (ch. xi), *translatio* est employé dans un autre sens, pour désigner la cinquième partie de la question légale. Ce que l'auteur entend ici par *translatio criminis* est appelé *relatio criminis* dans le traité *de l'Invention*, liv. i, ch. 11; et liv. ii, ch. 26, 28.

46. *Si l'accusé avouait qu'il a tué P. Sulpicius.* Sulpicius a été tué l'an de Rome 665, par ordre de Sylla, tandis que Marius était caché à Minturnes. Conférez le traité *de l'Orateur*, liv. iii, ch. 3. Cicéron avait alors dix-neuf ans. La dernière circonstance ajoutée à cet exemple est absolument inutile.

47. « *On l'accuse de lèse-majesté.* » Caïus Popilius Lénas, lieutenant du consul L. Cassius Longinus, l'an de Rome 646, fut accusé par Célius, tribun du peuple, du crime de lèse-majesté, pour avoir laissé passer les soldats romains sous le joug après avoir donné des ôtages. *Voyez* Cicéron, *Lois*, liv. III. Conférez César, *Guerre des Gaules*, liv. I, ch. 12; Tit. Liv., *Epitome* 65. L'auteur nous donne plus bas (livre IV, chap. 24) la défense de Popilius.

48. *Dans lequel se résume la* raison. Pour l'intelligence du mot *ratio*, voyez plus bas, liv. II, ch. 17, 18; *Invent.*, liv. I, ch. 13 et 17; et liv. II, ch. 15.

ARGUMENT

DU LIVRE DEUXIÈME.

L'AUTEUR résume ce qu'il a dit dans le livre précédent, et rappelle qu'il s'attache surtout au genre judiciaire. Il revient sur les trois questions, *conjecturale*, *légale* et *juridiciaire*, qu'il a déjà décrites (ch. 1er). Maintenant il va enseigner à traiter chacune de ces questions.

QUESTION CONJECTURALE : elle se prouve, 1° par le *probable* (II et III); 2° par la *convenance;* 3° par le *signe* (IV); 4° par l'*argument;* 5° par les *suites* (V); 6° par les *preuves confirmatives* (VI, VII, VIII).

QUESTION LÉGALE : 1° opposition du sens littéral et de l'intention de l'auteur; 2° lois contradictoires (IX et X); 3° ambiguïté du texte (XI); 4° usage de la définition; 5° translation; 6° analogie (XII).

QUESTION JURIDICIAIRE : 1° *absolue*, s'appuyant sur la nature, la loi, la coutume, la chose jugée, l'équité, les contrats (XIII); 2° *empruntée*, s'appuyant sur l'alternative (XIV), sur la récrimination (XV), sur l'aveu, sur le recours (XVI, XVII).

Après avoir indiqué les argumens convenables aux trois questions du genre judiciaire, l'auteur enseigne à les traiter avec succès, et expose les cinq parties de l'argumentation : *exposition, raison, confirmation de la raison, ornemens, récapitulation* (XVIII-XXX).

Ayant ainsi terminé ce qui concerne la confirmation et la réfutation, on passe à la péroraison, où l'on distingue l'énumération, l'amplification et la commisération (XXX, XXXI).

RHETORICORUM
AD C. HERENNIUM
LIBER SECUNDUS.

I. In primo libro, Herenni, breviter exposuimus, quas causas recipere oratorem oporteret, et in quibus officiis artis elaborare conveniret, et ea officia qua ratione facillime consequi posset. Verum, quia neque de omnibus rebus simul dici poterat, et de maximis primum scribendum fuit, quo cetera tibi faciliora cognitu viderentur; ita nobis placitum est, ut ea, quæ difficillima essent, potissimum conscriberemus.

Causarum tria sunt genera, demonstrativum, deliberativum, judiciale: multo difficillimum est judiciale; ergo id primum absolvemus. Hoc et priore libro egimus, quum de quinque oratoris officiis tractaremus, quorum inventio et prima, et difficillima est: eaque nobis erit hoc in libro propemodum absoluta, et parvam partem ejus in tertium volumen transferemus.

De sex partibus orationis primum scribere incepimus:

RHÉTORIQUE
A C. HERENNIUS

LIVRE DEUXIÈME.

1. Dans le premier livre, Herennius, nous avons brièvement exposé les genres de causes qui sont du domaine de l'orateur, les devoirs que l'art lui impose, et les moyens de remplir ces devoirs avec le plus de facilité. Mais comme il n'était pas possible de traiter toutes les questions à la fois, et qu'il fallait d'abord présenter les plus importantes, afin de vous faire comprendre plus aisément les autres, nous avons jugé à propos d'aborder de préférence les plus grandes difficultés.

Il y a trois genres de causes, le démonstratif, le délibératif, le judiciaire. Le judiciaire étant de beaucoup le plus difficile, nous l'expliquerons le premier. C'est ainsi que nous avons procédé dans le livre précédent, en traitant des cinq devoirs de l'orateur, parmi lesquels l'invention est le plus important et le plus difficile. Dans ce second livre, nous achèverons à peu près ce qui concerne l'invention, n'en réservant qu'une faible partie pour le troisième.

Nous avons commencé à décrire les six parties ora-

in primo libro locuti sumus de exordio, narratione, divisione, nec pluribus verbis, quam necesse fuit, nec minus dilucide, quam te velle existimabamus; deinde conjunctim de confirmatione et confutatione dicendum fuit : quare genera constitutionum et earum partes aperuimus; ex quo simul ostendebatur, quomodo constitutionem et partes constitutionis, causa posita, reperiri oporteret : deinde docuimus, judicationem quemadmodum quæri conveniret; qua inventa, curandum, ut omnis ratio totius orationis ad eam conferatur : postea admonuimus esse causas complures, quibus plures constitutiones aut partes constitutionum accommodarentur.

II. Reliquum videbatur esse, ut ostenderemus, quæ ratio posset inventiones ad unamquamque constitutionem aut partem constitutionis accommodare : et item quas argumentationes, quas Græci ἐπιχειρήματα appellant, sequi, et quas vitari oporteret : quorum utrumque pertinet ad confirmationem et confutationem. Deinde ad extremum docebimus, cujusmodi conclusionibus orationum uti oporteat : qui locus erat extremus de sex partibus orationis.

Primum ergo quæremus, quemadmodum quamque causam tractari conveniat : et nimirum conjecturalem, quæ prima et difficillima est, potissimum consideremus. In causa conjecturali, narratio accusatoris suspiciones interjectas et dispersas habere debet, ut nihil actum, nihil dictum, nusquam ventum, aut abitum, nihil de-

toires. Dans le premier livre, on a parlé de l'exorde, de la narration, de la division avec toute la brièveté possible, avec toute la clarté que vous me paraissiez désirer. Ensuite il fallait parler conjointement de la confirmation et de la réfutation : voilà pourquoi nous avons fait connaître les états de question et leurs parties. En même temps on a vu comment, la cause étant posée, on peut trouver l'état de la question et ses diverses espèces. Puis, nous avons montré comment il convient de chercher le point à juger; comment, après l'avoir découvert, on doit rapporter à ce point tout le système du discours. Ensuite, nous avons averti [1] qu'il est bien des causes auxquelles peuvent s'adapter plusieurs états ou plusieurs parties de question.

II. Restait à montrer de quelle manière on peut accommoder les produits de l'invention à chaque état et à chaque espèce de question ; ensuite, quels sont les argumens (en grec ἐπιχειρήματα) qu'il faut employer, ceux qu'il faut éviter. Ces deux choses regardent la confirmation et la réfutation. Nous finirons par enseigner quelle doit être la nature de la conclusion du discours : on appelle ainsi la dernière des six parties oratoires.

Nous chercherons donc d'abord comment il convient de traiter chaque cause. Commençons par considérer la question conjecturale, qui est la première et la plus difficile. Dans cet état de cause, la narration de l'accusateur doit offrir des soupçons adroitement glissés çà et là, de manière à faire croire que tout acte, toute parole, toute arrivée, tout départ, en un mot, tout ce qui a été

nique factum sine causa putetur. Defensoris narratio simplicem et dilucidam expositionem debet habere, cum attenuatione suspicionis. Hujus constitutionis ratio in sex partes est distributa, probabile, collationem, signum, argumentum, consecutionem, approbationem. Horum unumquidque quid valeat, aperiemus.

Probabile est, per quod probatur, expedisse reo peccare, et a simili turpitudine hominem nunquam abfuisse. Id dividitur in causam et in vitam. Causa est ea, quæ induxit ad maleficium, commodorum spe, aut incommodorum vitatione : ut quum quæritur, num quod commodum maleficio appetierit, num honorem, num pecuniam, num dominationem, num aliquam cupiditatem amoris, aut hujusmodi libidinis voluerit explere, aut num quod incommodum vitarit, inimicitias, infamiam, dolorem, supplicium.

III. Hic accusator in spe commodi cupiditatem ostendet adversarii, in vitatione incommodi formidinem augebit : defensor autem negabit fuisse causam, si poterit, aut eam vehementer extenuabit; deinde iniquum esse dicet, omnes, ad quos aliquid emolumenti ex aliqua re pervenerit, in suspicionem maleficii devocari.

Deinde vita hominis ex ante factis spectabitur. In quo primo considerabit accusator, num quando simile quid fecerit : si id non reperiet, quæret, num quando venerit in similem suspicionem; et in eo debebit esse occupatus,

fait avait une intention. La narration du défenseur doit présenter une exposition simple et lucide, capable de détruire tout soupçon. L'ensemble de cette question se divise en six parties ², le probable, la convenance, le signe, l'argument, les suites, la preuve confirmative. Montrons la valeur de chacun de ces moyens.

Par le *probable* on prouve que le crime était avantageux à l'accusé, et que jamais il n'eut d'éloignement pour une telle turpitude. Il faut considérer ici la cause du crime et la conduite de l'accusé. La cause qui conduit au mal est ou l'espoir d'un avantage, ou la fuite d'un désagrément : c'est ainsi que l'on cherche si, par son crime, il pensait arriver à quelque avantage, aux honneurs, à la fortune, au pouvoir ; s'il voulait assouvir un amour effréné ou quelque passion de ce genre ; ou bien s'il échappait à quelque désagrément, à l'inimitié, à l'infamie, à la douleur, au supplice.

III. A propos de l'espoir d'un avantage, l'accusateur fera valoir la cupidité de son adversaire ; il exagèrera ses craintes, s'il s'agit de la fuite d'un désagrément. Le défenseur, au contraire, niera la cause, s'il le peut, ou mettra tous ses soins à l'atténuer. Il ajoutera qu'il est injuste de soupçonner d'une mauvaise action tous ceux qui ont pu en retirer quelque profit.

Ensuite on jugera la conduite du prévenu d'après les antécédens. L'accusateur considérera si son adversaire a déjà quelque chose de pareil à se reprocher. Ne trouve-t-il rien de tel, il cherchera si parfois il n'a pas donné lieu à de semblables soupçons ; et il s'appliquera à mon-

ut ad eam causam peccati, quam paullo ante exposuerit, vita hominis possit accommodari, hoc modo : « Si dicet pecuniæ causa fecisse, ostendet eum semper avarum fuisse; si honoris, ambitiosum : ita poterit animi vitium cum causa peccati conglutinare. » Si non poterit par animi vitium cum causa reperire, reperiat dispar. Si non poterit avarum demonstrare, demonstret corruptorem vel perfidiosum, si quo modo poterit : denique aliquo, aut quam plurimis vitiis contaminabit personam : deinde qui illud fecerit tam nequiter, eumdem hoc tam perperam fecisse non esse mirandum. Si vehementer castus et integer existimabitur adversarius, dicet facta, non famam spectari oportere; illum ante occultasse sua flagitia; se planum facturum, ab eo maleficium non abesse.

Defensor primum demonstrabit vitam integram, si poterit : id si non poterit, confugiet ad imprudentiam, stultitiam, adolescentiam, vim, persuasionem : quibus de rebus vituperatio eorum, quæ extra id crimen erunt, non debeat assignari. Sin vehementer hominis turpitudine impedietur et infamia, prius dabit operam, ut falsos rumores dissipatos esse dicat de innocente; et utetur loco communi, rumoribus credi non oportere. Sin nihil horum fieri poterit, utatur extrema defensione, et dicat, non se de moribus ejus apud censores, sed de criminibus adversariorum apud judices dicere.

IV. Collatio est, quum accusator id, quod adversarium

trer que sa conduite s'accorde avec la cause assignée au crime. Par exemple : « La cause attribuée au crime est-elle l'argent? montrez que le prévenu a toujours été avare; sont-ce les honneurs? prouvez qu'il fut toujours ambitieux. Ainsi, le vice de l'âme paraîtra inséparable de la cause du crime. » Si l'on ne peut trouver un vice de même nature que la cause, qu'on en prenne un de nature différente [3]. Vous ne pouvez le montrer avare, montrez-le, s'il est possible, corrupteur et prévaricateur; enfin imprimez sur son caractère une ou plusieurs taches honteuses, et ajoutez qu'il n'est pas étonnant qu'après de tels excès, il ait commis un nouveau crime. Mais l'adversaire a-t-il une réputation pure et intacte, dites qu'il faut avoir égard aux actes et non à la renommée; que l'accusé a jusque-là caché ses turpitudes; que vous mettrez au grand jour sa culpabilité.

Le défenseur démontrera d'abord, s'il le peut, que la vie de l'inculpé est sans tache; s'il ne le peut, il s'en prendra à l'imprudence, à l'étourderie, à la jeunesse, à la contrainte, à la persuasion. Par ces excuses [4], on écartera le blâme des actes antérieurs à la présente accusation. Mais si le défenseur se trouve sérieusement embarrassé par la turpitude et l'infamie de son client, il aura soin de dire, avant tout, que de faux bruits ont été répandus sur un innocent, et emploiera ce lieu commun, *qu'il ne faut pas croire aux bruits populaires*. Si nul de ces moyens n'est admissible, il aura recours à sa dernière ressource, en disant qu'il n'a point à défendre les mœurs de son client devant les censeurs, mais à répondre, devant les juges, aux accusations de ses adversaires.

IV. Il y a *convenance* [5] lorsque l'accusateur démontre

fecisse criminatur, alii nemini, nisi reo, bono fuisse demonstrat; aut alium neminem potuisse perficere, nisi adversarium; aut eum ipsum aliis rationibus aut non potuisse, aut non aeque commode potuisse; aut eum fugisse alias rationes commodiores propter cupiditatem. Hoc loco defensor demonstret, oportet, aut aliis quoque bono fuisse, aut alios quoque id, quod ipse insimuletur, facere potuisse.

Signum est, per quod ostenditur idonea perficiendi facultas esse quaesita. Id dividitur in partes sex: locum, tempus, spatium, occasionem, spem perficiendi, spem celandi. Locus quaeritur, celebris, an desertus; semper desertus, an tum, quum id factum sit, fuerit in eo loco solitudo; sacer, an profanus; publicus, an privatus fuerit; cujusmodi loci attingant; num, qui est passus, perspectus aut exauditus esse possit. Horum quid reo, quid accusatori conveniat, perscribere non gravaremur, nisi facile quivis, causa posita, posset judicare: initia enim inventionis ab arte debent proficisci; cetera facile comparabit exercitatio. Tempus ita quaeritur: qua parte anni; qua hora: noctu, an interdiu: qua diei, qua noctis hora factum esse dicatur, et cur ejusmodi temporibus. Spatium ita consideratur: satisne longum fuerit ad eam rem transigendam, et potueritne scire, satis ad id perficiendum spatii futurum. Nam parvi refert satis spatii fuisse ad id perficiendum, si id ante sciri et ratione provideri non potuit. Occasio quaeritur, idoneane fuerit ad rem ado-

que l'action imputée à l'adversaire n'a été avantageuse à nul autre que lui, ou bien que seul il a pu l'exécuter, qu'il n'en pouvait venir à bout par d'autres moyens, que du moins il ne l'aurait pas pu aussi facilement ; ou bien qu'entraîné par la passion il a négligé d'autres moyens plus commodes. Dans ce même cas, le défenseur montrera que l'action fut avantageuse à d'autres, ou que d'autres ont pu faire ce dont on accuse son client.

Le *signe*[6] nous montre que l'inculpé avait le moyen de faire ce qu'on lui impute. On le divise en six parties, le lieu, le temps, la durée, l'occasion, l'espoir de réussir, l'espoir de n'être point vu. Au sujet du lieu, on demande s'il était fréquenté ou désert ; s'il était toujours désert, ou s'il le fut seulement à l'heure où l'action se fit ; est-il sacré ou profane, public ou privé ? quels sont les lieux attenans ? celui qui fut victime a-t-il été vu ou entendu ? Nous n'hésiterions pas à tracer au long ce qui, dans ces moyens, convient à l'accusateur ou à l'accusé, si chacun ne pouvait facilement le reconnaître, dès que la cause est posée. L'art, en effet, doit fournir les principes de l'invention : le reste s'acquerra sans peine par l'exercice. A l'égard du temps, on demande à quelle époque de l'année, à quelle heure, le fait a eu lieu : est-ce pendant le jour ou pendant la nuit ? et pourquoi dans un tel moment ? Relativement à la durée, on considère si elle a été assez longue pour que le fait s'accomplît, et si l'accusé a pu prévoir qu'elle serait assez longue : car il importe peu que l'espace de temps ait suffi pour accomplir le fait, si on n'a pu le savoir et le calculer d'avance. Quant à l'occasion ; on cherche si elle était convenable pour entreprendre l'action, s'il y en avait une meilleure qui a été manquée ou qu'on n'a pas attendue. On cons-

riendam, an alia melior, quæ aut præterita sit, aut non exspectata. Spes perficiendi quæ fuerit, spectabitur hoc modo : si, quæ supra dicta sunt signa, concurrerint; si præterea ex altera parte vires, pecunia, consilium, scientia, apparatio videbitur fuisse; ex altera parte imbecillitas, inopia, stultitia, imprudentia, inapparatio demonstrabitur fuisse : quare scire potuerit, utrum diffidendum, an confidendum fuerit. Spes celandi quæ fuerit, quæritur ex consciis, arbitris, adjutoribus, liberis, aut servis, aut utrisque.

V. Argumentum est, per quod res coarguitur certioribus argumentis, et magis firma suspicione. Id dividitur in tempora tria, præteritum, instans, consequens. In præterito tempore oportet considerare, ubi fuerit, ubi visus sit, quocum visus sit; num quid appararit, num quem convenerit, num quid dixerit, num quem habuerit de consciis, de adjutoribus, de adjumentis, num quo in loco præter consuetudinem fuerit, aut alieno tempore. In instanti tempore quæritur, num visus sit, quum faciebat; num qui strepitus, clamor, crepitus exauditus sit; aut denique num quid aliquo sensu perceptum sit, adspectu, auditu, tactu, odoratu, gustatu : nam quivis horum sensus potest conflare suspicionem. In consequenti tempore spectabitur, num quid re transacta relictum sit, quod indicet aut factum esse meleficium, aut a quo sit factum. Factum esse, hoc modo : si tumore et livore

tatera l'espoir du succès, si les signes dont nous avons parlé concourent ensemble, si en outre on remarque, d'une part, la force, l'argent, les lumières, les précautions; de l'autre, la faiblesse, le dénûment, la sottise, l'imprudence, le défaut de précautions. Par là, on saura si l'accusé devait craindre ou avoir confiance. L'espoir de n'être point vu se constate par les complices, les témoins, les coopérateurs soit libres, soit esclaves.

V. L'*argument* soutient l'accusation par des preuves plus certaines [7] et par des soupçons plus fondés. Il se rapporte à trois époques, relativement à l'action : au passé, au présent, au futur. Pour le passé, on considère où l'accusé se trouvait; où et avec qui on l'a vu; s'il a fait quelque préparatif; s'il est allé voir quelqu'un; s'il a dit quelque chose; s'il a eu avec lui des complices, des coopérateurs [8]; s'il s'est trouvé dans un lieu dont l'éloignaient ses habitudes, ou qui ne le vit jamais à cette heure. Pour le présent, on demande si l'accusé a été pris sur le fait; si l'on a entendu du tumulte, des cris, le moindre bruit : peut-on invoquer quelque perception de l'un de nos sens, de la vue, de l'ouïe, du tact, de l'odorat ou du goût? car le témoignage de chaque sens peut grossir le soupçon. Quant au temps postérieur à l'action, on cherchera si, après le fait, il n'est pas resté des traces attestant un délit et l'auteur de ce délit. On constate le crime de la manière suivante : si le corps de la victime est enflé et livide, c'est un signe d'empoisonne-

decoloratum est corpus mortui, significat eum veneno necatum. A quo factum sit, hoc modo : si telum, si vestimentum, si quid ejusmodi relictum, aut vestigium repertum fuerit; si cruor in vestimentis; si in eo loco comprehensus, aut visus transacto negotio, quo in loco res gesta dicitur.

Consecutio est, quum quæritur, quæ signa nocentis et innocentis consequi soleant. Accusator dicet, si poterit, adversarium, quum ad eum ventum sit, erubuisse, expalluisse, titubasse, inconstanter locutum esse, concidisse, pollicitum esse aliquid : quæ signa conscientiæ sunt. Si reus horum nihil fecerit, accusator dicet, eum usque adeo præmeditatum fuisse, quid sibi esset usu venturum, ut confidentissime resistens responderet : quæ signa confidentiæ, non innocentiæ sunt. Defensor, si pertimuerit, magnitudine periculi, non conscientia peccati se commotum esse dicet; si non pertimuerit, fretum innocentia negabit esse commotum.

VI. Approbatio est, qua utimur ad extremum, confirmata suspicione : ea habet locos proprios, atque communes. Proprii sunt, quibus, nisi accusator, et, quibus, nisi defensor, nemo potest uti. Communes sunt, qui alia in causa ab reo, alia ab accusatore tractantur. In causa conjecturali proprius locus accusatoris est, quum dicit malorum misereri non oportere, et quum auget peccati atrocitatem. Defensoris proprius locus est, quum mise-

ment. On reconnaît l'auteur, si un poignard, un vêtement, ou quelque autre objet pareil a été abandonné; si l'on a découvert quelque vestige; s'il y a du sang sur les habits de l'accusé; s'il a été saisi sur le lieu même, ou si, après l'action, on l'a vu à l'endroit où elle doit avoir été commise.

Les *suites* sont les signes qui résultent de l'innocence ou de la culpabilité. L'accusateur dira, s'il le peut, que l'adversaire, quand il est venu à lui, a rougi, pâli, chancelé; qu'il s'est contredit; qu'il est tombé dans l'abattement; qu'il a fait des promesses, signes par lesquels se manifeste la conscience. Si le prévenu n'a rien fait de tout cela, l'accusateur dira qu'il avait si bien calculé d'avance ce qui devait lui être avantageux, qu'il a répondu avec une assurance inébranlable, ce qui est un signe d'audace et non d'innocence. Le défenseur répondra, si l'accusé a témoigné de la crainte, qu'il était troublé par la grandeur du péril, et non par la conscience d'une faute; s'il n'en a point témoigné, qu'appuyé sur son innocence, il ne pouvait craindre.

VI. La *preuve confirmative* [9] est celle qu'on emploie la dernière, quand le soupçon est bien établi. Elle a des lieux propres et des lieux communs. Les lieux propres sont ceux qui ne peuvent servir qu'à l'accusateur ou au défenseur. Les lieux communs sont ceux qui, dans une cause, conviennent à l'accusé, dans une autre, à l'accusation. Pour la cause conjecturale, le lieu propre de l'accusateur consiste à dire qu'il ne faut pas avoir pitié des méchans, et à exagérer l'atrocité du crime [10]; le lieu propre du défenseur, à solliciter la compassion, et à se

ricordiam captat, et quum accusatorem calumniari criminatur. Communes loci sunt quum accusatoris, tum defensoris, a testibus, contra testes; a quæstionibus, contra quæstiones; ab argumentis, contra argumenta; a rumoribus, contra rumores. A testibus dicemus secundum auctoritatem et vitam testium, et constantiam testimoniorum. Contra testes, secundum vitæ turpitudinem, testimoniorum inconstantiam : si aut fieri non potuisse dicemus, aut non factum esse quod dicant, aut scire illos non potuisse, aut cupide dicere, et argumentari. Hæc et ad improbationem et approbationem testium pertinebunt.

VII. A quæstionibus dicemus, quum demonstrabimus, majores veri inveniendi causa tormentis et cruciatibus voluisse quæri, et summo dolore homines cogi, ut quidquid sciant, dicant. Et præterea confirmatior hæc erit disputatio, si, quæ dicta erunt, argumentando iisdem viis, quibus omnis conjectura tractatur, trahemus ad verisimilem suspicionem; idemque hoc in testimoniis facere oportebit. Contra quæstiones hoc modo dicemus : primum majores voluisse certis in rebus interponi quæstiones, quum, quæ vere dicerentur, sciri; quæ falso in quæstione pronuntiarentur, refelli possent, hoc modo : « Quo in loco quid positum sit; » et si quid esset simile, quod videri, aut aliquo [simili] signo percipi posset : deinde, dolori credi non oportere, quod alius alio re-

plaindre des calomnies de l'accusateur. Les lieux communs, tant pour l'accusation que pour la défense, consistent à parler pour ou contre les témoins, pour ou contre les tortures, pour ou contre les argumens, pour ou contre la rumeur publique. En faveur des témoins, nous alléguerons leur gravité, leur conduite, l'accord de leurs dépositions; contre les témoins, leur vie honteuse, les variations de leur témoignage; nous soutiendrons que ce qu'ils avancent n'a pu être, ou n'a pas eu lieu; qu'ils n'ont pu le savoir : que la passion dicte leurs paroles, leurs raisonnemens. C'est ainsi qu'on blâme ou qu'on approuve les témoins [11].

VII. Nous parlerons en faveur de la torture, si nous établissons que nos ancêtres ont eu recours aux tourmens et aux douleurs de la question, afin de découvrir la vérité; et qu'ils ont voulu, par l'excès des souffrances, forcer les hommes à dire ce qu'ils savaient. Notre argumentation sera plus décisive, si, en recourant aux preuves employées dans toute question conjecturale, nous donnons aux aveux le caractère de la vraisemblance. A l'égard des témoignages, il faudra procéder de même. Voici ce que nous dirons contre la torture : d'abord nos ancêtres ne l'ont fait intervenir que pour des cas déterminés, quand on pouvait constater la vérité, ou réfuter l'imposture des paroles arrachées par la question, comme dans cet exemple : « En quel lieu a-t-on déposé telle chose? » ou s'il s'agit d'un fait semblable, qui puisse être vu ou reconnu à quelque signe. Nous dirons ensuite qu'il ne faut pas ajouter foi à la douleur : car l'un peut

centior sit in dolore, quod ingeniosior ad comminiscendum, quod denique sæpe scire, aut suspicari possit, quid quæsitor velit audire; quod quum dixerit, intelligat sibi finem doloris futurum. Hæc disputatio comprobabitur, si refellemus, quæ in quæstionibus erunt dicta, probabili argumentatione; idque partibus conjecturæ, quas ante exposuimus, facere oportebit.

Ab argumentis, et signis, et ceteris locis, quibus augetur suspicio, dicere hoc modo convenit: Quum multa concurrant argumenta et signa, quæ inter se consentiant, rem perspicuam, non suspiciosam videri oportere: item plus oportere signis et argumentis credi, quam testibus: hæc enim eo modo exponi, quo re vera sint gesta; testes corrumpi posse vel pretio, vel gratia, vel metu, vel simultate. Contra argumenta, et signa, et ceteras suspiciones dicemus hoc modo: si demonstrabimus, nullam rem esse, quam non suspicionibus quivis possit criminari; deinde, unamquamque suspicionem extenuabimus, et dabimus operam, ut ostendamus, nihilo magis in nos eam, quam in alium quempiam convenire; indignum esse facinus, sine testibus conjecturam et suspicionem firmamenti satis habere.

VIII. A rumoribus dicemus, si negabimus temere famam nasci solere, quin subsit aliquid; et si dicemus causam non fuisse, quare quispiam confingeret et comminisceretur; et præterea, si ceteri falsi soleant esse,

être moins que l'autre accoutumé à souffrir [12], ou plus ingénieux à trouver des mensonges : souvent aussi l'on peut savoir ou soupçonner ce que le juge [13] veut apprendre, et l'on n'ignore pas qu'il suffit de le dire, pour mettre fin à ses douleurs [14]. Cette argumentation sera encore plus puissante, si nous réfutons les aveux de la torture par des raisonnemens de l'ordre probable; et nous y parviendrons, grâce aux moyens indiqués pour les causes conjecturales.

Voulez-vous faire valoir les argumens, les signes et les autres lieux qui fortifient le soupçon, exprimez-vous ainsi : Lorsqu'un grand nombre d'argumens et de signes d'accord entre eux concourent à démontrer une chose, elle n'a pas le caractère du soupçon, mais celui de l'évidence. Les signes et les argumens sont plus dignes de foi que les témoins : les premiers sont l'expression fidèle de ce qui a eu lieu; les seconds peuvent être corrompus par l'argent, la faveur, la crainte ou la haine. Contre les argumens, les signes et les autres soupçons, nous prouverons qu'il n'est rien qu'on ne puisse accuser sur des soupçons. Ensuite nous atténuerons chaque soupçon en particulier, et nous nous appliquerons à montrer qu'il ne nous concerne pas plus que tout autre; et que c'est chose indigne que de voir une preuve suffisante dans une conjecture sans témoin, dans un simple soupçon.

VIII. Nous parlerons en faveur des bruits publics, si nous soutenons que l'opinion ne se forme point à la légère et sans quelque fondement; si nous prétendons que personne n'avait intérêt à mentir et à tromper; que, d'ailleurs, lors même que tous les autres bruits

argumentabimur hunc esse verum. Contra rumores dicemus primum, si docebimus multos esse falsos rumores, et exemplis utemur, de quibus falsa fama fuerit; et aut inimicos nostros, aut homines natura malivolos et maledicos confinxisse dicemus : et aut aliquam fictam fabulam in adversarios afferemus, quam dicamus omnibus in ore esse; aut verum rumorem proferemus, qui illis aliquid turpitudinis afferat, neque tamen ei rumori nos fidem habere dicemus; ideo quod quivis homo possit quemvis turpem de quolibet rumorem proferre, et confictam fabulam dissipare. Verumtamen si rumor vehementer probabilis esse videbitur, argumentando famæ fidem poterimus abrogare.

Quod et difficillima tractatu est constitutio conjecturalis, et in veris causis sæpissime tractanda est, eo diligentius omnes ejus partes perscrutati sumus; ut ne parvula quidem titubatione aut offensione impediremur, si ad hanc rationem præceptionis assiduitatem exercitationis accommodassemus.

IX. Nunc ad legitimæ constitutionis partes transeamus. Quum voluntas scriptoris cum scripto dissidere videbitur, si a scripto dicemus, his locis utemur, secundum narrationem : primum scriptoris collaudatione; deinde scripti recitatione; deinde percunctatione, scirentne adversarii id scriptum fuisse in lege, aut in testamento, aut in stipulatione, aut in quolibet scripto, quod ad

seraient faux, celui dont on s'occupe devrait être fondé. Pour combattre les rumeurs publiques, nous montrerons qu'il y en a beaucoup de fausses; nous citerons des exemples de bruits mensongers : ce sont nos ennemis, dirons-nous, ou des hommes naturellement malveillans et médisans qui ont imaginé ces fables; nous supposerons quelque récit injurieux à nos adversaires, et nous dirons qu'il est dans toutes les bouches; ou nous alléguerons un bruit réel dont ils ont à rougir, en déclarant de n'y point ajouter foi, parce qu'il n'est personne sur qui le premier venu ne puisse avancer un bruit injurieux, et répandre une calomnie. Mais si le bruit a beaucoup de probabilité, il faudra, par la force du raisonnement, enlever toute créance à cette opinion.

Comme la question conjecturale est la plus difficile à traiter, et celle qui, dans les causes véritables, se présente le plus souvent, nous en avons minutieusement examiné toutes les parties, afin que le moindre faux pas, la moindre hésitation ne pût nous arrêter, si aux préceptes de la théorie nous accommodions un jour l'exercice de la pratique.

IX. Maintenant passons à la question légale [15]. Le texte n'est-il pas d'accord avec l'intention de celui qui l'a écrit? Si nous défendons l'écrit, nous emploierons les lieux suivans, après avoir narré le fait : d'abord faire l'éloge de l'auteur; ensuite lire le texte; puis demander aux adversaires s'ils savaient qu'il y eût dans une loi, dans un testament, dans une stipulation, ou dans tout autre écrit, quelque chose de relatif au sujet. On peut

eam rem pertineat; deinde collatione, quid scriptum sit, quid adversarii se fecisse dicant, quid judicem sequi conveniat, utrum id, quod diligenter perscriptum sit, an id, quod acute sit excogitatum. Deinde ea sententia, quæ ab adversariis sit excogitata, et scriptori attributa, contemnetur et infirmabitur. Deinde quæretur, quid ei obfuerit, si id voluisset adscribere, num non potuerit perscribi. Deinde a nobis sententia reperietur, et causa proferetur, quare id scriptor senserit, quod perscripsit. et demonstrabitur scriptum illud esse dilucide, breviter, commode, perfecte, certa cum ratione. Deinde exempla proferentur, quæ res, quum ab adversariis sententia et voluntas afferretur, a scripto potius judicatæ sunt. Deinde ostendetur, quam periculosum sit a scripto recedere. Locus communis est contra eum, qui quum fateatur, se contra id, quod legibus sancitum, aut testamento perscriptum sit, fecisse, tamen facti quærat defensionem.

X. A sententia sic dicemus. Primum laudabimus scriptoris commoditatem atque brevitatem, quod tantum scripserit, quod necesse fuerit; illud, quod sine scripto intelligi potuerit, non necessario scribendum putarit. Deinde dicemus calumniatoris esse officium, verba et litteras sequi, negligere voluntatem. Deinde id, quod scriptum sit, aut non posse fieri, aut non lege, non more, non natura, non æquo et bono posse fieri; quæ omnia scriptorem noluisse quam rectissime fieri, nemo

encore, après avoir mis en présence l'écrit et le fait avoué par l'adversaire [16], se demander à quoi le juge doit s'en rapporter, à un texte précis, ou à des interprétations subtiles. Ensuite, cette intention imaginée par les adversaires, et attribuée à l'auteur de l'écrit [17], sera livrée au mépris, et repoussée. S'il avait voulu exprimer cette idée, ajouterons-nous, qui l'eût empêché de l'écrire formellement? C'est à nous alors de faire ressortir le véritable sens, et le motif qui a inspiré l'auteur; de démontrer que l'écrit est clair, concis, naturel, irréprochable et fait avec connaissance de cause. Suivront des exemples de jugemens prononcés en vertu d'un texte, bien que les adversaires alléguassent l'intention et la volonté secrète de l'écrivain. Puis on montrera combien il est dangereux de s'écarter de la lettre. Il y a un lieu commun contre celui qui reconnaît avoir enfreint le texte d'une loi ou d'un testament, et qui néanmoins cherche à défendre son action.

X. Pour défendre l'intention, nous louerons d'abord le naturel [18], et la concision de l'auteur, qui s'est borné à écrire l'indispensable, et n'a pas jugé à propos d'exprimer ce qui, pour être entendu, n'a pas besoin d'être écrit. Ou bien nous dirons : Il n'y a qu'un homme de mauvaise foi qui puisse s'attacher au mot, à la lettre, sans tenir compte de l'intention. D'autres fois, nous soutiendrons que ce qui est écrit ne peut être exécuté, ou ne peut se faire qu'au mépris des lois, des usages, de la nature, de l'équité et du bien; personne ne dira que l'auteur n'a pas voulu qu'en tout ceci on suivît la

dicet : at ea, quæ a nobis facta sint, justissime facta. Deinde contrariam sententiam aut nullam esse, aut stultam, aut injustam, aut non posse fieri, aut non constare cum superioribus et inferioribus sententiis, aut cum jure communi, aut cum aliis legibus communibus, aut cum rebus judicatis dissentire. Deinde exemplorum a voluntate, et contra scriptum judicatorum enumeratione utemur; deinde legum et stipulationum breviter excerptarum, in quibus intelligatur scriptorum voluntas et expositio. Locus communis contra eum, qui scriptum recitet, et scriptoris voluntatem non interpretetur.

Quum duæ leges inter se discrepant, videndum est primum, num qua abrogatio aut derogatio sit. Deinde, utrum leges ita dissentiant, ut altera jubeat, altera vetet: an ita, ut altera cogat, altera permittat. Infirma enim erit ejus defensio, qui negabit, se fecisse, quod cogeretur, quum altera lex permitteret. Plus enim valet sanctio permissione. Item illa defensio tenuis est, quum ostenditur id factum esse, quod ea lex sanciat, cui legi obrogatum, vel derogatum sit : id, quod posteriori lege sancitum sit, esse neglectum. Quum hæc erunt considerata, statim nostræ legis expositione, recitatione, collaudatione utemur. Deinde contrariæ legis enodabimus voluntatem, et eam trahemus ad nostræ causæ commodum. Deinde de juridiciali absoluta sumemus rationem

justice : or, ce que nous avons fait est entièrement conforme à la justice. Nous ajouterons que l'intention contraire est absurde, ou insensée, ou injuste, ou impossible; qu'elle n'est pas d'accord avec le sens de ce qui précède et de ce qui suit; qu'elle est en opposition avec le droit commun, avec les autres lois, avec la jurisprudence des tribunaux. Ensuite nous énumérerons des exemples de décisions en faveur de l'esprit et contre le sens littéral; nous citerons de courts extraits de lois ou de contrats, dans lesquels on puisse comprendre l'intention des écrivains et le sens de l'exposition. Il y a un lieu commun contre celui qui réciterait un écrit sans expliquer l'intention du rédacteur [19].

Lorsque deux lois sont en opposition [20], il faut chercher d'abord s'il n'y a ni abrogation ni dérogation; ensuite si ces lois sont tellement contradictoires, que l'une ordonne et que l'autre interdise, que l'une exige et que l'autre permette. La défense sera faible, si l'on prétend n'avoir point fait ce qu'une loi exige, parce qu'il en est une autre qui permet : car il y a plus de force dans un commandement absolu que dans une simple permission. La défense est encore faible, si l'on montre que l'on a agi en vertu d'une loi qu'une autre a remplacée, ou à laquelle on a dérogé; et si l'on n'a point tenu compte de ce que prescrivait la loi postérieure. Après ces considérations, il faudra citer, lire, faire valoir la loi qui nous est favorable; puis nous expliquerons le sens de la loi contraire, et nous le ramènerons à l'intérêt de notre cause. Ensuite nous emprunterons à la question judiciaire absolue [21] la *raison du droit;* et nous chercherons la *partie du droit* qui milite en notre faveur. Nous parlerons plus bas de cette partie.

juris, et quæremus partem juris, utrum cum ea faciat; de qua parte posterius disseremus.

XI. Si ambiguum est scriptum, ut puta quod in duas aut plures sententias trahi possit, hoc modo tractandum est. Primum, sitne ambiguum, quærendum est. Deinde, quomodo scriptum esset, si id, quod adversarii interpretantur, scriptor fieri voluisset, ostendendum est. Deinde id, quod nos interpretemur, et fieri posse, et honeste, recte, lege, more, natura, bono et æquo fieri posse; quod adversarii interpretentur, e contrario : nec esse ambigue scriptum, quum intelligatur, utra sententia vera sit. Sunt, qui arbitrentur, ad hanc causam tractandam vehementer pertinere cognitionem amphiboliarum eam, quæ a dialecticis profertur. Nos vero arbitramur, non modo nullo adjumento esse, sed potius maximo impedimento : omnes enim illi amphibolias aucupantur, eas etiam, quæ ex altera parte sententiam nullam possunt interpretari. Itaque et alieni sermonis molesti interpellatores, et scripti tum odiosi, tum obscuri interpretes sunt; et dum caute et expedite loqui volunt, infantissimi reperiuntur. Ita dum metuunt in dicendo, ne quid ambiguum dicant, nomen suum pronuntiare non possunt. Verum horum pueriles opiniones rectissimis rationibus, quum voles, refellemus. In præsentia hoc interdicere non alienum fuit, ut hujus infantiæ garrulam disciplinam contemneremus.

XI. Si un écrit est ambigu, c'est-à-dire s'il peut se prêter à deux ou plusieurs interprétations, vous le discuterez ainsi. D'abord cherchez si cet écrit est ambigu; puis montrez comment il eût été conçu, si le sens admis par les adversaires avait été celui de l'auteur; ensuite, prouvez que votre interprétation est facile, honorable, juste, conforme à la loi, à l'usage, à la nature, au bien et à l'équité; que celle de vos antagonistes est tout le contraire; enfin, qu'un écrit n'est pas ambigu, lorsqu'on reconnaît laquelle des deux interprétations est la véritable. Plusieurs pensent que, pour traiter cette question, il importe de connaître ce que les dialecticiens enseignent sur les *amphibolies* [22]. Mais nous croyons que cette étude, loin d'offrir quelque secours à l'orateur, ne fait que l'embarrasser davantage. En effet, ils sont à la piste de toutes les *amphibolies*, même de celles qui, dans l'une de leurs acceptions, ne présentent aucun sens. Aussi ne vois-je en eux que les interrupteurs incommodes des discours d'autrui, les interprètes odieux et obscurs des textes; et, tandis qu'ils veulent parler avec tant de précaution et d'exactitude, ils finissent par perdre la parole. Dans la crainte de laisser échapper un mot à double sens, ils n'osent même prononcer leur nom. Mais, quand vous le voudrez, nous réfuterons leurs opinions puériles par les argumens les plus solides [23]. Pour le moment, il n'était pas inutile de jeter en passant quelque mépris sur cette école, bavarde dans la théorie, muette dans la pratique.

XII. Quum definitione utemur, primum afferemus brevem vocabuli definitionem, hoc modo : « Majestatem is minuit, qui ea tollit, ex quibus rebus civitatis amplitudo constat : quæ sunt [ea quæ capiunt] suffragia populi, et magistratus consilium. Nempe igitur tu et populum suffragio, et magistratum consilio privasti, quum pontes disturbasti. » Item ex contrario : « Majestatem is minuit, qui amplitudinem civitatis detrimento afficit. Ego non affeci, sed prohibui detrimento; ærarium enim conservavi, libidini malorum restiti, majestatem omnem interire non passus sum. » Primum igitur vocabuli sententia breviter, et ad utilitatem causæ accommodate describetur : deinde factum nostrum cum verbi descriptione conjungetur : deinde contrariæ descriptionis ratio refelletur, si aut falsa erit, aut inutilis, aut turpis, aut injuriosa : id quoque ex juris partibus sumetur de juridiciali absoluta, de qua jam loquemur.

Quæritur in translationibus, primum, num aliquis ejus rei actionem, petitionem, aut persecutionem habeat, quem non oporteat; num alio modo, tempore, loco; num alia lege, num alio quærente, aut agente. Hæc legibus, moribus, æquo et bono reperientur; de quibus dicetur in juridiciali absoluta.

In causa rationali primum quæretur, ecquid in rebus majoribus, aut minoribus, aut similibus, similiter scriptum aut judicatum sit : deinde, utrum ea res similis

XII. Quand nous emploierons la définition, nous donnerons d'abord une courte définition de mots, par exemple : « Est coupable de lèse-majesté [24] quiconque porte atteinte aux choses qui constituent la grandeur de l'état, c'est-à-dire aux suffrages du peuple et à l'assemblée des magistrats : or, vous avez interdit au peuple ses suffrages, aux magistrats leur assemblée, quand vous avez brisé les ponts. » L'accusé répondra : « Le crime de lèse-majesté consiste à porter préjudice à la grandeur de l'état. Mais loin d'y porter préjudice, je l'ai protégée ; j'ai conservé le trésor public ; j'ai résisté aux passions des mauvais citoyens ; je n'ai pas permis que la majesté de l'état pérît tout entière. » Ainsi, d'abord le sens du mot sera expliqué brièvement, et dans l'intérêt de la cause ; ensuite nous rapprocherons notre conduite de la définition du mot ; puis nous combattrons l'esprit de la définition qu'on nous oppose, si elle est fausse, ou insignifiante, ou honteuse, ou injurieuse. Nous emprunterons aussi nos argumens à la partie du droit qui concerne la question juridiciaire absolue, et dont nous allons parler.

Par les *translations* [25] on recherche si, dans l'affaire présente, quelqu'un a dirigé une action, une demande, ou une poursuite, sans en avoir le droit ; s'il fallait une autre marche, un autre temps, un autre lieu, une autre loi, un autre juge d'instruction, un autre avocat. Ces moyens seront empruntés aux lois, aux usages, à l'équité et au bien, choses dont nous parlerons dans la question juridiciaire absolue.

Dans toute cause fondée sur *l'analogie* [26], on cherche d'abord si, pour des choses plus grandes, moindres, ou semblables, on a quelque loi ou quelque décision pa-

sit ei rei, qua de agitur, an dissimilis : deinde, utrum consulto de ea re scriptum non sit, quod noluerit cavere, an quod satis cautum putarit, propter ceterorum scriptorum similitudinem. De partibus legitimæ constitutionis satis dictum est; nunc ad juridicialem revertamur.

XIII. Absoluta juridiciali constitutione utemur, quum ipsam rem, quam nos fecisse confitemur, jure factam dicemus, sine ulla assumtione extrariæ defensionis. In ea quæri convenit, jurene factum sit : de eo [causa posita] dicere poterimus, si, ex quibus partibus jus constet, cognoverimus. Constat igitur ex his partibus : natura, lege, consuetudine, judicato, æquo et bono, pacto. Natura jus est, quod cognationis aut pietatis causa observatur; quo jure parentes a liberis, et a parentibus liberi coluntur. Lege jus est id, quod populi jussu sancitum est; quod genus, ut in jus eas, quum voceris. Consuetudine jus est id, quod sine lege, æque ac si legitimum sit, usitatum est; quod genus, « id, quod argentario tuleris expensum, a socio ejus recte repetere possis. » Judicatum est id, de quo sententia lata est, aut decretum interpositum. Ea sæpe diversa sunt, ut aliud alii judici, aut prætori, aut consuli, aut tribuno plebis placitum sit; et fit, ut de eadem re sæpe alius aliud decreverit, aut judicaverit; quod genus : « M. Drusus, prætor urbanus, quod cum herede mandati ageretur,

reille ; ensuite, si la chose alléguée est semblable ou non à la chose dont il s'agit ; puis si ce n'est point à dessein qu'on n'a écrit aucune loi spéciale sur le fait, parce qu'on n'a pas voulu le prévoir, ou parce qu'on a cru qu'il était suffisamment prévu par d'autres lois analogues. Nous avons assez parlé des subdivisions de la question légale, revenons maintenant à la question juridiciaire.

XIII. Nous ferons usage de la question juridiciaire absolue [27], lorsque, reconnaissant avoir fait l'action, nous soutiendrons que nous en avions le droit, sans employer aucun moyen extérieur. Il convient alors de rechercher si l'on a agi avec droit ; et, pour y parvenir, il faut [une fois la cause posée] connaître les parties constitutives du droit ; or les voici [28] : la nature, la loi, l'usage, la chose jugée, l'équité, les contrats. De la nature dérive le droit qui consacre les liens du sang et la piété envers la famille, envers la patrie [29] ; le droit qui constitue les devoirs réciproques des enfans et des parens. Le droit repose sur la loi, lorsqu'il a été sanctionné par la volonté du peuple : ainsi vous devez vous présenter en justice quand vous y êtes appelés. Le droit fondé sur l'usage est celui qui, en l'absence de toute loi, est aussi respecté que si la loi l'eût consacré ; ainsi : « Si vous avez déposé des fonds entre les mains d'un banquier, vous avez le droit de les demander à son associé. » Il y a chose jugée lorsque, sur la même question, une sentence, un décret [30] sont intervenus. Mais souvent la jurisprudence varie, selon la manière de voir d'un juge, d'un préteur, d'un consul ; et il arrive maintes fois que, sur une même chose, les décrets ou les jugemens de l'un sont en opposition avec ceux de l'autre ; ainsi : « M. Drusus, préteur urbain [31], rendit un jugement qui autorisait à poursuivre

judicium reddidit; S. Julius non reddidit. Item, C. Cœlius judex absolvit injuriarum eum, qui Lucilium poetam in scena nominatim læserat; P. Mucius eum, qui L. Attium poetam nominaverat, condemnavit. » Ergo, quia possunt res simili de causa dissimiliter judicatæ proferri, quum id usu venerit, judicem cum judice, tempus cum tempore, numerum cum numero judiciorum proferemus. Ex æquo et bono jus constat, quod ad veritatem et utilitatem communem videtur pertinere; quod genus, « ut major annis LX, et cui morbus causa est, cognitorem det. » Ex eo vel novum jus constitui convenit ex tempore, et hominis dignitate. Ex pacto jus est, « si qui inter se pepigerunt, si quid inter quos convenit. » Pacta sunt, quæ legibus observanda sunt, hoc modo : « Rem ubi pagunt, ratum esto, ni pagunt, in comitio, aut in foro ante meridiem causam conicito. » Sunt item pacta, quæ sine legibus observantur ex conventu, quæ jure præstari dicuntur. His igitur partibus injuriam demonstrari, jus confirmari convenit, idque in absoluta juridiciali faciendum videtur.

XIV. Quum ex comparatione quæretur, utrum satius fuerit agere id, quod reus dicat se fecisse, an id, quod accusator dicat oportuisse fieri : primum quæri convenit, utrum fuerit utilius ex contentione, hoc est, utrum venustius, facilius, conducibilius. Deinde oportebit quæri, ipsumne oportuerit judicare, utrum fuerit utilius, an

l'héritier. S. Julius ne voulut point rendre un tel jugement. » Autre exemple : « C. Célius, juge, renvoya absous de l'accusation d'injures un acteur qui avait blessé le poète Lucilius, en le nommant sur la scène. P. Mucius condamna celui qui avait nommé le poète Attius [32]. » Puisque deux causes pareilles peuvent être différemment jugées, il faudra, si le cas se présente, faire connaître les juges, les circonstances et le nombre des décisions pour et contre. L'équité constitue le droit, quand il repose sur la vérité et l'utilité commune. Exemple : « Celui qui a plus de soixante ans, et qui est retenu par maladie, peut comparaître par procureur [33]. » En vertu de ce principe, on peut établir un nouveau droit, d'après les circonstances et la dignité des personnes. Le droit dépend d'un contrat, lorsque plusieurs personnes ont fait entre elles une convention, un accord [34]. Il y a des contrats dont la loi prescrit l'observation ; ainsi : « Si l'on s'arrange par contrat, que ce soit chose jugée ; si non, portez la cause, avant midi, au forum ou au comitium [35]. » Il y a aussi des contrats qui, sans l'intervention de la loi, s'observent en vertu de la convention, et sont dits exécutoires [36] de droit. C'est donc par ces moyens qu'il convient de démontrer le tort, de confirmer le droit ; c'est ainsi qu'on doit procéder dans la question juridiciaire absolue.

XIV. Quand, par l'*alternative* [37], on demandera si la conduite que l'accusé déclare avoir tenue est préférable à celle que l'accusateur voudrait qu'il eût tenue, d'abord on examinera, en les comparant [38], laquelle des deux aurait été la plus avantageuse, c'est-à-dire la plus belle, la plus facile, la plus profitable. Ensuite, il faudra demander si c'était bien à lui-même de juger lequel des deux partis était

aliorum fuerit statuendi potestas. Deinde interponetur ab accusatore suspicio ex constitutione conjecturali; quare putetur non ea ratione factum esse, quo melius deteriori anteponeretur, sed dolo malo negotium gestum. Deinde quaeretur, potueritne vitari, ne in eum locum veniretur. Ab defensore contra refelletur argumentatio conjecturalis, aliqua probabili causa, de qua ante dictum est. His ita tractatis, accusator utetur loco communi in eum, qui inutile utili praeposuerit, quum statuendi non haberet potestatem. Defensor contra eos, qui aequum censeant, rem perniciosam utili praeponi, utetur loco communi per conquestionem, et simul quaeret ab accusatoribus, et ab judicibus ipsis, quid facturi essent, si in eo loco fuissent; et tempus, locum, rem, deliberationem suam ponet ante oculos.

XV. Translatio criminis est, quum ab reo facti causa in aliorum peccatum transfertur. In qua primum quaerendum est, jurene in alium crimen transferatur: deinde spectandum est, an aeque magnum sit illud peccatum, quod in alium transferatur, atque illud, quod reus suscepisse se fateatur : deinde, oportueritne in ea re peccare, in qua alius ante peccarit : deinde, oportueritne judicium ante fieri : deinde, quum factum judicium non sit de illo crimine, quod in alium transferatur, oporteatne de ea re judicium fieri, quae res in judicium nondum venerit. Locus communis accusatoris, contra eum,

le plus avantageux, ou s'il appartenait aux autres de le décider. D'autres fois l'accusateur, en vertu de la question conjecturale, insinuera le soupçon que l'accusé n'a pas agi dans la vue de préférer le meilleur au pire, mais que son action procède du *mauvais dol*[39]. On demandera encore si on ne pouvait pas éviter de venir en ce lieu. Le défenseur au contraire réfutera l'argumentation conjecturale par quelqu'un des motifs probables dont on a déjà parlé[40]. Une fois ces moyens employés, l'accusateur, par un lieu commun, reprochera au prévenu d'avoir préféré à l'avantageux ce qui ne l'était point, lorsqu'il n'avait pas le droit de prononcer. Le défenseur opposera à ceux qui jugent convenable de préférer le nuisible à l'avantageux, le lieu commun *per conquestionem*; et, en même temps, il demandera aux accusateurs et aux juges eux-mêmes ce qu'ils eussent fait à la place de l'accusé; et il mettra sous leurs yeux le temps, le lieu, la chose, et les motifs de son client.

XV. La récrimination[41] a lieu quand l'accusé rejette sur la faute d'autrui le motif de son action. Alors il faut chercher premièrement si c'est avec raison que le tort est rejeté sur un autre. En second lieu, on examinera si la faute imputée à un autre par le prévenu, est aussi grave que celle qu'il avoue lui-même avoir commise. Et puis, fallait-il faillir parce qu'auparavant un autre avait failli[42]? Devait-on se faire justice avant le jugement? Lorsqu'aucune sentence n'avait été prononcée sur le fait, était-ce à l'accusé de se porter juge de ce qui n'avait pas encore été légalement jugé? Là, se présente le lieu commun par lequel l'accusateur reproche à l'inculpé de mettre la violence au dessus des jugemens. A quoi faudrait-il s'attendre, ajoutera-t-il, si les autres en fai-

qui plus censeat vim, quam judicia valere oportere : et ab adversariis percunctabitur accusator, quid futurum sit, si idem ceteri faciant, ut de indemnatis supplicia sumant, quod eos idem fecisse dicant. Quid si ipse accusator idem facere voluisset? Defensor eorum peccati atrocitatem proferet, in quos crimen transferetur; rem, locum, tempus ante oculos ponet, ut ii, qui audient, existiment aut non potuisse, aut non fuisse utile, rem in judicium venire.

XVI. Concessio est, per quam nobis ignosci postulamus. Ea dividitur in purgationem, et deprecationem. Purgatio est, quum consulto a nobis factum negamus. Ea dividitur in necessitudinem, fortunam, imprudentiam. De his primum partibus ostendendum est; deinde ad deprecationem revertendum videtur.

Primum considerandum est, num culpa ventum sit in necessitudinem, num culpam veniendi necessitudo fecerit. Deinde quærendum est, ecquo modo vis illa vitari potuerit, ac levari. Deinde is, qui in necessitudinem causam conferet, expertusne sit, quid contra facere, aut excogitare posset. Deinde, num quæ suspiciones ex conjecturali constitutione trahi possint, quæ significent, id consulto factum esse, quod necessario accidisse dicitur. Deinde, si maxime necessitudo quæpiam fuerit, conveniatne eam satis idoneam causam putari.

Si autem imprudentia reus se peccasse dicet, primum

saient autant, s'ils infligeaient le supplice avant la condamnation, en s'autorisant de votre exemple? Que dirait-on, si l'accusateur lui-même avait voulu agir ainsi? Le défenseur fera valoir l'énormité du crime de ceux sur qui l'on rejette l'accusation. Il mettra sous les yeux le fait, le lieu, le moment, pour persuader aux auditeurs qu'il n'était pas possible, ou qu'il n'était pas avantageux de juger l'affaire.

XVI. Par l'*aveu*[43], nous demandons qu'on nous pardonne. Il se divise en deux parties, l'excuse et la supplication. Par l'excuse, nous déclarons n'avoir pas agi à dessein : elle s'appuie sur la nécessité, sur la fortune, sur l'ignorance. Traitons d'abord de ces trois moyens; puis nous reviendrons à la supplication.

Il faut considérer d'abord si c'est par notre faute que nous avons été réduits à cette nécessité, ou si c'est la nécessité elle-même qui nous y a entraînés. Ensuite on cherchera par quel moyen on pouvait se soustraire à cette force, ou l'affaiblir. Celui qui s'excuse par la nécessité a-t-il essayé tout ce qu'il pouvait faire ou imaginer pour lui résister? Ne peut-on pas tirer de la question conjecturale des soupçons pour prouver qu'il a fait à dessein ce qu'il attribue à la nécessité? et quand même, à la rigueur, il y aurait eu quelque nécessité, ce motif serait-il une excuse suffisante?

Si l'accusé attribue sa faute à l'ignorance, considérons

quæretur, utrum potuerit scire, an non potuerit. Deinde, utrum data sit opera, ut sciretur, an non. Deinde, utrum casu nescierit, an culpa : nam qui se propter vinum, aut amorem, aut iracundiam, fugisse rationem dicet, is animi vitio videbitur nescisse, non imprudentia: quare non imprudentia se defendet, sed culpa contaminabit. Deinde conjecturali constitutione quæretur, utrum scierit, an ignoraverit; et considerabitur, satisne imprudentia præsidii debeat esse, quum factum esse constet.

Quum in fortunam causa conferetur, et ea re defensor ignosci reo dicet oportere, eadem omnia videntur consideranda, quæ de necessitudine præscripta sunt. Etenim omnes hæ tres partes purgationis inter se finitimæ sunt, ut in omnes eadem fere possint accommodari. Loci communes in his causis : accusatoris contra eum, qui, quum se peccasse confiteatur, tamen oratione judices demoretur; defensoris, de humanitate, misericordia : voluntatem in omnibus rebus spectari convenire, et quæ consulto facta non sint, in iis fraudem esse non oportere.

XVII. Deprecatione utemur, quum fatebimur nos peccasse, neque id imprudenter, aut fortuitu, aut necessario fecisse dicemus, et tamen ignosci nobis postulabimus. Hic ignoscendi ratio quæritur ex iis locis; si plura aut majora officia, quam maleficia, videbuntur constare; si qua virtus, aut nobilitas erit in eo, qui supplicabit; si qua spes erit, usui futurum, si sine supplicio

d'abord s'il pouvait savoir, ou s'il ne le pouvait pas ; ensuite, s'il a fait ou n'a point fait des efforts pour savoir ; enfin, est-ce accidentellement, ou par sa faute, qu'il n'a point su ? car celui qui prétendrait avoir été privé de la raison par le vin, l'amour ou la colère, aurait perdu connaissance par un tort volontaire, et non par ignorance : son ignorance ne serait pas une excuse, mais une faute manifeste. Ensuite, par la question conjecturale, on demandera si réellement il savait ou ignorait : on considèrera si l'ignorance est une justification suffisante, lorsque le fait est constant.

Quand on s'en prend à la fortune, et que, pour ce motif, le défenseur prétend qu'on doit pardonner à l'accusé, il faut s'attacher aux considérations données pour la nécessité. En effet, ces trois espèces d'excuses ont beaucoup d'affinité entre elles, et peuvent se prêter à peu près aux mêmes combinaisons. Dans ces causes se présentent les lieux communs de l'accusateur contre celui qui, avouant sa faute, retient inutilement les juges par ses longs discours ; du défenseur, sur l'humanité, la compassion : en toutes choses, il faut tenir compte de l'intention ; et qui n'a pas agi à dessein, ne saurait être coupable.

XVII. Nous emploierons la *supplication*, si nous avouons notre faute, sans invoquer l'excuse de l'ignorance, de la fortune, ou de la nécessité, et si pourtant nous demandons qu'on nous pardonne. Ici les motifs du pardon se tirent des lieux suivans : s'il paraît constant que les bonnes actions du prévenu l'emportent sur ses torts par le nombre et par la gravité ; si sa vertu, sa naissance donnent plus de poids à ses supplications ; si, en le renvoyant absous, on peut espérer de conserver un

discesscrit; si ipse ille supplex, mansuetus et misericors in potestatibus ostendetur fuisse; si ea, quæ peccavit, non odio, neque crudelitate, sed officio et recto studio commotus fecit; si tali de causa aliis quoque ignotum est; si nihil ab eo periculi nobis futurum videbitur, si eum missum fecerimus; si nulla aut a nostris civibus, aut ab aliqua civitate vituperatio ex ea re suscipietur. Loci communes, de humanitate, fortuna, misericordia, rerum commutatione. His locis omnibus ex contrario utetur is, qui contra dicet, cum amplificatione, et enumeratione peccatorum. Hæc causa judicialis fieri non potest, ut in primo libro ostendimus: sed quod potest vel ad senatum, vel ad consilium venire, non visa est supersedenda.

Quum a nobis crimen removere volemus, aut in rem, aut in hominem nostri peccati causam conferemus. Si causa in hominem conferetur, quærendum erit primum, potueritne tantum, quantum reus demonstrabit, is, in quem causa conferetur, et quonam modo aut honeste, aut sine periculo potuerit obsistere: si maxime ita sit, num ea re concedi reo conveniat, quod alieno inductu fecerit: deinde in conjecturalem trahetur controversiam, et edisseretur, num consulto factum sit. Si causa in rem quamdam conferetur, et hæc eadem fere, et omnia, quæ de necessitudine præcepimus, consideranda erunt.

XVIII. Quoniam satis ostendisse videmur, quibus ar-

citoyen utile ; si l'on montre que ce même suppliant fut débonnaire et compatissant au sein des grandeurs ; s'il a commis ses fautes, non par haine ou par cruauté, mais entraîné par son obligeance et par de bonnes intentions ; si, dans une pareille cause, d'autres ont déjà obtenu leur grâce ; si son acquittement ne nous expose à aucun danger ; s'il ne doit provoquer ni le blâme de nos concitoyens, ni celui d'une autre cité. Suivent les lieux communs sur l'humanité, la fortune, la compassion, les vicissitudes des choses. L'adversaire retournera tous ces lieux contre l'accusé, en y ajoutant l'énumération et l'amplification des fautes qu'on lui impute. Ce moyen n'appartient pas au genre judiciaire, ainsi que nous l'avons dit dans le premier livre [44] ; mais comme il peut se rencontrer devant le sénat ou devant un conseil militaire, je n'ai pas cru devoir l'omettre.

Par le *recours* [45], nous éloignons de nous l'accusation, en rejetant la cause de notre faute sur une chose ou sur une personne. Est-ce sur une personne ? on cherchera d'abord si celui à qui l'on s'en prend a eu l'influence que lui attribue l'accusé, et de quelle manière on pouvait honorablement ou sans danger lui résister. Supposez même les allégations du prévenu admises ; est-ce une raison pour reconnaître qu'il a cédé à une force étrangère ? Ensuite, entraînez-le dans la question conjecturale, et que la discussion établisse s'il a agi avec connaissance de cause. Rejetez-vous le tort sur une chose ? suivez la même marche, et profitez aussi de tout ce que nous avons dit sur la nécessité [46].

XVIII. Maintenant qu'il nous semble avoir suffisam-

gumentationibus in unoquoque genere causæ judicialis uti conveniret; consequi videtur, ut doceamus, quemadmodum ipsas argumentationes ornate et absolute tractare possimus. Nam fere non difficile est invenire, quid sit causæ adjumento: difficillimum vero est, inventum expolire, et expedite pronuntiare. Hæc enim res facit, ut neque diutius, quam satis sit, in eisdem locis commoremur, neque eodem identidem revolvamur, neque inchoatam argumentationem relinquamus, neque incommode ad aliam deinceps transeamus. Itaque hac ratione et ipsi meminisse poterimus, quid quoquo loco dixerimus, et auditor quum totius causæ, tum uniuscujusque argumentationis distributionem percipere et meminisse poterit. Ergo absolutissima et perfectissima argumentatio est ea, quæ in quinque partes est distributa: propositionem, rationem, rationis confirmationem, exornationem, complexionem. Propositio est, per quam ostendimus summatim, quid sit, quod probare volumus. Ratio est causa, quæ demonstrat verum esse id, quod intendimus, brevi subjectione. Rationis confirmatio est ea, quæ pluribus argumentis corroborat breviter expositam rationem. Exornatio est, qua utimur rei honestandæ et collocupletandæ causa, confirmata argumentatione. Complexio est, quæ concludit breviter, colligens partes argumentationis.

XIX. Hisce igitur quinque partibus ut absolutissime

ment fait connaître de quels argumens il convient de se servir dans chacune des trois questions du genre judiciaire, nous devons enseigner comment on peut embellir ces argumens, et les traiter de la manière la plus parfaite. En effet, il n'est guère difficile de trouver ce qui vient à l'appui de notre cause; mais, une fois qu'on l'a trouvé, il est très-difficile de le polir et de l'exprimer convenablement. C'est cet art qui nous apprend à ne pas nous arrêter plus long-temps qu'il ne faut sur un seul passage, à ne pas revenir maintes fois au même point, à ne pas quitter un raisonnement inachevé pour passer mal-à-propos à un autre. Grâce à cette méthode, nous nous rappellerons la place de chaque idée, et l'auditeur saisira et retiendra l'ensemble du discours et la distribution de toutes les preuves. Ainsi, l'argumentation la plus achevée et la plus parfaite se développe en cinq parties [47] : l'exposition, la raison, la confirmation de la raison, les ornemens, et le résumé. L'exposition est l'énoncé sommaire de ce que nous voulons prouver. La raison est le principe qui, embrassant en peu de mots le but auquel nous tendons, en démontre la légitimité. La confirmation de la raison fortifie par un grand nombre de preuves ce que la raison expose en résumé. Les ornemens servent à embellir, à enrichir la cause, lorsque les preuves sont bien établies; le résumé conclut brièvement, en récapitulant les divers moyens de l'argumentation.

XIX. Pour ne rien laisser à désirer dans l'emploi de

utamur, hoc modo tractabimus argumentationem. « Causam ostendemus Ulyssi fuisse, quare interfecerit Ajacem : inimicum enim acerrimum de medio tollere volebat, a quo sibi non injuria summum periculum metuebat. Videbat, illo incolumi, se incolumem non futurum; sperabat illius morte se salutem sibi comparare; consueverat, si jure non poterat, quavis injuria inimico exitium machinari; cui rei mors indigna Palamedis testimonium dat. Ergo et metus periculi hortabatur eum interimere, a quo supplicium verebatur; et consuetudo peccandi, maleficii suscipiendi removebat dubitationem. Omnes enim quum minima peccata cum causa suscipiunt, tum vero illa, quæ multo maxima sunt maleficia, aliquo certo emolumento ducti suscipere conantur. Si multos induxit in peccatum pecuniæ spes, si complures scelere se contaminaverunt imperii cupiditate, si multi leve compendium fraude maxima commutarunt; cui mirum videbitur, istum a maleficio propter acerrimam formidinem non temperasse? Virum fortissimum, integerrimum, inimicitiarum persequentissimum, injuria lacessitum, ira exsuscitatum, homo timidus, nocens, conscius sui peccati, insidiosus, inimicus incolumem esse noluit : cui tandem hoc mirum videbitur? Nam quum feras bestias videamus alacres et erectas vadere, ut alteri bestiæ noceant; non est incredibile putandum, istius quoque animum ferum, crudelem, atque inhumanum, cupide ad inimici perni-

ces cinq parties, voici comment il faut traiter l'argumentation : « Nous allons prouver qu'Ulysse [48] avait un motif pour tuer Ajax; en effet, il voulait se débarrasser d'un ennemi acharné, de la part duquel il redoutait, non sans raison, les plus grands dangers. Ajax vivant, il n'y avait point de sûreté pour lui ; par sa mort, il espérait acheter son propre salut. Il avait l'habitude, à défaut de moyens légitimes, d'user de perfidie pour tramer la perte d'un ennemi : la mort indigne de Palamède [49] en est une preuve. Ainsi, la crainte d'un danger l'excitait à tuer un homme de la part duquel il craignait un châtiment, en même temps que l'habitude du crime écartait tout scrupule de commettre un assassinat. Les hommes, en effet, qui ne commettent jamais sans motif les fautes les plus légères, sont entraînés aux plus grands crimes par la certitude du profit. Si beaucoup ont été poussés au mal par l'espoir du gain, si un plus grand nombre s'est plongé dans le crime par l'ambition du pouvoir, si plusieurs ont payé un léger avantage au prix des plus grands forfaits; qui s'étonnera que cet homme, dominé par la plus vive terreur, n'ait pu s'abstenir d'un assassinat? Un héros plein de courage et d'intégrité, implacable dans ses vengeances, était outragé et irrité à l'excès ; un rival lâche et perfide, qui se sentait coupable, un artisan de trames, un ennemi [50] n'a pas voulu le laisser vivre : qui s'en étonnera? Puisque nous voyons les bêtes féroces s'élancer avec tant d'ardeur et d'avidité pour nuire à d'autres animaux, on ne peut trouver incroyable que ce cœur farouche, cruel, inhumain, se soit élancé en furieux à la ruine d'un ennemi. Songeons surtout que les animaux ne nous paraissent obéir à aucun motif bon ou mauvais, tandis qu'Ulysse, nous le savons, eut toujours des mo-

ciem profectum; præsertim quum in bestiis nullam neque bonam neque malam rationem videamus; in isto plurimas et pessimas rationes semper fuisse intelligamus. Si ergo pollicitus sum, me daturum causam, qua inductus Ulysses accesserit ad maleficium, et, si inimicitiarum acerrimam rationem, et periculi metum intercessisse demonstravi; non est dubium, quin confiteatur causam maleficii fuisse. »

Ergo absolutissima est argumentatio ea, quæ ex quinque partibus constat; sed ea non semper necesse est uti. Tum enim complexione supersedendum est, si res brevis est, ut facile memoria comprehendatur : tum exornatio prætermittenda est, si parum locuples ad amplificandum et exornandum res videtur esse. Sin et brevis erit argumentatio, et res tenuis, aut humilis; tum et exornatione et complexione supersedendum est. In omni argumentatione de duabus partibus postremis, hæc, quam exposui, ratio est habenda. Ergo amplissima est argumentatio quinquepartita; brevissima est tripartita; mediocris, sublata aut exornatione aut complexione, quadripartita.

XX. Duo genera sunt vitiosarum argumentationum : unum, quod ab adversario reprehendi potest, idque pertinet ad causam; alterum, quod tametsi nugatorium est, tamen non indiget reprehensionis. Quæ sint, quæ reprehensione confutari conveniat, quæ tacite contemni atque vitari sine reprehensione, nisi exempla subjecero,

tifs aussi nombreux que criminels. Si donc je vous ai promis de vous dévoiler la cause qui a entraîné Ulysse à commettre cet assassinat; si je vous ai démontré l'intervention des mobiles les plus puissans, l'inimitié et la crainte du péril; il n'y a point de doute qu'il n'avoue que telle est la cause de son crime. »

L'argumentation la plus parfaite est donc celle qui se compose des cinq parties; mais il n'est pas toujours nécessaire de l'employer. En effet, on se dispense du résumé, si le sujet est peu développé, et facile à retenir; d'autres fois, on renonce aux ornemens, si le sujet n'est pas assez riche pour l'amplification et les embellissemens; si l'argumentation est courte et qu'en même temps le sujet soit modeste et peu fécond, abstenez-vous et des ornemens et du résumé. Dans toute argumentation, suivez, pour les deux dernières parties, la marche que je viens de prescrire. Ainsi l'argumentation la plus développée a cinq parties; la plus courte en a trois; la moyenne, dont on retranche les ornemens ou le résumé, en a quatre.

XX. Il y a deux espèces d'argumentations vicieuses; l'une, qui peut être réfutée par l'adversaire et qui appartient à la cause; l'autre qui, malgré sa futilité, n'a pas besoin d'être reprise [51]. Quelles sont les preuves qu'il convient de réfuter? Quelles sont celles qu'on doit mépriser et passer sous silence sans les relever? vous ne pourriez le discerner nettement, si je ne vous offrais des

intelligere dilucide non poteris. Hæc cognitio vitiosarum argumentationum duplicem utilitatem afferet : nam et vitare in argumentatione vitium admonebit, et ab aliis non vitatum commode reprehendere docebit. Quoniam igitur ostendimus, perfectam et plenam argumentationem ex quinque partibus constare, in unaquaque parte argumentationis quæ vitia vitanda sint, consideremus : ut et ipsi ab his vitiis recedere, et adversariorum argumentationes hac præceptione in omnibus partibus, tentare, et ab aliqua parte labefactare possimus.

Expositio vitiosa est, quum ab aliqua aut a majore parte ad omnes id confertur, quod non necessario est omnibus attributum, ut si quis hoc modo exponat : « Omnes, qui in paupertate sunt, malunt maleficio parare divitias, quam officio paupertatem tueri. » Si quis hoc modo exposuerit argumentationem, ut non curet quærere, qualis ratio aut rationis confirmatio sit, ipsam facile reprehendemus expositionem, quum ostendemus, id quod in aliquo paupere improbo sit, in omnes pauperes falso et injuria conferri. Item vitiosa expositio est, quum id, quod raro fit, fieri omnino negatur, hoc modo : « Nemo potest uno adspectu, neque præteriens, in amorem incidere. » Nam quum non nemo devenerit in amorem uno adspectu, et quum ille neminem dixerit omnino, nihil differt raro id fieri, dummodo aliquando fieri, aut posse fieri intelligatur.

exemples. Cette connaissance des argumentations vicieuses procure deux avantages : elle nous fait éviter les fautes de raisonnement, et nous enseigne à relever facilement celles que notre adversaire n'a point évitées. Puisque nous avons montré que l'argumentation parfaite et accomplie se compose de cinq parties, considérons dans chacune quels sont les défauts à éviter, afin que nous nous en gardions nous-mêmes, et que nous puissions, par la même méthode, éprouver l'argumentation des adversaires dans toutes ses parties, et voir de quel côté nous la battrons en brèche.

L'exposition [52] est vicieuse lorsque, après avoir observé quelques individus, ou même la majeure partie d'entre eux, on applique à tous, ce qui ne convient pas nécessairement à tous, comme si l'on disait : « Tous ceux qui sont dans la pauvreté aiment mieux acquérir des richesses par des moyens criminels que de conserver leur pauvreté avec leur vertu. » Si quelqu'un *expose* ainsi son argumentation, sans s'inquiéter de la *raison* ou de la *confirmation de la raison*, nous réfuterons facilement son *exposition* en montrant qu'il est faux et inique d'attribuer à tous les pauvres ce qui n'est propre qu'à quelques pauvres malhonnêtes. L'exposition est encore vicieuse, quand on prétend qu'une chose, qui arrive rarement, n'arrive jamais. Par exemple : « Personne ne peut, au premier coup d'œil et en passant, être pris d'amour[53]. » Car il est arrivé qu'un seul regard a fait naître l'amour, tandis que l'orateur affirme que cela n'arrive jamais. Peu importe que ce fait soit rare, pourvu qu'il soit possible.

XXI. Item vitiosa expositio est, quum omnes res ostendimus nos collegisse, et aliquam rem idoneam præterimus, hoc modo : « Quoniam igitur hominem occisum constat esse, necesse est aut a prædonibus, aut ab inimicis occisum esse, aut abs te, quem ille heredem testamento ex parte fecerat. Prædones illo loco nunquam sunt visi; inimicum nullum habebat : relinquitur, si neque prædonibus, neque ab inimicis occisus est, quoniam alteri non erant, alteros non habebat, ut abs te sit interemtus. » Nam in hujuscemodi expositione reprehensione utemur, si quos præter eos, quos ille dixerit, potuisse suscipere maleficium ostenderimus : velut in hoc exemplo, quum dixerit necesse esse aut a prædonibus, aut ab inimicis, aut a nobis occisum esse; dicemus potuisse vel a familia, vel a coheredibus nostris. Quum hoc modo illorum collectionem disturbaverimus, nobis latiorem locum defendendi relinquemus. Ergo hoc quoque vitandum est in expositione, ne quando, quum omnia collegisse videamur, aliquam idoneam partem reliquerimus. Item vitiosa expositio est, quæ constat ex falsa enumeratione : ut si, quum plura sunt, pauciora dicamus, hoc modo : « Duæ res sunt, judices, quæ omnes ad maleficium impellunt, luxuries et avaritia. » — « Quid amor? inquiet quispiam : quid ambitio? quid religio? quid metus mortis? quid imperii cupiditas? quid denique alia permulta? » Item falsa enumeratio est, quum pau-

XXI. L'exposition est encore vicieuse, lorsque nous prétendons avoir énuméré toutes les circonstances, et que nous en avons omis une essentielle. Par exemple : « Puisqu'il est constant qu'un homme a été tué, il est nécessaire que le coup ait été porté ou par des brigands, ou par ses ennemis, ou par toi qu'il avait, dans son testament, fait en partie son héritier. Des brigands? on n'en vit jamais en ce lieu; des ennemis? il n'en avait point. Que reste-t-il? s'il n'a été tué ni par des brigands, puisqu'il ne s'en trouvait point là, ni par ses ennemis, puisqu'il n'en avait point, il n'a pu être tué que par toi. » Nous réfuterons une exposition de ce genre, en montrant que, outre ceux qu'a nommés l'orateur, d'autres ont pu exécuter le meurtre : comme si, dans l'exemple cité, lorsqu'on nous dit que l'assassinat a été nécessairement commis, ou par des brigands, ou par des ennemis, ou par nous-mêmes, nous répondions qu'il a pu l'être aussi, ou par les esclaves de la victime, ou par nos cohéritiers. Après avoir ainsi renversé toute l'énumération de l'adversaire, nous donnerons un plus vaste champ à notre défense. Il faut donc éviter, dans l'exposition, d'oublier une partie essentielle, quand nous paraissons les avoir réunies toutes. Un autre vice de l'exposition, c'est de contenir une énumération fausse, comme si, au lieu d'un grand nombre d'idées, on en présente très-peu; par exemple : « Il y a deux choses, juges, qui poussent tous les hommes au mal, la débauche et l'avarice. » — « Eh quoi! vous dira-t-on, et l'amour? et l'ambition? et la superstition [54]? et la crainte de la mort? et le désir du pouvoir, et tant d'autres passions enfin? » L'énumération est encore fausse, si nous présentons plus d'idées qu'il n'y en a, comme : « Trois choses chagrinent les

ciora sunt, et plura dicimus, hoc modo : « Tres res sunt, quæ omnes homines sollicitant, metus, cupiditas, ægritudo. » Satis enim fuerat dixisse metum et cupiditatem ; quoniam ægritudinem cum utraque re conjunctam esse necesse est.

XXII. Item vitiosa expositio est, quæ nimium longe repetitur, hoc modo : « Omnium malorum stultitia est mater, quæ parit immensas cupiditates : immensæ porro cupiditates infinitæ et immoderatæ sunt : hæ pariunt avaritiam : avaritia porro hominem ad quodvis maleficium impellit. Igitur avaritia inducti adversarii nostri, hoc in se facinus admiserunt. » Hic id, quod extremum dictum est, satis fuit exponere, ne Ennium, et ceteros poetas imitemur, quibus hoc modo loqui concessum est :

> Utinam ne in nemore Pelio securibus
> Cæsa cecidisset abiegna ad terram trabes;
> Neve inde navis inchoandæ exordium
> Cœpisset, quæ nunc nominatur nomine
> Argo, qua vecti Argivi delecti viri,
> Petebant illam pellem inauratam arietis,
> Colchis, imperio regis Peliæ per dolum!
> Nam nunquam hera errans mea, domo efferret pedem
> Medea, animo ægra, amore sævo saucia.

Nam hic satis erat dicere (si id modo, quod esset satis, curasset poeta) :

> Utinam ne hera errans mea, domo efferret pedem
> Medea!

hommes, la crainte, le désir, l'inquiétude.[55]. » Il eût suffi de dire la crainte et le désir, puisque l'inquiétude est nécessairement jointe à l'une et à l'autre.

XXII. L'exposition est encore vicieuse, lorsqu'elle est tirée de trop loin, par exemple : « La mère de tous les maux est la sottise, qui enfante les désirs insatiables ; ces désirs qui ne connaissent ni bornes ni mesure engendrent l'avarice ; l'avarice pousse l'homme à toutes sortes d'excès ; aussi est-ce par l'avarice que nos adversaires ont été entraînés à commettre un tel crime. » L'exposition devait se borner à cette dernière idée. Gardons-nous d'imiter Ennius et les autres poètes, auxquels il est permis de parler ainsi [56] :

Plût aux Dieux que dans la forêt du Pélion, par la hache
Frappé, le pin ne fût jamais tombé à terre ;
Que jamais on n'eût commencé à en construire
Le premier navire, qui porte aujourd'hui le nom
D'Argo, et sur lequel l'élite des guerriers argiens
Allait conquérir la toison d'or d'un bélier,
En Colchide, par l'ordre perfide du roi Pélias !
Hélas! jamais elle n'eût quitté sa patrie, ma maîtresse errante,
Médée, le cœur malade, blessée d'un cruel amour.

Il eût suffi de dire ici (si le poète se fût soucié de ce qui suffisait) :

Plût aux Dieux qu'elle n'eût jamais quitté sa patrie, ma maîtresse errante, Médée !

Ergo hac quoque ab ultimo repetitione in expositionibus magnopere supersedendum est: non enim reprehensione, sicut aliæ complures, sed sua sponte vitiosa est.

XXIII. Vitiosa ratio est, quæ ad expositionem non est accommodata, vel propter infirmitatem, vel propter vanitatem. Infirma ratio est, quæ non necessario ostendit ita esse, quemadmodum expositum est; velut apud Plautum:

> Amicum castigare ob meritam noxiam,
> Immune est facinus : verum in ætate utile
> Et conducibile.

Hæc expositio est : videamus, quæ ratio afferatur:

> Nam ego amicum hodie meum
> Concastigabo pro commerita noxia.

Ex eo, quod ipse facturus est, non ex eo, quod fieri convenit, utile quid sit, ratiocinatur. Vana ratio est, quæ ex falsa causa constat, hoc modo : « Amor fugiendus non est : nam ex eo verissima nascitur amicitia. » Aut hoc modo : « Philosophia vitanda est: affert enim secordiam atque desidiam. » Nam hæ rationes nisi falsæ essent, expositiones quoque earum veras esse confiteremur.

Item infirma ratio est, quæ non necessariam causam affert expositionis; velut Pacuvius :

> Fortunam insanam esse et cæcam et brutam perhibent
> philosophi,

Il faut donc se garder de remonter ainsi trop haut dans l'exposition. Cette faute n'a pas besoin d'être réfutée comme tant d'autres : elle saute aux yeux.

XXIII. La *raison* est défectueuse, quand elle n'est pas appropriée à l'*exposition*, soit à cause de sa faiblesse, soit à cause de sa fausseté. La *raison* pèche par faiblesse, si elle ne montre pas que la chose est nécessairement telle qu'elle a été *exposée;* comme dans ce passage de Plaute :

> Châtier un ami pour une faute qui le mérite
> C'est une action innocente, et même, dans certains cas, utile
> Et profitable [57].

Voilà l'exposition : voyons la raison que l'auteur en donne,

> Car je châtierai aujourd'hui
> Mon ami pour une faute qui le mérite.

C'est d'après ce qu'il fera, et non d'après ce qu'il convient de faire, qu'il raisonne pour établir l'utilité de son action. La raison est fausse quand elle s'appuie sur une cause mensongère, comme dans cet exemple : « On ne doit pas fuir l'amour, car il engendre l'attachement le plus vrai; » ou dans cet autre : « On doit fuir la philosophie; car elle est mère de l'indolence et de la paresse. » En effet, si ces raisons n'étaient fausses, il faudrait aussi admettre comme vraies les expositions qui les précèdent.

La raison est encore faible, lorsqu'elle n'apporte pas une cause nécessaire de l'exposition; comme ce passage de Pacuvius :

> Les philosophes disent que la fortune est insensée, aveugle
> et sans intelligence;

Saxoque illam instare globoso prædicant volubilem :
Ideo, quo saxum impulerit fors, cadere eo Fortunam autumant.
Cæcam ob eam rem esse iterant, quia nihil cernat, quo sese applicet.
Insanam autem aiunt, quia atrox, incerta, instabilisque sit.
Brutam, quia dignum atque indignum nequeat internoscere.
Sunt autem alii philosophi, qui contra Fortuna negent
Miseriam esse ullam, sed temeritate omnia regi : id magis
Verisimile aiunt; quod usus reapse experiundo edocet.
Velut Orestes modo fuit rex, modo mendicus factus est :
Naufragio res contigit : nempe ergo haud fortuna obtigit.

Nam hic Pacuvius infirma ratione utitur, quum ait, « verius esse temeritate, quam fortuna res regi : » nam utraque opinione philosophorum fieri potuit, ut is, qui rex fuisset, mendicus fieret.

XXIV. Item infirma ratio est, quæ videtur pro ratione afferri, sed idem dicit, quod in expositione dictum est, hoc modo : « Magno malo est hominibus avaritia, idcirco quod homines magnis et multis incommodis conflictantur propter immensam pecuniæ cupiditatem. » Nam hic aliis verbis idem per rationem dicitur, quod dictum est per expositionem.

Item infirma ratio est, quæ minus idoneam, quam res postulat, causam subjicit expositionis, hoc modo : « Utilis est sapientia, propterea quod qui sapientes sunt,

Ils prétendent que cette déesse mobile se tient debout sur
　un globe de pierre,
Et qu'elle tombe du côté vers lequel le sort pousse ce globe.
Ils la disent aveugle, parce qu'elle ne voit point où elle
　doit se fixer;
Insensée, parce qu'elle est cruelle, incertaine, instable;
Sans intelligence, parce qu'elle ne peut distinguer le mé-
　rite et le démérite.
D'autres philosophes, au contraire, n'attribuent à la For-
　tune
Aucun malheur [58], mais font tout dériver du hasard, opi-
　nion plus
Vraisemblable, disent-ils, et que confirme l'expérience.
Ainsi quand Oreste, de roi devint mendiant,
Ce fut le résultat de son naufrage; ce malheur ne vint
　donc point de la fortune.

Ici Pacuvius se sert d'une raison faible, lorsqu'il veut prouver que « c'est par le hasard, et non par la fortune, que tout se fait : » car, dans l'un et dans l'autre système philosophique, on explique comment, de roi, Oreste devint mendiant.

XXIV. J'appelle encore faible la raison qui n'est qu'une raison apparente, et se borne à répéter ce qui a été dit dans l'exposition, comme : « L'avarice est un grand mal pour les hommes, parce que les hommes sont en proie à des malheurs aussi nombreux que cruels, par suite du désir immodéré des richesses. » En effet, ici on donne, en d'autres termes, pour raison, ce qui déjà se trouve dans l'exposition.

La raison est encore faible, quand elle prête à l'exposition une cause moins convenable que celle qu'elle exigerait; par exemple : « La sagesse est avantageuse, parce que ceux qui sont sages ont l'habitude de pratiquer la

8.

pietatem colere consuerunt. » Item, « Utile est amicos veros habere : habeas enim quibuscum jocari possis. » Nam hujusmodi in rationibus non universa, neque absoluta, sed extenuata ratione expositio confirmatur. Item infirma ratio est, quæ vel alii expositioni potest accommodari, ut facit Pacuvius, qui eamdem affert rationem, quare cæca; eamdem, quare bruta Fortuna dicatur.

In confirmatione rationis, multa et vitanda in nostra, et observanda in adversariorum ratione sunt vitia, proptereaque diligentius consideranda, quod accurata confirmatio rationis totam vehementissime comprobat argumentationem. Utuntur igitur studiosi in confirmanda ratione duplici conclusione, hoc modo :

> Injuria abs te afficior indigna, pater.
> Nam, si improbum Cresphontem existimaveras,
> Cur me huic locabas nuptiis? sin est probus,
> Cur talem invitam invitum cogis linquere?

Quæ hoc modo concludentur, aut ex contrario convertentur, aut ex simplici parte reprehendentur. Ex contrario hoc modo :

> Nulla te indigna, nata, afficio injuria.
> Si probus est, collocavi : sin autem improbus,
> Divortio te liberabo incommodis.

Ex simplici parte reprehendentur, si ex duplici conclusione alterutra pars diluetur, hoc modo :

> Nam, si improbum Cresphontem existimaveras,

piété. » Ou bien : « Il est avantageux d'avoir de vrais amis ; car vous aurez ainsi avec qui vous amuser. » De pareilles raisons ne confirment point l'exposition par une preuve universelle, absolue, mais par une circonstance minime. La raison est encore faible, quand elle peut s'appliquer à une autre exposition : ainsi Pacuvius donne la même raison pour établir que la fortune est aveugle, et qu'elle est sans intelligence.

Pour la *confirmation de la raison*, il est beaucoup de défauts à éviter dans notre discours, et beaucoup à relever dans celui de nos adversaires ; cet article exige d'autant plus d'attention, qu'en confirmant la raison avec soin, on consolide fortement l'argumentation tout entière. Voilà pourquoi les orateurs habiles emploient le dilemme dans la confirmation, par exemple :

> Vous me frappez d'une injustice cruelle, mon père :
> Car, si vous ne voyiez en Cresphonte qu'un méchant,
> Pourquoi me l'avoir donné pour époux ? s'il est vertueux,
> Pourquoi me contraindre à le quitter malgré lui, malgré moi [59] ?

Pour répondre à un pareil argument, on le retourne contre l'adversaire, ou l'on réfute une des deux parties. Voici comme on le retourne :

> Je ne commets envers toi, ma fille, aucune injustice :
> S'il est vertueux, tu le garderas pour époux ; s'il ne l'est point,
> Je te délivrerai par le divorce d'une foule de chagrins.

On réfute une seule partie, lorsque l'on combat l'une ou l'autre des deux propositions du dilemme ; ainsi :

> Car, si vous jugiez Cresphonte un méchant,

> Cur me huic locabas nuptiis? — Duxi probum.
> Erravi: post cognovi, et fugio cognitum.

Ergo reprehensio hujus conclusionis duplex est; acutior illa superior, facilior hæc posterior ad excogitandum.

XXV. Item vitiosa est confirmatio rationis, quum ea re, quæ plura significat, abutimur pro certo unius rei signo, hoc modo : « Necesse est, quoniam pallet, ægrotasse : » aut; « Necesse est peperisse, quoniam sustinet puerum infantem. » Nam hæc sua sponte certa signa non habent, si non cetera quoque similia concurrant. Quod si concurrerint, nonnihil illiusmodi signa adaugent suspicionem. Item vitiosum est, quum vel in alium, vel in eum ipsum, qui dicit, id, quod in adversarium dicitur, potest convenire, hoc modo :

> Miseri sunt, qui uxores ducunt. — At tu duxisti alteram.

Item vitiosum est id, quod vulgarem habet defensionem, hoc modo : « Iracundia inductus peccavit, aut adolescentia, aut amore. » Hujuscemodi enim deprecationes si probabuntur, impune maxima peccata dilabentur. Item vitiosum est, quum id pro certo sumitur, quod inter omnes non constat, quia etiam nunc in controversia est, hoc modo :

> Eho tu, dii, quibus est potestas motus superum, atque inferum,
> Pacem inter sese conciliant, et conferunt concordiam.

> Pourquoi lui avoir donné ma main? — Je l'ai cru vertueux ;
> Je me suis trompé; j'ai appris à le connaître, et je le fuis.

Ainsi cet argument se réfute de plusieurs manières : la première est plus irrésistible; la seconde plus facile à trouver.

XXV. La confirmation est encore vicieuse, lorsque nous donnons pour signe certain d'une seule chose, un signe qui peut en indiquer plusieurs; par exemple : « Puisqu'il est pâle, il faut nécessairement qu'il ait été malade; » ou bien : « Il faut nécessairement que cette femme ait accouché, puisqu'elle tient un enfant entre ses bras. » Ces signes par eux-mêmes n'ont point de certitude, si d'autres indices analogues ne concourent avec eux pour nous convaincre[60]. Il est également défectueux d'avancer contre l'adversaire ce qui peut s'appliquer à tout autre, ou même à celui qui parle; par exemple :

> Malheureux ceux qui se marient! — Mais tu t'es marié deux fois.

C'est encore un défaut que d'employer une excuse qui convient à tout le monde; comme : « Il a été entraîné au mal par la colère, par la jeunesse, par l'amour. » Qu'on approuve de pareils moyens de défense, et les plus grands crimes passeront impunis. C'est une autre faute de prendre pour certain, ce qui n'est point reconnu par tous, puisque c'est encore une question en controverse; par exemple :

> Eh! ne sais-tu pas que les dieux, dont la puissance meut les cieux et la terre,
> Établissent entre eux la paix, et maintiennent la concorde[61].

Nam ita pro suo jure hoc exemplo usum Cresphontem Ennius induxit, quasi jam satis certis rationibus, ita esse, demonstrasset. Item vitiosum est, quod jam quasi sero, atque acto negotio, dici videtur, hoc modo : « In mentem mihi si venisset, Quirites, non commisissem, ut hunc in locum res veniret; nam aut hoc, aut hoc fecissem : sed me tum hæc ratio fugit. » Item vitiosum est, quum id, quod in aperto delicto positum est, tamen aliqua levi tegitur defensione, hoc modo :

> Quum te expetebant omnes, florentissimo
> Regno reliqui : nunc desertum ab omnibus,
> Summo periculo sola ut restituam paro.

XXVI. Item vitiosum est, quod in aliam partem, ac dictum sit, potest accipi. Id est hujusmodi, ut, si quis potens ac factiosus in concione dixerit : « Satius est uti regibus, quam malis legibus. » Nam et hoc tametsi rei augendæ causa potest sine malitia dici, tamen propter potentiam ejus, qui dicit, non dicitur sine atroci suspicione. Item vitiosum est, falsis, aut vulgaribus definitionibus uti. Falsæ sunt hujusmodi, ut si quis dicat, « Injuriam esse nullam, nisi quæ ex pulsatione, aut convicio constet. » Vulgares sunt, quæ nihilo minus in aliam rem transferri possunt; ut si quis dicat, « Quadruplator, ut breviter describam, capitalis est : est enim improbus, et pestifer civis. » Nam nihilo magis quadruplatoris, quam furis, quam sicarii, aut proditoris, attulit

Ainsi, Ennius introduit Cresphonte présentant en faveur de son droit cet exemple, comme s'il avait démontré qu'il en est ainsi, par des raisons suffisantes. On n'est pas admis à venir, trop tard et après coup, s'exprimer ainsi : « Si je l'avais prévu, Romains, je n'eusse point laissé les affaires en venir à ce point: j'aurais fait ceci ou cela; mais cette idée ne s'est point présentée alors à mon esprit. » C'est encore une faute de chercher à couvrir un crime manifeste d'une ombre de défense; comme:

> Lorsque tous te désiraient, au sein de ton empire florissant,
> Je t'abandonnai; maintenant que tout le monde te délaisse,
> Seule, à mon grand péril, je me prépare à te rétablir [62].

XXVI. La confirmation est vicieuse, quand elle a été prononcée dans un sens et qu'elle peut être prise dans un autre, comme si un homme puissant et factieux disait dans l'assemblée du peuple : « Il vaut mieux avoir un roi, que de mauvaises lois. » Car, bien que sans mauvaise intention on puisse laisser échapper ces mots pour amplifier sa pensée, le crédit de celui qui parle ne lui permet point de s'exprimer ainsi, sans s'exposer à un odieux soupçon. C'est aussi un tort d'employer des définitions fausses ou vulgaires. En voici une fausse : « Il n'y a d'injures que celles qui résultent de voies de fait ou de paroles outrageantes. » La définition est vulgaire quand elle peut sans difficulté s'appliquer à une autre chose; en voici une : « Le délateur de crimes publics [63], pour le faire connaître en peu de mots, est un homme digne du dernier supplice, car c'est un citoyen méchant et comme pestiféré. » Ce n'est pas plus la définition d'un

definitionem. Item vitiosum est pro argumento sumere, quod in disquisitione positum est; ut si quis quem furti arguat, et dicat, « eum esse hominem improbum, avarum, fraudulentum; ei rei testimonium esse, quod sibi furtum fecerit. » Item vitiosum est, controversiam controversia dissolvere, hoc modo : « Non convenit, censores, istum vobis satisfacere ex eo, quod ait, se non potuisse adesse ita, ut juratus fuerat : quod si ad exercitum non venisset, idne tribuno militum diceret? » Hoc ideo vitiosum est, quia non expedita, aut judicata res, sed impedita, et in simili controversia posita, exempli loco profertur. Item vitiosum est, quum id, de quo summa controversia est, parum expeditur, et quasi transactum sit, relinquitur, hoc modo :

> Aperte fatur dictio, si intelligas.
> Tali dari arma, qualis, qui gessit, fuit,
> Jubet, potiri si studeamus Pergamo :
> Quem ego profiteor esse me : me æquum est frui
> Fraternis armis, mihique adjudicarier,
> Vel quod propinquus, vel quod virtute æmulus.

Item vitiosum est, ipsum sibi in sua oratione dissentire; et contra ea, quæ ante dixerit, dicere, hoc modo :

> Quare accusem hunc, nequeo exputando evolvere,

délateur, que celle d'un voleur, d'un assassin, d'un traître. On est également blâmable de donner pour preuve ce qui est en question ; comme si, en accusant quelqu'un de vol, « on le taxait de malhonnêteté, d'avarice, de fraude, en donnant pour preuve le vol qu'on lui reproche. » C'est encore une faute de résoudre une question controversée par une autre également douteuse ; ainsi : « Il ne convient pas, censeur, que vous acceptiez son excuse, quand il dit n'avoir pu se présenter comme il l'avait promis avec serment : s'il ne se fût pas rendu à l'armée, donnerait-il la même excuse au tribun militaire ? » Cet argument est vicieux, parce que l'on apporte pour exemple un fait, qui, loin d'être démontré et jugé, est lui-même contesté et en controverse. Un autre défaut, c'est de ne pas assez éclairer le point essentiel de la discussion, et de le laisser de côté, comme une chose dont on est d'accord. En voici un exemple :

> L'oracle parle clairement, si vous le saisissez ;
> Il ordonne de donner ces armes à un guerrier tel que celui qui les porta,
> Si nous voulons nous emparer de Pergame :
> Ce guerrier, je prétends que c'est moi ; il est juste que je jouisse
> Des armes fraternelles, et qu'on me les adjuge,
> Ou comme au parent d'Achille, ou comme à l'émule de sa valeur [64].

C'est une autre faute, de n'être point, en parlant, d'accord avec soi-même, et de contredire ce que l'on a déjà avancé ; par exemple :

> Je ne puis, en y réfléchissant, expliquer pourquoi je l'accuse :

Nam si veretur, quid eum accusem, qui est probus?
Sin inverecundum animi ingenium possidet,
Quid eum accusem, qui id parvi auditu existimet?

Non incommoda ratione videtur sibi ostendisse, quare non accusaret. Quid? postea quid ait:

Nunc ego te ab summo jam detexam exordio?

XXVII. Item vitiosum est, quod dicitur contra judicis voluntatem, aut eorum, qui audiunt, si aut partes, quibus illi student, aut homines, quos illi caros habent, lædantur, aut aliquo hujusmodi vitio lædatur auditoris voluntas. Item vitiosum est, non omnes res confirmare, quas pollicitus sis in expositione. Item verendum est, ne de alia re dicatur, quum alia de re controversia sit, inque hujusmodi vitio considerandum est, ne aut ad rem addatur quid, aut quippiam de re detrahatur; aut tota causa mutata in aliam causam derivetur : uti apud Pacuvium Zethus cum Amphione, quorum controversia quum de musica inducta sit, disputatio in sapientiæ rationem, et virtutis utilitatem consumitur. Item considerandum est, ne aliud accusatoris criminatio contineat, aliud defensoris ratio purget; quod sæpe consulto multi ab reo faciunt, angustiis causæ coacti : uti, « si quis, quum accusetur, ambitu magistratum petiisse, ab imperatoribus sæpenumero se apud exercitum donatum esse dicat. » Hoc si diligenter in adversariorum oratione ob-

> Car, s'il a de la pudeur, pourquoi accuser un honnête
> homme?
> Si au contraire il a une âme privée de toute pudeur,
> Pourquoi accuser un homme insensible à mes discours [65]?

Certes, il se donne d'assez bonnes raisons pour ne point accuser. Pourquoi donc dit-il ensuite :

> Maintenant je te dévoilerai en remontant au principe?

XXVII. Il faut blâmer encore toute parole qui heurte la volonté des juges ou des auditeurs, qui blesse le parti qu'ils soutiennent, ou les personnes qu'ils affectionnent; en un mot, tout ce qui peut offenser leurs opinions. Vous êtes encore répréhensible de ne point appuyer par la confirmation toutes les choses que l'exposition a promises. Gardez-vous de parler d'une chose, lorsqu'une autre est en discussion; pour éviter ce défaut, n'ajoutez rien au sujet, n'en retranchez rien, ou ne dénaturez pas la cause au point de la transformer en une autre; comme, dans Pacuvius, Zethus et Amphion [66], qui, après avoir entrepris une discussion sur la musique, ne s'occupent que des règles de la sagesse et de l'utilité de la vertu. Il faut encore, quand l'accusateur établit une prévention, que la défense n'en réfute pas une autre, ce que font souvent à dessein beaucoup d'avocats, resserrés dans les limites d'une cause difficile; comme « si un citoyen accusé d'avoir sollicité une magistrature par brigue, répondait que souvent, à l'armée, il avait reçu des récompenses de ses généraux. » Si nous épions attentivement ces artifices dans le discours de l'adversaire, nous en surprendrons souvent, et en les signalant, nous montrerons qu'il n'avait rien à dire sur le sujet.

servaverimus, sæpe deprehendemus, et in hujusmodi deprehensione ostendemus, eos, de [ea] re quid dicant, non habere.

Item vitiosum est, artem aut scientiam aut studium quodpiam vituperare propter eorum vitia, qui in eo studio sunt : veluti, qui rhetoricam vituperant, propter alicujus oratoris vituperandam vitam. Item vitiosum est, ex eo, quod perperam factum esse constet, putare ostendi, a quo homine factum sit, hoc modo : « Mortuum deformatum, tumore præditum, decoloratum fuisse constat : ergo veneno necatus est. » Deinde, si sit usque in eo occupatus, ut multi faciunt, venenum datum, vitio non mediocri conflictetur. Non enim factumne sit, quæritur, sed a quo factum sit.

XXVIII. Item vitiosum est, in comparandis rebus alteram rem efferre, de altera mentionem non facere, aut negligentius disputare; ut, « si comparetur, utrum satius sit populum frumentum accipere, an non ? » quæ commoda sint in altera re, cures enumerare : quæ in altera incommoda sint, velut depressa prætereas; aut ea, quæ minima sint, dicas. Item vitiosum est, in rebus comparandis necesse putare alteram rem vituperari, quum alteram laudes : quod genus, « si quæratur, utris major honor habendus sit, Albensibus, an Venusinis, quod reipublicæ populi romani profuerint; » et is, qui dicat alteris, alteros lædat : non enim necesse est, si

On est répréhensible encore de blâmer un art, une science ou une étude, à cause des vices de ceux qui s'en occupent; comme ceux qui blâment la rhétorique, parce que la conduite de quelque orateur est blâmable. C'est par une erreur semblable, que, pour avoir démontré qu'un crime a eu lieu, on s'imagine en avoir fait connaître l'auteur; comme : « Il est constant que le cadavre était défiguré, enflé, livide; la cause de la mort est donc le poison [67]. » Ensuite, s'il donne tous ses soins, comme tant d'autres, à prouver l'empoisonnement, il tombera dans une faute grave : car on ne demande pas si le crime a eu lieu, mais par qui il a été commis.

XXVIII. Il ne faut pas non plus, quand on compare deux choses, en exalter une, et ne point parler de l'autre, ou la présenter avec négligence; comme si, dans cette question : « Est-il plus avantageux que le peuple reçoive du blé, ou qu'il n'en reçoive point, » vous mettiez tous vos soins à énumérer les avantages de l'un de ces avis, passant par dessus les inconvéniens de l'autre, comme étant de nulle valeur; en vous bornant à en rappeler les moindres. C'est une autre faute, lorsqu'on compare deux choses, de croire qu'on doit blâmer l'une, parce qu'on loue l'autre; comme si, sur cette question « qui des Albains ou des Vénusiniens doit-on le plus honorer, pour les services qu'ils ont rendus à la république? » celui qui parle pour les uns, blessait les autres. En effet

alteros præponas, alteros vituperare. Fieri enim potest, ut, quum alteros magis laudaris, aliquam alteris laudis partem attribuas, ne cupidius pugnasse contra veritatem puteris.

Item vitiosum est, de nomine et vocabulo ejus rei controversiam struere, quam rem consuetudo potest optime judicare : « velut Sulpicius, qui intercesserat, ne exsules, quibus causam dicere non licuisset, reducerentur, idem posterius, immutata voluntate, quum eamdem legem ferret, aliam sese ferre dicebat, propter nominum commutationem : nam non exsules, sed vi ejectos se reducere aiebat; perinde quasi id fuisset in controversia, quo illi nomine appellarentur a populo romano, aut perinde quasi non omnes, quibus aqua et igni interdictum est, exsules appellentur. » Verum illi fortasse ignoscimus, si cum causa fecit : nos tamen intelligamus, vitiosum esse, intendere controversiam propter nominum mutationem.

XXIX. Quoniam exornatio constat ex similibus, et exemplis, et amplificationibus, et judicatis, et ceteris rebus, quæ pertinent ad exaggerandam et collocupletandam argumentationem, quæ sint iis rebus vitia, consideremus. Simile vitiosum est, quod ex aliqua parte dissimile est, nec habet parem rationem comparationis, aut ipsi obest, qui affert. Exemplum vitiosum est, si aut falsum est, ut reprehendatur; aut si improbum, ut non

il n'est pas nécessaire, parce que vous préférez les habitans d'Albe, de blâmer ceux de Vénuse. Vous pouvez même, après avoir donné les plus grandes louanges aux premiers, faire aussi quelque éloge des seconds, pour ne pas laisser croire que vous ayez combattu avec passion contre la vérité.

Un autre défaut, c'est d'élever une discussion sur les mots et leur signification, quand l'usage ne permet aucun doute à cet égard : « Ainsi Sulpicius, après s'être opposé au rappel des exilés, qui n'avaient pas eu l'autorisation de se défendre, changea d'avis un peu plus tard, et, proposant la même loi qu'il avait combattue, soutint que c'était une loi nouvelle, par un simple changement de nom ; ce n'étaient point des exilés, disait-il, mais des citoyens chassés par la violence, qu'il ramenait dans leur patrie ; comme s'il y avait discussion sur la manière dont le peuple romain devait les appeler, ou comme si tous ceux à qui l'on a interdit le feu et l'eau ne sont pas dits exilés [68]. » Cependant nous pouvons bien lui pardonner, s'il avait un motif ; quant à nous, reconnaissons que l'on a tort d'élever une controverse sur une dispute de mots.

XXIX. Puisque les ornemens reposent sur la similitude, l'exemple, l'amplification [69], la chose jugée, et d'autres lieux oratoires qui servent à développer et à enrichir l'argumentation, il faut considérer les fautes auxquelles ces divers moyens sont exposés. La similitude est vicieuse, lorsqu'elle est en partie inexacte, et ne présente pas égalité de rapport entre les termes de la comparaison ; ou si elle est nuisible à l'orateur. L'exemple est blâmable, s'il peut être accusé de fausseté, s'il est trop mauvais pour être imité, s'il est au dessus ou au

sit imitandum ; aut majus, aut minus, quam res postulabit. Res judicata vitiose profertur, si aut dissimili de re proferatur; aut de ea re, qua de controversia non est; aut si improba; aut ejusmodi, ut aut plures, aut magis idoneæ res judicatæ ab adversariis proferri possint. Item vitiosum est, id quod adversarii factum esse confiteantur, de eo argumentari, et planum facere factum esse : nam id tantum augeri oportet. Item vitiosum est, id augere, quod convenit doceri, hoc modo : ut « si quis quem arguat, hominem occidisse, et antequam satis idoneas argumentationes attulerit, augeat peccatum, et dicat, nihil indignius esse, quam hominem occidere : » non enim, utrum indignum sit, an non, sed factumne sit, quæritur.

Complexio vitiosa est, quæ non, ut quodque primum dictum est, primum complectitur, et quæ non breviter concludit, et quæ non ex enumeratione certum et constans aliquid relinquit, ut intelligatur, quid propositum in argumentatione sit, quid deinde ratione, quid confirmatione, quid tota argumentatione demonstratum.

XXX. Conclusiones, quæ apud Græcos ἐπίλογοι nominantur, tripertitæ sunt : nam constant ex enumeratione, amplificatione, et commiseratione. In quatuor locis uti possumus conclusionibus; in principio, secundum narrationem, secundum firmissimam argumentationem, in conclusione.

dessous du sujet. On a tort de s'appuyer sur une chose jugée, si, dans ce jugement, il s'agissait d'une question différente, d'une question sur laquelle il n'y a point contestation ; ou si la décision citée est injuste ; ou si les adversaires peuvent s'autoriser de jugemens analogues plus nombreux ou plus concluans. Gardez-vous, lorsque l'accusé avoue le fait, d'argumenter pour démontrer qu'il a eu lieu ; en ce cas, il suffit de l'amplifier. Mais n'allez pas non plus amplifier ce qui auparavant a besoin d'être prouvé ; comme, « si l'on accusait quelqu'un d'assassinat, et qu'avant de l'avoir suffisamment prouvé, on amplifiât le crime, et l'on dît qu'il n'y a rien de plus indigne que de tuer un homme. » On ne demande pas si l'action est ou n'est pas indigne, mais si elle a été commise.

Le *résumé* est défectueux, quand il ne reprend pas chaque moyen dans l'ordre où il a été présenté ; quand il ne récapitule pas brièvement ; quand il ne présente pas dans son énumération un ensemble bien précis qui fasse saisir, dans la suite des preuves, l'*exposition*, la *raison*, la *confirmation*, en un mot, l'argumentation tout entière.

XXX. Les conclusions, que les Grecs nomment ἐπίλογοι, ont trois parties [70] ; l'énumération, l'amplification et la commisération. [Il y a trois places où l'on peut employer des conclusions : après le début, après la narration, après les preuves confirmatives [71], et à la fin du discours.]

Enumeratio est, per quam colligimus et commonemus, quibus de rebus verba fecerimus, breviter; ut renovetur, non redintegretur oratio : et ordine, quidquid erit dictum, referamus, ut auditor, si memoriae mandaverit, ad id, quod ipse meminerit, reducatur. Item curandum est, ne aut ab exordio, aut a narratione repetatur orationis enumeratio : facta enim, et dedita opera comparata oratio videbitur esse, aut artificii significandi, aut ingenii venditandi, aut memoriae ostentandae causa. Quapropter initium enumerationis sumendum est a divisione : deinde ordine breviter exponendae sunt res, quae tractatae erunt in confirmatione, et confutatione.

Amplificatio est, quae, per locum communem, instigationis auditorum causa sumitur. Loci communes ex decem praeceptis commodissime sumuntur adaugendi criminis causa. Primus locus sumitur ab auctoritate, quum commemoramus, quantae curae ea res fuerit diis immortalibus, aut majoribus nostris, regibus, civitatibus, nationibus, hominibus sapientissimis, senatui; item maxime, quo modo de his rebus legibus sancitum sit. Secundus locus est, quum consideramus, illae res, de quibus criminamur, ad quos pertineant : utrum ad omnes, quod atrocissimum est; an ad superiores, quod genus ii sunt, a quibus auctoritatis locus communis sumitur; an ad pares, hoc est, in eisdem partibus animi, corporis, fortunarum positos; an ad inferiores, qui om-

Par l'énumération, nous résumons les choses dont nous avons parlé, et les rappelons en peu de mots, non pour les reproduire en entier, mais pour en renouveler le souvenir, en reprenant avec méthode tout ce qui aura été dit, de manière à réveiller dans la mémoire de l'auditeur les idées qu'il aura pu retenir. Il faut se garder aussi de remonter, dans l'énumération, jusqu'à l'exorde, ou seulement jusqu'à la narration : car le discours paraîtrait travaillé [72], apprêté avec recherche, pour faire preuve d'habileté, étalage d'esprit, ostentation de mémoire. Voilà pourquoi l'énumération se fera à partir de la division. Ensuite nous exposerons, en peu de mots, et dans leur ordre de succession, les moyens traités dans la confirmation et la réfutation.

L'amplification [73] a pour objet d'entraîner les auditeurs au moyen des lieux communs. Dix préceptes très-faciles renferment les lieux propres à amplifier l'accusation. Le premier se tire de l'*autorité*, quand nous rappelons quel grand intérêt la chose en question a inspiré aux dieux immortels, à nos ancêtres, aux rois, aux cités, aux nations, aux hommes les plus sages, au sénat ; en remarquant surtout avec quelle énergie les lois ont prononcé sur ces matières. Le second lieu nous fait examiner quels sont ceux qui se trouvent atteints, par l'action que nous accusons : est-ce l'universalité des hommes ? c'est alors que le crime est le plus révoltant ; sont-ce des supérieurs ? tels sont ceux que nous avons compris dans le lieu commun de l'autorité ; des égaux ? je veux dire des hommes placés dans une même situation d'esprit, de corps, de fortune ; des inférieurs ? c'est-à-dire des hommes qui le cèdent sous tous ces rapports. Par le

nibus his rebus antecelluntur. Tertius locus est, quo percunctamur, quid sit eventurum, si omnibus idem concedatur : et ea re neglecta, osténdimus, quid periculorum atque incommodorum consequatur. Quartus locus est, quo demonstratur, si huic sit remissum, multos alacriores ad maleficia futuros, quos adhuc exspectatio judicii remoretur. Quintus locus est, per quem ostendimus, si semel aliter judicatum sit, nullam rem fore, quæ incommodo mederi, aut erratum judicum corrigere possit : quo in loco non incommodum erit uti ˑeterarum rerum comparatione, ut ostendamus, alias ᴣes posse aut vetustate sedari, aut consilio corrigi; hujus rei aut leniendæ, aut corrigendæ nullam rem adjumento futuram. Sextus locus est, quum ostendemus ex consulto factum, et dicemus voluntario facinori nullam excusationem, imprudentiæ justam deprecationem paratam. Septimus locus est, quo ostendemus tetrum facinus, crudele, nefarium, tyrannicum esse : quod genus, injuriæ mulierum, aut earum rerum aliquid, quarum rerum causa bella suscipiuntur, et cum hostibus de vita dimicatur. Octavus locus est, quo ostendimus, non vulgare, sed singulare esse maleficium, spurcum, nefarium; inusitatum, quo maturius et atrocius vindicandum sit. Nonus locus constat ex peccatorum comparatione, quasi quum dicemus, majus esse maleficium stuprare ingenuam, quam sacrum legere : quod propter egestatem

troisième lieu nous demandons ce qui arrivera, si l'on a la même tolérance pour tout le monde; et nous montrons combien ce crime impuni entraînerait de dangers et de malheurs. Le quatrième lieu consiste à démontrer que l'acquittement du prévenu rendrait bien plus audacieux à faire le mal, une foule d'hommes que l'attente du jugement retient encore. Le cinquième lieu déclare que, si une fois on juge dans un autre sens, il n'y aura plus rien qui puisse remédier au mal, et corriger l'erreur des juges. A ce propos, il ne sera pas inutile de comparer le fait avec d'autres, pour montrer qu'il est des abus que le temps efface, que la prudence corrige; mais que celui qu'on craint ne peut être effacé ou corrigé par rien au monde. Le sixième lieu prouve que l'on a agi avec réflexion; qu'un acte volontaire n'admet point d'excuse; que l'imprudence seule a le droit de demander grâce. Le septième lieu fait ressortir ce qu'il y a dans l'action d'horrible, de cruel, d'impie, de tyrannique; tels sont les outrages faits à une femme, ou ces injures qui provoquent les guerres, et font couler le sang dans les combats. Le huitième lieu présente le crime, non comme vulgaire, mais comme unique, infâme, impie, sans exemple, afin que la punition en soit plus prompte et plus terrible. Le neuvième lieu repose sur la comparaison des délits, quand on soutient, par exemple, que c'est un plus grand crime d'attenter à l'honneur d'une femme libre, que dépiller un temple; car l'un est le résultat du besoin, l'autre de l'intempérance et de la vanité. Le dixième lieu expose tous les détails de l'action, en énumère les suites habituelles, avec des traits si vifs, si accusateurs, si caractéristiques, que l'on croit voir se reproduire le fait lui-même et toutes ses conséquences.

alterum, alterum propter intemperantem superbiam fiat. Decimus locus est, per quem omnia, quae in negotio gerundo acta sunt, quaeque rem consequi solent, exponemus acriter, et criminose, et diligenter, ut agi res, et geri negotium videatur, rerum consequentium enumeratione.

XXXI. Misericordia commovebitur auditoris animus, si variam fortunarum commutationem dicemus; si ostendemus, in quibus commodis fuerimus, quibusque incommodis simus, comparatione: si, quae nobis futura sint, nisi causam obtinuerimus, enumerabimus, et ostendemus : si supplicabimus, et nos sub eorum, quorum misericordiam captabimus, potestatem subjiciemus : si, quid nostris parentibus, liberis, ceteris necessariis casurum sit propter nostras calamitates, aperiemus, et simul ostendemus, illorum nos solitudine et miseria, non nostris incommodis dolere : si de clementia, humanitate, misericordia nostra, qua in alios usi sumus, aperiemus : si nos semper, aut diu in malis fuisse ostendemus : si nostrum fatum, aut fortunam conqueremur : si animum nostrum fortem, patientem incommodorum ostendemus futurum. Commiserationem brevem esse oportet : nihil enim lacryma citius arescit.

Fere locos obscurissimos totius artificii tractavimus in hoc libro : quapropter huic volumini modus hic sit. Reliquas praeceptiones, quoad videbitur, in tertium li-

XXXI. Pour émouvoir la compassion de l'auditeur, nous peindrons les vicissitudes de la fortune; nous comparerons notre prospérité passée avec notre infortune présente; nous énumèrerons et ferons ressortir les tristes conséquences qu'entraînerait pour nous la perte de notre cause; nous supplierons nos juges, et, en nous recommandant à leur pitié, nous nous mettrons à leur discrétion; nous décrirons les maux que nos calamités feraient rejaillir sur nos parens, nos enfans, nos amis, en déclarant que c'est leur abandon et leur misère qui nous affligent, et non nos propres malheurs; nous rappellerons la clémence, l'humanité, la compassion dont nous avons usé envers les autres; nous prouverons que nous avons vécu, toujours ou long-temps, dans l'adversité; nous déplorerons notre destinée, notre fortune; nous promettrons de conserver à l'avenir une âme ferme et résignée aux coups du sort. En traitant de la *commisération*, il faut être bref, car rien ne sèche plus vite qu'une larme.

Les questions les plus obscures, à peu près, de l'art oratoire ont été traitées dans ce livre : voilà pourquoi nous le terminerons ici. Nous poursuivrons, dans le troisième, l'examen des autres préceptes, aussi loin qu'il

brum transferemus. Hæc si, ut conquisite conscripsimus, ita tu diligenter fueris consecutus, et nos industriæ fructus ex tua scientia capiemus, et tute nostram diligentiam laudabis, tuaque perceptione lætabere : tu scientior eris præceptorum artificio, nos alacriores ad reliquum persolvendum. Verum hæc futura satis scio : te enim non ignoro. Nos deinceps ad cetera præcepta transeamus, ut, quod libentissime facimus, tuæ voluntati rectissimæ morem geramus.

nous paraîtra convenable. Si vous étudiez ce traité avec autant de zèle que j'ai mis de soin à l'écrire, je recueillerai, dans votre instruction, le fruit de mon travail, et vous pourrez, en même temps, vous féliciter de mes efforts et de vos progrès : les règles de l'art augmenteront votre savoir, et moi, j'aurai plus de courage pour achever d'acquitter ma dette. C'est un résultat dont je suis assuré, car je vous connais. Passons donc à la suite de nos préceptes, afin de satisfaire à vos justes désirs, ce qui est pour moi la plus douce occupation.

NOTES

SUR LE LIVRE DEUXIÈME.

1. *Ensuite, nous avons averti qu'il est bien des causes.* Allusion à ces mots qui terminent le premier livre : *Si plures erunt constitutiones, aut partes constitutionum*, etc., liv. 1, chap. 17.

2. *L'ensemble de cette question se divise en six parties.* Cicéron, de l'*Invention*, liv. II, chap. 5-16, donne une autre division. Conf. *Rhét. à Herennius*, liv. 1, chap. 30. *Voyez* la définition du *probable*. *Invent.*, liv. 1, chap. 29.

3. *Si l'on ne peut trouver un vice de même nature que la cause, qu'on en prenne un de nature différente.* Sur ce sujet, *voyez* le traité de l'*Invent.*, liv. II, chap. 10. On appelle *perfidiosi* ceux qui, en affaires privées, manquent à un contrat; en affaires publiques, se rendent coupables de malversations. C'est dans cette dernière acception que ce mot est en rapport avec la question traitée en ce passage. Conf. PLAUTE, *Cistell.*, 1, 1, 74. *Perfidiosus 'st amor.* — *Ergo in me peculatum facit;* CICÉRON, *In Q. Cæcilium divinatio*, XVIII, 58. *Si ille apud te postea cænavit, utrum te perfidiosum an prævaricatorem æstimari mavis?*

4. *Par ces excuses.* — *Quibus de rebus.* Voyez *Invent.* liv. II, chap. 11. *Sin vehementer. Voyez* encore le même chapitre de l'*Invention*.

5. *Il y a* CONVENANCE. Cicéron, *Invent.*, liv. 1, chap. 30, divise le *probable* en quatre parties : *signum, credibile, judicatum, comparabile.* Cette dernière se subdivise en trois : *imago, collatio, exemplum.* Mais il faut remarquer que, dans ce passage, le mot *collatio* n'a pas le même sens que dans celui que nous traduisons.

6. *Le* SIGNE. Le mot *signum* est employé dans un autre sens; *Invent.*, liv. 1, chap. 30.

7. *L'*ARGUMENT *soutient l'accusation par des preuves plus certaines.* La répétition *argumentum... argumentis* rend cette définition trop vicieuse, pour que le texte ne soit pas altéré. Schütz a proposé *reus coarguitur certioribus indiciis.*

8. *S'il a eu avec lui des complices, des coopérateurs. — Adjumentis* paraît une glose inutile que l'on a admise dans le texte. Conf. *Invent.*, liv. II, chap. 7.

9. *La* PREUVE CONFIRMATIVE.—*Approbatio.* Conf. *Invent.*, liv. I, chap. 34.

10. *L'atrocité du crime. — Peccati atrocitatem.* Conf. *Invent.*, liv. II, chap. 15.

11. *C'est ainsi qu'on blâme ou qu'on approuve les témoins.* Ce passage sur les témoins offre des rapports assez remarquables avec le chap. XV de la *Rhétorique à Alexandre,* attribuée à Aristote.

12. *Car l'un peut être moins que l'autre accoutumé à souffrir.* Au lieu de *recentior,* Lambin, d'après deux manuscrits, donne *reticentior,* et cette leçon est adoptée par Lallemand. Mais *recentior in dolore* que donnent la plupart des manuscrits et des éditions, est une expression usitée et élégante pour signifier *neuf encore dans la douleur; peu exercé, peu accoutumé à la douleur. Voyez,* dans un sens un peu différent, TACITE, *Annales,* liv. I, ch. 41, *recens dolore et ira; Ann.,* liv. III, chap. I, *recentes in dolore.*

13. *Souvent aussi l'on peut savoir ou soupçonner ce que le juge veut apprendre. — Quæsitor,* interrogateur, juge d'instruction; Cicéron, plaidoyer *pour Sext. Roscius d'Amérie,* ch. XXX: «Hunc quæsitorem ac judicem fugiebant atque horrebant;» Virgile, *Én.,* liv. VI, v. 432 : «Quæsitor Minos urnam movet.» Conf. *Verr. act.* I, ch. 10.

14. *Et l'on n'ignore pas qu'il suffit de le dire pour mettre fin à ses douleurs.* Tout ce chapitre est imité de la *Rhétorique à Alexandre,* chap. XVI. Remarquez surtout le passage suivant : Πολλάκις τοῖς βασανίζουσιν ὁμολογοῦσιν οὐ τὰς ἀληθείας, ἵν' ὡς τάχιστα τῶν κακῶν παύσωνται.

15. *Maintenant passons à la question légale.* Sur la question légale, *voyez Invent.*, liv. I, chap. 13; liv. II, chap. 17 et 40.

16. *Après avoir mis en présence l'écrit et le fait avoué par l'adversaire.* Au lieu de *se fecisse*, on a proposé *scriptorem sensisse*, qui est plus en rapport avec ce qui précède. Mais nous conservons la première leçon, appuyés sur ce passage de l'*Invent.*, liv. II, ch. 43 : « Postea, quod vehementissimum est, *facti* aut intentionis adversariorum cum ipso scripto contentione, etc..... Sæpe cum scripto *factum* adversarii confligendo, etc. » Tout ce chapitre est longuement commenté, *Invent.*, liv. II, chap. 42, 43, 44, 45 et 46.

17. *Attribuée à l'auteur de l'écrit.* — *Scriptori attributa.* Nous adoptons la correction de Schütz. *Scripto attributa* présente un contre-sens, et rend inexplicables les mots suivans : *Si id voluisset scribere.*

18. *Nous louerons d'abord le naturel.* — *Commoditatem.* Ce mot est expliqué, *pro Roscio Amerin.* IV. Conf. *commode* au chapitre précédent. Les idées contenues dans ce dixième chapitre sont développées, *Invent.*, liv. II, chap. 47, 48.

19. *Sans expliquer l'intention du rédacteur.* Ce lieu commun est plus développé, *Invent.*, liv. II, chap. 47 : « Ut essent, non qui scriptum suum recitarent, quod quidem puer facere posset, sed qui cogitatione assequi possent, et voluntatem interpretari. »

20. *Lorsque deux lois sont en opposition.* Voyez *Invent.*, liv. II, chap. 49.

21. *Ensuite nous emprunterons à la question juridiciaire absolue la* RAISON DU DROIT. Sur la question juridiciaire absolue, *voyez* plus haut, liv. I, chap. 14. Les parties du droit seront énumérées plus bas, chap. XIII.

22. *Il importe de connaître ce que les dialecticiens enseignent sur les* AMPHIBOLIES. — *Amphiboliæ*, de ἀμφί, βάλλω, qui frappe des deux côtés. Par le mot *dialectici* Cicéron désigne les stoïciens qui attachaient une très-grande importance à la dialectique, comme le remarque Turnèbe, *Adversaria*, lib. XV, chap. 11. Conf. *Topiques*, II : « Judicandi vias diligenter persecuti sunt stoici ea

scientia quam dialecticen appellant. » *Des Biens et des Maux*, liv. III, chap. 21 : « Ad ipsas etiam virtutes dialecticam adjungunt. » *Voyez* encore *de la Divination*, liv. II. Denys d'Halicarnasse, *de Comp. verb.*, témoigne pour les subtilités de Chrysippe le même mépris que Cicéron professe pour toute l'école. Le grand orateur ne pouvait souffrir ces écrivains secs et décharnés : « Spinosum dicendi genus...... vellunt de spinis atque ossa nudant. » (*Des Biens et des Maux*, liv. III et IV). Zénon n'est qu'un artisan de vaines paroles, *ignobilis verborum opifex.* (*Des Biens et des Maux*, liv. III; *Tuscul.*, liv. V). Athénée, liv. III, se moque de leurs petites phrases, λογάρια; et le comique cité par le même auteur, liv. XIII, dit plaisamment :

Ἀκούσατ', ὦ Στόακες, ἔμποροι λήρου,
Λόγων ὑποκριτῆρες.

Audite, Porticenses, mercatores nugarum,
Verborum censores.

23. *Nous réfuterons leurs opinions puériles par les argumens les plus solides.* Ce passage peut concourir à prouver que le traité est de Cicéron. En effet, dans ses ouvrages philosophiques, il réfuta plus tard les doctrines du Portique. Aux citations de la note précédente, on peut ajouter : *de l'Orateur*, liv. III, ch. 18; *Brutus*, XXXI; le plaidoyer *pour Murena; de la Divination; du Destin.*

24. *Est coupable de lèse-majesté.* Sur ce même fait, *voyez* plus haut, liv. I, chap. 12. Grévius propose de supprimer ces mots : *ea quæ capiunt.*

25. *Par les* TRANSLATIONS. — *In translationibus.* Voyez liv. I, chap. 12. En ce chapitre, comme ici, *translatio* désigne une des parties de la question légale, et ne doit pas être confondu avec *translatio criminis* que nous trouvons plus bas au chap. XV. *Num alio modo, tempore*, etc. Cette fin de phrase a embarrassé les interprètes : pour lever toute difficulté, il suffit de remarquer que *oporteat* est sous-entendu. Voyez *Invent.*, liv. II, chap. 19.

26. *Dans toute cause fondée sur l'*ANALOGIE. — *In causa rationali.* Voyez QUINTILIEN, liv. III, chap. 5, 4.

27. *Nous ferons usage de la question juridiciaire absolue.* Sur la question juridiciaire absolue ou empruntée, *voyez* plus haut, liv. 1, ch. 14. Conf. *Invent.*, liv. 11, ch. 23. Les mots *causa posita* sont inutiles : c'est probablement une glose introduite dans le texte.

28. *Or les voici.* Ici l'auteur donne six parties. Cicéron, *Invent.*, liv. 11, chap. 22, n'en admet que trois : *la nature*, *l'usage*, *la loi.* Il rapporte à l'usage *la chose jugée*, *l'équité*, *les conventions.* Voyez encore *Invent.*, livre 11, chap. 54.

29. *De la nature dérive le droit qui consacre les liens du sang, et la piété envers la famille, envers la patrie.* Cicéron, *Invent.*, liv. 11, chap. 53, définit ainsi la piété : « Pietas per quam sanguine conjunctis patriæque benivolis officium et diligens tribuitur cultus. »

30. *Une sentence, un décret.* — *Sententia* se dit des juges; *decretum*, des préteurs. Il y avait aussi des *décrets* des consuls et des tribuns. Voyez *Invent.*, liv. 11, ch. 22, où Cicéron rapporte à l'*usage* les édits des préteurs. Conf. *Invent.*, liv. 1, ch. 30; liv. 11, ch. 54.

31. « *M. Drusus, préteur urbain.* » M. Drusus fut tribun du peuple, an de Rome 631, et collègue de C. Gracchus. Voy. *Brutus*, ch. XXVIII. S. Julius César, consul an de Rome 662, avait pu être préteur vers 759. *Voyez* FREINSH., *Suppl.*, liv. LXXI, chap. 1. *Cum herede mandati agere*, signifie intenter une action à l'héritier d'un mandataire, décédé sans avoir accompli le mandat dont il s'était chargé. Par *mandati*, Alde Manuce entend *depositi*; mais ici *mandati* est pris dans un sens plus général que celui de *dépôt.* Cicéron nous explique lui-même *reddere judicium* dans le discours *pour Roscius d'Amérie*, ch. XXXVIII. Ces mots signifient *dare judicium in aliquem.* Lorsque le juge soupçonnait que le mandataire était mort avant d'avoir tenu ses engagemens, il autorisait à poursuivre son héritier. C'est ce que fit Drusus.

32. « *P. Mucius condamna celui qui avait nommé le poète Attius.* » Sur le même jugement, *voyez* plus haut, liv. 1, chap. 14.

33. « *Peut comparaître par procureur.* » La formule des Douze-Tables était : *Cui morbus ævitasve causa escit.* (AULU-GELLE, liv. XX, chap. 1; MARCILIUS, *frag. de la loi des Douze-Tables*; TURNÈBE, *Adversaria*, XIX, 15.)

34. *Le droit dépend d'un contrat, lorsque plusieurs personnes ont fait entre elles une convention, un accord.* — *Si quid inter quos convenit.* Voyez *Invent.*, liv. II, chap. 22.

35. « *Au forum ou au comitium.* » Ce fragment, défiguré dans les manuscrits, a été restauré et interprété à l'aide de citations éparses dans quelques auteurs. *Rem ubi pagunt.* Voyez Quint., liv. I, chap. 6; Aulu-Gelle, liv. XVII, chap. 2; Terent. Maurus, *de Orth.* XII. A la correction *orato*, nous avons préféré *ratum esto*, conjecture de Théodore Marcilius dont nous adoptons l'interprétation, *Legis* XII *tab. collecta.* Le *Comitium* était la partie du Forum située devant la *Curia Hostilia.* On y rendait la justice. *Voyez* Tite-Live, liv. V; Varr., *de Ling. lat.*, IV. — *Conjicere causam*, signifie *porter une cause.* Voyez Brisson, *de Verb. signific.*

36. *Il y a aussi des contrats qui.... sont dits exécutoires de droit.* Voyez *Invent.*, liv. II, chap. 22 : *ut jure præstari dicatur.*

37. *Quand, par l'*alternative. L'auteur passe à la question juridiciaire empruntée, sans en avertir le lecteur. Schütz croit devoir commencer ainsi le chapitre : *In assumtiva cum ex....* Voyez liv. I, chap. 14; et *Invent.*, liv. II, chap. 25.

38. *D'abord on examinera, en les comparant.* — *Contentio*, comparaison. *Voyez* le plaidoyer *pour Roscius d'Amérie*, ch. LIII; et Horace, liv. I, *épître* 10, v. 26.

39. *Mais que son action procède du* mauvais dol. Les lois romaines, et en particulier la loi des Douze-Tables, distinguaient deux espèces de *dol*, le bon et le mauvais. Voyez *Topiques*, chap. IX, et la note sur ce passage. Conf. Donat, sur l'*Eunuque* de Térence, acte III, sc. 3.

40. *Le défenseur au contraire réfutera l'argumentation conjecturale par quelqu'un des motifs probables dont on a déjà parlé.* — *Voyez* plus haut, chap. II et III. Sur le lieu, *per conquestionem*, consultez le liv. III, chap. 13.

41. *La récrimination.* — *Translatio criminis.* Voyez plus haut, liv. I, chap. 15; et *Invent.*, liv. II, chap. 26, où l'auteur se sert des mots *relatio criminis.*

42. *Fallait-il faillir parce qu'auparavant un autre avait failli?* On trouve un commentaire très-satisfaisant de ce passage, *Invent.*, liv. II, chap. 27.

43. *Par l'*AVEU.—*Concessio est.* Voyez plus haut, liv. 1, chap. 14; *Invent.*, liv. II, chap. 31-36.

44. *Ainsi que nous l'avons dit dans le premier livre.* — *Voyez* liv. I, chap. 14.

45. *Par le* RECOURS. — *Remotio criminis*, liv. I, chap. 14 et 15; *Invent.*, liv. II, chap. 29 et 30.

46. *Profitez aussi de tout ce que nous avons dit sur la nécessité.* — *Voyez* plus haut, chap. XVI.

47. *L'argumentation..... se développe en cinq parties.* Cicéron, *Invent.*, liv. I, chap. 37, donne aussi cinq parties: *propositio, ejus approbatio, assumtio, ejus approbatio, complexio.* Ce que l'auteur appelle ici *propositio*, est appelé plus bas, ch. XX, *expositio*. *Ratio*, dans le passage annoté, correspond aux mots *propositionis approbatio* dans le traité de l'*Invent.* Voyez encore plus haut, liv. I, ch. 16; *Invent.*, liv. I, ch. 13; liv. II, ch. 15.

48. « *Nous allons prouver qu'Ulysse.* ». — *Voyez* le même exemple, liv. I, chap. 11 et 17; *Invent.*, liv. I, chap. 8 et 49. Les rhéteurs grecs mettaient souvent en scène Ulysse, Ajax et tous les héros d'Homère.

49. « *La mort indigne de Palamède.* » Sur Palamède, *voyez* VIRGILE, *Énéide*, liv. II, v. 85, et l'*excursus* de Heyne relatif à ce passage.

50. « *Un ennemi.* » — *Inimicum*, qui blesse toutes les règles de la construction, a embarrassé les différens commentateurs et interprètes de la *Rhétorique. Inimicus* que propose Schütz après Gruter, et que nous adoptons, lève toute difficulté. Ce changement n'est point une conjecture, mais une restitution certaine. Dix adjectifs sont opposés deux à deux avec une rigoureuse symétrie, qui suffit pour démontrer la nécessité de cette correction:

Virum fortissimum — homo timidus;
Integerrimum — nocens;

Persequentissimum — conscius sui peccati;
Injuria lacessitum — insidiosus;
Ira exsuscitatum — inimicus.

51. *L'autre qui... n'a pas besoin d'être reprise.* Sur *reprehensio*, voyez le chapitre suivant, et surtout *Invent.*, liv. 1, chap. 42.

52. *L'exposition est vicieuse.* Sur l'exposition, voyez ch. xviii.

53. « *Personne ne peut, au premier coup d'œil, et en passant, être pris d'amour.* » Phrase de l'orateur Curion, aïeul du tribun du peuple, dans son discours, *pro Fulvio, de incestu.* Voyez *Invent.*, liv. 1, chap. 43; *Brutus*, ch. xxxii.

54. « *Et la superstition?* » Au lieu de *religio*, quelques-uns ont proposé *irreligio*, mais sans motif. *Religio* se prend souvent en mauvaise part. C'est dans le sens de superstition qu'il est employé dans ces vers :

> Nova nunc relligio in te isthac incessit.
> (Terent., *Andr.*)

> Tantum relligio potuit suadere malorum.
> (Lucret., lib. 1.)

55. «*L'inquiétude.*» Sur le sens d'*ægritudo*, voyez *Tusculanes*, liv. iii, chap. 10 et 11.

56. *Gardons-nous d'imiter Ennius et les autres poètes, auxquels il est permis de parler ainsi.* Ces vers de la *Médée* d'Ennius sont empruntés de la *Médée* d'Euripide, au commencement du prologue. *Voyez* Q. Ennii *Medea*, commentario illustrata, etc., H. Planck, Gotting, 1807. Conf. Phèdre, liv. iv, fab. 7; *Invent.*, liv. 1, chap. 49; *Topiques*, chap. xvi; *de la Nature des dieux*, liv. iii, chap. 30; *du Destin*, ch. xv; *Tusculanes*, liv. 1, ch. 20.

57. *Utile et profitable.* Schütz explique *immune facinus* par *ingratum negotium.* Nous conservons à *immunis* sa signification ordinaire. Ces vers sont de Plaute, *Trinumus* 1, 1, 2. Cicéron les cite encore, *Invent.*, liv. 1, ch. 50.

58. *N'attribuent à la fortune aucun malheur.* Juvénal, satire x, vers 365, dit dans le même sens :

> Nullum numen habes, si sit prudentia; nos te,
> Nos facimus, Fortuna, deam cœloque locamus.

59. *Vous me frappez,* etc. Vers tirés de la tragédie de *Cresphonte*, imitée d'Euripide par Ennius.

60. *Si d'autres indices analogues ne concourent avec eux pour nous convaincre.* Cette accumulation de signes est nommée par Aristote συνδρομή.

61. *Eh! ne sais-tu pas,* etc. Vers du *Cresphonte* d'Ennius, imité d'Euripide. Voyez *Invent.*, liv. 1, chap. 49.

62. *Lorsque tous te désiraient,* etc. Vers de la tragédie d'Ennius, intitulée *Thyeste.* Depuis Lambin, tous les commentateurs mettent ces paroles dans la bouche d'Atrée, sans tenir compte du féminin *sola*, et sans faire connaître l'autorité sur laquelle ils s'appuient. Conf. *Invent.*, liv. 1, chap. 48.

63. « *Le délateur de crimes publics.* » On appelait *quadruplator* les délateurs de profession, parce qu'on leur donnait le quart des biens de ceux qu'ils accusaient, ou de l'amende à laquelle on les condamnait. Voyez Asconius *ad or. in Cæcil.*, cap. vii; *In Verrem*, iv, 7; Gronov., *de Sestertiis*, page 271.

64. *L'oracle parle clairement,* etc. Ces vers paraissent tirés d'un vieux poète, peut-être Pacuvius, qui avait célébré la dispute d'Ulysse et d'Ajax. On connaît les deux éloquens discours d'Ovide, *Métam.* xiii, 31. Remarquez surtout, dans le plaidoyer d'Ajax, *frater erat fraterna peto.* Ajax était cousin-germain d'Achille, *frater patruelis. Dictio* est employé ici dans le sens d'*oracle. Data erat dictio ab urbe.* (Tite-Live, liv. viii.)

65. *Je ne puis expliquer..... pourquoi je l'accuse.* Ces vers sont probablement de la pièce précédemment citée. Voyez *Invent.*, liv. 1, chap. 45.

66. *Zethus et Amphion.* Cette scène de Pacuvius est citée en-

core *de l'Orateur,* liv. 11, chap. 37 ; et *de la République,* liv. 1, chap. 18.

67. « *La cause de sa mort est donc le poison.* »—*Voyez* plus haut, chap. v : *si tumore, vel livore decoloratum est corpus mortui.* Conf. *Tuscul.*, liv. 11, chap. 8 : *Herculis decolorem sanguinem.*

68. « *Comme si tous ceux à qui l'on a interdit le feu et l'eau ne sont pas des exilés.* » « Quum P. Sulpicius, tribunus plebis, auctore C. Mario, perniciosas leges promulgasset, ut exules revocarentur, etc. » Tite-Live, *epit.* LXXVII. *Voyez* sur la mort de Sulpicius, liv. 1, chap. 15 de ce traité.

69. *Puisque les ornemens reposent sur la similitude, l'exemple, l'amplification.* Schütz supprime *amplificationibus,* parce que, en reprenant ensuite les différens ornemens, l'auteur ne parle point de celui-là.

70. *Les conclusions........ ont trois parties.* Au lieu de ces trois parties, Cicéron, *Invent.*, liv. 1, chap. 52, donne *enumeratio, indignatio, conquestio.*

71. *Après les preuves confirmatives. — Secundum firmissimam argumentationem.* Cette espèce de conclusion a été désignée plus haut, chap. XIX, sous le nom de *complexio,* et il est manifeste que l'auteur ne peut revenir ici sur cette partie de la confirmation. Aussi Schütz a-t-il complètement supprimé cette phrase, qui manque dans plusieurs manuscrits. Elle rompt mal-à-propos l'ordre des idées, est en désaccord avec ce qui précède, et plus encore avec ce qui suit ; enfin elle prête au mot *conclusio* un sens différent de celui qu'il a dans ce second livre, comme dans le premier, où il ne désigne que la *péroraison,* et non pas ces résumés accidentels qui peuvent, selon les besoins de la cause, se présenter à plusieurs reprises dans la suite d'un discours.

72. *Car le discours paraît travaillé. — Facta oratio,* discours travaillé. Cicéron, dans l'*Orateur,* en parlant d'Isocrate et de ses disciples, dit *orationis faciendæ peritissimi;* dans *Brutus :* — « Accurata et facta quodam modo oratio; » Quintilien : *Nam illa quæ curam fatentur, facta et composita etiam videri volunt.* De même dans Longin, πεποιημένη λέξις.

73. *L'amplification a pour objet.* Sur l'amplification dans la péroraison, voyez Aristote, *Rhétorique*, liv. III, chap. 19. Les lieux indiqués par le rhéteur grec sont la *compassion*, l'*indignation*, la *colère*, la *haine*, l'*envie*, l'*émulation* et le *mépris*. Plus d'une fois, en ce livre, l'auteur fait allusion à une théorie des lieux qu'il n'expose point. La manière dont il y renvoie donne à croire qu'elle devait être contenue dans un ouvrage familier à Herennius. On reviendra sur cette méthode célèbre à propos des *Topiques* de Cicéron.

ARGUMENT

DU LIVRE TROISIÈME.

L'AUTEUR, dans un court préambule, rappelle qu'il a traité de l'invention appliquée au genre judiciaire. Ce troisième livre considère d'abord l'invention dans le délibératif et le démonstratif. Ensuite on s'occupera de la disposition, de la prononciation et de la mémoire, ne réservant pour le quatrième livre que l'élocution (I).

L'auteur s'occupe d'abord du délibératif, détermine les diverses questions et le but de ce genre. Ce but est l'*utile*, dont on donne les subdivisions (II, III, IV). Ensuite on montre comment, dans une cause délibérative, doivent être traitées les diverses parties oratoires (V).

Puis, on passe au démonstratif; on indique les sources de la louange et du blâme, et on montre comment se distribue un discours de ce genre (VI, VII, VIII).

Ayant terminé l'invention, l'auteur donne quelques préceptes généraux sur la disposition : il en distingue deux sortes, l'une conforme aux règles de l'art, l'autre qui dépend des circonstances (IX, X).

L'élocution étant réservée pour le quatrième livre, l'auteur parle d'abord de la prononciation, qu'il rapporte aux tons de la voix et aux mouvemens du corps (XI, XII, XIII, XIV, XV).

Suivent les préceptes relatifs à la mémoire, qui est naturelle ou artificielle (XVI). La mémoire artificielle se sert des emplacemens (XVII, XVIII, XIX), et des images (XX, XXI). Comment peut-on donner de la persistance aux images (XXII)? Mauvaise méthode des Grecs (XXIII)? utilité de la mémoire artificielle des mots; avantage de l'exercice sur les préceptes (XXIV).

RHETORICORUM AD C. HERENNIUM

LIBER TERTIUS.

I. Ad omnem judicialem causam quemadmodum conveniret inventionem rerum accommodari, satis abundanter, ut arbitror, superioribus libris demonstratum est. Nunc earum rationem rerum inveniendarum, quæ pertinerent ad causas deliberativas et demonstrativas, in hunc librum transtulimus, ut omnis inveniendi præceptio tibi quam primum persolveretur. Reliquæ quatuor partes erant artificii. De tribus partibus in hoc libro dicemus, dispositione, pronuntiatione, memoria. De elocutione, quia plura dicenda videbantur, in quarto libro conscribere maluimus: quem, ut arbitror, tibi librum celeriter absolutum mittemus, ne quid tibi rhetoricæ artis deesse possit. Interea prima quæque et nobiscum, quum voles, et interdum sine nobis legendo consequere; ne quid impediare, quin ad hanc utilitatem pariter nobiscum progredi possis. Nunc tu fac attentum te præbeas: nos proficisci ad instituta pergemus.

RHÉTORIQUE
A C. HERENNIUS

LIVRE TROISIÈME.

I. Les livres précédens ont enseigné, je crois, avec assez de détails comment les préceptes de l'invention doivent s'appliquer à toute cause du genre judiciaire. Nous avons réservé pour ce troisième livre les règles de l'invention qui concernent le délibératif et le démonstratif, afin de vous donner d'abord toute la théorie de l'invention. Il restait encore quatre parties de la rhétorique : trois seront traitées en ce livre, la disposition, la prononciation et la mémoire. Quant à l'élocution, comme elle exige de plus longs développemens, nous préférons y consacrer un quatrième livre : il sera bientôt achevé, je l'espère, et je vous l'enverrai, pour qu'il ne vous manque aucune partie de l'art oratoire. En attendant, vous vous pénétrerez des premières parties, avec nous, si vous le voulez, et quelquefois sans nous au moyen de la lecture, afin que rien ne vous empêche de vous acheminer, aussi bien que nous, vers l'exercice de la parole. Maintenant, prêtez-nous votre attention, tandis que nous continuerons à marcher au but proposé.

II. Deliberationes partim sunt hujusmodi, ut quæratur, utrum potius faciendum sit; partim hujusmodi, ut, quid potissimum faciendum sit, consideretur. Utrum potius, hoc modo : « Carthago tollenda, an relinquenda videatur. » Quid potissimum, hoc pacto : « ut si Annibal consultet, quum ex Italia Carthaginem arcessitur, in Italia remaneat, an domum redeat, an in Ægyptum profectus occupet Alexandriam. » Item deliberationes partim ipsæ propter se consultandæ sunt : « ut si deliberet senatus, captivos ab hostibus redimat, an non. » Partim propter aliquam extraneam causam veniunt in deliberationem : « ut si deliberet senatus, bello punico, solvatne legibus Scipionem, ut eum liceat ante tempus consulem fieri. » Partim et propter se sunt deliberandæ, et magis propter extraneam causam veniunt in consultationem : « ut si deliberet senatus, bello italico, sociis civitatem det, an non. »

In quibus causis rei natura faciet deliberationem, omnis oratio ad ipsam rem accommodabitur. In quibus extranea causa conficiet deliberationem, in his ea ipsa causa erit adaugenda, aut deprimenda.

Omnem orationem eorum, qui sententiam dicent, finem sibi conveniet utilitatis proponere, ut omnis eo totius orationis ratio conferatur. Utilitas in duas partes in civili consultatione dividitur, tutam, et honestam.

Tuta est, quæ conficit instantis, aut consequentis pe-

II. Dans une délibération, on cherche, tantôt quel est le meilleur de deux partis, tantôt quel est en général le parti préférable. Le meilleur de deux partis, par exemple : « Faut-il détruire Carthage, ou la laisser subsister ? » Le parti préférable en général, ainsi : « Annibal, rappelé d'Italie à Carthage, consulte afin de décider s'il demeurera en Italie, s'il retournera dans son pays, ou s'il ira en Égypte pour s'emparer d'Alexandrie [1]. » Quelquefois la délibération s'établit sur le fond même de la question ; ainsi : « Le sénat examine s'il rachètera ou non les prisonniers. » D'autres fois c'est une circonstance extérieure qui amène la délibération, par exemple : « Le sénat, dans la guerre punique [2], délibère s'il accordera une dispense à Scipion, pour qu'il puisse être nommé consul, avant l'âge fixé par la loi. » D'autres fois, on délibère sur le fond même de la question, mais c'est une circonstance étrangère qui amène la discussion : « Le sénat, dans la guerre italique, examine s'il accordera, ou non, le droit de cité aux alliés. »

Dans les causes où la délibération reposera sur le fond même de la question, le discours ne s'éloignera jamais du sujet. Dans les causes où la délibération s'appuiera sur un motif étranger, c'est ce motif qu'il faudra relever ou déprimer.

Tout discours d'un orateur qui donne son avis dans une délibération, doit se proposer pour but l'utile [3] : c'est à cette fin que tendra l'ensemble des moyens oratoires. Dans une discussion politique, l'utile a deux parties, la sûreté et l'honnêteté.

La sûreté consiste à éviter, par quelque moyen que ce

riculi vitationem qualibet ratione. Hæc distribuitur in vim, et dolum : quorum aut alterum separatim, aut utrumque sumemus conjunctim. Vis decernitur per exercitus, classes, arma, tormenta, evocationes hominum, et alias hujusmodi res. Dolus consumitur in pecunia, pollicitatione, dissimulatione, maturatione, mentione, et ceteris rebus, de quibus magis idoneo tempore loquemur, si quando de re militari, aut de administratione reipublicæ scribere volemus.

Honesta res dividitur in rectum, et laudabile. Rectum est, quod cum virtute et officio fit. Id dividitur in prudentiam, justitiam, fortitudinem, modestiam. Prudentia est calliditas, quæ ratione quadam potest delectum habere bonorum et malorum : dicitur item prudentia, scientia cujusdam artificii : item appellatur prudentia, multarum rerum memoria, et usus complurium negotiorum. Justitia est æquitas, jus unicuique tribuens pro dignitate cujusque. Fortitudo est rerum magnarum appetitio, et rerum humilium contemptio, et laboris cum utilitatis ratione perpessio. Modestia est in animo continens moderatio cupiditatum.

III. Prudentiæ partibus utemur in dicendo, si commoda cum incommodis conferemus, quum alterum sequi, vitare alterum cohortabimur : aut si qua in re cohortabimur aliquid, cujus rei aliquam disciplinabilem scientiam poterimus habere; et quo modo, aut qua quidque

soit, un danger présent ou à venir : elle s'appuie ou sur la force ou sur la ruse, soit qu'on les emploie séparément, soit qu'on les réunisse. La force se déploie par les armées, les flottes, les armes, les machines de guerre, les levées d'hommes, et les autres moyens de ce genre. La ruse a recours à l'argent, aux promesses, à la dissimulation, à la précipitation, à des paroles insidieuses [4] et à d'autres expédiens, dont je parlerai plus à propos une autre fois, si je me décide à écrire sur l'art militaire ou sur l'administration publique.

Dans une chose honnête, on considère ou le bien ou le louable. Le bien est le terme auquel aspirent la vertu et le devoir ; il renferme la prudence, la justice, la force d'âme et la tempérance [5]. La prudence est un tact délicat qui, d'après un certain calcul, peut choisir entre les biens et les maux : on appelle aussi quelquefois prudence la possession d'une science. On entend encore par ce mot une mémoire riche en souvenirs, jointe à une vaste expérience. La justice est l'équité rendant à chacun ce qui lui est dû, selon son mérite. La force d'âme est l'ambition des grandes choses, le mépris des choses communes, et la résignation aux fatigues, en raison de leur utilité. La tempérance est, dans l'âme, un pouvoir modérateur qui contient les passions.

III. Notre argumentation s'appuiera sur la prudence, si, comparant les avantages et les inconvéniens, nous exhortons à rechercher les uns, à éviter les autres ; ou si nous conseillons une mesure dont il nous soit possible de diriger l'exécution, et que nous indiquions la marche à suivre et les moyens à employer ; enfin, si nous enga-

ratione fieri oporteat, ostendemus : aut si suadebimus quippiam, cujus rei gestæ aut præsentem, aut auditam memoriam poterimus habere : qua in re facile id, quod velimus, exemplo allato persuadere possimus.

Justitiæ partibus utemur, si aut innocentum, aut supplicum dicemus misereri oportere : si ostendemus bene merentibus gratiam referri convenire : si demonstrabimus ulcisci male meritos oportere : si fidem magnopere censebimus conservandam : si leges et mores civitatis egregie dicemus servari oportere : si societates atque amicitias studiose dicemus coli convenire : si, quod jus in parentes, deos, patriam natura comparavit, id religiose colendum demonstrabimus : si hospitia, clientelas, cognationes, affinitates caste colendas esse dicemus : si nec pretio, nec gratia, nec periculo, nec simultate a via recta ostendemus deduci oportere : si dicemus, in omnibus jus æquabile statui convenire. His atque hujusmodi partibus justitiæ si quam rem in concione, aut in consilio faciendam censebimus, justam esse ostendemus; contrariis, injustam. Ita fiet, ut eisdem locis et ad suadendum, et ad dissuadendum simus comparati.

Sin fortitudinis retinendæ causa faciendum quid esse dicemus, ostendemus, res magnas et celsas sequi, et appeti oportere : et item res humiles et indignas viros fortes propterea contemnere oportere, nec idoneas dignitati suæ judicare. Item a nulla re honesta, periculi

geons à prendre un parti dont nous avons vu nous-
mêmes, ou dont on nous a raconté les avantages; dans ce
cas, il nous sera facile, en alléguant l'exemple, de faire
partager notre conviction.

La justice nous fournira nos preuves, si nous récla-
mons la pitié en faveur des innocens et des supplians ;
si nous montrons qu'il faut être reconnaissant des bienfaits, qu'il faut se venger des offenses; si nous recommandons de garder sa foi à tout prix, de respecter
scrupuleusement les lois et les mœurs sociales; de maintenir avec un soin religieux les alliances et les amitiés ;
d'observer pieusement les devoirs que la nature nous
impose envers nos parens, envers les dieux, envers la
patrie; de conserver un respect inviolable au caractère
d'hôte, de client, aux droits du sang et aux liens de
famille ; si nous prouvons que ni l'appât du gain, ni la
faveur, ni le danger, ni la haine ne doivent nous détourner du droit chemin; si nous proclamons que l'équité
doit présider à toutes les actions. Par ces moyens empruntés à la justice, et par d'autres du même genre, on
prouve dans une assemblée du peuple, ou dans un conseil, que la résolution qu'on veut faire adopter est juste ;
par les moyens contraires, on prouve qu'elle est injuste.
Ainsi les mêmes lieux nous serviront à persuader et à
dissuader.

Si c'est pour vous faire déployer de la force d'âme
qu'on vous conseille une démarche, on démontrera, non
seulement qu'il faut rechercher et ambitionner les choses
grandes et élevées ; mais encore que les âmes fortes doivent mépriser les actions basses et honteuses, et les regarder comme au dessous de leur dignité; nous dirons

aut laboris magnitudine deduci oportere : antiquiorem mortem turpitudine habere : nullo dolore cogi, ut ab officio recedatur : nullius pro rei veritate metuere inimicitias : quodlibet pro patria, parentibus, hospitibus, amicis, et iis rebus, quas justitia colere cogit, adire periculum, et quemlibet suscipere laborem.

Modestiæ partibus utemur, si nimias libidines honoris, pecuniæ, similiumque rerum vituperabimus : si unamquamque rem certo naturæ termino definiemus: si, quoad cuique satis sit, ostendemus, et nimium progredi dissuadebimus, et modum unicuique rei statuemus.

Hujusmodi partes sunt virtutis, amplificandæ, si suadebimus; attenuandæ, si ab his dehortabimur, ut hæc attenuentur, quæ supra demonstravi. Nam nemo erit, qui censeat a virtute recedendum : verum aut res non hujusmodi dicatur esse, ut virtutem possimus egregiam experiri, aut in contrariis potius rebus, quam in his, virtus constare ostendatur. Item si quo pacto poterimus, quam is, qui contra dicet, justitiam vocarit, nos demonstrabimus ignaviam esse, et inertiam, ac pravam liberalitatem : quam prudentiam appellarit, ineptam, et garrulam, et odiosam scientiam esse dicemus : quam ille modestiam dicet esse, eam nos inertiam, et dissolutam negligentiam dicemus : quam ille fortitudinem nominarit,

qu'il ne faut jamais se laisser éloigner d'une chose honnête par la grandeur du péril ou des fatigues; qu'on doit préférer la mort à l'infamie; que nulle douleur ne doit nous contraindre à nous écarter de la vertu; que pour la vérité, on ne doit redouter les inimitiés de personne; enfin, que pour sa patrie, ses parens, ses hôtes, en un mot, pour ce que la justice exige de nous, il faut marcher au devant de tous les dangers, se résigner à tous les sacrifices.

Nous emprunterons nos moyens à la tempérance, si nous blâmons l'excessive avidité des honneurs, de l'argent et des autres avantages de ce genre; si nous renfermons tous les désirs dans les justes bornes de la nature; si nous montrons à chacun la somme de biens qui lui suffit, l'engageant à ne pas l'outre-passer, et déterminant la mesure de chaque chose.

Telles sont les idées que nous fournit la vertu; il faut les amplifier, si l'on conseille, les atténuer, si l'on dissuade. On en fera autant pour les moyens que j'ai indiqués auparavant [6]. Personne, sans doute, ne pense qu'on doive s'éloigner de la vertu; mais vous présenterez le parti que vous repoussez, comme n'offrant pas à la vertu les moyens de se produire; ou vous montrerez que la vertu trouvera mieux sa place dans le parti contraire. Nous démontrerons, s'il nous est possible, que ce qu'il plaît à notre antagoniste d'appeler justice, n'est que lâcheté, faiblesse, profusion criminelle; que sa prétendue prudence n'est que l'ineptie, le bavardage et l'importunité d'une vaine science; que sa tempérance est une véritable mollesse, une négligence insouciante; que sa force d'âme est l'audace inconsidérée d'un gladiateur.

eam nos gladiatoriam, et inconsideratam appellabimus temeritatem.

IV. Laudabile est, quod conficit honestam, et præsentem, et consequentem commemorationem. Hoc nos eo a recto separamus, non quod hæ quatuor partes, quæ subjiciuntur sub vocabulo recti, hanc honestatis commemorationem dare non soleant : sed quanquam ex recto laudabile nascitur, tamen in dicendo seorsum tractandum est hoc ab illo. Neque enim solum laudis causa rectum sequi convenit; sed si laus consequitur, duplicatur recti appetendi voluntas. Quum igitur erit demonstratum rectum, laudabile esse demonstrabimus aut ab idoneis hominibus, ut si qua res honestiori ordini placeat, quæ a deteriore ordine improbetur; aut ab aliquibus sociis, aut omnibus civibus, exteris nationibus, posterisque nostris.

Quum hujusmodi locorum divisio sit in consultatione, breviter aperienda est totius tractatio causæ. Exordiri licebit, vel a principio, vel ab insinuatione, vel iisdem rationibus, quibus in judiciali causa. Si cujus rei narratio incidet, eadem ratione narrare oportebit. Quoniam in hujusmodi causis finis est utilitas, et ea dividitur in rationem tutam atque honestam : si utrumque poterimus ostendere, utrumque pollicebimur nos in dicendo demonstraturos esse; sin alterum demonstraturi erimus, simpliciter, quod dicturi sumus, ostendemus. At si nostram

IV. Le louable est ce qui, pour le présent et pour l'avenir, procure une honorable réputation. Nous le distinguons du bien, non que les quatre qualités comprises sous le mot bien 7 ne nous donnent habituellement une honorable réputation ; mais parce qu'il faut, quoique le louable naisse du bien, les traiter séparément l'un et l'autre dans le discours. En effet, ce n'est pas en vue de la louange seule qu'on doit rechercher le bien ; mais, si la louange en doit être le prix, la volonté de bien faire doublera d'énergie. Ainsi, après avoir démontré que l'action est bonne, nous prouverons, ou qu'elle obtiendra les louanges des juges compétens (comme si, blâmée des personnes d'un rang inférieur, elle devait être approuvée par les hommes d'un rang plus distingué) ; ou qu'elle sera louée par quelques-uns de nos alliés, par tous nos concitoyens, par les nations étrangères, par la postérité.

On a vu quelle est la division des lieux pour le genre délibératif : exposons rapidement la distribution du discours entier. On pourra commencer ou par le simple début, ou par l'insinuation, en usant des moyens indiqués pour le genre judiciaire. S'il se présente un fait à raconter, suivez aussi les règles déjà données sur la narration. Comme dans ces sortes de causes le but est *l'utile*, et que l'utile contient la sûreté et l'honnêteté, si nous pouvons nous prévaloir de l'une et de l'autre à la fois, nous nous engagerons à démontrer par notre discours, que c'est à l'une et à l'autre que nous tendons : si nous devons nous borner à l'une des deux, nous annoncerons

rationem tutam esse dicemus, divisione utemur in vim et consilium : nam, quod in docendo, rei dilucidandæ causa, dolum appellavimus, id in dicendo honestius consilium appellabimus. Si rationis nostræ sententiam rectam esse dicemus, et omnes partes recti incident; quadripartita divisione utemur : si non incident, quot erunt, tot exponemus in dicendo. In confirmatione et confutatione utemur locis, quos ante ostendimus, nostris confirmandis, contrariis confutandis. Argumentationis artificiosæ tractandæ ratio de secundo libro petetur.

V. Sed si acciderit, ut in consultatione alteri ab tuta ratione, alteri ab honesta, sententia sit, ut in deliberatione eorum, qui a Pœnis circumsessi deliberant, quid agant; qui tutam rationem sequi suadebit, his locis utetur : Nullam rem utiliorem esse incolumitate; virtutibus uti neminem posse, qui suas rationes in tuto non collocarit; ne deos quidem esse auxilio iis, qui se inconsulto in periculum mittant; honestum nihil oportere existimari, quod non salutem pariat. Qui tutæ rei præponet rationem honestam, his locis utetur : Virtutem nullo tempore relinquendam : vel dolorem, si is timeatur; vel mortem, si ea formidetur, dedecore et infamia leviorem esse : considerare, quæ sit turpitudo consecutura; at non immortalitatem, neque æternam incolumitatem consequi : nec esse exploratum, illo vitato periculo, nullum in aliud periculum venturos : virtute vel ultro ad mortem

simplement le motif que nous faisons valoir. Est-ce la sûreté ? notre division reposera sur la force et la sagesse : car, ce que dans la théorie j'ai appelé ruse, pour être plus clair, il sera plus convenable de l'appeler sagesse dans votre discours. Est-ce le bien ? si toutes les parties du bien s'appliquent à votre sujet, vous le diviserez en quatre points; si toutes ne vous conviennent pas, vous exposerez celles que le sujet réclame. Dans la confirmation et la réfutation, nous nous servirons des lieux déjà indiqués, pour établir nos moyens et renverser ceux de l'adversaire. On trouvera dans le second livre tous les préceptes de l'art qui peuvent diriger l'argumentation.

V. Mais s'il arrive que, dans une délibération, l'un appuie son opinion sur des motifs d'utilité, l'autre sur des motifs d'honneur, comme si l'armée, cernée par les Carthaginois, délibérait sur le parti à prendre [8]; celui qui conseillera d'avoir en vue la sûreté, emploiera les lieux suivans : Rien n'est plus utile à notre conservation ; il est impossible d'arriver à la vertu quand on n'a pas pourvu à la sûreté de sa marche [9]; les dieux mêmes refusent leur secours à ceux qui se jettent inconsidérément dans le péril; il ne faut pas voir de l'honneur dans ce qui compromet notre salut. L'orateur qui préfère à la sûreté des motifs d'honneur, se servira des lieux suivans : On ne doit jamais renoncer à la vertu ; la douleur, si c'est là ce qu'on redoute, la mort, si c'est elle qui vous fait trembler, sont peu de chose auprès du déshonneur et de l'infamie; songez combien de honte entraînerait une telle détermination, et cependant elle ne nous assurerait ni l'immortalité, ni un éternel bien-être ; rien ne nous garantit qu'après avoir évité ce péril, nous ne tomberons

proficisci, esse præclarum : fortitudini fortunam quoque esse adjumento solere : eum tute vivere, qui honeste vivat, non qui in præsentia incolumis sit; et eum, qui turpiter vivat, incolumem in perpetuum esse non posse.

Conclusionibus fere similibus in his, et judicialibus causis uti solemus, nisi quod in his maxime conducit quam plurima rerum ante gestarum exempla proferre.

VI. Nunc ad demonstrativum genus causæ transeamus. Quoniam hæc causa dividitur in laudem, et vituperationem, quibus ex rebus laudem constituerimus, ex contrariis rebus erit vituperatio comparanda. Laus igitur potest esse rerum externarum, et corporis, et animi. Rerum externarum sunt ea, quæ casu, aut fortuna secunda, aut adversa, accidere possunt : ut genus, educatio, divitiæ, potestates, gloriæ, civitas, amicitiæ, et quæ hujusmodi sunt; et ea, quæ his sunt contraria. Corporis sunt ea, quæ natura corpori attribuit commoda, aut incommoda : ut velocitas, vires, dignitas, valitudo; et quæ contraria sunt. Animi sunt ea, quæ consilio, et cogitatione nostra constant : ut prudentia, justitia, fortitudo, modestia; et quæ contraria sunt. [Erit igitur hæc confirmatio et confutatio nobis.]

In hujusmodi igitur causa principium sumetur aut a nostra, aut ab ejus, de quo loquemur, aut ab eorum, qui audient, persona, aut ab re. A nostra, si laudabi-

dans aucun autre. Pour la vertu, il est beau de marcher même volontairement à la mort; le courage, habituellement, a la fortune pour auxiliaire; pour vivre en sûreté, il faut vivre avec honneur, et non se borner à l'intérêt présent; celui qui vit dans la honte, ne peut jouir d'un bien-être constant.

Les conclusions [10], dans le genre délibératif, sont d'ordinaire les mêmes que dans le genre judiciaire, à cela près qu'il est très-avantageux d'y citer comme exemples le plus grand nombre possible de faits antérieurs.

VI. Maintenant passons au genre démonstratif : comme il a pour but la louange et le blâme, certains moyens serviront à louer, et les moyens contraires à blâmer. La louange a pour objet ou des circonstances extérieures, ou le corps, ou l'âme [11]. Les circonstances extérieures sont les choses qui peuvent nous venir du hasard ou de la fortune, bonne ou mauvaise : comme la naissance, l'éducation, les richesses, le pouvoir, les honneurs, la patrie, les amitiés, enfin tous les avantages de cette espèce et leurs contraires. Le corps a reçu de la nature des avantages et des incommodités, l'agilité, la vigueur, la noblesse, la santé, et leurs contraires. L'âme a des biens qui dépendent de notre volonté et de notre entendement, comme la prudence, la justice, la force et la tempérance, qui ont aussi leurs contraires. [Tels seront donc nos moyens de confirmation et de réfutation [12].]

Dans un discours de ce genre, nous tirerons l'exorde de notre personne, de la personne dont nous parlons, de nos auditeurs, ou du sujet même. De notre personne : si nous louons quelqu'un, nous dirons que c'est par devoir, at-

mus, dicemus aut officio facere, quod causa necessitudinis intercedat; aut studio, quod ejusmodi virtutis sit, ut omnes commemorare debeant velle; aud quod rectum sit, ex aliorum laude ostendere, qualis noster animus sit. Si vituperabimus, aut merito facere, quod ita tractati simus; aut studio, quod utile putemus esse, ab omnibus unicam malitiam atque nequitiam cognosci; aut quod placeat ostendi, quid nobis displiceat, ex aliorum vituperatione. Ab ejus persona, de quo loquemur, si laudabimus, vereri nos dicemus, ut illius facta verbis consequi possimus; omnes homines illius virtutes prædicare oportere; ipsa facta omnium laudatorum eloquentiam anteire. Si vituperabimus, ea, quæ videbimus contraria, paucis verbis commutatis, dici posse, dicemus: ut paullo ante exempli causa demonstratum est. Ab auditorum persona, si laudabimus, quoniam non apud ignotos laudemus, nos monendi causa pauca esse dicturos : aut si erunt ignoti, ut talem virum velint cognoscere, petemus; quoniam in eodem virtutis studio sint, apud quos laudemus, quo ille, qui laudetur, fuerit, aut sit, sperare nos facile iis, quibus velimus, hujus facta probaturos. Contraria vituperatio : quoniam norint, pauca de nequitia ejus nos esse dicturos : quod si ignorent, petemus ut cognoscant, uti malitiam vitare possint; quoniam dissimiles sint, qui audiunt, atque ille, qui vituperatur, nos sperare illius vitam vehementer impro-

tendu qu'il existe entre nous une liaison intime; ou par admiration, car c'est une vertu si haute que tous doivent la célébrer; ou enfin parce que, en louant les autres, nous faisons honorablement ressortir notre caractère. Si nous blâmons, nous dirons que c'est à juste titre, après la manière dont on nous a traités; ou par amour du bien, regardant comme utile de faire connaître à tous, tant de malice et de scélératesse; ou bien enfin, parce que, en blâmant les autres, nous mettons au jour une honorable antipathie. De la personne dont nous parlons : si nous louons quelqu'un, nous exprimerons la crainte de ne pouvoir atteindre par nos paroles à la hauteur de ses actions; toutes les bouches, dirons-nous, doivent célébrer ses vertus; sa conduite est au dessus de l'éloquence de tous les panégyristes. Si nous blâmons, nous pourrons, en changeant quelques mots, exprimer des idées contraires, comme nous en avons plus haut donné l'exemple. De nos auditeurs : si nous louons quelqu'un, nous dirons que, parlant devant des personnes qui le connaissent, il nous suffira de quelques mots pour les mettre au courant; ou s'ils ne le connaissent pas, nous leur demanderons de vouloir bien connaître un homme si distingué; puisque ceux qui entendent son éloge partagent ce zèle de la vertu qui l'animait, ou qui l'anime encore, nous espérons leur faire approuver facilement sa conduite au gré de nos désirs. Le blâme repose sur les moyens contraires. Le personnage est-il connu? nous ne dirons que peu de mots de sa scélératesse; ne le connaît-on pas? nous recommanderons d'apprendre à le connaître pour se soustraire à sa méchanceté; puisque nos auditeurs diffèrent essentiellement de celui qui est blâmé, nous espérons qu'ils im-

baturos. Ab rebus ipsis, incertos esse, quid potissimum laudemus; vereri, ne, quum multa dixerimus, plura praetereamus; et quae similes sententias habebunt: quibus sententiis contraria sumuntur a vituperatione.

VII. Principio tracto ab aliqua harum, quas ante commemoravimus, rationum, narratio non erit ulla, quae necessario consequatur: sed si qua inciderit, quum aliquod factum ejus, de quo loquemur, nobis narrandum sit cum laude, aut vituperatione, praeceptio narrandi de primo libro repetetur. Divisione hac utemur. Primo exponemus, quas res laudaturi sumus, aut vituperaturi: deinde, ut quaeque, quove tempore res erit gesta, ordine dicemus, ut, quid, quamque tute cauteque egerit, intelligatur. Sed exponere oportebit animi virtutes, aut vitia: deinde commoda aut incommoda corporis, aut rerum externarum, quomodo ab animo tractata sint, demonstrare. Ordinem hunc adhibere in demonstranda vita debemus. Ab externis rebus: genus, in laude [quibus majoribus natus sit]: si bono genere, parem, aut excelsiorem fuisse; si humili genere, ipsum in suis, non in majorum virtutibus habuisse praesidium. In vituperatione, si bono genere, dedecori majoribus fuisse; si malo, tamen his ipsis detrimento fuisse. Educatio, in laude, bene et honeste in bonis disciplinis per omnem pueritiam educatum esse: in vituperatione, e contrario.

prouveront avec force sa conduite. Du sujet même : on hésite sur ce qu'on louera de préférence ; on craint qu'après avoir présenté bien des traits avantageux, on n'en ait omis plus encore ; en un mot, on a recours à toutes les idées de ce genre ; les idées contraires serviront pour le blâme.

VII. Après que l'exorde a été tiré d'une des sources que nous avons indiquées, il n'est pas nécessaire qu'une narration suive ; mais s'il s'en présente une, et qu'on ait à raconter avec éloge ou avec blâme une action de celui dont on parle, on cherchera dans le premier livre les règles de la narration. La division se fera ainsi : d'abord on expose les choses qu'on veut louer ou blâmer ; ensuite on montre avec ordre comment et dans quel temps chaque chose a eu lieu, afin de faire comprendre ce qui a été fait, et comment on a pris ses sûretés et ses précautions. Mais il faudra tenir compte des qualités ou des vices de l'esprit, et montrer comment l'esprit a tiré parti des avantages ou des désavantages attachés, soit au corps, soit aux choses extérieures. Pour décrire la vie, on suivra cet ordre : commençant par les choses extérieures, on parlera de la famille ; dans l'éloge [13], si la personne louée est de noble extraction, dites qu'elle a été au niveau ou au dessus de sa naissance ; si elle est d'une basse origine, dites qu'elle a trouvé son appui dans ses vertus, et non dans celles de ses aïeux ; dans le blâme, si la personne censurée est de noble extraction, dites qu'elle a déshonoré ses aïeux ; si elle est d'une basse naissance, dites qu'elle l'a encore avilie. Ensuite viendra l'éducation ; dans l'éloge, on présentera celui dont on parle comme formé, pendant toute son enfance, à l'école de l'honneur et de la vertu ; dans le blâme, on avancera

Deinde transire oportet ad corporis commoda. A natura, in laude : si sit dignitas atque forma, laudi fuisse eam; non quemadmodum ceteris, detrimento atque dedecori : si vires atque velocitas egregia; honestis exercitationibus et industriis dicemus comparata : si valitudo perpetua; diligentia, et temperantia cupiditatum. In vituperatione, si erunt hæc corporis commoda, male his usum dicemus, quæ casu et natura, tanquam quilibet gladiator, habuerit; si non erunt præter formam, omnia ipsius culpa et intemperantia non fuisse dicemus. Deinde revertemur ad extraneas res, et in his, animi virtutes, aut vitia quæ fuerint, considerabimus : divitiæ, an paupertas fuerit, et quæ potestates [quæ gloriæ], quæ amicitiæ, quæ inimicitiæ; et quid fortiter in inimicitiis gerendis fecerit; cujus causa susceperit inimicitias; qua fide, benivolentia, officio gesserit amicitias : in divitiis qualis, aut in paupertate cujusmodi fuerit : quemadmodum habuerit in potestatibus gerendis animum. Si interierit, cujusmodi mors ejus fuerit, cujusmodi res mortem ejus sit consecuta.

VIII. Ad omnes autem res, in quibus animus hominis maxime consideratur, illæ quatuor animi virtutes erunt accommodandæ : ut, si laudemus, aliud juste, aliud fortiter, aliud modeste, aliud prudenter factum esse dicamus : sin vituperemus, aliud injuste, aliud ignave, aliud immodeste, aliud stulte factum esse dicamus.

le contraire. Puis on passera aux avantages du corps, et d'abord à ceux qui viennent de la nature. Dans l'éloge, dites : si cet homme joint dans son extérieur la noblesse à la beauté, il s'en est fait un honneur, et non, comme d'autres, une cause de ruine et de honte; s'il est remarquable par sa force et son agilité, c'est le résultat honorable de l'exercice et d'une industrieuse activité; s'il jouit d'une santé constante, c'est le fruit de ses soins et de l'empire qu'il a sur ses passions. Dans le blâme, s'il possède ces avantages corporels, il sera accusé d'avoir fait un mauvais usage de ces biens qu'il doit, comme tout gladiateur, au hasard et à la nature; s'il n'a aucun de ces avantages, hormis la beauté, il en est privé, dirons-nous, par sa faute et par son intempérance. Ensuite, nous reviendrons aux choses extérieures, et considérerons l'influence bonne ou mauvaise que l'esprit exerce sur elles. Est-ce un homme riche ou pauvre? quels sont ses dignités, ses titres de gloire, ses amitiés, ses inimitiés? A-t-il déployé de l'énergie contre ses ennemis? quel est le motif qui l'a mis en hostilité avec ceux? A-t-il eu de la fidélité, de la bienveillance, du dévoûment dans ses amitiés? comment s'est-il montré, soit dans la richesse, soit dans la pauvreté? Quel esprit a-t-il manifesté dans l'exercice de ses fonctions? S'il n'est plus, quelle a été sa mort? quelles en ont été les suites?

VIII. Tous les actes par lesquels se manifeste l'activité de l'esprit humain, doivent se rapporter aux quatre vertus que nous avons désignées. Par exemple, si nous louons, nous dirons qu'on a agi avec justice, avec force, avec tempérance, avec prudence; si nous blâmons une action, nous la présenterons comme résultant

Perspicuum est jam nimirum ex hac dispositione, quemadmodum sit tractanda tripartita divisio laudis et vituperationis; si illud etiam assumserimus, non necesse esse nos omnes has partes in laudem, et vituperationem transferre, propterea quod sæpe ne incidunt quidem : sæpe ita tenuiter incidunt, ut non sint necessariæ dictu. Quapropter eas partes, quæ firmissimæ videbuntur, legere oportebit. Conclusionibus brevibus utemur, enumeratione ad exitum causæ : in ipsa causa crebras et breves amplificationes interponemus per locos communes. Nec hoc genus causæ, eo quod raro accidit in vita, negligentius considerandum est. Neque enim id, quod potest accidere, ut faciendum sit aliquando, non oportet velle quam commodissime posse facere. Et, si separatim hæc causa minus sæpe tractatur; at in judicialibus, et in deliberativis causis sæpe magnæ partes versantur laudis, aut vituperationis. Quare in hoc quoque genere causæ nonnihil industriæ consumendum putemus.

Nunc, absoluta nobis difficillima parte rhetoricæ, hoc est, inventione perpolita, atque ad omne causæ genus accommodata, tempus est ad ceteras partes proficisci. Deinceps igitur de dispositione dicemus.

IX. Quoniam dispositio est, per quam illa, quæ invenimus, in ordinem redigimus, ut certo quidque loco

de l'injustice, de la faiblesse, de l'intempérance ou de l'aveuglement.

On voit clairement, par cette disposition, comment il faut traiter les trois parties de la louange et du blâme [14]; observons seulement qu'il n'est pas toujours nécessaire, en louant ou en blâmant, de les employer toutes trois, parce que souvent il en est qui ne se présentent point, ou que parfois elles ont si peu d'importance, qu'il est inutile d'en parler. On choisira donc celles de ces parties qui offrent les plus solides argumens. La conclusion sera courte et se réduira à une récapitulation à la fin du discours. Dans le cours même de la cause, nous intercalerons des amplifications fréquentes et rapides, empruntées à des lieux communs. Parce que ce genre de cause se présente rarement dans la vie, ce n'est pas une raison pour y apporter peu de soin; car, dès qu'on peut avoir à faire une chose quelquefois, on doit vouloir s'en acquitter le mieux possible. D'ailleurs, s'il est rare que l'on ait à traiter séparément le genre démonstratif, la louange et le blâme tiennent souvent beaucoup de place dans les causes judiciaires et délibératives : voilà pourquoi nous croyons devoir aussi consacrer quelque attention à l'étude de ce genre.

Maintenant que nous avons terminé la partie la plus difficile de la rhétorique, que l'invention a été polie et adaptée à chaque genre de cause, il est temps d'aborder les autres parties. Nous allons donc parler de la disposition.

IX. Puisque la disposition [15] nous enseigne à mettre en ordre les matériaux fournis par l'invention, et assigne

pronuntietur : videndum est, cujusmodi rationem in disponendo habere conveniat. Genera dispositionum sunt duo : unum ab institutione artis profectum; alterum ad casum temporis accommodatum. Ex institutione artis disponemus, quum sequemur eam præceptionem, quam in primo libro exposuimus, hoc est, ut utamur principio, narratione, divisione, confirmatione, confutatione, conclusione : et hunc ordinem, quemadmodum præceptum est ante, in dicendo sequemur. Item ex institutione artis, non modo totas causas per orationem, sed per singulas quoque argumentationes disponemus, quemadmodum in secundo libro docuimus [id est, expositionem, rationem, confirmationem rationis, exornationem, complexionem]. Hæc igitur duplex dispositio est : una per orationes, altera per argumentationes, ab institutione artis profecta.

Est autem et alia dispositio, quæ quum ab ordine artificioso recedendum est, oratoris judicio ad tempus accommodatur : ut si a narratione dicere incipiamus, aut ab aliqua firmissima argumentatione, aut a litterarum aliquarum recitatione; aut si secundum principium confirmatione utamur, deinde narratione; aut si quam hujusmodi permutationem ordinis faciamus : quorum nihil, nisi causa postulet, fieri oportebit. Nam si vehementer aures auditorum obtusæ videbuntur, atque animi defatigati ab adversariis multitudine verborum, commode poterimus principio supersedere, et exordiri cau-

à chaque idée la place qui lui convient, il faut connaître les principes qui président à ce travail. On distingue deux sortes de dispositions : l'une dépend des règles de l'art ; l'autre se conforme aux circonstances. Nous distribuerons notre discours en vertu des règles de l'art, quand nous suivrons les préceptes donnés dans le premier livre, c'est-à-dire, quand nous emploierons l'exorde, la narration, la division, la confirmation, la réfutation, la conclusion ; et que nous observerons, en parlant, l'ordre de ces parties, tel qu'il a été réglé précédemment. C'est aussi d'après les règles de l'art, que nous distribuerons, non-seulement l'ensemble du discours, mais encore les diverses parties de l'argumentation expliquées dans le second livre[16], l'exposition, la raison, la confirmation de la raison, les ornemens et le résumé. Il y a donc deux dispositions, celle du discours et celle de l'argumentation, reposant l'une et l'autre sur les règles de l'art.

Mais il est une autre disposition, abandonnée au jugement de l'orateur, lorsqu'il faut s'éloigner de l'ordre fixé par l'art, et se conformer aux circonstances. Ainsi on commence par la narration, ou par quelque argument des plus solides, ou par la lecture de quelque pièce ; ou bien, de l'exorde on passe à la confirmation, puis à la narration. On peut intervertir de la même manière l'ordre régulier, toutes les fois que la cause l'exige, mais jamais autrement. Par exemple, si vos adversaires ont assourdi les oreilles, et fatigué les esprits des auditeurs par une surabondance de paroles, il sera bon de supprimer l'exorde, et de débuter, soit par la narration, soit par un fort argument. Ensuite, s'il y a quelque avantage,

sam aut a narratione, aut ab aliqua firma argumentatione. Deinde, si commodum erit, quia non semper necesse est, ad principii sententiam reverti licebit.

X. Si causa nostra magnam difficultatem videbitur habere, ut nemo æquo animo principium possit audire; a narratione quum inceperimus, ad principii sententiam revertamur licebit. Si narratio parum probabilis est, exordiemur ab aliqua firma argumentatione. His commutationibus, et translationibus partium sæpe uti necesse est, quum ipsa res artificiosam dispositionem artificiose commutare cogit. In confirmatione et confutatione argumentationum dispositiones hujusmodi convenit habere: firmissimas argumentationes in primis et in postremis causæ partibus collocare; mediocres, et neque inutiles ad dicendum, neque necessarias ad probandum, quæ si separatim ac singulæ dicantur, infirmæ sint, cum ceteris conjunctæ, firmæ et probabiles fiant, interponi et in medio collocari oportet. Nam, re narrata, statim exspectat animus auditoris, ex qua re causa confirmari possit. Quapropter continuo firmam aliquam oportet inferre argumentationem. Et quoniam nuperrime dictum facile memoriæ mandatur, utile est, quum dicere desinamus, recentem aliquam relinquere in animis auditorum bene firmam argumentationem. Hæc dispositio locorum, tanquam instructio

car ce n'est pas toujours nécessaire, il sera permis de revenir aux idées qui auraient pu fournir l'exorde.

X. Si la cause paraît offrir une grande difficulté, au point que personne ne soit disposé à entendre favorablement l'exorde, nous commencerons par la narration, puis nous pourrons reprendre les moyens qui auraient convenu à l'exorde. Si la narration elle-même est peu probable, on débutera par un argument solide. Il est souvent nécessaire de recourir à ces changemens et à ces transpositions de parties, lorsque le sujet l'exige; l'art alors consiste à modifier la disposition prescrite par l'art. Dans la confirmation et la réfutation, il convient aussi de disposer ses preuves avec méthode; on placera ses raisons les plus puissantes au commencement et à la fin; les raisons médiocres, celles qui, sans être inutiles à la cause, ne sont pas essentielles à la conviction, qui, présentées séparément et une à une, seraient faibles, mais qui, réunies à d'autres, deviennent fortes et décisives, devront être placées entre les précédentes, au milieu du discours; car, après la narration, l'esprit de l'auditeur attend aussitôt les argumens qui peuvent confirmer la cause; il faut donc à l'instant lui présenter des preuves solides; et comme les dernières paroles se conservent aisément dans la mémoire, il est utile, à la fin du discours, de laisser dans les esprits l'impression récente d'un raisonnement inébranlable. Cette disposition des moyens est semblable à l'ordre de bataille d'une armée [17], et de même que l'un rend la victoire facile au général, l'autre peut assurer le triomphe de l'orateur.

militum, facillime in dicendo, sicut illa in pugnando, parare poterit victoriam.

XI. Pronuntiationem multi maxime utilem oratori dixerunt esse, et ad persuadendum plurimum valere. Nos quidem unam de quinque rebus plurimum posse non facile dixerimus; sed egregie magnam esse utilitatem in pronuntiatione, audacter confirmaverimus. Nam commodæ inventiones, et concinnæ verborum elocutiones, et partium causæ artificiosæ dispositiones, et horum omnium diligens memoria, sine pronuntiatione, non plus, quam sine his rebus pronuntiatio sola, valere poterit. Quare, quia nemo de ea re diligenter scripsit (nam omnes vix posse putarunt de voce, et vultu, et gestu dilucide scribi, quum hæ res ad sensus nostros pertinerent), et quia magnopere ea pars a nobis ad dicendum comparanda est, non negligenter videtur tota res consideranda.

Dividitur igitur pronuntiatio in vocis figuram, et corporis motum. Figura vocis est, quæ suum quemdam possidet habitum ratione et industria comparatum. Ea dividitur in tres partes, magnitudinem, firmitudinem, mollitudinem. Magnitudinem vocis maxime comparat natura, nonnihil adauget, sed maxime conservat cura: firmitudinem vocis maxime cura comparat, nonnihil adauget, sed maxime conservat exercitatio declamationis: mollitudinem vocis, hoc est, ut eam torquere

XI. Beaucoup de rhéteurs regardent la prononciation [18], comme ce qu'il y a de plus utile à l'orateur, et de plus capable d'opérer la persuasion. Pour moi, je ne dirais pas volontiers qu'elle est la plus importante des cinq parties; mais je ne crains pas d'affirmer qu'elle offre de très-grands avantages; car la facilité de l'invention, le charme de l'élocution, l'heureuse disposition des parties, et une mémoire fidèle à retenir tout le discours, n'ont pas plus de pouvoir sans la prononciation, que n'en aurait la prononciation seule dépourvue de tous ces avantages. Comme ce sujet n'a pas encore été traité avec soin, les auteurs ayant jugé qu'il n'était pas possible de soumettre à des règles précises la voix, le visage et le geste, qui dépendent de notre organisation sensible, et comme il est cependant d'une grande importance pour l'orateur de posséder cette partie de l'art, nous croyons devoir y consacrer une attention particulière.

La prononciation comprend le ton de la voix et les mouvemens du corps. Nous appelons ton de la voix une certaine intensité qui peut être réglée par l'art et par le travail. On distingue dans la voix, l'étendue, la fermeté, la flexibilité. L'étendue vient presque uniquement de la nature; le soin suffit pour l'augmenter quelque peu, et surtout pour la conserver. La fermeté vient, en grande partie, du soin [19]; mais l'exercice de la déclamation l'augmente et surtout la conserve. La flexibilité de la voix, c'est-à-dire cette souplesse qui, dans le discours, se prête à tous les besoins de la pensée, résulte

in dicendo, pro nostro commodo, possimus, maxime faciet exercitatio declamationis. Quapropter de magnitudine vocis, et firmitudinis parte, quoniam altera natura, altera cura comparatur, nihil ad nos attinet commonere, nisi ut ab iis, qui non inscii sunt ejus artificii, ratio curandæ vocis petatur.

XII. De ea parte firmitudinis, quæ conservatur ratione declamationis, et de mollitudine vocis, quæ maxime necessaria est oratori, quoniam ea quoque moderatione declamationis comparatur, dicendum videtur. Firmam igitur maxime poterimus in dicendo vocem conservare, si quam maxime sedata et depressa voce principia dicemus : nam læduntur arteriæ, si, antequam leni voce permulsæ sunt, acri clamore compleantur. Etiam intervallis longioribus uti conveniet : recreatur enim vox spiritu, et arteriæ reticendo acquiescunt. Et continuum clamorem remittere, et ad sermonem transire oportet : commutationes enim faciunt, ut nullo genere vocis effuso, in omni voce integri simus. Et acutas vocis exclamationes vitare debemus : ictus enim fit, et vulnerantur arteriæ acuta atque attenuata nimis acclamatione; et si quis splendor est vocis, consumitur uno clamore universus. Et uno spiritu continenter multa dicere in extrema convenit oratione : fauces enim calefiunt, et arteriæ complentur, et vox, quæ varie tractata est, reducitur in quemdam sonum æquabilem atque constantem.

principalement de l'exercice de la déclamation. Il suit de là que nous n'avons rien à dire sur l'étendue de la voix qui est un don de la nature, ni sur cette partie de la fermeté qui ne dépend que du soin : seulement nous conseillerons de demander à ceux qui s'occupent de cet art, quels sont les soins par lesquels on peut perfectionner la voix [20].

XII. Nous devons nous borner à cette partie de la fermeté que conserve l'art de la déclamation, et à la flexibilité, qui est surtout nécessaire à l'orateur, parce que c'est l'art de la déclamation qui nous la fait acquérir. Nous conserverons une voix ferme dans le discours, si nous prononçons l'exorde d'un ton calme et peu élevé : car la trachée-artère est blessée, lorsque, avant de l'avoir préparée par des sons doux et caressans, on la remplit brusquement d'une voix éclatante. Il sera bon de se ménager de longs repos, parce que la respiration donne à la voix de nouvelles forces, et qu'un moment de silence laisse du relâche à l'organe. D'une déclamation soutenue, il faut savoir passer au langage de la conversation : par ces changemens, la voix, ne s'épuisant dans aucun ton, conservera sa force et sa pureté. Évitons les exclamations retentissantes, qui ébranlent violemment la trachée-artère, et la blessent par une intonation aiguë et perçante : tout l'éclat de la voix peut se perdre d'un seul cri. Prononcer d'une haleine de longues tirades, convient à la fin du discours ; en effet, le gosier s'échauffe, la trachée se remplit, et la voix, après avoir été diversement modulée, se prête à des sons égaux et soutenus.

Sæpe rerum naturæ gratia quædam jure debetur, velut accidit in hac re : nam quæ diximus ad vocem servandam prodesse, eadem attinent ad suavitatem pronuntiationis; ut, quod nostræ voci prosit, idem voluptate auditoris probetur. Utile est ad firmitudinem vocis, sedata vox in principio : quid insuavius, quam clamor in exordio causæ? Intervalla vocem confirmant : eadem sententias concinniores divisione reddunt, et auditori spatium cogitandi relinquunt. Conservat vocem continui clamoris remissio : et auditorem quidem varietas maxime delectat; quum sermone animum ejus retinet, aut exsuscitat clamore. Acuta exclamatio vocem et fauces vulnerat : eadem lædit auditorem; habet enim quiddam illiberale, et ad muliebrem potius vociferationem, quam ad virilem dignitatem in dicendo accommodatum. In extrema oratione continens vox remedio est voci : quid? hæc eadem nonne animum vehementissime calefacit auditoris, in totius conclusione causæ? Quoniam igitur res eædem vocis firmitudini, et pronuntiationis suavitati prosunt, de utraque re simul erit in præsentia dictum, de firmitudine, quæ visa sunt, de suavitate, quæ conjuncta fuerunt : cetera suo loco paullo post dicemus.

XIII. Mollitudo igitur vocis, quoniam omnis ad rhetoris præceptionem pertinet, diligentius nobis consideranda est. Eam dividimus in sermonem, contentionem,

Souvent nous devons de la reconnaissance à la nature; nous en avons un exemple ici : car tout ce que l'on a recommandé pour conserver la voix, contribue à rendre la prononciation agréable, en sorte que prendre soin de notre voix, c'est travailler au plaisir des auditeurs. Il est avantageux, pour conserver à la voix sa fermeté, de commencer sur un ton calme : quoi de plus désagréable aussi que d'entendre des cris dès l'exorde d'un discours? Des repos soutiennent la force de la voix; en même temps ils donnent plus d'harmonie aux périodes, en les divisant, et laissent à l'auditeur le temps de réfléchir. Si la voix se conserve en passant d'un ton à l'autre, cette variété fait aussi le principal charme de ceux qui nous écoutent, tantôt les intéressant par la simplicité de la conversation, tantôt les éveillant par des paroles éclatantes. Si des cris aigus altèrent la voix et l'organe, ils blessent aussi l'auditeur; ils ont, je ne sais quoi d'ignoble qui convient plus aux vociférations d'une femme, qu'à la dignité d'un orateur. A la fin du discours une voix soutenue convient à l'état de l'organe : n'est-ce pas aussi ce qui convient le mieux pour échauffer les esprits au moment de la conclusion? Ainsi, puisque les mêmes conditions concourent à rendre la voix plus ferme et la prononciation plus agréable, nous avons dû les présenter réunies, donnant d'abord les conseils qui regardent la fermeté, puis indiquant les rapports qu'elle a avec l'agrément. Les autres questions seront traitées à leur tour.

XIII. La flexibilité de la voix, dépendant tout entière des préceptes de la rhétorique, appelle particulièrement notre attention. Elle se divise en trois parties, le ton de l'entretien, celui de la discussion et celui de l'amplifi-

amplificationem. Sermo est oratio remissa, et finitima quotidianæ locutioni : contentio est oratio acris, et ad confirmandum, et ad confutandum accommodata : amplificatio est oratio, quæ aut in iracundiam inducit, aut ad misericordiam trahit auditoris animum. Sermo dividitur in partes quatuor, dignitatem, demonstrationem, narrationem, jocationem : dignitas est oratio cum aliqua gravitate, et vocis remissione; demonstratio est oratio, quæ docet remissa voce, quomodo quid fieri potuerit, aut non potuerit; narratio est rerum gestarum, aut perinde ut gestarum, expositio; jocatio est oratio, quæ ex aliqua re risum pudentem et liberalem potest comparare. Contentio dividitur in continuationem, et distributionem : continuatio est orationis enuntiandæ acceleratio clamosa; distributio est in contentione oratio frequens, cum raris et brevibus intervallis, acri vociferatione. Amplificatio dividitur in cohortationem, et conquestionem : cohortatio est, quæ aliquod peccatum amplificans, auditorem ad iracundiam adducit; conquestio est oratio, quæ incommodorum amplificatione animum auditoris ad misericordiam perducit. Quoniam igitur mollitudo vocis in tres partes divisa est, et hæ partes ipsæ in octo alias distributæ sunt, quæ cujusque idonea pronuntiatio sit, demonstrandum videtur.

XIV. Sermo quum est in dignitate, plenis faucibus quam sedatissima et depressissima voce uti conveniet :

cation. L'entretien est un discours très-simple, dans le genre de nos conversations habituelles; la discussion est un discours vif, propre à la confirmation et à la réfutation ; l'amplification est un discours qui entraîne l'esprit de l'auditeur, soit à la colère, soit à la pitié. L'entretien comprend quatre parties : la dignité, la démonstration, la narration et la plaisanterie. La dignité s'exprime d'un ton grave, et sans trop élever la voix; la démonstration explique, d'une voix peu élevée, comment une chose a pu ou n'a pas pu se faire. La narration est l'exposé d'un fait qui a eu lieu, ou qui a pu avoir lieu ; la plaisanterie provoque sur quelque sujet un rire décent et de bonne compagnie. On distingue deux sortes de discussions, l'une continue, l'autre entrecoupée : elle est continue, lorsqu'elle se précipite en périodes sonores; entrecoupée, lorsque de petites phrases, séparées par des repos courts et fréquens, sont articulées d'une voix forte et mordante. L'amplification embrasse l'exhortation et la plainte. L'exhortation amplifie une faute pour entraîner l'auditeur à la colère; la plainte amplifie les maux pour amener les cœurs à la pitié. La flexibilité de la voix ayant été divisée en trois parties [21], et ces parties elles-mêmes en huit, il faut enseigner la prononciation propre à chacune.

XIV. Si l'entretien a le caractère de la dignité, que les sons remplissent l'organe vocal, que la parole soit

ita tamen, ut ne ab oratoria consuetudine ad tragicam transeamus. Quum autem est in demonstratione, voce paullulum attenuata, crebris intervallis et divisionibus uti oportebit : ut ipsa pronuntiatione eas res, quas demonstrabimus, inserere, atque intersecare videamur in animis auditorum. Quum autem sermo in narratione est, tum vocum varietate opus est, ut, quo quidque pacto gestum sit, ita narrari videatur : strenue quod volumus ostendere factum, celeriuscule dicemus; at aliud otiose, retardabimus : deinde modo acriter, tum clementer, mœste, hilariter in omnes partes commutabimus, ut verba, ita pronuntiationem. Si qua inciderint in narratione dicta, rogata, responsa, si quæ admirationes, de quibus nos narrabimus; diligenter animum advertemus, ut omnium personarum sensus, atque animos voce exprimamus. Sin erit sermo in jocatione, leniter tremebunda voce, cum parva significatione risus, sine ulla suspicione mimæ cachinnationis, leviter oportebit a sermone serio torquere ad liberalem jocum vocem. Quum autem contendere oportebit, quoniam id aut per continuationem, aut per distributionem faciendum est : in continuatione, adaucto mediocriter sono vocis, verbis continuandis, vocem quoque jungere oportebit, et torquere sonum, et celeriter cum clamore verba conficere, ut vim volubilem orationis vociferatio consequi possit; in distributione, ab imis faucibus exclamationem quam

calme et très-grave, sans pourtant passer des habitudes oratoires au ton tragique. Êtes-vous dans le genre de la démonstration? donnez à la voix un peu moins de plénitude, multipliez les intervalles et les divisions, afin que la prononciation même fasse pénétrer dans l'esprit les vérités démontrées, en les séparant nettement les unes des autres. Lorsque l'entretien prend la forme de la narration, il faut varier les tons, afin que le récit reproduise toutes les nuances des faits. Voulez-vous exprimer la promptitude d'une action [22]? employez des paroles rapides; pour peindre la paresse, appesantissez vos phrases. Tour-à-tour âpre ou douce, triste ou gaie, la prononciation doit reproduire les mobiles variétés du discours. S'il se rencontre dans une narration des paroles, des questions, des réponses, des exclamations à raconter, nous mettrons tous nos soins à exprimer, par les inflexions de la voix, les sentimens et les pensées de tous les personnages. Si l'entretien prend le ton de la plaisanterie, donnez à la voix, par un léger tremblement, l'expression d'un rire malin, et, sans descendre à la joie bruyante d'un bouffon [23], que la voix passe doucement du discours sérieux à une raillerie décente. S'il s'agit d'une discussion, comme elle peut être ou continue, ou entrecoupée, dans le premier cas, vous grossirez un peu le volume de la voix; pour rendre l'enchaînement des phrases, vous unirez étroitement les sons; vous lancerez incessamment des paroles rapides, éclatantes, afin que la prononciation suive la course impétueuse du discours; dans le style entrecoupé, on tirera du fond de la poitrine les exclamations les plus sonores, et autant chaque exclamation aura duré, autant on laissera d'intervalle de l'une à l'autre. Dans les amplifications, pour

clarissimam adhibere oportet : et quantum spatii per singulas exclamationes sumserimus, tantum in singula intervalla spatii consumere jubemur. In amplificationibus, cum cohortatione, utemur voce attenuatissima, clamore leni, sono aequabili, commutationibus crebris, maxima celeritate : in conquestione utemur voce depressa, inclinato sono, crebris intervallis, longis spatiis, magnis commutationibus. De figura vocis satis dictum est : nunc de corporis motu dicendum videtur.

XV. Motus est corporis gestus, et vultus moderatio quaedam, quae pronuntianti convenit, et probabiliora reddit ea, quae pronuntiantur. Convenit igitur in vultu pudorem et acrimoniam esse; in gestu nec venustatem conspicuam, nec turpitudinem esse, ne aut histriones, aut operarii videamur esse. Ad easdem igitur partes, in quas vox est distributa, motus quoque corporis ratio videtur esse accommodanda. Nam si erit sermo cum dignitate; stantes in vestigio, levi dexterae motu loqui oportebit, hilaritate, tristitia, mediocritate vultus ad sermonis sententias accommodata : sin erit in demonstratione sermo; paullulum corpus a cervicibus demittemus (nam hoc est a natura datum, ut quam proxime tum vultum admoveamus ad auditores, si quam rem docere eos, et vehementer instigare velimus) : sin erit in narratione sermo; idem motus poterit idoneus esse, qui paullo ante demonstrabatur in dignitate : sin in jo-

exhorter, nous donnerons à la voix moins d'ampleur; elle sera douce et sonore à la fois, égale dans sa force, variée dans ses intonations, entraînante dans sa rapidité. Dans la plainte, la voix s'abaisse, le son faiblit; il faut de fréquentes suspensions, de longues interruptions, des changemens bien tranchés. Nous avons assez parlé des modifications de la voix : maintenant occupons-nous des mouvemens du corps.

XV. Les mouvemens du corps [24] se composent de gestes, et d'un certain jeu de la physionomie, qui, d'accord avec la prononciation, rendent nos paroles plus persuasives. Il faut que le visage porte l'empreinte de la modestie et de l'assurance; que le geste ne soit ni trop élégant, ni trop négligé, si l'on ne veut ressembler ni à un acteur, ni à un artisan. Aux différentes nuances du débit oratoire se conformeront les mouvemens du corps. Dans un entretien sur le ton de la dignité, l'orateur, restant à la même place, accompagnera ses paroles d'un léger mouvement de la main droite; la joie, la tristesse ou le calme de son visage s'accorderont toujours avec le sens de ses paroles. Dans un entretien consacré à la démonstration, vous avancerez la tête en inclinant un peu le corps, car la nature même nous porte à rapprocher notre visage de nos auditeurs, le plus qu'il nous est possible, quand nous avons quelque chose à leur enseigner, à leur inculquer fortement. Si l'entretien offre une narration, le mouvement convenable est celui qu'on a indiqué plus haut pour la dignité. S'il roule sur des plaisanteries, le visage prendra un certain air de gaîté,

catione, vultu quamdam debebimus hilaritatem significare, sine commutatione gestus. Si contendemus per continuationem; brachio celeri, mobili vultu, acri adspectu utemur : sin contentio fiet per distributionem; celeri projectione brachii, inambulatione, pedis dextri rara supplosione, acri et defixo adspectu uti oportebit. Si utemur amplificatione per cohortationem, paullo tardiore et consideratiore gestu conveniet uti, similibus ceteris rebus, atque in contentione per continuationem : sin utemur amplificatione per conquestionem, feminis plangore, et capitis ictu, nonnunquam sedato et constanti gestu, mœsto et conturbato vultu uti oportebit.

Non sum nescius, quantum susceperim negotii, qui motus corporis exprimere verbis, imitari scriptura conatus sim voces. Verum nec hoc confisus sum posse fieri, ut de his rebus satis commode scribi posset; nec, si id fieri non posset, hoc, quod feci, fore inutile putabam, propterea quod hic admonere voluimus, quid oporteret : reliqua trademus exercitationi. Hoc scire tamen oportet, pronuntiationem bonam id perficere, ut res ex animo agi videatur.

XVI. Nunc ad thesaurum inventorum, atque ad omnium partium rhetoricæ custodem memoriam transeamus. Memoria utrum habeat quidquam artificiosi, an omnis a natura proficiscatur, aliud dicendi tempus magis idoneum dabitur. Nunc perinde atque constet in hac re

et le geste sera peu varié. Si l'on discute en style continu, il faut des gestes rapides, un visage mobile, des regards perçans; si la discussion est entrecoupée, que votre bras étendu [25] presse ses mouvemens, marchez, frappez de temps en temps du pied droit; que votre regard soit fixe et pénétrant. Si nous nous servons de l'amplification pour exhorter, il faudra mettre dans le geste un peu plus de lenteur et de circonspection; et, pour le reste, agir comme dans la discussion continue. Si l'amplification a pour objet la plainte, on se frappera la cuisse [26], la tête; quelquefois le geste sera calme, égal, le visage triste et troublé.

Je n'ignore pas la difficulté dont je me suis chargé en m'efforçant d'exprimer par la parole les mouvemens du corps, et de rendre par écrit les inflexions de la voix. Aussi n'ai-je pas eu la confiance de croire qu'un pareil sujet fût facile à traiter; mais lors même qu'il me serait impossible d'en venir à bout, j'ai cru n'avoir point entrepris un travail inutile en vous indiquant ce qu'il convient de faire : l'exercice vous mènera plus loin. Ce qu'il est bon de savoir, c'est qu'une prononciation expressive a pour effet de faire croire que les paroles sortent du cœur.

XVI. Passons maintenant à la mémoire [27], véritable trésor où se conservent les produits de l'invention et des autres parties de la rhétorique. La mémoire a-t-elle quelque chose d'artificiel, ou ne dépend-elle que de la nature? c'est une question que nous traiterons plus à propos une autre fois. Aujourd'hui nous en parlerons

multum valere artem et præceptionem, ita ea de re loquemur; placet enim nobis esse artificium memoriæ: quare placeat, alias ostendemus; in præsentia cujusmodi ea sit, aperiemus.

Sunt igitur duæ memoriæ, una naturalis, altera artificiosa. Naturalis est ea, quæ nostris animis insita est, et simul cum cogitatione nata : artificiosa est ea, quam confirmat inductio quædam, et ratio præceptionis. Sed quia in ceteris rebus ingenii bonitas imitatur sæpe doctrinam; ars porro naturæ commoda confirmat et auget : ita fit in hac re, ut nonnunquam naturalis memoria, si cui data est egregie, similis sit huic artificiosæ; porro hæc artificiosa, naturæ commoda retinet, et amplificat ratione doctrinæ. Quapropter et naturalis memoria præceptione confirmanda est, ut sit egregia; et hæc, quæ doctrina datur, indiget ingenii. Nec hoc magis, aut minus in hac re, quam in ceteris artibus fit, ut ingenio, doctrina, præceptione natura nitescat. Quare et illis, qui natura memores sunt, utilis hæc erit institutio : quod tute paullo post poteris intelligere. Quod si illi freti ingenio suo, nostri non indigent, tamen justa causa datur, quare iis, qui minus ingenii habent, adjumento velimus esse. Nunc de artificiosa memoria loquemur.

Constat igitur artificiosa memoria ex locis et imaginibus. Locos appellamus eos, qui breviter, perfecte, insi-

comme si l'on s'accordait à reconnaître l'influence de l'art et des préceptes sur cette faculté; car nous croyons qu'il y a un art de la mémoire; un jour nous donnerons les motifs de notre opinion; pour le présent, bornons-nous à en indiquer les résultats.

Il y a donc deux mémoires, l'une naturelle, l'autre artificielle. La mémoire naturelle est innée en nous, et aussi ancienne que notre pensée. La mémoire artificielle tire sa force de la méthode et des règles qui la dirigent. Dans les autres travaux de l'esprit, le talent par sa seule force peut obtenir les mêmes résultats qu'une étude réfléchie; mais l'art fortifie et augmente les dons de la nature. Ainsi, quelquefois la mémoire naturelle, lorsqu'elle est portée à un haut degré, rivalise avec la mémoire artificielle; mais celle-ci conserve et accroît, par un ensemble de règles, les avantages que nous devons à la nature. La mémoire naturelle a donc besoin d'être fécondée par des préceptes, pour obtenir tout son développement; et les procédés de l'art n'ont de puissance que sur un esprit heureusement né. Il en est de cet art comme des autres : c'est grâce au talent que les règles sont fécondes, c'est par l'étude que le génie se perfectionne [28]. Aussi ceux qui sont doués d'une bonne mémoire trouveront-ils quelque avantage dans nos préceptes, comme vous pourrez bientôt vous en convaincre par vous-même. Que si cette puissance de faculté les dispense d'avoir recours à nous, notre travail a cependant un motif bien légitime, c'est de prêter secours aux esprits qui n'ont pas des dispositions aussi brillantes. Il est temps de parler de la mémoire artificielle.

La mémoire artificielle se compose d'emplacemens et d'images [29]. Nous appelons emplacemens certains objets,

gnite, aut natura, aut manu sunt absoluti, ut eos facile naturali memoria comprehendere et amplecti queamus, ut aram, intercolumnium, angulum, fornicem, et alia, quæ his similia sunt. Imagines sunt formæ quædam, et notæ, et simulacra ejus rei, quam meminisse volumus: quod genus, equi, leones, aquilæ, quorum memoriam si volemus habere, imagines eorum certis in locis collocare nos oportebit. Nunc, cujusmodi locos invenire, et quo pacto reperire, et in locis imagines constituere oporteat, ostendemus.

XVII. Quemadmodum igitur qui litteras sciunt, possunt id, quod dictatum est, scribere, et recitare, quod scripserunt: ita qui μνημονικὰ didicerunt, possunt, quæ audierunt, in locis collocare, et ex his memoriter pronuntiare. Loci enim ceræ, aut chartæ simillimi sunt; imagines, litteris; dispositio et collocatio imaginum, scripturæ; pronuntiatio, lectioni. Oportet igitur, si volumus multa meminisse, multos nobis locos comparare, ut in multis locis multas imagines collocare possimus. Item putamus oportere ex ordine hos locos habere, ne quando perturbatione ordinis impediamur, quo secius, quotoquoque loco libebit, vel a superiore, vel ab inferiore, vel a media parte imagines sequi, ea, quæ mandata locis erunt, videre et proferre possimus.

XVIII. Nam ut, si in ordine stantes notos complures viderimus, nihil nostra intersit, utrum a summo, an ab

ouvrages de la nature ou de l'homme, si restreints, si bien déterminés, si remarquables, que la mémoire naturelle puisse facilement les saisir et les embrasser : tels sont un autel [30], un entre-colonnement, un angle, une voûte et autres choses semblables. Les images sont des formes, des signes, des représentations de la chose que nous voulons nous rappeler : par exemple des chevaux, des lions, des aigles; pour conserver la mémoire de ces animaux, nous en placerons les images dans certains lieux. Enseignons maintenant quels doivent être ces emplacemens, comment on les trouve et comment on y fixe les images.

XVII. De même que ceux qui connaissent les lettres peuvent écrire ce qu'on leur a dicté, et lire ce qu'ils ont écrit, ainsi ceux qui ont appris la *mnémonique* [31] peuvent attacher à certains lieux les choses qu'ils ont apprises, et, à l'aide de ces lieux, les redire de mémoire. En effet, les emplacemens ressemblent à la cire ou au papier, les images aux lettres; l'art de disposer et de fixer les images est une sorte d'écriture; prendre ensuite la parole, c'est en quelque sorte lire. Il faut donc, si l'on veut amasser de nombreux souvenirs, se pourvoir d'une multitude d'emplacemens, pour y déposer une grande quantité d'images. Nous croyons aussi qu'il faut enchaîner ces emplacemens dans un ordre successif, de peur que l'absence de liaison ne nous empêche de parcourir les images, en les prenant à notre gré par le commencement, par la fin, ou par le milieu; de reconnaître les souvenirs confiés à chaque lieu, et de les en faire sortir.

XVIII. Si nous avions devant nous un grand nombre de personnes de notre connaissance rangées en ordre, il

imo, an ab medio nomina eorum dicere incipiamus: item in locis ex ordine collocatis eveniet, ut in quamlibet partem, quotoquoque loco libebit, imaginibus commoniti dicere possimus id, quod locis mandaverimus. Quare placet et ex ordine locos comparare; et locos, quos sumserimus, egregie commeditari oportebit, ut perpetuo nobis hærere possint: nam imagines, sicut litteræ, delentur, ubi nihil illis utimur; loci, tanquam cera, remanere debent. Et, ne forte in numero locorum falli possimus, quintum quemque locum placet notari: quod genus, si in quinto loco manum auream collocemus; et in decimo aliquem notum, cui prænomen sit Decimo; deinde facile erit similes notas quinto quoque loco collocare.

XIX. Item commodius est in derelicta, quam in celebri regione locos comparare: propterea quod frequentia, et obambulatio hominum conturbat et infirmat imaginum notas; solitudo conservat integras simulacrorum figuras. Præterea dissimiles forma atque natura loci comparandi sunt, ut distincte interlucere possint: nam si quis multa intercolumnia sumserit, conturbabitur similitudine locorum, ut ignoret, quid quoque in loco collocarit. Et magnitudine modica [et mediocres] locos habere oportet: nam et præter modum ampli, vagas imagines reddunt; et nimis angusti, sæpe non videntur posse capere ima-

nous serait égal de les nommer en commençant par la première, par la dernière, ou par celle du milieu : de même, une fois que les emplacemens sont bien coordonnés, nous pouvons prendre le point de départ, ou le lieu qui nous convient; avertis par les images, nous retrouvons chaque idée au poste qui lui fut assigné. Voilà pourquoi nous recommandons de choisir des lieux disposés avec ordre, et de fixer longuement nos méditations sur ces précieux dépôts, afin de les conserver sans cesse. En effet, les images, comme les caractères écrits, s'effacent dès qu'on ne s'en sert plus; les emplacemens, comme les tablettes, restent toujours à notre disposition. Pour que le nombre des lieux ne devienne pas une cause d'erreur, il est bon de les marquer de cinq en cinq : ainsi vous pouvez mettre une main d'or à la cinquième place, et, à la dixième, quelqu'un qui vous soit connu, et dont le prénom soit *Decimus ;* ensuite il sera facile de placer à chaque nouvelle série de cinq, des signes pareils.

XIX. Il est plus avantageux de disposer ces emplacemens dans un endroit désert, que dans un endroit fréquenté : la foule et le mouvement des promeneurs confondent les images, et en affaiblissent les traits, tandis que la solitude conserve dans leur entier ces figures représentatives. De plus, il faut choisir des lieux dont la nature et l'aspect soient si variés que chacun semble se détacher des autres et appeler nos regards; car si l'on s'en tenait à de nombreux entre-colonnemens, il naîtrait, de la ressemblance des lieux, une telle confusion, qu'on ne saurait plus ce qui aurait été déposé dans l'un ou dans l'autre. Que vos emplacemens soient d'une grandeur moyenne : trop étendus, ils donneraient du vague aux

ginum collocationem. Tum nec nimis illustres, nec vehementer obscuros locos haberi oportet, ne aut obcæcentur tenebris imagines, aut splendore perfulgeant. Intervalla locorum mediocria esse placet, fere paullo plus, aut minus pedum trium : nam ut adspectus, ita cogitatio minus valet, sive nimis procul removeris, sive vehementer prope admoveris id, quod oportet videri. Sed quanquam facile est ei, qui paullo plura exploraverit, quamvis multos et idoneos locos comparare : tamen si quis ad ista satis idoneos invenire se non putabit, ipse sibi constituat, quam volet multos, licebit. Cogitatio enim quamvis regionem potest amplecti, et in ea situm loci cujusdam ad suum commodum et arbitrium fabricari et architectari. Quare licebit, si hac prompta copia contenti non erimus, nosmet ipsos nobis cogitatione nostra regionem constituere, et idoneorum locorum commodissimam distinctionem comparare. De locis satis dictum est : nunc ad imaginum rationem transeamus.

XX. Quoniam ergo rerum similes imagines esse oportet, et ex omnibus verbis notas nobis similitudines eligere debemus, duplices similitudines esse debent; unæ rerum, alteræ verborum. Rerum similitudines exprimuntur, quum summatim ipsorum negotiorum imagines comparamus : verborum similitudines constituuntur, quum uniuscujusque nominis et vocabuli memoria imagine notatur. Rei totius memoriam sæpe una nota, et imagine

images ; trop resserrés, ils ne pourraient les contenir. Qu'ils ne soient ni trop éclairés, ni trop obscurs, de peur que les images ne disparaissent dans les ténèbres, ou ne nous éblouissent par leur éclat. Il est bon que les intervalles d'un lieu à un autre aient une médiocre étendue, un peu plus ou un peu moins de trois pieds [32] : car l'esprit, comme la vue, ne saisit plus aussi bien les objets en perspective, lorsqu'ils sont trop éloignés ou trop rapprochés. Quoiqu'il soit facile à celui qui a beaucoup observé, de rencontrer à souhait des emplacemens nombreux et convenables, cependant si quelqu'un croyait ne pouvoir en trouver de propres à son sujet, il lui sera permis d'en créer autant qu'il voudra : car l'imagination peut, comme il lui plaît, concevoir une région, puis y former, y construire un emplacement, selon le désir et l'intérêt de l'orateur. Nous pourrons donc, si les lieux que la nature offre en foule ne nous conviennent pas, imaginer pour notre usage une région dans laquelle nous disposerons, par la pensée, des lieux faciles à saisir, et propres à notre sujet. C'en est assez sur les emplacemens : exposons maintenant ce qui concerne les images.

XX. Puisqu'il nous faut des images fidèles pour représenter les choses, et que, pour nous rappeler les mots, nous devons choisir des similitudes connues, il y a donc deux sortes de ressemblances, celle des choses et celle des mots. Nous obtenons la ressemblance d'une chose, lorsque nous en formons sommairement l'image ; nous établissons des ressemblances de mots lorsque nous attachons à une image le souvenir de chaque nom, de chaque expression. Souvent vous embrasserez dans un

simplici comprehendemus, hoc modo : « ut si accusator dixerit, ab reo hominem veneno necatum, et hereditatis causa factum arguerit, et ejus rei multos dixerit testes et conscios esse : » si hoc primum, ut ad defendendum nobis expeditum sit, meminisse volemus; in primo loco rei totius imaginem conformabimus; ægrotum in lecto cubantem faciemus ipsum illum, de quo agetur, si formam ejus detinebimus ; si eum non agnoverimus, aliquem ægrotum non de minimo loco sumemus, ut cito in mentem venire possit; et reum ad lectum ejus adstituemus, dextra poculum, sinistra tabulas, medico testiculos arietinos tenentem. Hoc modo et testium, et hereditatis, et veneno necati memoriam habere poterimus. Item deinceps cetera crimina ex ordine in locis ponemus: et, quotiescumque rem meminisse volemus, si formarum dispositione, et imaginum diligenti notatione utemur, facile ea, quæ volemus, memoria consequemur.

XXI. Quum verborum similitudines imaginibus exprimere volemus, plus negotii suscipiemus, et magis ingenium nostrum exercebimus. Id nos hoc modo facere oportebit. « Jam domuitionem reges Atridæ parant. » In loco constituere oportet manus ad cœlum tollentem Domitium, quum a Regibus Marciis loris cædatur. Hoc erit, « Jam domuitionem reges. » In altero loco Æsopum et Cimbrum subornare Iphigeniam, Agamemnonem et

seul signe, dans une image unique, le souvenir d'une chose tout entière, par exemple : « l'accusateur prétend que le prévenu a empoisonné un homme, qu'il a commis ce crime pour avoir son héritage, et qu'il y avait des témoins et des complices en grand nombre. » Veut-on se rappeler d'abord cette accusation, de manière à l'avoir prête quand il faudra la réfuter ? on représentera dans le premier emplacement l'image du fait tout entier : si nous connaissons les traits du malade, nous nous le figurerons lui-même dans son lit; si nous ne le connaissons pas, nous supposerons un autre malade, d'un rang assez distingué, pour qu'il nous revienne facilement à l'esprit. A côté du lit nous placerons l'accusé, tenant de la main droite une coupe, de la gauche des tablettes, et portant suspendus au troisième doigt des testicules de bélier [33]. Ce tableau nous rappellera les témoins, l'héritage et l'empoisonnement. Ensuite on fixera les autres accusations, selon leur ordre, dans les divers emplacemens; et toutes les fois qu'on voudra se rappeler une chose, si les figures ont été bien disposées, et les images nettement caractérisées, nous évoquerons facilement les souvenirs dont nous aurons besoin.

XXI. Lorsque nous voudrons exprimer par des images des ressemblances de mots, ce sera une tâche plus difficile, et qui donnera plus d'exercice à notre esprit. Il faudra nous y prendre de la manière suivante : « Déjà les rois fils d'Atrée préparent leur retour en Grèce. » *Jam domuitionem reges Atridæ parant* [34]. Placez dans un de vos lieux *Domitius* élevant les mains vers le ciel, lorsqu'il est déchiré à coups de fouet, par ordre des Marcius Rex [35]. Cette image vous rappellera *jam domuitionem reges*. Placez dans un second lieu Ésopus et Cimber

Menelaum. Hoc erit, « Atridæ parant. » Hoc modo omnia verba erunt expressa. Sed hæc imaginum conformatio tum valet, si naturalem memoriam exsuscitaverimus hac notatione, ut, versu posito, ipsi nobiscum primum transeamus bis, aut ter eum versum; deinde cum imaginibus verba exprimamus. Hoc modo naturæ suppeditabit doctrina : nam utraque altera separata minus erit firma; ita tamen ut multo plus in doctrina atque arte præsidii sit. Quod docere non gravaremur, ni metueremus, ne, quum ab instituto nostro recessissemus, minus commode servaretur hæc dilucida brevitas præceptionis.

Nunc, quoniam solet accidere, ut imagines partim firmæ et ad monendum idoneæ sint, partim imbecilles et infirmæ, quæ vix memoriam possint excitare : qua de causa utrumque fiat, considerandum est; ut, cognita causa, quas vitemus, et quas sequamur imagines, scire possimus.

XXII. Docet igitur nos ipsa natura, quid oporteat fieri. Nam si quas res in vita videmus parvas, usitatas, quotidianas, eas meminisse non solemus; propterea quod nulla nisi nova, aut admirabili re commovetur animus : at si quid videmus, aut audimus egregie turpe, aut honestum, inusitatum, magnum, incredibile, ridiculum, id diu meminisse consuevimus. Itemque quas res ante ora videmus, aut audimus, obliviscimur plerumque;

représentant, dans *Iphigénie* [36], Agamemnon et Ménélas : ainsi vous figurerez *Atridæ parant*, et tous les mots se trouveront exprimés. Mais cet emploi des images servira surtout à réveiller par des signes visibles la mémoire naturelle : s'agit-il d'apprendre un vers ? nous le repassons d'abord en nous-mêmes deux ou trois fois; ensuite nous exprimons les mots avec des images. Par ce moyen l'art aide la nature : s'ils étaient séparés, l'un et l'autre auraient moins d'efficacité; néanmoins il y a toujours beaucoup plus de secours à espérer de l'art et des règles : je n'aurais point de peine à le prouver, si je ne craignais, en m'éloignant du but proposé, de ne point conserver cette brièveté lucide qui convient aux préceptes [37].

Mais comme, parmi les images, il s'en trouve dont l'impression est durable, et se représente facilement à l'esprit; et d'autres qui, faibles, indécises, ne peuvent guère éveiller la mémoire, il faut considérer la cause de cette différence, afin de connaître les images qu'on doit éviter, et celles dont on doit se servir.

XXII. La nature elle-même nous enseigne ce qu'il convient de faire. Si nous voyons, dans la vie, des choses insignifiantes, communes, journalières, il ne nous arrive pas souvent d'en garder la mémoire, parce qu'il n'y a que le nouveau ou l'étonnant qui frappe l'esprit. Mais si nous voyons, si l'on nous raconte un fait d'une éclatante infamie ou d'une vertu signalée, une action extraordinaire, grande, incroyable, ridicule, nous sommes dans l'habitude de nous en souvenir long-temps. De même, nous oublions aujourd'hui la plupart des choses

quæ acciderunt in pueritia, meminimus optime sæpe; nec hoc alia de causa potest accidere, nisi quod usitatæ res facile e memoria elabuntur, insignes et novæ manent diutius. Solis exortus, cursus, occasus, nemo admiratur, propterea quod quotidie fiunt: at eclipses solis mirantur, quia raro accidunt, et solis eclipses magis mirantur, quam lunæ, quoniam hæ crebriores sunt. Docet ergo se natura vulgari et usitata re non exsuscitari; novitate et insigni quodam negotio commoveri. Imitetur igitur ars naturam, et quod ea desiderat, inveniat; quod ostendit, sequatur. Nihil est enim, quod aut natura extremum invenerit, aut doctrina primum: sed rerum principia ab ingenio profecta sunt, et exitus disciplina comparantur.

Imagines igitur nos in eo genere constituere oportebit, quod genus manere in memoria diutissime potest: id accidet, si quam maxime notas similitudines constituemus; si non mutas, nec vagas, sed aliquid agentes imagines ponemus; si egregiam pulchritudinem, aut unicam turpitudinem eis attribuemus; si aliqua re exornabimus, ut si coronis, aut veste purpurea, quo nobis notatior sit similitudo; aut si qua re deformabimus, ut si cruentam, aut cœno oblitam, aut rubrica delibutam inducemus, quo magis insignita sit forma; aut si ridiculas res

qui se font ou se disent devant nous ; souvent, au contraire, nous avons parfaitement retenu ce qui est arrivé pendant notre enfance. La seule raison de cette différence, c'est que les impressions habituelles s'échappent facilement de la mémoire, tandis que les idées frappantes, inaccoutumées, s'y gravent en traits ineffaçables. Le lever, la marche et le coucher du soleil n'excitent aucun étonnement, parce que c'est un spectacle de tous les jours; mais les éclipses du soleil nous étonnent, parce qu'elles arrivent rarement; les éclipses de soleil nous frappent plus que les éclipses de lune, parce qu'elles sont moins fréquentes. Ainsi notre nature même nous apprend que des objets vulgaires et accoutumés ne peuvent lui donner l'éveil; que, pour l'émouvoir, il faut du nouveau, de l'extraordinaire. Que l'art imite donc la nature; qu'il découvre ce qu'elle désire, qu'il marche au but qu'elle nous indique. Car il n'est point de découverte dans laquelle la nature se soit laissé primer, dans laquelle l'art ait pris les devans. Le génie fournit les premiers élémens; la culture ensuite les perfectionne.

Il faudra donc se former des images du genre de celles qui restent le plus long-temps dans la mémoire : elles auront cet avantage, si nous choisissons des similitudes qui nous soient bien connues; si nous ne prenons pas des images muettes et vagues, mais des images représentant une action; si nous leur prêtons une beauté rare, ou une laideur singulière; si nous leur donnons quelque parure, une couronne, une robe de pourpre, pour rendre la similitude plus facile à saisir; ou si nous les défigurons en les couvrant de sang, de fange ou de vermillon, pour y ajouter une expression plus remarquable; enfin si nous attribuons à ces figures quelque chose de ridicule; car

aliquas imaginibus attribuemus: nam ea res quoque faciet, ut facilius meminisse possimus. Nam, quas res veras facile meminimus, easdem fictas et diligenter notatas meminisse non est difficile. Sed illud facere oportebit, ut identidem primos quosque locos imaginum renovandarum causa celeriter animo percurramus.

XXIII. Scio, plerosque Graecos, qui de memoria scripserunt, fecisse, ut multorum verborum imagines conscriberent, uti, qui eas ediscere vellent, paratas haberent, ne quid in quaerendo operae consumerent. Quorum rationem aliquot de causis improbamus: primum, quod in verborum innumerabilium multitudine ridiculum sit mille verborum imagines comparare. Quantulum enim poterunt haec valere, quum ex infinita verborum copia, modo aliud, modo aliud nos verbum meminisse oportebit? Deinde cur volumus ab industria quemquam removere, ut ne quid ipse quaerat, quum nos illi omnia parata quaesitaque tradamus? Praeterea similitudine alia alius magis commovetur. Nam ut saepe, formam si quam similem cuipiam dixerimus esse, non omnes habemus assensores, quod alii videtur aliud: ita fit in imaginibus, ut, quae nobis diligenter notatae sint, eae parum videantur insignes aliis. Quare sibi quemque suo commodo convenit imagines comparare. Postremo praeceptoris est docere, quemadmodum quaeri quidque conveniat, et unum aliquod, aut alterum, non omnia, quae ejus generis erunt,

c'est encore un moyen de les retenir plus aisément, puisque les caractères qui, dans la réalité, s'impriment volontiers en notre souvenir, sont aussi ceux qui, exploités par la fiction, se gravent sans peine et distinctement dans la mémoire. Néanmoins, pour renouveler le souvenir des images, il faudra plusieurs fois parcourir rapidement, en idée, les premiers lieux de chaque série.

XXIII. Je sais que la plupart des Grecs qui ont écrit sur la mémoire, ont recueilli les images d'une multitude de mots, afin que ceux qui voudraient les apprendre, les ayant toujours à leur disposition, fussent dispensés de la peine de les chercher. Nous improuvons cette méthode pour plusieurs raisons : d'abord parce que, en présence de la foule innombrable des mots, il est ridicule de se faire une provision d'un millier d'images : faible ressource, quand de cette multitude infinie d'expressions, ce sera tantôt l'une, tantôt l'autre qu'il faudra nous rappeler! Ensuite, pourquoi vouloir éloigner les autres de tout travail intellectuel, et les dispenser de recherches, en leur offrant des résultats trouvés et préparés? D'ailleurs telle similitude frappe celui-ci, telle autre frappe celui-là. Souvent, quand nous nous prononçons sur la ressemblance d'un portrait, tout le monde n'est pas de notre avis, parce que chacun a sa manière de voir. Il en est de même pour les images : celles qui nous paraissent nettement caractérisées paraissent à d'autres peu remarquables. Voilà pourquoi il est à propos que chacun se procure les images qui lui conviennent. Enfin, c'est au maître d'enseigner à son disciple la manière de les découvrir, et de lui citer, comme exemples, non pas toutes les similitudes du même genre,

exempli causa subjicere, quo res possit esse dilucidior. Ut quum de procemiis quærendis disputamus, rationem damus quærendi, non mille procemiorum genera conscribimus : ita arbitramur de imaginibus fieri convenire.

XXIV. Nunc, ne forte verborum memoriam, aut nimis difficilem, aut parum utilem arbitrere, et ipsarum memoria rerum contentus sis, quod et utiliores sint, et plus habeant facilitatis, admonendus es, quare verborum memoriam non improbemus. Nam putamus oportere eos, qui velint res faciliores sine labore et molestia facile meminisse, in rebus difficilioribus esse ante exercitatos. Nec nos hanc verborum memoriam inducimus, ut versus meminisse possimus, sed ut hac exercitatione, illa rerum memoria, quæ pertinet ad utilitatem, confirmetur; ut ab hac difficili consuetudine sine labore ad illam facilitatem transire possimus. Sed quum, in omni disciplina, infirma est artis præceptio sine summa assiduitate exercitationis, tum vero in μνημονικοῖς minimum valet doctrina, nisi industria, studio, labore, diligentia, comprobetur. Quam plurimos locos ut habeas, et quam maxime ad præcepta accommodatos, curare debebis. In imaginibus collocandis exerceri quotidie conveniet. Non enim sicut a ceteris studiis abducimur nonnunquam occupatione, ita ab hac re nos potest causa deducere aliqua. Nunquam est enim, quin aliquid memoriæ tradere velimus, et tum maxime, quum aliquo majore ne-

mais seulement une ou deux, pour rendre la théorie plus claire. Ainsi, quand nous parlons des sources de l'exorde, nous indiquons la manière de trouver des exordes, sans en présenter un millier à notre disciple. Nous pensons qu'on doit en faire autant pour les images.

XXIV. Maintenant, comme vous pourriez vous imaginer que la mémoire des mots est difficile à l'excès, ou médiocrement utile, et qu'il vaut mieux vous en tenir à celle des choses, qui offre plus d'utilité pratique et plus de facilité, considérez les motifs pour lesquels j'attache quelque prix à la mémoire des mots. Je pense que, si l'on veut sans travail et sans peine retenir facilement les choses faciles, il faut s'exercer auparavant à celles qui présentent plus de difficulté. Nous recommandons cet exercice, non pour en venir à savoir quelques vers, mais parce qu'il fortifie cette mémoire des choses, la seule qui serve dans la pratique ; parce que, rompus à ce travail difficile, nous passerons sans effort à un procédé plus facile. Mais comme dans tout enseignement les préceptes de l'art ne peuvent rien sans un exercice assidu ; de même, dans la *mnémonique,* les règles n'ont de valeur que grâce à l'activité de l'esprit, à l'étude, au travail, à l'application. Vous mettrez donc vos soins à réunir le plus grand nombre d'emplacemens, et à les choisir rigoureusement conformes à nos préceptes. Il sera bon de vous exercer chaque jour à confier des images à ces dépôts : car les occupations qui souvent nous détournent des autres études, ne peuvent point nous distraire de celle-ci. Nous ne sommes jamais sans avoir quelque chose à confier à notre mémoire, surtout quand une affaire importante nous absorbe. Puisqu'il est avantageux d'avoir une mémoire facile,

gotio detinemur. Quare quum sit utile, facile meminisse, non te fallit, quod tantopere utile sit, quanto labore sit appetendum : quod poteris existimare, utilitate cognita. Pluribus verbis ad eam te hortari non est sententia, ne aut tuo studio diffisi, aut minus, quam res postulat, dixisse videamur. De quinta parte rhetoricæ deinceps dicemus : tu primas quasque partes in animo frequenta, et, quod maxime necesse est, exercitatione confirma.

vous concevez avec quelle ardeur on doit rechercher un bien si précieux : vous l'apprécierez mieux encore quand vous en aurez éprouvé l'utilité. Je ne veux pas insister plus long-temps sur ces exhortations, de peur de paraître douter de votre zèle, ou n'avoir pas assez fait sentir l'importance de cette étude. Nous allons exposer la cinquième partie de la rhétorique : cependant ramenez souvent votre attention sur les parties précédentes, et, ce qui importe le plus, fortifiez-vous par l'exercice.

NOTES

SUR LE LIVRE TROISIÈME.

1. *Pour s'emparer d'Alexandrie.* Cette même année Ptolémée Épiphane succéda à son père Philopator, qui avait régné de 220 à 203, et renouvelé le traité conclu entre les Romains et son aïeul Philadelphe en 272.

2. *Le sénat, dans la guerre punique.* Nous n'avons pas hésité à substituer *punico* à *italico* que portent les manuscrits. Il n'y a pas un seul historien romain qui donne le nom d'italique à la guerre d'Annibal. — Il faut un peu d'attention pour bien saisir la distinction subtile qu'établit ici notre auteur. Quand on délibère sur le rachat des prisonniers, on examine ce *rachat en lui-même*; quand on délibère sur la dispense d'âge en faveur de Scipion, on examine les *circonstances accessoires* qui rendent cette dispense nécessaire; quand on délibère sur le droit de cité réclamé par les alliés, on examine et ce *droit en lui-même*, et les *circonstances accessoires* qui militent pour ou contre.

3. *Doit se proposer pour but l'utile.* Τῷ μὲν συμβουλεύοντι τὸ συμφέρον (τέλος ἐστί). ARIST., *Rhet.*, lib. 1, cap. 3, § 12. Πρόκειται τῷ συμβουλεύοντι σκοπὸς τὸ συμφέρον. *Ibid.*, lib. 1, cap. 6, § 1. Conf. *Rhétorique à Alexandre*, ch. 1. Cicéron, *Invent.*, liv. 11, ch. 51, rappelle l'opinion d'Aristote : « In deliberativo Aristoteli placet utilitatem, nobis et honestatem et utilitatem. » Dans les chapitres suivans du traité de l'*Invention*, les divisions et les définitions de notre rhétorique ont été considérablement modifiées.

4. *A des paroles insidieuses.* — *Mentione* : ce mot a embarrassé les interprètes. Nous préférerions *mansione* proposé par Lambin, et qui présenterait une opposition avec *maturatione*, la *promptitude*, le *retard*. En général les traducteurs de ce passage ont oublié que, dans le genre délibératif, l'orateur conseille l'em-

ploi de la force ou de la ruse pour atteindre l'utile, mais qu'il n'emploie pas lui-même ces moyens.

5. *La prudence, la justice, la force d'âme et la tempérance.* Sur ces qualités, voyez *Invent.*, liv. II, ch. 53, 54. Plus bas, le mot *prudence* est employé comme synonyme de science, acception qui n'est pas française.

6. *Les moyens que j'ai indiqués auparavant.* C'est-à-dire, les moyens empruntés à la force et à la ruse; *voyez* plus haut, ch. II.

7. *Non que les quatre qualités comprises sous le mot* BIEN. Les quatre parties du bien sont la prudence, la justice, la force d'âme et la tempérance, comme on l'a vu au ch. II.

8. *L'armée, cernée par les Carthaginois, délibérait sur le parti à prendre.* En Sicile, an de Rome 496, première guerre punique, lorsque Calpurnius Flamma, tribun militaire, délivra l'armée par son dévoûment.

9. *A la sûreté de sa marche.* Cette idée est nettement expliquée *Invent.*, liv. II, ch. 58 : « Quum incolumitati videbimur consulere, etc. »

10. *Les conclusions.* — *Voyez* plus haut, liv. II, ch. 30.

11. *Ou le corps, ou l'âme.* Aristote (*Rhétor.*, liv. I, ch. 5) énumère les mêmes biens, à peu près dans les mêmes termes : Ἔστι δὲ ἐν αὐτῷ μὲν τὰ περὶ ψυχὴν, καὶ τὰ ἐν σώματι· ἔξω δὲ εὐγένεια, καὶ φίλοι, καὶ χρήματα, καὶ τιμή. La même division se retrouve, *Rhétorique à Alexandre*, ch. I. Εἰς σῶμα, καὶ ψυχὴν, καὶ τὰ ἐπίκτητα κ. τ. λ. *Voyez* encore *Ethic. Nicom.*, 1, 8, 3. Cicéron appelle *péripatétique* cette division qu'il cite souvent, *de Finib.*, lib. III, cap. 13; *Topic.*, cap. XXIII; *Partit. orat.*, cap. XXII; *Tuscul.*, lib. V, cap. 27 et 30, où nous lisons : « Tria genera bonorum, maxima animi, secunda corporis, externa tertia, ut peripatetici, nec multo veteres academici secus. »

12. [*Tels seront donc nos moyens de confirmation et de réfutation.*] Ces mots entre deux crochets sont tout-à-fait déplacés en ce passage, et Schütz les rejette avec raison.

13. *Dans l'éloge.* — *Quibus majoribus natus sit.* Glose maladroite, qui s'est glissée dans le texte, et qu'il en faut rejeter.

14. *Les trois parties de la louange et du blâme.* Ces trois parties sont les choses extérieures, le corps et l'âme. *Voyez* chap. vi.

15. *Puisque la disposition.* Sur la disposition, consultez *Invent.*, liv. i, chap. 7; *de l'Orat.*, liv. ii, chap. 76.

16. *Expliquées dans le second livre.* Du quatrième chapitre au dixième.

17. *Cette disposition des moyens est semblable à l'ordre de bataille d'une armée.* Cicéron donne le même conseil, *de l'Orat.*, liv. ii, chap. 77. Quintilien, liv. v, chap. 12, appelle cet ordre *homérique*, parce que Nestor range l'armée dans un ordre analogue. *Iliade*, liv. iv, v. 293.

18. *Beaucoup de rhéteurs regardent la prononciation.* On désigne communément sous le nom d'*action*, ce qui est appelé ici *prononciation*. C'est à cette partie que Démosthène, par une exagération qu'il ne faut pas prendre à la lettre, donnait le premier, le deuxième et le troisième rang (*De l'Orat.*, liv. iii, chap. 56). C'était aussi à peu près l'opinion de Crassus, citée au même endroit par Cicéron, *actio in dicendo una dominatur.* Il faut cependant adopter l'avis de Quintilien, liv. xi, ch. 3 : « Equidem vel mediocrem orationem, commendatam viribus actionis, affirmaverim plus habituram esse momenti, quam optimam eadem illa destitutam. » Conf. Arist., *Rhétor.*, liv. iii, chap. 1, § 7 et suiv.

19. *La fermeté vient, en grande partie, du soin.*—*Firmitudinem vocis maxime cura comparat.* Les manuscrits portent *natura comparat*, ce qui fait un véritable contre-sens. Schütz a substitué *cura* à *natura*. Cette correction indispensable est pleinement confirmée par ces mots qu'on lit un peu plus bas : « Quoniam altera naturâ, altera curâ comparatur. »

20. *Quels sont les soins par lesquels on peut perfectionner la voix.* S'agit-il des médecins, comme le pense Schütz; ou, comme le préfère M. Le Clerc, de ceux que Quintilien, liv. xi, chap. 3, nomme *artifices loquendi?*

21. *La flexibilité de la voix ayant été divisée en trois parties.* Comparez à ces divisions les règles plus simples données par Ci-

céron, *de l'Orat.*, liv. III, chap. 56; et par Quintilien, liv. XI, chap. 3, etc.

22. *Voulez-vous exprimer la promptitude d'une action.* Ce passage rappelle ces beaux vers de l'*Art poétique* d'Horace :

> . . . . Tristia mœstum
> Vultum verba decent; iratum, plena minarum;
> Ludentem, lasciva; severum, seria dictu.
> Format enim natura prius nos intus ad omnem
> Fortunarum habitum; juvat, aut impellit ad iram,
> Aut ad humum mœrore gravi deducit, et angit;
> Post effert animi motus interprete lingua.

Citons l'excellente traduction de M. Chanlaire :

> Que la douleur se traîne en paroles plaintives;
> Que le courroux s'échappe en brusques invectives :
> De folâtres propos animent la gaîté;
> Un discours sérieux sied à la gravité.
> Des mobiles aspects que prend le sort volage,
> La nature en nos cœurs sait réfléchir l'image,
> Y fait briller la joie, éclater la fureur,
> Peser l'inquiétude ou la sombre douleur;
> Et de ces mouvemens messagère empressée,
> La voix part à son ordre, et porte la pensée.

Bornons-nous à indiquer le passage célèbre de l'*Essai sur la Critique*, où se trouve ce vers :

> The sound must seem an echo to the sense;

et les deux imitations de Duresnel et de Delille.

23. *La joie bruyante d'un bouffon.* Les manuscrits portent *nimiæ cachinnationis*. Gruter y a substitué *mimæ* pour *mimicæ*. *Voyez* chap. suiv., *ne aut histriones*, etc. Conf. *de l'Orateur*, liv. I, chap. 28, 34; liv. II, chap. 61, 62; liv. III, chap. 59; QUINTIL., liv. XII, chap. 5.

24. *Les mouvemens du corps se composent de gestes.* Sur le geste et sur l'action en général, consultez *de l'Orateur*, liv. III,

chap. 59, où Cicéron définit l'action *quasi sermo corporis*, ce qui a peut-être inspiré à Buffon un passage remarquable de son discours de réception à l'Académie : « Ces hommes sentent vivement, s'affectent de même, le marquent fortement au dehors; et, par une impression purement mécanique, ils transmettent aux autres leur enthousiasme et leurs affections. *C'est le corps qui parle au corps.* »

25. *Que votre bras étendu.* — *Projectione.* Voyez *Brutus*, chap. LXXX; *Orateur*, chap. XVIII. — *Inambulatione* : le lieu où se tenait l'orateur en parlant avait assez d'étendue pour qu'on pût y faire quelques pas. *Orat.*, chap. XVIII, Cicéron recommande *rarus incessus, neque ita longus.* Quintilien, liv. II, permet aussi à l'orateur de marcher en prononçant son discours, mais avec réserve. *Voyez* encore CRÉSOL, *Vacationes autumnales de gestu oratoris*, lib. II, cap. 12, sect. 3. — *Supplosione* : Crésol (*ibid.*, sect. 1, 2) fait connaître l'importance qu'on attachait à ce geste, quand il était employé avec décence et ménagement.

26. *On se frappera la cuisse.* Les anciennes éditions, d'après la plupart des manuscrits, portent *femineo plangore;* mais Cicéron, Quintilien et tous les rhéteurs recommandent expressément de s'abstenir de gestes efféminés. *Voyez* QUINT., liv. XI, chap. 3. Un manuscrit a donné la véritable leçon, adoptée par tous les éditeurs modernes : *feminis*, ancien génitif de *femur*, qui se déclinait autrefois ainsi : *feminis, femini, femine.*—*Voyez* MARIUS VICTORINUS, liv. 1. En effet, dans la douleur ou dans l'indignation, les orateurs se frappaient la cuisse aussi bien que le front. *Voyez* CICÉR., *Tuscul.*, liv. III, *feminis et capitis percussio* attribué à la douleur. Cicéron, pour prouver que la douleur de l'accusateur M. Callidius n'est point véritable, fait remarquer qu'il n'a frappé *neque femur neque frontem* (*Brutus*, chap. LXXX). *Voyez* QUINT., liv. XI, chap. 3 : « Femur ferire, et usitatum est, et indignantes decet, et excitat auditorem. Conf. CRÉSOL, *de Gestu orat.*, lib. II, cap. 3, sect. 2.

27. *Passons maintenant à la mémoire.* Saint Augustin, *Princip. Rhetor.*, chap. 1, paraît faire allusion à ce passage : « Hæc omnia memoria suscipi debent, quam plerique Græcorum et M. Tullius in primis oratori affirmant necessariam, hoc, ut opinor, modo :

venio nunc ad thesaurum rerum omnium memoriam, quæ nisi custos inventis ordinatisque rebus adhibeatur, intelligemus omnia, etiamsi præclarissima sint, in oratore peritura. » Mais il est plus probable que le célèbre docteur avait eu en vue le *de Oratore*, lib. 1, cap. 5 : « Quid dicam de thesauro rerum omnium, memoria? quæ nisi custos inventis cogitatisque rebus et verbis adhibeatur, intelligimus, omnia, etiam si præclarissima fuerint in oratore, peritura. » Conf. *Ibid.*, chap. LXXXV, LXXXVI, LXXXVII et LXXXVIII.

28. *C'est par l'étude que le génie se perfectionne.* Ces idées sont exprimées avec autant d'élégance que de précision dans l'*Art poétique* d'Horace (v. 407) :

Natura fieret laudabile carmen, an arte
Quæsitum est. Ego nec studium sine divite vena,
Nec rude quid prosit video ingenium : alterius sic
Altera poscit opem res, et conjurat amice.

29. *La mémoire artificielle se compose d'emplacemens et d'images.* Sur la mémoire artificielle, comparez avec notre *Rhétorique*, Cic., *Partit. orat.*, chap. VII; *de Finib.*, lib. II, chap. 32; *de Orat.*, lib. II, cap. 86, 88; Quintilien, liv. XI, chap. 2. On trouve dans le *Brutus*, chap. 88, des détails sur la mémoire prodigieuse d'Hortensius, et dans les *Académiques*, liv. II, chap. 1, sur celle de Lucullus. On attribuait à Simonide l'invention de l'art de la mémoire. Il en est question dans le traité d'Aristote *de Anima*, où se trouve la distinction des emplacemens et des images : Πρὸ ὀμμάτων γὰρ ἐστι ποιήσασθαι ὥσπερ οἱ ἐν τοῖς μνημονικοῖς τιθέμενοι καὶ εἰδωλοποιοῦντες. *Voyez*, sur ce passage, les commentaires de Simplicius et de Philoponus. Conf. Xénoph., *Sympos.*, liv. IV, chap. 62; Sextus Empiricus, liv. II, chap. 222 ; Aristote, Περὶ ἐνυπν. I.

30. *Un autel.* M. Le Clerc donne comme préférable à *ædes*, *aram*, indiqué par la traduction grecque, βωμόν. Nous avons introduit cette correction dans le texte.

31. *La mnémonique.* Par μνημονικὰ les Grecs désignaient les emplacemens où ils fixaient les images.

32. *Un peu plus ou un peu moins de trois pieds.* Un manuscrit, cité par Gruter, porte entre les lignes *id est trium pedum;* la version grecque, citée par M. Le Clerc, donne τριῶν. Cette leçon est beaucoup plus vraisemblable que *tricenum*, *trigenum* et *tricencium*, que donnent les manuscrits.

33. *A côté du lit nous placerons l'accusé, tenant de la main droite une coupe, de la gauche des tablettes, etc.* La coupe indique le poison; les tablettes, la succession; les testicules, d'après l'étymologie latine (*testes*), les témoins. Ces testicules de bélier étaient une bourse de cuir, suivant Politien, *Miscellanea*, c. LXII. — *Digitus medicus* signifie le doigt voisin du petit.

34. *Jam domuitionem reges Atridæ parant.* — *Domuitionem* ou *dom' itionem*, formé par élision de *domum itionem*. Voyez *de la Divination*, liv. 1, chap. 32: Pacuvius, cité par Nonnius, ch. xi : « Nam solus Danais hic *domitionem* dedit. » Lucilius : « *Domitionis* cupidi.» *Domi ultionem* que donnent des manuscrits n'a pas assez de rapport avec le nom de *Domitius* pour être admissible.

35. *Des Marcius Rex.* — *Regibus Marciis* : on a voulu écrire *Martiis*, et rapporter ces mots à Romulus ou Remus. Il est plus probable que l'auteur parle d'un fait connu de son temps, et qu'il s'agit de la famille des Marcius Rex, qui prétendait descendre du roi Ancus Marcius, comme le dit Suétone, *Vie de César*, ch vi.

36. *Ésopus et Cimber représentant, dans* IPHIGÉNIE, *Agamemnon et Ménélas.* Nous avons traduit, d'après la conjecture de Schütz : *Subornare in Iphigenia agentes Agamemnonem et Menelaum.*

37. *De ne point conserver cette brièveté lucide qui convient aux préceptes.* La même idée se trouve dans ces vers de l'*Art poétique* d'Horace :

    Quidquid præcipies esto brevis, ut cito dicta
    Percipiant animi dociles, teneantque fideles.

ARGUMENT
DU LIVRE QUATRIÈME.

L'AUTEUR, dans une longue préface, annonce qu'il accompagnera les préceptes relatifs à l'élocution, d'exemples qu'il a composés lui-même, discute les raisons qu'on peut lui opposer, et donne les motifs qui l'ont déterminé à s'écarter de la coutume des autres rhéteurs (chap. I-VII).

Ensuite, abordant l'élocution, il la divise en deux parties. La première s'occupe des trois espèces de style : sublime (VIII), tempéré (IX), simple (X). Suivent des réflexions sur les défauts auxquels chaque genre est exposé (XI).

La seconde partie traite des qualités du style : 1° la correction, 2° l'élégance (XII), 3° la noblesse qui résulte de l'emploi des figures.

Figures de mots : répétition, conversion (XIII), complexion, traduction (XIV), antithèse, exclamation, interrogation (XV), ratiocination (XVI), sentence (XVII), contraires (XVIII), membres, articles, continuation (XIX), *compar, similiter cadens* (XX), annomination (XXI-XXII), subjection (XXIII-XXIV), gradation, définition (XXV), transition, correction (XXVI), prétérition, disjonction, conjonction, adjonction (XXVII), conduplication, interprétation, commutation (XXVIII), permission, dubitation, expédition (XXIX), dissolution, réticence, conclusion (XXX). Viennent ensuite dix tropes : l'onomatopée, l'antonomase (XXXI), la métonymie, la périphrase, l'hyperbate (XXXII), l'hyperbole, la synecdoche, la catachrèse (XXXIII), la métaphore et la permutation (XXXIV).

Figures de pensées : distribution (XXXV), licence (XXXVI-XXXVII), litote (XXXVIII), description (XXXIX), division (XL), accumulation (XLI), expolition (XLII-XLIV), commoration, antithèse, similitude (XLV-XLVIII), exemple, image, portrait (XLIX), éthopée (L-LI), dialogisme (LII), prosopopée (LIII), signification, laconisme (LIV), démonstration (LV). Conclusion (LVI).

RHETORICORUM
AD C. HERENNIUM

LIBER QUARTUS.

I. Quoniam in hoc libro, C. Herenni, de elocutione conscripsimus, et quibus in rebus opus fuit exemplis uti, nostris exemplis usi sumus, et id fecimus præter consuetudinem Græcorum, qui de hac re scripserunt; necessario faciendum est, ut paucis rationem nostri consilii demus. Atque hoc nos necessitudine facere, non studio, satis erit signi, quod in superioribus libris nihil neque ante rem, neque præter rem locuti sumus. Nunc, si pauca, quæ res postulat, dixerimus, tibi id, quod reliquum est artis, ita, ut instituimus, persolvemus. Sed facilius nostram rationem intelliges, si prius, quid illi dicant, cognoveris.

Compluribus de causis putant oportere, quum ipsi præceperint, quo pacto oporteat ornare elocutionem, uniuscujusque generis ab oratore aut poeta probato sumtum ponere exemplum. Et primum se id modestia com-

RHÉTORIQUE
A C. HERENNIUS

LIVRE QUATRIÈME[1].

I. Dans ce livre, C. Herennius, en traitant de l'élocution, lorsque j'ai eu besoin de citer des exemples, je les ai composés moi-même; et comme en cela je me suis écarté de la coutume des auteurs grecs qui ont écrit sur ce sujet, il est nécessaire que je vous rende compte en peu de mots des motifs qui m'ont déterminé. Une preuve que j'entre dans ces détails par nécessité, et non par amour-propre, c'est que les livres précédens ne contiennent ni préface, ni digression. Après les courtes réflexions que je crois indispensables ici, j'acquitterai ma dette en achevant de remplir le plan que je me suis tracé. Pour que vous compreniez mieux mes raisons, j'exposerai d'abord celles des autres rhéteurs[2].

Ils pensent, pour plusieurs motifs, qu'il faut, en donnant des préceptes sur les ornemens de l'éloquence, présenter, pour chaque genre, un exemple pris dans un orateur ou dans un poète estimé. Et d'abord ils disent qu'en agissant ainsi ils cèdent à un sentiment de mo-

motos facere dicunt, propterea quod videatur esse ostentatio quaedam, non satis habere, praecipere de artificio, sed ipsos etiam videri velle artificiose gignere exempla: hoc est, inquiunt, ostentare se, non ostendere artem. Quare pudor in primis est ad eam rem impedimento, ne nos solos probare, nos amare, alios contemnere et deridere videamur. Etenim quum possimus ab Ennio sumtum aut a Graccho ponere exemplum, videtur esse arrogantia, illa relinquere, et ad sua devenire. Praeterea exempla testimoniorum locum obtinent. Id enim, quod admonuerit, et leviter fecerit praeceptio, exemplo, sicut testimonio, comprobatur. Non igitur ridiculus sit, si quis in lite, aut in judicio, domesticis testimoniis pugnet, et sui ipsius abutatur exemplo? Ut enim testimonium, sic exemplum, rei confirmandae causa sumitur. Non ergo oportet hoc, nisi a probatissimo sumi, ne, quod aliud confirmare debeat, egeat ipsum confirmationis. Etenim necesse est, aut se omnibus anteponant, et sua maxime probent; aut negent optima esse exempla, quae a probatissimis oratoribus aut poetis sumta sint. Si se omnibus anteponant, intolerabili arrogantia sunt; si quos sibi praeponant, et eorum exempla suis exemplis non putent praestare, non possunt dicere, quare sibi illos anteponant.

II. Quid igitur ipsa auctoritas antiquorum? nam quum res probabiliores, tum hominum studia ad imi-

destie : car ils voient une sorte d'ostentation dans le rhéteur qui, non content de tracer les règles de l'art, veut encore les réaliser dans les exemples qu'il enfante : ce n'est pas montrer l'art, disent-ils, c'est se montrer soi-même. Nous devons donc, avant tout, nous en abstenir par pudeur, afin de ne point paraître n'approuver et n'aimer que nous, mépriser et railler les autres. Lorsque nous pouvons emprunter un exemple à Ennius ou à Gracchus, il semble qu'il y ait de la présomption à le négliger, pour en citer un de notre façon. D'ailleurs les exemples sont de véritables témoignages ; en effet, le conseil qui, dans un précepte, n'aurait qu'une faible autorité, sera confirmé par un exemple, comme par la déposition d'un témoin. Ne serait-il pas ridicule, dans un procès civil ou criminel, de s'appuyer sur des témoignages domestiques, et de s'autoriser de son propre exemple? Or, l'exemple, comme le témoignage, est un moyen de confirmation : il ne faut donc l'emprunter qu'à un auteur très-estimé; sinon, ce qui devrait servir de preuve aurait besoin d'être prouvé; car il est nécessaire, nous dit-on, ou que vous préfériez à tout et vous et vos ouvrages, ou que vous prétendiez que les meilleurs exemples ne sont point ceux qu'on emprunte aux orateurs ou aux poètes les plus estimés. Si vous vous préférez à tous, c'est une arrogance intolérable; si tout en reconnaissant la supériorité de quelques-uns, vous ne jugez pas cependant leurs exemples préférables aux vôtres, il vous est impossible d'expliquer pourquoi vous leur donnez la préférence.

II. Eh quoi! faut-il donc rappeler le respect dû aux anciens[3]? c'est lui qui, en augmentant notre admiration

tandum alacriora reddit : imo erigit omnium cupiditates, et acuit industriam, quum spes injecta est, posse imitando, Gracchi, aut Crassi consequi facultatem. Postremo hoc ipsum est summum artificium, res varias et dispares in tot poematis et orationibus sparsas, et vage disjectas, ita diligenter eligere, ut unumquodque genus exemplorum sub singulos artis locos subjicere possis. Hoc si industria solum fieri posset, tamen essemus laudandi, quum talem laborem non fugissemus : nunc sine summo artificio non potest fieri. Quis est enim, qui, nisi summe teneat artem, possit ea, quæ jubeat ars, de tanta, et tam diffusa scriptura notare, et separare? Ceteri, quum legunt orationes bonas aut poemata, probant oratores et poetas, neque intelligunt, qua re commoti probent : quod scire non possunt, ubi sit, nec quid sit, nec quo modo factum sit id, quod eos maxime delectet. At is, qui et hæc omnia intelligit, et idonea maxime eligit, et omnia in arte maxime scribenda redigit in singulas rationes præceptionis, necesse est ejus rei summus artifex sit. Hoc igitur ipsum maximum artificium est, in arte sua posse et alienis exemplis uti.

Hæc illi quum dicunt, magis nos auctoritate sua commovent, quam veritate disputationis. Illud enim veremur, ne cui satis sit ad contrariam rationem probandam, quod ab ea parte steterint ii, qui et inventores hujus

pour les chefs-d'œuvre, rend les hommes plus ardens à les imiter; que dis-je? il exalte toutes les ambitions, aiguillonne tous les talens, dès que s'est glissée dans le cœur l'espérance de pouvoir, en suivant leurs traces, atteindre à la renommée des Gracques et de Crassus. Enfin, n'est-ce pas le comble de l'art, que de choisir avec goût des fragmens divers, disparates, répandus çà et là dans tant de poëmes et de discours, et de rapporter chaque exemple à chaque règle? S'il suffisait, pour atteindre ce but, de déployer une industrieuse activité, il faudrait déjà nous louer de n'avoir point reculé devant un pareil travail; mais on n'y réussit que par un art accompli : car quel est celui qui, sans porter au plus haut degré la science du style, pourrait, dans la foule immense des écrits, remarquer et extraire les exemples que chaque précepte réclame? Lorsque les lecteurs vulgaires lisent de bons discours ou de bons poëmes, ils approuvent les orateurs et les poètes, sans se rendre compte des motifs de leur approbation; le principe du plaisir qu'ils éprouvent, ils ne savent où il est, quel il est, sous quelle forme il se produit. Mais celui qui comprend tous ces secrets, qui choisit les exemples les plus convenables, et qui, en traçant les lois de la rhétorique, subordonne ses citations aux règles correspondantes, doit être nécessairement un artiste distingué dans son genre. Il faut donc une rare habileté pour pouvoir, dans son art, employer les exemples d'autrui.

Quand ces rhéteurs parlent ainsi, l'autorité de leur nom nous inquiète bien plus que la force de leurs argumens : car nous craignons que plusieurs n'adoptent l'opinion contraire à la nôtre, uniquement parce qu'elle a été défendue par les inventeurs de l'art, dont l'ancien-

artificii fuerunt, et vetustate jam satis omnibus probati sunt. Quod si, illorum auctoritate remota, res omnes volent cum re comparare, intelligent, non omnia esse concedenda antiquitati.

III. Primum igitur, quod ab eis de modestia dicitur, videamus, ne nimium pueriliter proferatur. Nam si tacere, aut nihil scribere modestia est, cur quidquam scribunt, aut loquuntur? Sin aliquid suum scribunt, cur, quo secius omnia scribant, impediuntur modestia? Quasi si quis ad olympiacum venerit cursum, et steterit, ut mittatur, impudentesque illos dicat esse, qui currere cœperint, ipse intra carceres stet, et narret aliis, quomodo Ladas aut Boius cum sicyoniis cursitarint: sic isti, quum in artis curriculum descenderunt, illos, qui in eo, quod est artificii, elaborent, aiunt facere immodeste; ipsi aliquem antiquum oratorem, aut poetam laudant, aut scripturam, sic ut in stadium artis rhetoricæ prodire non audeant. Non ausim dicere, sed tamen vereor, ne, qua in re laudem modestiæ venentur, in ea ipsa re sint impudentes. Quid enim tibi vis? aliquis inquiet. Artem tuam scribis; gignis nobis novas præceptiones: eas ipse confirmare non potes; ab aliis exempla sumis. Vide, ne facias impudenter, qui tuo nomini velis ex aliorum laboribus libare laudem. Nam si eorum volumina prehenderint antiqui oratores et poetæ, et suum

neté est un titre à l'approbation générale; mais si l'on veut, après avoir écarté l'influence de leur nom, comparer leurs preuves avec les nôtres, on comprendra qu'il ne faut pas tout accorder à l'antiquité.

III. Voyons d'abord si ce qu'ils disent de la modestie n'est pas une raison par trop puérile : car si la modestie consiste à se taire ou à ne pas écrire, pourquoi ont-ils écrit ou parlé eux-mêmes ? S'ils ont écrit quelque chose en leur nom, pourquoi la modestie les empêcherait-elle d'écrire un ouvrage en entier? Je crois voir un homme qui, après s'être rendu à la course olympique, et avoir pris place pour s'élancer dans le stade, accuserait d'impudence ceux qui osent courir, resterait lui-même à la barrière, et raconterait aux autres comment Ladas ou Boïus coururent avec des souliers de Sicyone[4]. Ainsi ces timides rhéteurs, descendus dans la lice de l'art, reprochent à ceux qui composent d'après les règles, de manquer de modestie; ils citent eux-mêmes un orateur, un poëte, un écrivain de l'antiquité, en se gardant bien de mettre le pied dans la carrière de l'éloquence. Je n'ose le dire, mais je crains bien qu'en courant après une apparence de modestie, ils ne soient au fond coupables de vanité. « Que prétendez-vous, leur dira-t-on ? Vous composez votre art, vous établissez de nouvelles règles, et ne pouvant les confirmer vous-mêmes, vous empruntez des exemples aux autres : prenez-y garde; n'est-ce pas vous qui agissez avec impudence, lorsque vous voulez répandre sur votre nom une gloire dérobée aux travaux d'autrui? » En effet, si les anciens orateurs et les anciens poëtes s'emparaient des ouvrages que nous combattons, et que chacun y reprît son bien, il n'y res-

quisque de libris sustulerit; nihil istis, quod suum velint, relinquetur.

At exempla, quoniam testimoniorum similia sunt, item convenit, ut testimonia, ab hominibus probatissimis sumi. Primum omnium exempla ponuntur hic non confirmandi, neque testificandi causa, sed demonstrandi. Non enim, quum dicimus esse exornationem, quæ, verbi causa, constet ex similiter desinentibus verbis, et ponimus hoc exemplum a Crasso, « quibus possumus, et debemus, » non testimonium collocamus, sed exemplum. Hoc igitur interest inter exemplum et testimonium: exemplo demonstratur id, quod dicimus, cujusmodi sit; testimonio, esse illud ita, ut nos dicimus, confirmatur. Præterea oportet testimonium cum re convenire; aliter enim rem non potest confirmare. At id, quod illi faciunt, cum re non convenit. Quid ita? Quia pollicentur artem se scribere, et exempla proferunt ab iis plerumque, qui artem nescierunt. Tum quis est, qui possit id, quod de arte scripserit, comprobare, nisi aliquid scribat ex arte? Contraque faciunt, quam polliceri videntur: nam quum scribere artem instituunt, videntur dicere se excogitasse, quod alios docerent; quum vero scribunt, ostendunt nobis, quid alii excogitarint.

IV. At hoc ipsum difficile est, inquiunt, eligere de multis. Quid dicitis difficile? utrum laboriosum, an artificiosum? Si laboriosum, non statim præclarum : sunt

terait plus rien dont nos rhéteurs voulussent se glorifier.

Mais les exemples sont semblables à des témoignages ; ils doivent donc, comme les témoignages, émaner des autorités les plus respectables. Je réponds d'abord que les exemples ne sont destinés ici ni à confirmer ni à rendre témoignage, mais à démontrer. Ainsi, quand nous disons qu'il y a une figure qui consiste à donner à plusieurs mots les mêmes désinences, et que nous ajoutons ces paroles de Crassus : *Quibus possumus et debemus* [5], ce n'est pas un témoignage que nous citons, mais un exemple. Voici la différence qu'il y a entre l'exemple et le témoignage : l'exemple fait connaître la nature de la chose dont nous parlons ; le témoignage prouve qu'elle est telle que nous l'avons présentée. Il faut, en outre, que le témoignage s'accorde avec la chose ; autrement il ne pourrait la confirmer. Mais les citations de ces rhéteurs ne sont point en rapport avec le sujet. Pourquoi ? parce qu'ils promettent d'enseigner un art, et prennent ordinairement leurs exemples dans des auteurs à qui cet art fut inconnu. Ensuite, quel est celui qui peut démontrer la justesse des principes qu'il a posés, s'il ne fait pas lui-même l'application de ces principes ? Nos adversaires sont en contradiction avec ce qu'ils semblaient promettre : en nous annonçant une théorie littéraire, ils s'engagent à imaginer ce qu'ils enseigneront aux autres ; mais, dans leurs traités, ils nous montrent seulement ce que d'autres ont imaginé.

IV. Mais il n'est pas sans difficulté, disent-ils, de choisir entre un grand nombre d'exemples. Qu'entendez-vous par difficulté ? le travail, ou l'art ? S'il ne faut que du travail, ce n'est pas un sujet de gloire : que de travaux

enim multa laboriosa, quæ si faciatis, non continuo gloriemini; nisi forte etiam, si vestra manu fabulas, aut orationes totas transcripsissetis, gloriosum putaretis. Sin autem istud artificiosum, egregium dicitis; videte, ne insueti rerum majorum videamini, si vos parva res, sicuti magna, delectat. Nam isto modo eligere rudis quidem nemo potest, sed sine summo artificio multi. Quisquis enim audierit de arte paullo plus, in elocutione præsertim, omnia videre poterit, quæ ex arte dicuntur; facere nemo poterit, nisi eruditus. Ita ut, si de tragœdiis Ennii velis sententias eligere, aut de Pacuvianis periodos, quia plane rudis id facere nemo poterit, quum feceris, te litteratissimum putes, ineptus sis; propterea quod id facile faciat quivis mediocriter litteratus : item si, quum ex orationibus et poematis elegeris exempla, quæ certis signis artificii notata sunt, quia rudis id nemo facere possit, artificiosissime te fecisse putes, erres; propterea quod isto signo videmus te nonnihil ejus scire : aliis signis, multa scire intelligemus. Quod si artificiosum est intelligere, quæ sint ex arte scripta, multo est artificiosius, ipsum scribere ex arte. Qui enim scribit artificiose, ab aliis commode scripta facile intelligere poterit : qui eliget facile, non continuo ipse commode scribit. Et, si est maxime artificiosum, alio tempore utantur ea facultate, non tum, quum parere ipsi, et gignere, et proferre debent. Postremo in eo vim artificii consumant, ut ipsi

pénibles qui n'ont rien de glorieux! si vous aviez transcrit de votre main de longs poëmes ou des discours entiers, y attacheriez-vous un grand honneur? si vous voyez dans cette difficulté le triomphe de l'art, vous risquez de paraître étrangers aux grandes choses, vous qu'un effort vulgaire charmera autant qu'une belle création. Sans doute un ignorant ne pourrait faire un tel choix; mais que de gens y réussiront sans un talent supérieur! Quiconque, en effet, aura quelque connaissance de l'art, surtout de l'élocution, reconnaîtra facilement les passages qui portent le cachet de l'art : mais un génie bien cultivé pourra seul produire de pareils exemples. Ainsi vous voulez, je suppose, choisir des pensées dans les tragédies d'Ennius, des périodes dans celles de Pacuvius : pour avoir exécuté un travail au dessus de la portée d'un homme tout-à-fait ignorant, vous croirez-vous un grand littérateur? ce serait une ineptie; car tout homme médiocrement instruit en ferait autant. De même, après avoir choisi dans des discours et dans des poëmes des modèles marqués au coin de l'art, parce qu'un ignorant n'eût point fait ce choix, croiriez-vous avoir déployé un talent extraordinaire? vous vous abuseriez : votre discernement prouverait quelque instruction; d'autres signes révèlent un génie bien cultivé. S'il faut de la critique pour reconnaître dans un écrit l'empreinte de l'art, il en faut beaucoup plus encore pour faire respirer l'art dans ses propres ouvrages. Un écrivain de cette force pourra facilement apprécier les livres bien faits : au contraire le critique qui sait choisir, ne saura pas pour cela composer avec talent. D'ailleurs, si vos emprunts attestent un haut mérite, employez-le dans un autre temps, mais non pas lorsque vous devez vous-mêmes conce-

ab aliis potius eligendi, quam aliorum boni electores existimentur. Contra ea, quæ ab iis dicuntur, qui dicunt alienis exemplis uti oportere, satis est dictum : nunc, quæ separatim dici possunt, consideremus.

V. Dicimus ergo, eos omnes, ideo quod alienis utantur, peccare, tum etiam magis delinquere, quod a multis exempla sumant. Sed de eo, quod postea diximus, ante videamus. Si concederem, aliena oportere assumere exempla, vincerem unius oportere : primum, quod contra hoc nulla staret eorum ratio; liceret enim eligerent, et probarent quemlibet, qui sibi in omnes res suppeditaret exempla, vel poetam, vel oratorem, cujus auctoritate niterentur. Deinde interest magni ejus, qui discere vult, utrum unum omnia, an omnia neminem, sed aliud alium putet consequi posse. Si enim putabit posse omnia penes unum consistere, ipse quoque ad omnium nitetur facultatem : sin id desperabit, in paucis se exercebit; ipsis enim contentus erit : nec mirum, quum ipse præceptor artis omnia penes unum reperire non potuerit. Allatis igitur exemplis a Catone, a Gracchis, a Lælio, a Scipione, Galba, Porcina, Crasso, Antonio, ceterisque; item sumtis aliis a poetis, et historiarum scriptoribus, necesse erit, eum, qui discet, ab omnibus putare omnia, ab uno pauca vix potuisse sumi. Quare, si unius alicu-

voir, enfanter, mettre au jour. Enfin, tirez parti de votre talent, non pas simplement pour avoir la réputation de bien citer, mais pour devenir dignes d'être cités à votre tour. Nous avons assez réfuté l'opinion de ceux qui veulent qu'on se serve d'exemples étrangers : voyons maintenant les argumens que nous leur opposons nous-mêmes.

V. Nous disons donc que tous ces rhéteurs ont tort de recourir à des exemples étrangers, et qu'ils font encore plus mal d'emprunter ces exemples à plusieurs écrivains. Examinons d'abord cette dernière proposition. Si je leur accordais qu'on doit prendre des exemples étrangers, je voudrais qu'on les prît d'un seul auteur. Ils n'auraient aucune objection à me faire, puisqu'il leur serait permis de choisir, de préférer, selon leur goût, le poète ou l'orateur qui leur fournirait des exemples pour chaque question, et sur l'autorité duquel ils s'appuieraient. Ensuite, il importe fort à celui qui veut s'instruire, de savoir si un seul homme peut réussir dans toutes les parties, ou si, nul n'étant capable d'embrasser tous les genres, tel brille par une qualité, tel par une autre. Si le disciple pense qu'un seul esprit peut réunir les différens mérites, il s'efforcera lui-même d'atteindre à tous les talens; s'il en désespère, il ne s'exercera que sur quelques difficultés : là se bornera son ambition, et il ne faut pas s'en étonner, puisque son maître lui-même n'aura pu trouver en un seul auteur toutes les beautés de l'art. En présence de ces exemples tirés de Caton, des Gracques, de Lélius, de Scipion, de Galba, de Porcina, de Crassus, d'Antoine et des autres orateurs; à l'aspect des citations empruntées aux poètes et aux historiens, le disciple croira nécessairement qu'il a fallu s'adresser

jus esse se similem satis habebit, omnia, quæ omnes habuerint, solum habere se posse diffidet : ergo inutile est ei, qui discere vult, non putare, unum posse omnia. Igitur nemo in hanc incideret opinionem, si ab uno exempla sumsissent. Nunc hoc signi est, ipsos artis scriptores non putasse unum potuisse in omnibus elocutionis partibus enitere; quoniam neque sua protulerunt, neque unius alicujus, aut denique duorum, sed ab omnibus oratoribus et poetis exempla sumserunt. Deinde, si quis velit artem demonstrare nihil prodesse ad discendum, non male utatur hoc adjumento, quod unus omnes artis partes consequi nemo potuerit. Quod igitur juvat eorum rationem, qui omnino improbent artem, id, non ridiculum est, ipsum scriptorem artis suo judicio comprobare? Ergo ab uno sumenda fuisse docuimus exempla, si semper aliunde sumerentur.

VI. Nunc omnino aliunde sic intelligemus sumenda non fuisse. Primum omnium, quod ab artis scriptore affertur exemplum, de ejusdem artificio debet esse; non ut, si quis purpuram aut aliud quippiam vendens dicat : « Sume a me, sed hujus exemplum aliunde rogabo, tibique ostendam. » Si merces ipsi qui venditant, aliunde exemplum quæritent aliud mercis; aut si acervos se dicant tritici habere, et eorum exemplum pugno non

à tous, et que, dans un seul, on eût à peine recueilli quelques exemples. Dès-lors, content d'égaler un d'entre eux, il renoncera à l'espoir de reproduire en lui seul le mérite de tous les autres. Il est donc bien dangereux pour celui qui veut s'instruire de s'imaginer qu'il ne lui est pas possible de tout apprendre. Or personne ne tomberait dans cette erreur, si les exemples cités par chaque rhéteur étaient toujours pris dans le même écrivain. Maintenant ce qui prouve que les critiques n'ont pas cru qu'un seul homme pût briller dans les diverses parties de l'élocution, c'est qu'ils n'ont donné pour exemples ni leurs propres conceptions, ni celles d'un seul auteur, ni même celles de deux; mais ils ont pris leurs citations dans tous les poètes et tous les orateurs. Si quelqu'un voulait démontrer que l'étude de l'art ne sert à rien, il n'aurait pas tort d'alléguer pour preuve qu'il est impossible à un homme d'embrasser toutes les parties de l'art. N'est-il pas ridicule que le jugement d'un maître de l'art serve à confirmer l'opinion de ceux par qui l'art est condamné comme inutile? Nous avons donc montré que si le rhéteur doit emprunter ses exemples, il ne doit les emprunter qu'à un seul écrivain.

VI. Maintenant faisons comprendre pourquoi on ne doit, en aucun cas, employer des exemples d'autrui. Avant tout, l'exemple que présente un rhéteur doit être un fruit de sa doctrine : le maître de l'art ne ressemblera point à un homme qui, vendant de la pourpre ou toute autre chose, dirait : « Prenez de ma marchandise; je vais vous en montrer un échantillon, mais je le tirerai d'un autre magasin. » Si le marchand va chercher ailleurs les échantillons de ce qu'il vend; s'il déclare posséder des monceaux de blé, sans avoir à la main quelques

habeant, quod ostendant; si Triptolemus, quum hominibus semen largiretur, ipse ab aliis id hominibus mutuaretur; aut si Prometheus, quum mortalibus ignem dividere vellet, ipse a vicinis, cum testa ambulans, carbunculos corrogaret : non ridiculum videretur? Isti magistri, omnium dicendi præceptores, non videntur sibi ridicule facere, quum id, quod aliis pollicentur, ab aliis quærunt. Si qui se fontes maximos, penitus absconditos, aperuisse dicat, et hoc, sitiens quam maxime. loquatur, neque habeat, qui sitim sedet, non rideatur? Isti, quum non modo dominos se fontium, sed se ipsos fontes esse dicant, et omnium rigare debeant ingenia, non putant fore ridiculum, si, quum id polliceantur aliis, arescant ipsi siccitate? Chares a Lysippo statuas facere non isto modo didicit, ut Lysippus caput ostenderet Myronis, brachia Praxitelis, pectus Polycleti : sed omnia coram magistrum facientem videbat, ceterorum opera vel sua sponte considerare poterat.

VII. Isti credunt, eos, qui hæc velint discere, alia ratione doceri posse commodius. Præterea ne possunt quidem ea, quæ sumuntur ab aliis exempla, tam esse accommodata ad artem, quam propria : propterea, quod in dicendo leviter unusquisque locus plerumque tangitur, ne ars appareat. In præcipiendo expresse conscripta ponere oportet exempla, ut in artis formam convenire

grains à nous montrer ; si Triptolême, en donnant aux hommes les premières semences, demandait lui-même à leur en emprunter ; ou si Prométhée, lorsqu'il distribue le feu aux mortels, s'en allait de porte en porte, un vase de terre à la main, demander lui-même à ses voisins quelques charbons ; ne serait-ce pas vraiment ridicule ? Et ces maîtres de la parole, ces précepteurs de toute notre jeunesse, ne sentent pas combien ils sont ridicules, lorsqu'ils promettent aux uns, ce qu'ils empruntent aux autres ! Si quelqu'un prétendait avoir découvert d'abondantes sources, cachées dans les entrailles de la terre, et qu'en même temps il fût dévoré par la soif, sans avoir de quoi l'apaiser, ne rirait-on pas à ses dépens ? Et nos rhéteurs, qui se vantent non-seulement de posséder les sources de l'éloquence, mais d'être eux-mêmes les sources vivifiantes qui doivent arroser tous les esprits, ne comprennent pas qu'il est ridicule de promettre aux autres la fécondité, et de languir dans la sécheresse ! Lorsque Lysippe enseignait à Charès l'art de faire des statues, il ne lui montrait pas pour modèle une tête de Myron, des bras de Praxitèle, une poitrine de Polyclète ; mais il exécutait lui-même toutes les parties d'une statue devant son élève, sans l'empêcher de considérer à son gré les ouvrages des autres sculpteurs.

VII. Les rhéteurs grecs pensent que ceux qui veulent apprendre se formeront mieux par la méthode opposée. Mais les exemples pris dans les autres ne sauraient être aussi intimement en rapport avec l'art, que ceux que l'on compose soi-même, parce que, dans ses discours, un orateur n'effleure que légèrement les différens secrets du style, de peur de laisser paraître l'art. En donnant les préceptes, on posera des exemples faits exprès,

possint; et post in dicendo, ne possit ars eminere et ab omnibus videri, facultate oratoris occultatur: ergo etiam ut magis ars cognoscatur, suis exemplis melius est uti.

Postremo hæc quoque res nos duxit ad hanc rationem, quod nomina rerum græca, quæ convertimus, ea remota sunt a consuetudine: quæ enim res apud nostros non erant, earum rerum nomina non poterant esse usitata. Ergo hæc asperiora primo videantur necesse est, idque fiet rei, non nostra, difficultate. Reliquum scripturæ consumetur in exemplis. Hæc aliena si posuissemus, factum esset, ut, quod commodius esset in hoc libro, id nostrum non esset; quod asperius, et inusitatum, id proprie nobis attribueretur. Ergo hanc quoque incommoditatem fugimus. His de causis, quum artis inventionem Græcorum probassemus, exemplorum rationem secuti non sumus.

Nunc tempus postulat, ut ad elocutionis præcepta transeamus. Bipertita erit igitur nobis elocutionis præceptio. Primum dicemus, quibus in generibus semper omnis oratoria elocutio debeat esse: deinde ostendemus, quas res semper habere debeat.

VIII. Sunt igitur tria genera, quæ genera nos figuras appellamus, in quibus omnis oratio non vitiosa consumitur: unam gravem, alteram mediocrem, tertiam ex-

afin qu'ils présentent visiblement la forme prescrite par le rhéteur; et puis, en composant un discours, on mettra tout son talent à effacer, à faire disparaître la trace de l'art. Il vaut donc mieux, pour faire connaître plus à fond l'application des règles, donner des exemples que l'on compose soi-même.

Enfin, un autre motif m'a aussi engagé à suivre cette marche : c'est que les expressions grecques qu'il m'a fallu traduire, sont éloignées de notre usage[6] : les idées étant nouvelles parmi nous, les noms ne pouvaient être usités. Ces mots nécessairement paraîtront d'abord un peu durs; ce sera la faute du sujet, et non la mienne. Les exemples composeront le reste de l'ouvrage. Si nous les avions pris à d'autres, il en résulterait que la partie la plus intéressante de ce traité ne nous appartiendrait pas, et qu'on n'aurait à nous attribuer en propre que les détails rebutans et inusités. Nous avons voulu éviter aussi ce désavantage. Pour ces motifs, tout en approuvant la théorie de l'art inventée par les Grecs, nous n'avons point suivi leur système sur le choix des exemples.

Il est temps enfin de passer aux règles de l'élocution. Nous les diviserons en deux parties : d'abord nous dirons à combien de genres se ramène l'élocution ; ensuite nous ferons connaître les qualités qu'elle doit avoir[7].

VIII. Tout discours bien écrit comprend trois sortes d'élocution, que nous appelons genres de style : le sublime, le tempéré, le simple[8]. Le style sublime se compose d'expressions nobles, construites avec grandeur et

tenuatam vocamus. Gravis est, quæ constat ex verborum gravium magna et ornata constructione. Mediocris est, quæ constat ex humiliore, neque tamen ex infima et pervulgatissima verborum dignitate. Attenuata est, quæ demissa est usque ad usitatissimam puri sermonis consuetudinem.

In gravi figura consumetur oratio, si quæ cujusque rei poterunt ornatissima verba reperiri, sive propria, sive translata unamquamque in rem accommodabuntur : et, si graves sententiæ, quæ in amplificatione et commiseratione tractantur, eligentur : et, si exornationes sententiarum aut verborum, quæ gravitatem habebunt, de quibus post dicemus, adhibebuntur. In hoc genere figuræ erit hoc exemplum : « Nam quis est vestrum, judices, qui satis idoneam possit in eum pœnam excogitare, qui prodere hostibus patriam cogitarit? Quod maleficium cum hoc scelere comparari, quod huic maleficio dignum supplicium potest inveniri? In iis, qui violassent ingenuam, matremfamilias constuprassent, pulsassent aliquem, aut postremo necassent, maxima supplicia majores consumserunt : huic truculentissimo ac nefario facinori singularem pœnam non reliquerunt. Atque in aliis maleficiis ad singulos, aut ad paucos ex alieno peccato injuria pervenit; hujus sceleris qui sunt affines, uno consilio universis civibus atrocissimas calamitates machinantur. O feros animos ! o crudeles cogitationes ! o derelictos

magnificence; le tempéré veut des termes moins élevés, mais sans bassesse et sans trivialité; le simple descend jusqu'aux habitudes les plus familières d'une conversation élégante.

Le discours sera du genre sublime, si l'on emploie les expressions les plus riches, soit au propre, soit au figuré, en les soutenant toujours à la hauteur du sujet; si l'on choisit de ces grandes idées qui conviennent à l'amplification et au pathétique; enfin, si l'on met en usage les figures de pensées ou de mots qui ont de l'élévation, et dont nous parlerons bientôt. A ce genre de style appartient l'exemple suivant : « Quel est celui d'entre vous, juges, qui pourrait imaginer un châtiment assez sévère pour celui qui a conçu la pensée de livrer sa patrie à l'ennemi? Est-il un attentat comparable à ce crime? est-il une peine proportionnée à cet attentat? Contre celui qui aurait violé une femme libre, ou attenté à l'honneur d'une mère de famille; qui aurait maltraité ou tué un homme, nos ancêtres ont épuisé toute la rigueur des supplices : et pour cette action exécrable, impie, ils n'ont pu trouver un châtiment à part. Dans les autres crimes, le coupable ne porte préjudice qu'à une seule personne ou à un petit nombre; tandis que les traîtres dont nous parlons, en méditant un seul forfait, tramant contre tous leurs concitoyens les plus affreuses calamités. Cœurs impitoyables! projets atroces! hommes dépourvus de toute humanité! ils ont osé exécuter, ils ont pu même concevoir un complot, grâce auquel l'ennemi;

homines ab humanitate! qui id agere ausi sunt, aut cogitare potuerunt, quo pacto hostes, revulsis majorum sepulcris, dejectis moenibus, ovantes irruerent in civitatem; quo modo deum templis spoliatis, optimatibus trucidatis, aliis abreptis in servitutem, matribusfamilias et ingenuis sub hostilem libidinem subjectis, urbs acerbissimo concidat incendio [conflagrata]; qui se non putant, id, quod voluerint, ad exitum perduxisse, nisi sanctissimæ patriæ miserandum scelerati viderint cinerem. Nequeo verbis consequi, judices, indignitatem rei: sed negligentius id fero, quia vos mei non egetis. Vester enim vos animus amantissimus reipublicæ facile edocet, ut eum, qui fortunas omnium voluerit prodere, præcipitem proturbetis ex ea civitate, quam iste spurcissimorum hostium dominatu nefario voluerit obruere. »

IX. In mediocri figura versabitur oratio, si hæc, ut ante dixi, aliquantulum demiserimus, neque tamen ad infimum descenderimus, sic : « Quibuscum bellum gerimus, judices, videtis; cum sociis, qui pro nobis pugnare, et imperium nostrum nobiscum simul virtute et industria conservare soliti sunt. Hi quum se, et opes suas, et copiam necessariorum norint; tum vero nihilominus propter propinquitatem, et omnium rerum societatem, quid in omnibus rebus populus romanus posset, scire et existimare poterant. Hi, quum deliberassent nobiscum bellum gerere, quæso, quæ res erat, qua freti

après avoir brisé les tombeaux de nos pères, et renversé nos remparts, se précipiterait en triomphe dans notre cité ; un complot qui, après avoir livré les temples des dieux au pillage, les grands au fer des assassins, les autres citoyens à la servitude, les mères de famille et les femmes libres à la brutalité des soldats, abîmerait la ville entière dans les horreurs d'un incendie ! Ils croiront n'avoir pas atteint le but qu'ils se sont proposé, tant qu'ils ne verront pas, les scélérats ! fumer les cendres de leur déplorable patrie. O juges ! je ne puis mettre dans mes paroles tout ce qu'il y a de révoltant dans cette action ; mais je m'en console en songeant que votre indignation n'a pas besoin d'être excitée. Le patriotisme qui embrase vos cœurs, vous avertit assez de chasser de cette ville le traître qui a tramé la perte de toutes vos fortunes, qui a voulu faire gémir sa patrie sous le joug de ses ennemis les plus odieux. »

IX. Le discours sera du genre tempéré, si nous descendons un peu du style dont nous venons de parler, sans pourtant nous abaisser jusqu'au ton le plus humble ; en voici un exemple 9 : « Vous voyez, juges, à qui nous faisons la guerre ; à des alliés qui long-temps combattirent pour nous, et qui, dans nos rangs, défendirent notre république avec autant de zèle que de courage. S'ils se connaissent eux-mêmes, s'ils savent quelles sont leurs ressources et le nombre de leurs alliés ; ils ont pu tout aussi bien, grâce au voisinage, et aux rapports de tout genre qu'ils ont eus avec nous, connaître et apprécier la puissance du peuple romain. Lorsqu'ils se sont décidés à nous faire la guerre, je vous le demande, sur

bellum suscipere conarentur, quum multo maximam sociorum partem in officio manere intelligerent? quum sibi non multitudinem militum, non idoneos imperatores, non pecuniam publicam præsto esse viderent? non denique ullam rem, quæ pertineret ad bellum administrandum? Si cum finitimis de finibus bellum gererent, si totum certamen in uno prœlio positum putarent, tamen omnibus rebus instructiores ac paratiores venirent; nedum illud imperium orbis terræ, cui imperio omnes gentes, reges, nationes, partim vi, partim voluntate consenserunt, quum aut armis, aut liberalitate a populo romano superati essent, ad se transferre tantulis viribus conarentur. Quæret aliquis : Quid? Fregellani non sua sponte conati sunt? Eo quidem minus isti facile conarentur, quo, illi quemadmodum discessissent, videbant. Nam rerum imperiti, qui uniuscujusque rei de rebus ante gestis exempla petere non possunt, ii per imprudentiam facillime deducuntur in fraudem : at ii, qui sciunt, quid aliis acciderit, facile ex aliorum eventu suis rationibus possunt providere. Nulla igitur re inducti, nulla spe freti arma sustulerunt? Quis hoc credat, tantam amentiam quemquam tenuisse, ut imperium populi romani tentare auderet, nullis copiis fretus? Ergo aliquid fuisse necesse est : quid aliud, nisi id, quod dico, potest esse? »

X. In attenuato figuræ genere, quod ad infimum et

quel espoir pouvaient-ils se fonder en nous attaquant, puisqu'ils savaient que la plus grande partie des alliés restait dans le devoir, et qu'ils n'avaient à leur disposition ni des troupes nombreuses, ni des généraux habiles, ni des finances en assez bon état, en un mot, aucun des moyens nécessaires pour soutenir une pareille entreprise ? S'ils faisaient la guerre à des voisins pour des limites, et s'ils croyaient que le différent dût se terminer par une seule bataille, ils se présenteraient cependant pourvus de plus amples ressources, et plus prêts à combattre ; et cet empire du monde que peuples, rois, nations, tous ont reconnu, de force ou de gré, vaincus par nos armes ou par nos bienfaits, on voudrait qu'ils eussent essayé de nous le ravir avec de si faibles moyens ! Quoi ! dira-t-on, les habitans de Frégelles [10] n'ont-ils pas spontanément tenté la même entreprise ? C'était une raison de plus pour que ceux-ci n'imitassent point un exemple dont ils voyaient les suites fâcheuses. Les hommes sans expérience, qui ne peuvent pour chaque chose demander au passé des exemples, se laissent, par ignorance, facilement entraîner dans un faux pas ; mais ceux qui savent ce qui est arrivé à d'autres, peuvent régler leur conduite sur ce résultat. Nos alliés auraient-ils donc pris les armes sans y être déterminés par un motif, encouragés par un espoir ? Qui croira qu'on ait poussé la démence jusqu'à oser attaquer l'empire du peuple romain, sans pouvoir s'appuyer sur aucune force ? Il faut nécessairement supposer une cause cachée ; et quelle autre admettrez-vous, si ce n'est celle que je vous indique ? »

X. Pour le genre simple, qui s'abaisse jusqu'au ton

quotidianum sermonem demissum est, hoc erit exemplum : « Nam ut forte hic in balneas venit, cœpit, postquam perfusus est, defricari. Deinde, ubi visum est, ut in alveum descenderet, ecce ibi iste de transverso, Heus, inquit, adolescens, pueri tui modo me pulsaverunt; satisfacias oportet. Hic, qui id ætatis ab ignoto præter consuetudinem appellatus esset, erubuit. Iste clarius eadem et alia dicere cœpit. Hic vix tandem inquit : Sine me considerare. Tum vero iste cœpit clamare voce ista, quæ vel facile cuivis rubores elicere posset : Ita petulans es atque acer, ut ne ad solarium quidem idoneus, ut mihi videtur, sed pone scenam, et in ejusmodi locis exercitatus sis. Conturbatus est adolescens : nec mirum, cui etiam nunc pædagogi lites ad auriculas versarentur, imperito ejusmodi conviciorum. Ubi enim iste vidisset scurram exhausto rubore, qui se putaret nihil habere, quod de existimatione perderet, ut omnia sine famæ detrimento facere posset ? » Igitur genera figurarum ex ipsis exemplis intelligi poterunt. Erit enim et attenuata verborum constructio quædam, et item alia in gravitate, alia posita in mediocritate.

Est autem cavendum, ne, dum hæc genera consectamur, in finitima et propinqua vitia veniamus. Nam gravi figuræ, quæ laudanda est, propinqua est ea, quæ fugienda est, quæ recte videbitur appellari, si sufflata

le plus humble de nos conversations journalieres, nous donnerons l'exemple suivant [11] : « Comme il se trouvait aux bains, après avoir été arrosé d'huile, il se fit frotter; mais ensuite, lorsqu'il voulut descendre dans la baignoire, voilà que ce débauché se jeta au devant de lui : « Hola ! jeune homme, dit-il, vos esclaves m'ont mal-« traité tout-à-l'heure ; vous me devez une réparation. » Celui-ci, dans un âge si tendre, se voyant apostrophé par un inconnu, sur un ton auquel il n'était point accoutumé, rougit ; l'autre alors, en termes plus clairs, répète ce qu'il a dit, et ajoute d'autres choses. Le jeune homme enfin laisse à peine échapper cette réponse : « Souffrez « que j'examine...... » Mais le corrupteur, d'un ton qui ferait rougir le plus effronté, s'écrie : « Tu es si libertin, « si ardent au plaisir, que les jeux du *solarium* ne te con-« viennent point, à ce qu'il me semble ; c'est derrière « la scène, ou dans des lieux pareils, que tu prends tes « ébats. » Le jeune homme reste interdit : faut-il s'en étonner ? il croyait même, en ce moment, entendre encore retentir à ses oreilles les semonces de son gouverneur, et n'avait pas été habitué à de tels outrages. Où, en effet, aurait-il pu voir un bouffon de ce genre, qui, dépourvu de pudeur, pense n'avoir plus rien à perdre en fait d'estime, et pouvoir tout se permettre sans faire tort à sa réputation ? » Ces exemples suffisent pour donner une idée des genres de style. Il y aura donc des phrases construites avec simplicité, d'autres sur un ton sublime, d'autres dans un style tempéré.

Quand nous voulons nous exercer dans un de ces genres, il faut nous garder de tomber dans les défauts voisins et, pour ainsi dire, limitrophes [12]. Ainsi le style sublime, que nous admirons, touche de près à un style

nominabitur. Nam ut corporis bonam habitudinem tumor imitatur sæpe; ita gravis oratio sæpe imperitis videtur ea, quæ turget et inflata est, quum aut novis, aut priscis verbis, aut duriter aliunde translatis, aut gravioribus, quam res postulat, aliquid dicitur, hoc modo: « Nam qui perduellionibus venditat patriam, non satis supplicii dederit, si præceps in Neptunias depulsus erit lacunas. Pœniteat igitur istum, qui montes belli fabricatus est, campos sustulit pacis. » In hoc genus plerique quum declinassent, et ab eo, quo profecti sunt, aberraverunt, et specie gravitatis falluntur, nec prospicere possunt orationis tumorem.

XI. Qui in mediocre genus orationis profecti sunt, si pervenire eo non potuerunt, errantes perveniunt ad confine genus ejus generis, quod appellamus fluctuans et dissolutum; eo quod sine nervis et articulis fluctuat huc et illuc, nec potest confirmate, neque viriliter sese expedire. Id est hujusmodi: « Socii nostri quum belligerare nobiscum vellent, profecto ratiocinati essent etiam atque etiam, quid possent facere, si quidem sua sponte facerent, et non haberent hic adjutores multos, malos homines et audaces. Solent enim diu cogitare omnes, qui magna negotia volunt agere. » Non potest hujusmodi sermo tenere attentum auditorem: diffluit enim totus, neque quidquam comprehendens perfectis verbis amplectitur.

Qui non possunt in illa facetissima verborum attenua-

qu'il faut fuir, et qu'on nommerait avec justesse style enflé. En effet, de même que la bouffissure a souvent l'apparence de l'embonpoint ; ainsi les ignorans prennent souvent pour du sublime des phrases enflées, boursoufflées, des phrases hérissées de termes nouveaux ou vieillis, de métaphores peu naturelles, ou trop élevées pour le sujet, par exemple : « Celui qui vend sa patrie aux étrangers ne serait pas assez puni quand même on le précipiterait dans les abîmes de Neptune. Abandonnons donc à ses remords celui qui a construit les montagnes de la guerre, et fait disparaître les plaines de la paix. » La plupart de ceux qui, entraînés dans cet abus, s'écartent du noble genre auquel ils aspiraient, se laissent tromper par une apparence de grandeur, et n'aperçoivent point l'enflure de leurs expressions.

XI. Celui qui se propose d'atteindre au genre tempéré et ne peut y parvenir, s'égare, et tombe dans le défaut voisin, que j'appelle style lâche et traînant, parce que, manquant de nerfs et de jointures, il se laisse aller çà et là sans pouvoir prendre une démarche ferme et virile ; en voici un exemple : « Nos alliés, lorsqu'ils voulaient se mettre en guerre avec nous, auraient assurément calculé mainte et mainte fois ce qu'ils pouvaient faire, s'ils avaient agi d'eux-mêmes, et s'ils n'avaient pas eu ici pour auxiliaires un grand nombre d'hommes méchans et audacieux. En effet, tous ceux qui veulent entreprendre de grandes choses ont coutume d'y penser long-temps. » Un pareil style ne peut commander à l'attention de l'auditeur ; il s'écoule sans laisser de traces : ce ne sont pas là des pensées nettes, resserrées dans des phrases précises.

Ceux qui ne savent point se maintenir dans une sim-

tione commode versari, veniunt ad aridum et exsangue genus orationis, quod non alienum est exile nominari, cujusmodi est hoc : « Nam istic ille ad balneas accessit; ad hunc postea dicit : Hic tuus servus me pulsavit. Postea dicit hic illi : Considerabo. Post ille huic convicium fecit, et magis magisque præsentibus multis clamavit. » Frivolus hic quidem jam et illiberalis est sermo. Non enim adeptus est id, quod habet attenuata figura, puris verbis et electis compositam orationem.

Omne genus orationis, et grave, et mediocre, et attenuatum, dignitate afficiunt exornationes, de quibus post loquemur : quæ si raræ disponentur, distinctam, sicuti coloribus; si crebræ collocabuntur, oblitam reddent orationem. Sed figuram in dicendo commutari oportet, ut gravem mediocris, mediocrem excipiat attenuata : deinde identidem commutentur, ut facile satietas varietate vitetur.

XII. Quoniam, quibus in generibus elocutio versari debeat, dictum est, videamus nunc, quas res debeat habere elocutio commoda et perfecta. Quæ maxime [admodum] oratori accommodata est, tres res in se debet habere, elegantiam, compositionem, dignitatem. Elegantia est, quæ facit, ut unumquodque pure et aperte dici videatur. Hæc distribuitur in latinitatem, et explanationem. Latinitas est, quæ sermonem purum conservat, ab omni vitio remotum. Vitia in sermone, quo

plicité pleine de grâce et de finesse, descendent à une diction sèche et décolorée, qu'on nommerait assez bien style décharné; exemple : « Celui-ci vient aux bains, et dit ensuite à celui-là : Cet esclave, qui est à vous, m'a maltraité; ensuite l'autre lui répond : J'examinerai. Puis le premier adresse au second des paroles outrageantes, et, devant un grand nombre de personnes, crie de plus fort en plus fort. » Voilà un langage sans valeur et sans dignité, un langage bien éloigné de ce style simple qui n'admet dans le discours que des expressions pures et choisies.

Ces trois genres, le sublime, le tempéré et le simple doivent leur noblesse aux figures [13], dont nous parlerons bientôt. Lorsqu'elles sont employées avec réserve, elles font briller le discours du vif éclat des couleurs naturelles ; si vous les multipliez, votre discours paraîtra tout couvert de fard. Du reste, il faut mélanger les genres de style, faire succéder le tempéré au sublime, le simple au tempéré, et, dans la suite du discours, intervertir de temps en temps cet ordre, afin d'éviter l'ennui par la variété.

XII. Après avoir parlé des différens genres dans lesquels doit se renfermer l'élocution, considérons maintenant les qualités qui lui donnent de la justesse et de la perfection. L'élocution la plus avantageuse pour l'orateur doit offrir trois qualités : la correction, l'élégance, la noblesse. La correction consiste à ne se servir que d'expressions pures et claires. On l'envisage sous deux points de vue, la latinité et la clarté. La latinité respecte les lois de la langue, et s'interdit toute faute grammaticale. On blesse les lois de la langue ou par les solécismes, ou par les barbarismes [14]. Le solé-

minus is latinus sit, duo possunt esse : solœcismus, et barbarismus. Solœcismus est, quum, in verbis pluribus, consequens verbum superiori non accommodatur. Barbarismus est, quum verbum aliquod vitiose effertur. Hæc qua ratione vitare possimus, in arte grammatica dilucide discemus. Explanatio est, quæ reddit apertam et dilucidam orationem. Ea comparatur duabus rebus, usitatis verbis, et propriis. Usitata sunt ea, quæ versantur in sermone et consuetudine quotidiana : propria, quæ ejus rei verba sunt, aut esse possunt, qua de loquemur.

Compositio est verborum constructio, quæ facit omnes partes orationis æquabiliter perpolitas. Ea conservabitur, si fugiemus crebras vocalium concursiones, quæ vastam atque hiantem orationem reddunt, ut hoc est : « Baccæ æneæ amœnissimæ impendebant. » Et si vitabimus ejusdem litteræ nimiam assiduitatem; cui vitio versus hic erit exemplo (nam hic nihil prohibet in vitiis, alienis exemplis uti) :

O Tite, tute, Tati, tibi tanta, tyranne, tulisti!

Et hic ejusdem poetæ :

Quidquam quisquam cuiquam, quod conveniat, neget.

Et, si ejusdem verbi assiduitatem nimiam fugiemus; ea est hujusmodi : « Nam cujus rationis ratio non exstet, ei

cisme, dans une suite de mots, n'observe point les règles de concordance et de dépendance. Le barbarisme est une altération vicieuse dans la forme d'un mot. La grammaire nous enseigne [15] comment on peut éviter ces défauts. La clarté rend le sens du discours lucide et manifeste. Pour l'obtenir, il faut ne se servir que de termes usités et de termes propres. Les termes usités sont ceux qu'on emploie dans le langage habituel ; les termes sont propres quand ils ont été consacrés ou peuvent être appliqués à la chose dont nous parlons.

L'élégance construit les mots de manière à donner le même poli à toutes les parties de la phrase. Si nous voulons la conserver, évitons le concours trop fréquent des voyelles, d'où résultent des hiatus et une prononciation béante, comme dans cette phrase [16] : *Baccæ æneæ amœnissimæ impendebant*. Gardons-nous de répéter trop souvent la même lettre ; on trouve un exemple de ce défaut dans le vers suivant (car rien n'empêche, quand il s'agit de défauts, de citer des exemples d'autrui):

O Tite, tute, Tati, tibi tanta, tyranne, tulisti.

Et dans ce vers du même poète :

Quidquam quisquam cuiquam, quod conveniat, neget.

Ne répétons pas fastidieusement le même mot, comme dans cette phrase : *Nam cujus rationis ratio non exstet,*

rationi ratio non est fidem habere. » Et, si non utemur continenter similiter cadentibus verbis, hoc modo :

> Flentes, plorantes, lacrymantes, obtestantes.

Et, si verborum transjectionem vitabimus, nisi quæ erit concinna, qua de re posterius loquemur; quo in vitio est Lucilius assiduus, ut hoc est in priore libro :

> Has res ad te scriptas, Luci, misimus, Ælii.

Item fugere oportet longam verborum continuationem, quæ et auditoris aures, et oratoris spiritum lædit. His vitiis in compositione vitatis, reliquum operis consumendum est in dignitate.

XIII. Dignitas est, quæ reddit ornatam orationem, varietate distinguens. Hæc in verborum et sententiarum exornationem dividitur. Verborum exornatio est, quæ ipsius sermonis insignita continetur perpolitione. Sententiarum exornatio est, quæ non in verbis, sed in ipsis rebus quamdam habet dignitatem. ***

Repetitio est, quum continenter ab uno atque eodem verbo in rebus similibus et diversis principia sumuntur, hoc modo : « Vobis istud attribuendum est, vobis gratia habenda, vobis res ista erit honori. » Item, « Scipio Numantiam sustulit, Scipio Carthaginem delevit, Scipio pacem peperit, Scipio civitatem servavit. » Item, « Tu in forum prodire, tu lucem conspicere, tu in horum

ei rationi ratio non est fidem habere. N'employons pas non plus une suite de mots ayant la même terminaison, comme :

> Flentes, plorantes, lacrymantes, obtestantes.

Évitons les transpositions de mots, excepté celles qui offrent de l'agrément, et dont nous parlerons plus bas. Ce défaut est habituel dans Lucile : voyez ce vers de son premier livre :

> Has res ad te scriptas, Luci, misimus, Æli.

Fuyons encore les longues périodes, qui fatiguent et les oreilles des auditeurs, et la respiration de celui qui parle. Lorsqu'on a évité ces défauts dans la structure élégante des phrases, il ne reste plus qu'à s'occuper de la noblesse.

XIII. La noblesse consiste dans l'emploi des figures, qui donnent au discours l'éclat de la variété. On distingue les figures de mots et les figures de pensées. La figure de mots consiste dans une forme remarquable que l'on fait prendre à l'expression. La figure de pensées n'emprunte pas son éclat aux mots, mais aux idées [17]....

La *répétition*, en parlant de choses semblables ou différentes, commence par un seul et même mot plusieurs propositions successives : ainsi : « C'est à vous qu'il faut attribuer cette action, à vous la reconnaissance en est due, à vous en reviendra l'honneur. » Autre exemple : « Scipion a renversé Numance, Scipion a détruit Carthage, Scipion a conquis la paix, Scipion a sauvé la république. » Autre exemple [18] : « Toi, chercher

conspectum venire conaris? audes verbum facere? audes quidquam ab istis petere? audes supplicium deprecari? Quid est, quod possis defendere? quid est, quod audeas postulare? quid est, quod tibi putes concedi oportere? Non jusjurandum reliquisti? non amicos prodidisti? non parenti manus intulisti? non denique in omni dedecore volutatus es? » Hæc exornatio, quum multum venustatis habet, tum gravitatis et acrimoniæ plurimum. Quare videtur esse adhibenda et ad ornandam, et ad exaugendam orationem.

Conversio est, per quam non, ut ante, primum repetimus verbum, sed ad postremum continenter revertimur, hoc modo : « Pœnos populus romanus justitia vicit, armis vicit, liberalitate vicit. » Item, « Ex quo tempore concordia de civitate sublata est, libertas sublata est, fides sublata est, amicitia sublata est, respublica sublata est. » Item, « C. Lælius homo navus erat, ingeniosus erat, doctus erat, bonis viris et studiosis amicus erat : ergo in civitate primus erat. » Item, « Nam quum istos, ut absolvant te, rogas : ut pejerent, rogas ; ut existimationem negligant, rogas ; ut leges populi romani tuæ libidini largiantur, rogas. »

XIV. Complexio est, quæ utramque complectitur exornationem, et hanc, et quam ante exposuimus, ut et repetatur idem primum verbum sæpius, et crebro ad

encore à te montrer dans le Forum! toi, contempler la lumière du jour! toi, paraître devant cette assemblée! tu oses proférer une parole! tu oses demander quelque chose à ces citoyens! tu oses implorer ta grâce! que peux-tu dire pour ta défense? que peux-tu demander? que peux-tu espérer de l'indulgence de tes juges? n'as-tu pas renoncé à ton serment? n'as-tu pas trahi tes amis? n'as-tu pas porté la main sur ton père? enfin, ne t'es-tu pas plongé dans toutes sortes d'opprobre?» Cette figure a beaucoup de grâce, et en même temps beaucoup d'élévation et de chaleur : aussi convient-elle non-seulement pour orner le discours, mais encore pour en augmenter l'énergie.

La *conversion* est une figure qui ne répète pas le premier mot, comme la précédente, mais qui ramène continuellement le dernier ; par exemple : « Rome a triomphé des Carthaginois; en justice ils ont été vaincus, par les armes vaincus, en générosité vaincus. » Autre exemple : « Depuis que, dans notre cité, la concorde a disparu, la liberté a disparu, la bonne foi a disparu, l'amitié a disparu, la patrie même a disparu. » Autre exemple : « On sait quelle fut l'activité de Lélius[19], le génie, le savoir de Lélius; les gens de bien, les hommes studieux trouvaient un ami dans Lélius, la première place entre les Romains appartenait donc à Lélius. » Autre exemple : « Lorsque tu demandes à être absous par les juges, c'est leur parjure que tu demandes, c'est leur déshonneur que tu demandes, c'est le sacrifice des lois romaines à ta passion, que tu demandes. »

XIV. La *complexion*[20] embrasse cette dernière figure et la précédente : elle répète plusieurs fois le premier mot de chaque proposition, et ramène à plusieurs reprises le dernier; exemple : « Quels sont ceux qui ont

idem postremum revertamur, hoc modo : « Qui sunt, qui fœdera sæpe ruperunt ? Carthaginienses. Qui sunt, qui crudele bellum in Italia gesserunt ? Carthaginienses. Qui sunt, qui Italiam deformaverunt ? Carthaginienses. Qui sunt, qui sibi postulant ignosci ? Carthaginienses. Videte ergo, quid conveniat eos impetrare. » Item, « Quem senatus damnarit, quem populus romanus damnarit, quem omnium existimatio damnarit, eum vos sententiis vestris absolvetis ? »

Traductio est, quæ facit, ut, quum idem verbum crebrius ponatur, non modo non offendat animum, sed etiam concinniorem orationem reddat, hoc pacto : « Qui nihil habet in vita jucundius vita, is cum virtute vitam non potest colere. » Item, « Eum tu hominem appellas, qui si fuisset homo, nunquam tam crudeliter vitam hominis petiisset. At erat inimicus. Ergo inimicum sic ulcisci voluit, ut ipse sibi reperiretur inimicus ? » Item, « Divitias sine divitum esse : tu virtutem præfer divitiis. Nam si voles divitias cum virtute comparare, vix satis idoneæ tibi videbuntur divitiæ, quæ virtutis pedisequæ sint. »

Ex eodem genere exornationis est, quum idem verbum modo ponitur in hac, modo in altera re, hoc modo : « Cur eam rem tam studiose curas, quæ multas tibi dabit curas ? » Item, « Amari jucundum est, si curetur, ne quid insit amari. » Item, « Veniam ad vos, si mihi senatus det veniam. » In his quatuor generibus exorna-

souvent rompu les traités? les Carthaginois. Quels sont ceux qui ont fait une guerre cruelle en Italie? les Carthaginois. Quels sont ceux qui ont ravagé l'Italie? les Carthaginois. Quels sont ceux qui demandent qu'on leur pardonne? les Carthaginois. Voyez donc ce qu'ils méritent d'obtenir. » Autre exemple : « Celui que le sénat a condamné, celui que le peuple romain a condamné, celui que l'opinion publique a condamné, l'absoudrez-vous par vos suffrages? »

La figure appelée *traductio* [21], en répétant plusieurs fois le même mot, non-seulement ne blesse point le goût, mais rend l'expression plus agréable; ainsi : « Celui qui, dans la vie, ne trouve rien de préférable à la vie, ne peut passer sa vie dans la vertu. » Ou bien : « Celui que vous appelez homme, s'il eût été vraiment homme, n'aurait jamais si cruellement attenté à la vie d'un homme. — Mais il était son ennemi. — Il a donc voulu se venger d'un ennemi, de manière à devenir ennemi de lui-même? » Ou bien encore : « Laisse les richesses aux riches, toi préfère la vertu aux richesses; car si tu compares les richesses à la vertu, tu reconnaîtras que les richesses sont à peine dignes de marcher à la suite de la vertu. »

Par la même figure, le mot répété est pris tantôt dans une acception, tantôt dans une autre, en voici des exemples [22] : *Cur eam rem tam studiose curas, quæ multas tibi dabit curas? — Amari jucundum est, si curetur, ne quid insit amari. — Veniam ad vos, si mihi senatus det veniam.* Dans les quatre espèces de figures que nous avons exposées jusqu'ici, ce n'est pas la disette des mots

tionum, quæ adhuc propositæ sunt, non inopia verborum fit, ut ad idem verbum redeatur sæpius; sed inest festivitas quædam, quæ facilius auribus dijudicari, quam verbis demonstrari potest.

XV. Contentio est, quum ex contrariis verbis aut rebus oratio conficitur, hoc pacto : « Habet assentatio jucunda principia, eadem exitus amarissimos affert. » Item, « Inimicis te placabilem, amicis inexorabilem præbes. » Item, « In otio tumultuaris, in tumultu es otiosus. In re frigidissima cales, in ferventissima friges. Tacito quum opus est, clamas : ubi loqui convenit, obmutescis. Ades; abesse vis. Abes; reverti cupis. In pace bellum quæritas; in bello pacem desideras. In concione de virtute loqueris; in prœlio præ ignavia tubæ sonitum perferre non potes. » Hoc genere si distinguemus orationem, et ornati et graves poterimus esse.

Exclamatio est, quæ conficit significationem doloris, aut indignationis alicujus, per hominis, aut urbis, aut loci, aut rei cujuspiam compellationem, hoc modo : « Te nunc alloquor, Africane, cujus mortui quoque nomen splendori ac decori est civitati. Tui clarissimi nepotes suo sanguine aluerunt inimicorum crudelitatem. » Item, « O perfidiosæ Fregellæ, quam facile scelere vestro con-

qui fait revenir plusieurs fois à la même expression, c'est parce qu'il en résulte un certain agrément que l'oreille peut bien apprécier, mais qu'il n'est pas possible de faire comprendre par des paroles.

XV. L'*antithèse*[23] oppose les mots aux mots, les idées aux idées, comme dans cet exemple : « La flatterie est douce dans ses commencemens ; mais les suites en sont pleines d'amertume ; » ou dans cet autre : « Vous vous montrez clément envers vos ennemis, inexorable pour vos amis ; » ou dans cet autre encore : « Quand tout est calme, vous vous agitez ; quand tout s'agite, vous restez calme. Dans l'affaire la plus froide, vous êtes tout de feu ; l'action est-elle chaude ? vous êtes de glace. Faut-il du silence ? vous criez ; faut-il parler ? vous gardez le silence. Présent, vous voulez vous éloigner ; absent, vous voulez revenir. Pendant la paix, vous cherchez la guerre ; pendant la guerre, vous regrettez la paix. Dans l'assemblée du peuple, vous parlez de courage ; dans le combat, votre lâcheté ne peut supporter le bruit de la trompette. » Si cette figure est habilement placée dans votre discours, elle lui donnera de la grâce et de la force.

L'*exclamation*[24] exprime la douleur ou l'indignation, en apostrophant un homme, une ville, un lieu, un objet quelconque ; par exemple : « C'est vous maintenant que j'atteste, ô Scipion l'Africain ! vous dont le nom, même après votre mort, répand encore tant d'éclat et de gloire sur la république ! Vos illustres petits-fils ont nourri de leur sang la cruauté de leurs ennemis. » De même : « O perfide Frégelles, avec quelle promptitude tu as trouvé ta perte dans ton crime ! naguère, ta splen-

tabuistis! ut, cujus nitor urbis Italiam nuper illustravit, ejus nunc vix fundamentorum reliquiæ maneant.» Item, « Bonorum insidiatores, latrocinio vitam innocentissimi cujusque petistis : tantamne ex iniquitate judiciorum vestris calumniis assumitis facultatem?» Hac exclamatione si loco utemur, et raro, et quum rei magnitudo postulare videbitur; ad quam volemus indignationem animum auditoris adducemus.

Interrogatio non omnis gravis est, neque concinna, sed hæc, quæ, quum enumerata sunt ea, quæ obsunt causæ adversariorum, confirmat superiorem orationem, hoc pacto : « Quum igitur hæc omnia faceres, diceres, administrares, utrum animos sociorum ab republica removebas, et alienabas, an non? et, utrum aliquem exornari oportuit, qui ista prohiberet, ac fieri non sineret, an non?»

XVI. Ratiocinatio est, per quam ipsi a nobis rationem poscimus, quare quidque dicamus, et crebro nosmet a nobis petimus uniuscujusque propositionis explanationem. Ea est hujusmodi : « Majores nostri si quam unius peccati mulierem damnabant, simplici judicio multorum maleficiorum convictam putabant. Quo pacto? quoniam, quam impudicam judicarant, eam veneficii quoque damnatam existimabant. Quid ita? quia necesse est, eam, quæ suum corpus addixerit turpissimæ cupiditati, timere permultos. Quos istos? virum, parentes, ceteros, ad

deur était l'orgueil de l'Italie ; aujourd'hui, il reste à peine quelques traces de tes fondemens ! » De même encore : « Scélérats ! qui menacez les jours de tous les innocens, pour faire tomber leurs biens dans vos filets, est-ce l'iniquité des tribunaux qui vous fait mettre tant de confiance en vos calomnies ? » Si l'exclamation est employée à propos, rarement, et quand la grandeur du sujet l'exige, elle amènera l'esprit de l'auditeur au degré d'indignation qui nous conviendra.

L'*interrogation*[25] n'appartient pas seulement au ton sublime ou au ton gracieux ; mais, lorsqu'on a énuméré les moyens contraires à la partie adverse, cette figure sert encore à confirmer les preuves qu'on vient d'avancer ; exemple : « Votre conduite, vos paroles, votre administration avaient-elles pour but, oui ou non, d'aliéner de la république les esprits des alliés ? et celui qui s'est opposé à vos projets, qui vous a empêché de les accomplir, méritait-il des récompenses, oui ou non ? »

XVI. Par la *ratiocination*[26] l'orateur se demande à lui-même compte de tout ce qu'il avance, et fait suivre chaque proposition des motifs qui l'expliquent. Cette figure se traite ainsi : « Quand nos ancêtres condamnaient une femme pour une faute unique, ils la croyaient, par ce seul jugement, convaincue de plusieurs autres crimes. Comment cela ? c'est qu'ils pensaient que déclarer une femme impudique, c'était la reconnaître capable d'empoisonner. Pour quel motif ? parce qu'une femme qui s'est abandonnée à la plus honteuse passion, doit craindre beaucoup de personnes. Et quelles personnes ? son époux, ses parens, tous ceux sur lesquels elle voit

quos videt sui dedecoris infamiam pertinere. Quid postea? quos tantopere timeat, eos necesse est, ut, quoquo modo possit, veneficio petat. Cur? quia nulla potest honesta ratio retinere eam, quam magnitudo peccati facit timidam, intemperantia audacem, natura muliebris inconsideratam. Quid veneficii damnatam? quid? putabant impudicam quoque necessario. Quare? quia nulla facilius ad id maleficium causa, quam turpis amor et intemperans libido commovere potuit: cujus mulieris animus esset corruptus, ejus corpus castum esse non putaverunt. Quid in viris? idemne observabant? minime. Quid ita? quia viros ad unumquodque maleficium singulæ cupiditates impellunt: mulieres ad omnia maleficia cupiditas una ducit. » Item, « Bene majores hoc comparaverunt, ut neminem regem, quem armis cepissent, vita privarent. Quid ita? quia, quam nobis facultatem fortuna dedisset, iniquum erat in eorum supplicio consumere, quos eadem fortuna paullo ante in amplissimo statu collocarat. Quid quod exercitum contra duxit? desino meminisse. Quid ita? quia viri fortis est, qui de victoria contendant, eos hostes putare; qui victi sunt, eos homines judicare, ut possit bellum fortitudo minuere, pacem humanitas augere. At ille, si vicisset, num idem fecisset? non profecto tam sapiens fuisset. Quid igitur ei parcis? quia talem stultitiam contemnere, non imitari consuevi. » Hæc exornatio ad sermonem ve-

rejaillir son déshonneur. Qu'en résulte-t-il? qu'elle empoisonnera nécessairement, par tous les moyens en son pouvoir, ceux qui lui inspirent tant de crainte. Pourquoi donc? parce qu'aucun scrupule de vertu ne peut retenir celle à qui l'énormité de sa faute fait tout craindre, à qui sa passion désordonnée inspire de l'audace, à qui l'étourderie du sexe ne permet point la réflexion. Et quand une femme était convaincue d'empoisonnement, qu'en pensaient-ils? Ils la regardaient comme nécessairement impudique. Pourquoi? parce que le mobile le plus puissant qui nous pousse à ce crime, c'est un amour honteux, une passion déréglée : nos ancêtres pensaient qu'une femme dont le cœur est corrompu, ne peut avoir le corps chaste. Et, sur les hommes, portaient-ils le même jugement? point du tout. Pourquoi? parce que les hommes sont entraînés par chaque passion à chaque crime correspondant, tandis qu'une seule passion conduit les femmes à tous les crimes. » Voici un autre exemple : « Nos ancêtres avaient la sage coutume de ne point priver de la vie les rois pris à la guerre. Pourquoi? parce qu'il serait injuste d'abuser de l'avantage que nous devons à la fortune, en livrant au supplice un homme que cette même fortune avait placé naguère au premier rang. — Mais il a conduit une armée contre nous! — Je ne m'en souviens plus. — Pour quel motif? — Parce qu'un homme de cœur traite en ennemis ceux qui lui disputent la victoire, mais ne voit dans les vaincus que des hommes; s'efforçant ainsi d'abréger la guerre par son courage, de prolonger la paix par son humanité. — Mais lui, s'il eût vaincu, aurait-il agi de même? — Non, sans doute; il n'eût pas été assez sage. — Pourquoi donc lui pardonner? — C'est que j'ai l'habitude de mé-

hementer accommodata est, et animum auditoris retinet attentum, tum venustate sermonis, tum rationum exspectatione.

XVII. Sententia est oratio sumta de vita, quæ aut quid sit, aut quid esse oporteat in vita, breviter ostendit, hoc modo : « Difficile est primum virtutes revereri, qui semper secunda fortuna sit usus. » Item, « Liber is est existimandus, qui nulli turpitudini servit. » Item, « Egens æque est is, qui non satis habet, et is, cui nihil satis potest esse. » Item, « Optima vivendi ratio est eligenda : eam jucundam consuetudo reddet. » Hujusmodi sententiæ simplices non sunt improbandæ, propterea quod habet brevis expositio, si rationis nullius indiget, magnam delectationem. Sed illud quoque probandum est genus sententiæ, quod confirmatur subjectione rationis, hoc modo : « Omnes bene vivendi rationes in virtute sunt collocandæ, propterea quod sola virtus in sua potestate est, omnia præter eam subjecta sunt sub fortunæ dominationem. » Item, « Qui fortunis alicujus inducti amicitiam ejus secuti sunt, hi, simul ac fortuna dilapsa est, devolant omnes. Quum enim recessit ea res, quæ fuit consuetudinis causa, nihil superest, quare possint in amicitia retineri. » Sunt item sententiæ, quæ dupliciter efferuntur, sine ratione, et cum ratione. Hoc modo sine ratione : « Errant, qui in prosperis rebus omnes impetus fortunæ se putant fugisse. Sapienter cogitant,

priser une telle folie, et non de l'imiter. » Cette figure convient particulièrement à la discussion : elle fixe l'attention de l'auditeur par l'agrément du dialogue, et par l'attente des répliques.

XVII. La *sentence* est une maxime empruntée à l'expérience, exprimant en peu de mots ce qui se fait ou ce qui doit se faire dans la vie ; ainsi : « Il est bien difficile de respecter la vertu, quand on a toujours été heureux. » — « Regardons comme libre celui qui n'est l'esclave d'aucun vice. » — « Celui qui n'a point assez, et celui à qui rien ne suffit sont également pauvres. » — « Il faut choisir le genre de vie le plus honnête : l'habitude nous le rendra agréable. » La simplicité de ces sentences ne doit pas les faire dédaigner : car l'exposition rapide d'une vérité qui n'a pas besoin de preuve, cause un grand plaisir à l'esprit. Mais il faut approuver aussi les sentences accompagnées d'une preuve qui les confirme ; comme : « Toutes les règles de conduite doivent être empruntées à la vertu, parce que la vertu seule ne dépend que d'elle-même, et que tout le reste est soumis au pouvoir de la fortune. » De même : « Ceux qui, entraînés par l'appât de la fortune ont recherché l'amitié d'un riche, aussitôt que la fortune s'enfuit, prennent leur vol avec elle. En effet, dès que la cause de leur attachement a disparu, il ne reste plus aucun lien qui retienne leur amitié. » Il y a encore des sentences que l'on emploie de deux manières, c'est-à-dire avec ou sans preuves. En voici deux sans preuves : « Lorsqu'on est au sein de la prospérité, c'est une erreur de se croire à l'abri des attaques de la fortune. C'est penser avec sagesse que de redouter, même dans le bonheur, les coups de l'adversité [27]. » En voici deux autres, accompagnées de leur

qui temporibus secundis casus adversos reformidant. »
Cum ratione, hoc pacto : « Qui adolescentium peccatis
ignosci putant oportere, falluntur, propterea quod ætas
illa non est impedimento bonis studiis. At hi sapienter
faciunt, qui adolescentes maxime castigant, ut, quibus
virtutibus omnem vitam tueri possint, eas in ætate ma-
turissima velint comparare. » Sententias interponi raro
convenit, ut rei actores, non vivendi præceptores esse
videamur. Quum ita interponentur, multum afferent or-
namenti. Necesse est enim, eam comprobet tacitus auditor, quum ad causam videat accommodari rem certam,
ex vita et moribus sumtam.

XVIII. Contrarium idem fere est, quod contentio.
Contrarium est, quod ex rebus diversis duabus alteram
breviter et facile confirmat, hoc pacto : « Nam, qui suis
rationibus inimicus fuerit semper, eum quomodo alienis
rebus amicum fore speres ? » Et item, « Nam, quem in
amicitia perfidiosum cognoveris, eum quare putes inimicitias cum fide habere posse ? » Et, « Qui privatus intolerabili superbia fuerit, eum commodum et sui cogno-
scentem fore in potestate, qui speres ? » Et, « Qui in
sermonibus et conventu amicorum verum dixerit nunquam, eum sibi in concionibus credis a mendacio tem-
peraturum ? » Item, « Quos ex collibus dejecimus, cum
iis in campo metuimus dimicare ? Qui quum plures erant,
paucis nobis exæquari non poterant; hi postquam pau-

preuve : « Ceux qui pensent qu'il faut fermer les yeux sur les défauts des jeunes gens, sont dans l'erreur : car cet âge n'est point un obstacle à la pratique du bien. C'est au contraire agir avec sagesse, que de châtier sévèrement les jeunes gens, pour leur faire acquérir, dans un âge encore tendre, les vertus qui doivent les soutenir pendant le reste de leur vie. » N'entremêlez que rarement des sentences dans vos discours, en sorte que vous paraissiez représenter à nos yeux l'action même, et non débiter des préceptes de morale. Ainsi clairsemées, elles embelliront beaucoup le style. Il est nécessaire, en effet, que l'auditeur vous approuve tacitement, lorsque vous appliquez à la cause une pensée juste, empruntée à la vie et à l'expérience.

XVIII. Le *contraire*[28] est à peu près la même chose que l'antithèse. Cette figure résulte de deux idées diverses, dont l'une démontre l'autre par une preuve courte et facile ; voyez ces exemples : « Pouvez-vous espérer que l'ennemi de ses propres intérêts, ait jamais à cœur les intérêts d'autrui ? » — « Celui que vous avez connu sans foi envers ses amis, comment croyez-vous qu'il puisse garder sa foi à ses ennemis ? » — « Simple particulier, il était d'un orgueil insupportable ; espérez-vous que les dignités le rendent affable, et lui apprennent à se connaître ? » — « Celui qui, dans ses conversations et dans le cercle de ses amis, n'a jamais dit la vérité, s'abstiendra-t-il de mensonge dans les assemblées publiques ? » — « Craindrons-nous de nous mesurer, en rase campagne, avec ceux que nous avons précipités des hauteurs ? Quand ils nous étaient supérieurs en nombre, ils n'ont pu nous tenir tête ; maintenant qu'ils sont moins

ciores sunt, metuimus, ne sint superiores? » Hoc exornationis genus brevibus et continuatis verbis perfectum esse debet; et quum commodum est auditu, propter brevem et absolutam conclusionem; tum vero vehementer id, quod opus est oratori, comprobat contraria re, et ex eo, quod dubium non est, expedit illud, quod dubium est, ut aut dilui non possit, aut multo difficillime possit.

XIX. Membrum orationis appellatur res breviter absoluta sine totius sententiæ demonstratione, quæ denuo alio membro orationis excipitur, hoc modo : « Et inimico proderas; » id est unum, quod appellatur membrum: deinde hoc excipiatur oportet ab altero, « Et amicum lædebas. » Ex duobus membris hæc exornatio potest constare : sed commodissima et absolutissima est, quæ ex tribus constat, hoc pacto : « Et inimico proderas, et amicum lædebas, et tibi ipsi non consulebas. » Item, « Nec reipublicæ consuluisti, nec amicis profuisti, nec inimicis restitisti. »

Articulus dicitur, quum singula verba intervallis distinguuntur cæsa oratione, hoc modo : « Acrimonia, voce, vultu adversarios perterruisti. » Item, « Inimicos invidia, injuriis, potentia, perfidia sustulisti. » Inter hujus generis, et illius superioris vehementiam hoc interest, quod illud tardius et rarius venit, hoc crebrius et celerius pervenit. Itaque in illo genere, ex remotione

nombreux que nous, craindrions-nous d'être vaincus ? »
Cette espèce de figure s'exprime en phrases courtes et
bien unies. Si elle plaît à l'oreille par sa rapidité et par
sa forme précise, en même temps elle prouve énergiquement, par le *contraire*, ce que l'orateur a besoin de
prouver; d'une vérité reconnue elle fait sortir une vérité
douteuse, avec une force irrésistible, ou du moins bien
difficile à combattre.

XIX. On appelle *membre* de phrase[29] une proposition complète en sa brièveté, mais qui, n'offrant pas une
pensée dans tout son développement, a besoin de s'appuyer sur un autre membre; par exemple : « Et vous
rendiez service à votre ennemi; » voilà le premier membre; il doit s'appuyer sur un second, que voici : « et
vous nuisiez à votre ami. » Cette figure peut se borner
à deux membres; mais elle est plus élégante et plus parfaite, lorsqu'elle en a trois; ainsi : « Et vous rendiez
service à votre ennemi, et vous nuisiez à votre ami, et
vous ne songiez pas à votre propre intérêt. » Ou bien :
« Vous n'avez ni servi la république, ni soutenu vos
amis, ni résisté à vos ennemis. »

On appelle *articles* les petites divisions qui coupent
la phrase et la suspendent à chaque mot; ainsi : « Vous
avez effrayé vos adversaires par votre véhémence, votre
voix, vos regards. » — « Pour détruire vos ennemis,
vous avez employé l'envie, l'injustice, le crédit, la perfidie. » Entre l'énergie de cette figure et celle de la précédente, il y a une différence : c'est que les coups de la
première sont plus lents et plus rares, les atteintes de
la seconde plus nombreuses et plus vives. Dans l'une,

brachii, et contortione dexteræ gladius ad corpus afferri; in hoc autem crebro et celeri vulnere corpus consauciari videtur.

Continuatio est densa et continens frequentatio verborum cum absolutione sententiarum. Ea utemur commodissime tripertito; in sententia, in contrario, in conclusione. In sententia, hoc pacto : « Ei non multum potest obesse fortuna, qui sibi firmius in virtute, quam in casu, præsidium collocavit. » In contrario, hoc modo : « Nam si quis spei non multum collocarit in casu, quid est, quod ei magnopere casus obesse possit? » In conclusione, hoc pacto : « Quod si in eos plurimum fortuna potest, qui suas rationes omnes in casum contulerunt; non sunt omnia committenda fortunæ, ne magnam nimis in nos habeat dominationem. » In his tribus generibus ad orationis vim adeo frequentatio est necessaria, ut infirma facultas oratoris videatur, nisi sententiam, et contrarium, et conclusionem frequentibus efferat verbis. Sed et alias quoque nonnunquam non alienum est, tametsi necesse non est, eloqui res aliquas per hujuscemodi continuationes.

XX. Compar appellatur, quod habet in se membra orationis, de quibus ante diximus, quæ constent ex pari fere numero syllabarum. Hoc non dinumeratione nostra fiet (nam id quidem puerile est), sed tantum afferet usus et exercitatio facultatis, ut animi quodam sensu par

je crois voir le bras s'allonger, le poignet se tordre, afin de porter l'épée jusqu'au sein de l'adversaire ; dans l'autre, des coups rapides et multipliés le couvrent de blessures.

La *continuation* [30] résulte de l'union étroite et non interrompue, qui enchaîne tous les mots jusqu'à ce que le sens soit achevé. On en tire le parti le plus avantageux dans la *sentence*, dans les *contraires*, dans la *conclusion*. Dans la sentence, ainsi : « La fortune ne saurait faire beaucoup de mal à celui qui a mis son plus ferme appui dans la vertu, et non dans le hasard. » Dans les contraires : « Car si un homme n'a pas fondé grand espoir sur le hasard, quel mal si grand le hasard pourrait-il lui faire ? » Dans la conclusion : « Si la fortune a tout empire sur ceux qui abandonnent leurs déterminations au hasard, il ne faut point nous livrer sans réserve à la fortune, de peur qu'elle ne prenne sur nous une autorité trop absolue. » Dans ces trois figures, l'union intime des mots est si indispensable à la force de l'expression [31], que l'on accuserait l'orateur de faiblesse, si la sentence, les contraires et la conclusion n'étaient pas énoncées en termes étroitement unis. Il est encore d'autres circonstances où la continuation, sans être absolument nécessaire, peut s'employer avec avantage.

XX. On appelle *compar* [32] une figure dans laquelle les membres de phrase, dont nous avons parlé plus haut, ont presque le même nombre de syllabes. Il ne faut pas pour cela les compter (ce qui serait puéril) ; mais l'habitude et l'exercice nous apprendront à conformer, par une sorte d'instinct, chaque membre à celui qui pré-

membrum superiori referre possimus, hoc modo : « In proelio mortem pater oppetebat, domi filius nuptias comparabat; haec omnia gravis casus administrabat. » Item, « Alii fortuna felicitatem dedit, huic industria virtutem comparavit. » In hoc genere, saepe fieri potest, ut non plane par sit numerus syllabarum, et tamen esse videatur, si una aut etiam altera syllaba est alterutrum brevius; et si, quum in altero plures sunt, in altero longior aut longiores, plenior aut pleniores syllabae erunt : ut longitudo aut plenitudo harum multitudinem alterius assequatur et exaequet.

Similiter cadens exornatio appellatur, quum in eadem constructione verborum duo aut plura sunt verba, quae similiter iisdem casibus efferantur, hoc modo : « Hominem laudas egentem virtutis, abundantem felicitatis. » Item, « Cujus omnis in pecunia spes est, ejus a sapientia est animus remotus. Diligentia comparat divitias, negligentia corrumpit animum; et tamen quum ita vivit, neminem prae se ducit hominem. » Similiter desinens est, quum, tametsi casus non insunt in verbis, tamen similes exitus sunt, hoc pacto : « Turpiter audes facere, nequiter studes dicere. Vivis invidiose, delinquis studiose, loqueris odiose. » Item, « Audacter territas, humiliter placas. » Haec duo genera, quorum alterum in exitus, alterum in casus similitudine versatur, inter se vehementer conveniunt : et ea re, qui his bene utuntur, plerumque simul

cède; exemple : « Dans un combat le père succombait ; dans sa maison le fils se mariait ; un sort cruel tous deux les conduisait [33]. » Autre exemple : « A la fortune, l'un doit le bonheur; à ses efforts, l'autre doit la vertu. » Il arrive quelquefois, dans cette figure, que le nombre des syllabes n'est pas rigoureusement égal; et cependant il paraît l'être, si l'un des deux membres est plus court d'une ou de deux syllabes, et qu'en même temps [34] il contienne une ou plusieurs syllabes plus longues et plus pleines : la durée et la plénitude des sons dans un membre, compensent le nombre des syllabes de l'autre, et rétablissent l'équilibre.

La figure appelée *similiter cadens* (à chutes pareilles) rapproche, dans la même construction, deux ou plusieurs mots dont le cas et la terminaison sont les mêmes, comme dans ces phrases [35] : *Hominem laudas egentem virtutis, abundantem felicitatis.—Cujus omnis in pecunia spes est, ejus a sapientia est animus remotus. Diligentia comparat divitias, negligentia corrumpit animum ; et tamen quum ita vivit, neminem præ se ducit hominem.* Par la figure appelée *similiter desinens* (à désinences pareilles), bien que les mots n'aient point de cas, ils ont encore une même terminaison, comme dans ces phrases : *Turpiter audes facere, nequiter studes dicere. Vivis invidiose, delinquis studiose, loqueris odiose. — Audacter territas, humiliter placas.* Ces deux figures, dont l'une consiste dans la ressemblance des cas, l'autre dans le simple rapport des désinences, s'accordent très-bien ensemble : aussi les bons écrivains ont-ils soin de les rapprocher habituellement dans les mêmes parties de leurs discours. On s'y prendra de la manière suivante :

ea collocant in iisdem partibus orationis. Id hoc pacto facere oportet : « Perditissima ratio est amorem petere, pudorem fugere; diligere formam, negligere famam. » Hic et ea verba, quæ casus habent, ad casus similes; et illa, quæ non habent, ad similes exitus veniunt.

XXI. Annominatio est, quum ad idem verbum et ad idem nomen acceditur commutatione unius litteræ aut litterarum; aut ad res dissimiles similia verba accommodantur. Ea multis et variis rationibus conficitur. Attenuatione aut complexione ejusdem litteræ, sic : « Hic, qui se magnifice jactat atque ostentat, veniit ante, quam Romam venit. » Ex contrario : « Hic, quos homines alea vincit, eos ferro statim vinciit. » Productione ejusdem litteræ, hoc modo : « Hunc avium dulcedo ducit ad avium. » Brevitate ejusdem litteræ, hoc modo : « Hic tametsi videtur esse honoris cupidus, tamen non tantum curiam diligit, quantum Curiam. » Addendis litteris, hoc pacto : « Hic sibi posset temperare, nisi amori mallet obtemperare. » Demendis litteris, sic : « Si lenones vitasset tanquam leones, vitæ se tradidisset. » Transferendis litteris, sic : « Videte, judices, utrum homini navo, an vano credere malitis. » Item, « Nolo esse laudator, ne videar adulator. » Commutandis, hoc modo : « Deligere oportet, quem velis diligere. » Hæ sunt annominationes, quæ in litterarum brevi commutatione, aut productione, aut translatione, aut aliquo hujusmodi genere versantur.

Perditissima ratio est amorem petere, pudorem fugere; diligere formam, negligere famam. Ici les cas, dans les mots qui en ont, se terminent de même; et, dans les mots qui n'ont point de cas, la désinence est pareille.

XXI. L'*annomination*[36] reproduit à peu près le même mot, le même nom, en n'y changeant qu'une ou deux lettres; d'autres fois elle applique le même mot à deux choses différentes. Elle se fait de plusieurs manières. Tantôt c'est l'atténuation, la contraction d'une lettre : *Hic, qui se magnifice jactat atque ostentat, venŭit ante, quam Romam venit.* Tantôt c'est le contraire : *Hic, quos homines alea vincit, eos ferro statim vinciit.* Quelquefois on allonge une voyelle : *Hunc avium dulcedo ducit ad avium.* D'autres fois on abrège : *Hic tametsi videtur esse honoris cupidus, tamen non tantum curiam diligit, quantum Curiam.* On ajoute des lettres comme : *Hic sibi posset temperare, nisi amori mallet obtemperare.* On en retranche : *Si lenones vitasset tanquam leones, vitæ se tradidisset.* On transpose des lettres, ainsi : *Videte, judices, utrum homini navo, an vano credere malitis.* Ou bien : *Nolo esse laudator, ne videar adulator.* On en change une : *Deligere oportet, quem velis diligere.* Telles sont les annominations qui font subir aux lettres un léger changement, soit qu'elles les allongent, soit qu'elles les transposent, soit qu'elles les modifient d'une autre manière.

XXII. Sunt autem aliæ, quæ non habent tam propinquam in verbis similitudinem, et tamen dissimiles non sunt. Quibus de generibus unum est hujusmodi : « Quid veniam, qui sim, quare veniam, quem insimulem, cui prosim, quem postulem, brevi cognoscetis. » Nam hic est in quibusdam verbis quædam similitudo non tam affectanda, quam illæ superiores; sed tamen adhibenda nonnunquam. Alterum genus hujusmodi : « Demus operam, Quirites, ne omnino patres conscripti circumscripti putentur. » Hæc annominatio accedit magis ad similitudinem, quam superior; sed minus, quam illæ superiores : propterea quod non solum additæ, sed uno tempore demtæ quoque litteræ sunt. Tertium genus est, quod versatur in casuum commutatione, aut unius, aut plurium nominum. Unius nominis, hoc modo : « Alexander Macedo summo labore animum ad virtutem a pueritia confirmavit. Alexandri virtutes per orbem terræ cum laude et gloria sunt pervulgatæ. Alexandro si vita longior data esset, Oceanum manus Macedonum transvolasset. Alexandrum omnes, ut maxime metuerunt, item plurimum dilexerunt. » Varie hic unum nomen in commutatione casuum volutatum est. Plura nomina, casibus commutatis, hoc modo facient annominationem : « Tib. Gracchum, rempublicam administrantem, indigna prohibuit nex diutius in ea commorari. C. Graccho similiter occisio oblata est, quæ virum reipublicæ amantissimum

XXII. Mais il y a d'autres annominations où les mots, sans être dissemblables, offrent pourtant une ressemblance moins frappante. En voici une de ce genre : *Quid veniam, qui sim, quare veniam, quem insimulem, cui prosim, quem postulem, brevi cognoscetis.* Ici vous trouvez entre certains mots une analogie, qu'il faut moins rechercher que celles des exemples précédens, mais qu'on doit pourtant employer quelquefois. Voici encore une autre forme de la même figure : *Demus operam, Quirites, ne omnino patres conscripti circumscripti putentur.* Cette annomination se rapproche de la ressemblance, un peu plus que la dernière, mais moins que les précédentes, parce que non-seulement on a ajouté des lettres, mais on en a aussi retranché. Une troisième forme de cette figure consiste à présenter de suite différens cas d'un seul ou de plusieurs noms. D'un seul nom, par exemple : *Alexander Macedo summo labore animum ad virtutem a pueritia confirmavit. Alexandri virtutes per orbem terræ cum laude et gloria sunt pervulgatæ. Alexandro si vita longior data esset, Oceanum manus Macedonum transvolasset. Alexandrum omnes, ut maxime metuerunt, item plurimum dilexerunt.* Ici un seul nom a passé par les transformations des différens cas ; maintenant on va voir une annomination dans laquelle divers noms changeront de cas tour-à-tour : *Tiberium Gracchum, rempublicam administrantem, indigna prohibuit nex diutius in ea commorari. C. Graccho similiter occisio oblata est, quæ virum reipublicæ amantissimum subito de sinu civitatis eripuit. Saturninum, fide captum malorum, perfidiæ scelus vita privavit. Tuus, o Druse, sanguis domesticos parietes, et vultum parentis adspersit. Sulpicium, cui paullo ante omnia concedebant,*

subito de sinu civitatis eripuit. Saturninum, fide captum malorum, perfidiæ scelus vita privavit. Tuus, o Druse, sanguis domesticos parietes, et vultum parentis adspersit. Sulpicium, cui paullo ante omnia concedebant, eum brevi spatio non modo vivere, sed etiam sepeliri prohibuerunt. » Hæc tria genera proxima exornationum, quorum unum in similiter cadentibus, alterum in similiter desinentibus verbis, tertium in annominationibus positum est, perraro sumenda sunt, quum in veritate dicemus : propterea quod non hæc videntur reperiri posse sine elaboratione et consumtione operæ.

XXIII. Ejusmodi autem studia ad delectationem, quam ad veritatem, videntur accommodatiora. Quare fides, et gravitas, et severitas oratoria minuitur his exornationibus frequenter collocatis. Et non modo tollitur auctoritas dicendi : sed offenditur quoque in ejusmodi oratione auditor; propterea quod est in his lepos et festivitas, non dignitas, neque pulchritudo. Quare, quæ sunt ampla et pulchra, diu placere possunt : quæ lepida et concinna, cito satietate afficiunt aurium sensum fastidiosissimum. Quo modo igitur, si crebro his generibus utemur, puerili videbimur elocutione delectari : ita si raro has interseremus exornationes, et in causa tota varie dispergemus, commode luminibus distinctis illustrabimus orationem.

Subjectio est, quum interrogamus adversarios, aut

eum brevi spatio non modo vivere, sed etiam sepeliri prohibuerunt. Ces trois dernières figures, que nous avons appelées *similiter cadens, similiter desinens* et *annomination*, doivent être employées très-rarement, lorsqu'on parle sur un sujet réel, parce qu'on ne peut les trouver sans effort, et sans une grande dépense de travail.

XXIII. De tels jeux d'esprit semblent avoir pour objet l'agrément plutôt que la vérité : aussi l'emploi fréquent de ces figures fait-il perdre à l'éloquence son autorité, sa noblesse et sa sévérité. Non-seulement il enlève toute puissance à la parole, mais l'auditeur même en est blessé, parce que, dans ce style fin et plaisant, il ne trouve ni élévation ni beauté. En effet, le grand et le beau peuvent plaire long-temps; l'agréable et le joli inspirent bientôt de la satiété à l'oreille dédaigneuse [37]. En prodiguant les figures de cette espèce, nous paraîtrions donc nous complaire dans une élocution puérile; mais si elles sont répandues en petit nombre, et semées çà et là dans tout le discours, ce seront des points lumineux qui en rehausseront l'éclat.

Par la *subjection* [38] nous demandons à nos adversaires,

quærimus ipsi, quid ab illis, aut quid contra nos dici possit : deinde subjicimus id quod dici oportet, aut non oportet, aut nobis adjumento futurum sit, aut obfuturum illis e contrario, hoc modo : « Quæro igitur, unde iste tam pecuniosus sit factus. Amplum patrimonium relictum est ? at patris bona venierunt. Hereditas aliqua obvenit? non potest dici, sed etiam a necessariis omnibus exheredatus est. Præmium aliquod ex lite aut judicio cepit? non modo id non fecit, sed etiam insuper ipse grandi sponsione victus est. Ergo si his rationibus locupletatus non est, sicut omnes videtis; aut isti domi nascitur aurum, aut, unde licitum non est, pecunias accepit. »

XXIV. Item, « Sæpe, judices, animadverti, multos aliqua ex honesta re, quam ne inimici quidem criminari possint, sibi præsidium petere : quorum nihil potest adversarius facere. Nam utrum ad patris virtutem confugiet? at eum vos jurati capite damnastis. An ad suam revertetur antiquam vitam, alicubi honeste tractatam ? at hic quidem ante oculos vestros quomodo vixerit, scitis omnes. An cognatos suos enumerabit, quibus vos conveniat commoveri? at hi quidem nulli sunt. Amicos proferet? at nemo est, qui sibi non putet turpe, istius amicum nominari. » Item, « Credo, inimicum, quem nocentem putabas, in judicium adduxisti? non; nam indemnatum necasti. Leges, quæ id facere prohibent,

ou nous demandons à tout le monde, ce qu'on pourrait dire en leur faveur ou contre nous ; puis nous mettons en opposition ce qu'il faut réellement dire ou ne pas dire, ce qui est favorable à notre cause, ou nuisible à la leur. Voyez cet exemple : «Je demande donc comment cet homme est devenu si riche. Lui a-t-on laissé un ample patrimoine? mais tous les biens de son père ont été vendus. Lui est-il survenu quelque héritage? non sans doute : tous ses parens au contraire l'ont déshérité. Sa fortune est-elle le fruit d'un procès, d'un jugement? non-seulement il n'en est rien, mais il a même été condamné à une grosse amende. S'il ne doit sa richesse à aucune de ces causes, ce que vous voyez tous, il faut donc, ou qu'il ait chez lui une mine d'or, ou qu'il ait acquis sa fortune par des moyens illégitimes. »

XXIV. Autre exemple de la même figure : « Souvent j'ai remarqué, juges, dans bien des causes, que l'accusé pouvait s'appuyer sur quelque circonstance honorable, à l'abri de toutes les attaques de l'accusateur. Notre adversaire n'a aucune ressource de ce genre. Invoquera-t-il la vertu de son père? mais vous-mêmes, sous la foi du serment, vous l'avez frappé d'une peine capitale. Rappellera-t-il sa vie passée[39]? citera-t-il les lieux témoins de sa bonne conduite? mais il a vécu sous vos yeux, et vous savez tous de quelle manière. A-t-il à vous énumérer des parens dont le nom doive faire impression sur vous? il n'en a point. Des amis? il n'est personne qui ne regardât comme une honte d'être appelé l'ami d'un tel homme. » Autre exemple : « Cet ennemi que tu croyais coupable, sans doute tu l'as amené devant ses juges? non : il n'avait pas été condamné, quand tu l'as

veritus es? at ne scriptas quidem judicasti. Quum ipse te veteris amicitiæ commonefaceret, commotus es? at nihilo minus, sed etiam studiosius occidisti. Quid? quum tibi pueri ad pedes volutarentur, misericordia motus es? at eorum patrem crudelissime sepultura quoque prohibuisti.» Multum inest acrimoniæ et gravitatis in hac exornatione, propterea quod, quum quæsitum est, quid oporteat, subjicitur id non esse factum. Quare facillime fit, ut exaugeatur indignitas negotii.

Ex eodem genere, ut ad nostram quoque personam referamus subjectionem, sic : « Nam quid me facere convenit, quum a tanta Gallorum multitudine circumsederer? An dimicarem? at quum parva manu tum prodiremus, locum quoque inimicissimum habebamus. Sederem in castris? at neque subsidium, quod exspectarem, habebamus, neque erat, qui vitam produceremus. Castra relinquerem? at obsidebamur. Vitam militum negligerem? at ea videbar eos accepisse conditione, ut, quoad possem, incolumes patriæ et parentibus conservarem. Hostium conditionem repudiarem? at salus antiquior est militum, quam impedimentorum. » Hujusmodi consequuntur identidem subjectiones, ut ex omnibus ostendi videatur, nihil potius, quam quod factum sit, faciendum fuisse.

XXV. Gradatio est, in qua non ante ad consequens

tué. Les lois qui s'opposaient à ce crime, t'auront du moins intimidé? tu n'as pas même songé qu'il y eût des lois. Mais lorsqu'il te rappelait votre ancienne amitié, tu te sentais ému? point du tout, tu le frappais avec plus d'acharnement. Eh quoi! lorsque ses enfans se roulaient à ses pieds, ne fus-tu pas touché de compassion? loin de là, tu poussas la cruauté jusqu'à leur interdire de donner la sépulture à leur père. » Il y a dans cette figure beaucoup de véhémence et d'autorité, puisqu'après avoir demandé ce qu'il fallait faire, on ajoute à l'instant qu'on ne l'a point fait. Ainsi l'on amplifie très-facilement ce qu'il y a d'indigne dans l'action.

L'orateur peut aussi rapporter la subjection à lui-même : « Que devais-je faire[40], lorsque j'étais enveloppé par une si grande multitude de Gaulois? Combattre? mais nous n'avions qu'une poignée de soldats, et notre position était très-défavorable. Rester dans le camp? mais nous n'avions ni secours à attendre, ni subsistances pour prolonger notre vie. Abandonner le camp? mais nous étions cernés. Compter pour rien la vie de mes soldats? mais je croyais, en les recevant, m'être engagé à les conserver, autant qu'il me serait possible, à la patrie, à leurs parens. Rejeter les conditions de l'ennemi? mais le salut des soldats devait passer avant la conservation des bagages. » En réunissant ainsi plusieurs subjections, on prouve quelquefois qu'il n'y avait point de meilleur parti à prendre que celui auquel on s'est arrêté.

XXV. La *gradation*[41] est une figure par laquelle on

verbum descenditur, quam ad superius conscensum est, hoc modo : « Nam quæ reliqua spes manet libertatis, si illis, et quod libet, licet; et quod licet, possunt; et quod possunt, audent; et quod audent, faciunt; et quod faciunt, vobis molestum non est? » Item, « Non sensi hoc, et non suasi; neque suasi, et non ipse statim facere cœpi; neque facere cœpi, et non perfeci; neque perfeci, et non probavi. » Item, « Africano industria virtutem, virtus gloriam, gloria æmulos comparavit. » Item, « Imperium Græciæ fuit penes Athenienses, Atheniensium potiti sunt Spartiatæ, Spartiatas superavere Thebani, Thebanos Macedones vicerunt, qui ad imperium Græciæ brevi tempore adjunxerunt Asiam bello subactam. » Habet in se quemdam leporem superioris cujusque crebra repetitio verbi, quæ propria est hujus exornationis.

Definitio est, quæ rei alicujus proprias amplectitur potestates breviter et absolute, hoc modo : « Majestas reipublicæ est, in qua continetur dignitas et amplitudo civitatis. » Item, « Injuriæ sunt, quæ aut pulsatione corpus, aut convicio aures, aut aliqua turpitudine vitam cujuspiam violant. » Item, « Non est ista diligentia, sed avaritia : ideo quod diligentia est accurata conservatio suorum; avaritia, injuriosa appetitio alienorum. » Item, « Non est ista fortitudo, sed temeritas; propterea quod fortitudo est contemtio laboris et periculi cum ratione

ne descend au mot suivant, qu'après être revenu sur le mot qui précède; ainsi : « Quel espoir de liberté nous reste-t-il, s'il leur est permis de faire ce qui leur plaît, s'ils peuvent ce qui leur est permis, s'ils osent ce qu'ils peuvent, s'ils font ce qu'ils osent, et si vous souffrez ce qu'ils font ? » Autre gradation : « Je n'ai point conçu ce projet, sans vous le conseiller; je ne l'ai point conseillé, sans commencer sur-le-champ à l'exécuter moi-même; je n'ai point commencé à l'exécuter, sans l'achever; je ne l'ai point achevé sans obtenir l'assentiment général [42]. » Autre exemple : « Scipion l'Africain dut son mérite à l'activité de son génie, sa gloire à son mérite, ses rivaux à sa gloire. » Voyez encore : « L'empire de la Grèce fut au pouvoir des Athéniens; les Athéniens furent subjugués par les Spartiates; les Spartiates abattus par les Thébains; les Thébains vaincus par les Macédoniens, qui triomphèrent bientôt de l'Asie, et l'ajoutèrent à l'empire de la Grèce. » Il y a une certaine grâce dans ce retour au mot précédent, dont la répétition fréquente constitue cette figure.

La *définition* [43] embrasse en peu de mots, mais complètement, les attributs essentiels d'une chose. En voici une : « La majesté de la république se compose de la dignité et de la grandeur de la cité. » En voici une autre : « Les injures sont, ou des voies de fait, ou des paroles outrageantes, ou tout ce qui peut flétrir notre réputation. » Autre : « Ce n'est point là de l'économie, c'est de la cupidité : car l'économie conserve avec soin notre fortune; la cupidité désire injustement le bien d'autrui. » Autre : « Ce n'est point là du courage, c'est de la témérité; en effet, le courage est le mépris des fatigues et des périls, dans la vue de l'utilité et des avantages qu'on

utilitatis, et compensatione commodorum : temeritas est cum inconsiderata laborum perpessione gladiatoria periculorum susceptio. » Hæc ideo commoda putatur exornatio, quod omnem rei cujuspiam vim et potestatem ita dilucide proponit, et breviter explicat, ut neque pluribus verbis oportuisse dici videatur, neque brevius potuisse dici putetur.

XXVI. Transitio vocatur, quæ quum ostendit breviter, quid dictum sit, proponit item brevi, quid sequatur, hoc modo : « In patriam cujusmodi fuerit, habetis : nunc in parentes qualis exstiterit, considerate. » Item, « Mea in istum beneficia cognoscitis : nunc, quomodo iste mihi gratiam retulerit, accipite. » Proficit hæc aliquantulum exornatio ad duas res : nam et quid dixerit commonet, et ad reliquum comparat auditorem.

Correctio est, quæ tollit id, quod dictum est, et pro eo id, quod magis idoneum videtur, reponit, hoc pacto : « Quod si iste suos hospites rogasset, imo innuisset modo; hoc facile perfici posset. » Item, « Nam postquam isti vicerunt, atque adeo victi sunt : eam quomodo victoriam appellem, quæ victoribus plus calamitatis, quam boni, dederit? » — « O virtutis comes invidia, quæ bonos insequeris plerumque, atque adeo insectaris! » Commovetur hoc genere animus auditoris. Res enim communi verbo elata, tantummodo dicta videtur : ast ea, post ipsius oratoris correctionem, magis idonea fit

peut obtenir; la témérité est la fougue du gladiateur, qui, sans motif, se charge de travaux et se jette dans les dangers.» Cette figure est avantageuse, parce qu'elle fait connaître la force et la valeur de la chose, d'une manière si claire et si rapide à la fois, qu'il paraît impossible d'ajouter un mot, impossible d'en retrancher [44].

XXVI. La *transition* [45] rappelle brièvement ce qu'on a dit, et annonce de même en peu de mots, ce qui doit suivre. Exemple : « Vous avez vu sa conduite envers sa patrie : considérez maintenant comment il s'est comporté envers ses parens. » Autre exemple : « Vous savez tout le bien que je lui ai fait : apprenez maintenant la reconnaissance qu'il m'a témoignée. » Cette figure est de quelque utilité pour un double objet : elle rappelle ce qu'on vient de dire, et prépare à entendre le reste.

La *correction* [46] efface ce qui a été dit, et le remplace par d'autres expressions plus convenables; ainsi : « S'il avait prié ses hôtes, que dis-je? s'il leur avait seulement fait un signe, il eût facilement obtenu cela. » — « Après qu'ils eurent été vainqueurs, ou plutôt vaincus : car, comment appellerai-je victoire ce qui a été plus funeste qu'avantageux aux vainqueurs. » — « O envie, compagne de la vertu, toi qui suis le plus souvent, qui, pour mieux dire, persécutes les gens de bien ! » Ce genre de figure frappe fortement les esprits. En effet, une chose énoncée en termes ordinaires, paraît seulement dite; la même idée, relevée par la *correction* oratoire, devient plus digne de l'éloquence. Mais, dira-t-on, ne vaudrait-il pas mieux, surtout quand vous écrivez,

pronuntiatione. Non igitur satius esset, dicet aliquis, ab initio, præsertim quum scribas, ad optimum et electissimum verbum devenire? Est, quum non est satius, si commutatio verbi id erit demonstratura, ejusmodi rem esse, ut, quum eam communi verbo appellaris, levius dixisse videaris; quum ad electius verbum accedas, insigniorem rem facias. Quod si continuo venisses ad id verbum, nec rei, nec verbi gratia animadversa esset.

XXVII. Occupatio est, quum dicimus, nos præterire, aut non scire, aut nolle dicere id, quod tunc maxime dicimus, hoc modo : « Nam de pueritia quidem tua, quam tu omni intemperantiæ addixisti, dicerem, si hoc tempus idoneum putarem : nunc consulto relinquo. Et illud prætereo, quod te tribuni rei militaris infrequentem tradiderunt : deinde quod injuriarum satisfecisti L. Labeoni, nihil ad rem pertinere puto. Horum nihil dico : revertor ad illud, de quo judicium est. » Item, « Non dico te ab sociis pecunias accepisse, non sum in eo occupatus, quod civitates, regna, domos omnium depeculatus es; furta, rapinas tuas omnes omitto. » Hæc utilis est exornatio, si aut rem, quam non pertineat aliis ostendere, occulte admonuisse prodest, aut si longum est, aut ignobile, aut planum non potest fieri, aut facile potest reprehendi; ut utilius sit occulte fecisse suspicionem, quam hujusmodi intendisse orationem, quæ redarguatur.

prendre d'abord le mot le plus expressif, le mieux choisi ? Il est possible que non, si le changement d'expression doit faire sentir qu'il s'agit d'une chose que le mot ordinaire caractériserait trop faiblement, et qu'un mot choisi mettra plus en relief. Si vous aviez donné sur-le-champ ce terme énergique, on n'aurait remarqué ni le mérite de l'idée, ni celui de l'expression.

XXVII. La *prétérition* [47] affirme qu'on passera sous silence, ou qu'on ne sait pas, ou qu'on ne veut pas dire une chose, qu'on dit pourtant à l'instant même; comme : « Je parlerais de votre jeunesse que vous avez vouée à tous les excès, si je le jugeais convenable en ce moment; j'y renonce à dessein. Je ne rappellerai pas que les tribuns vous ont accusé d'avoir abandonné vos drapeaux ; je regarde comme étrangère au sujet la réparation que L. Labéon a exigée de vous. Je néglige ces faits, et je reviens à ce qui est en jugement. » Second exemple : « Je ne dis point que vous avez reçu de l'argent des alliés; je ne m'arrête point à rappeler que vous avez pillé les cités, les royaumes, les maisons particulières; je passe sous silence vos rapines et vos brigandages. » Cette figure est très-utile, s'il est de notre intérêt de faire entrevoir une chose, qu'il ne conviendrait pas de montrer en détail, à cause de sa longueur, ou de son peu de noblesse; une chose trop difficile à prouver, trop facile à combattre : il vaut mieux alors faire naître un soupçon en termes couverts, que d'étaler des développemens exposés à mille attaques.

Disjunctio est, quum eorum, de quibus dicimus, aut utrumque, aut unumquodque certo concluditur verbo, sic : « Populus romanus Numantiam delevit, Carthaginem sustulit, Corinthum disjecit, Fregellas evertit. Nihil Numantinis vires corporis auxiliatæ sunt; nihil Carthaginiensibus scientia rei militaris adjumento fuit; nihil Corinthiis erudita calliditas præsidii tulit; nihil Fregellanis morum et sermonis societas opitulata est. » Item, « Formæ dignitas aut morbo deflorescit, aut vetustate exstinguitur. » Hic utrumque, et in superiore exemplo unamquamque rem certo verbo concludi videmus.

Conjunctio est, quum interpositione verbi et superiores orationis partes comprehenduntur, et inferiores, hoc modo : « Formæ dignitas aut morbo deflorescit, aut vetustate. »

Adjunctio est, quum verbum, quo res comprehenditur, non interponimus, sed aut primum, aut postremum collocamus. Primum, hoc pacto : « Deflorescit formæ dignitas aut morbo, aut vetustate. » Postremum sic : « Aut morbo, aut vetustate formæ dignitas deflorescit. » Ad festivitatem disjunctio est apposita; quare rarius utemur ea, ne satietatem pariat : ad brevitatem conjunctio; quare sæpius adhibenda est. Hæ tres exornationes de simplici genere manant.

XXVIII. Conduplicatio est, cum ratione amplificationis, aut commiserationis, ejusdem unius, aut plurium

La *disjonction* [48] a lieu lorsque l'une et l'autre, ou chacune des choses dont on parle, est déterminée par un mot spécial; ainsi : « Le peuple romain a détruit Numance, anéanti Carthage, renversé Corinthe, ruiné de fond en comble Frégelles. Les forces corporelles des Numantins n'ont pu les protéger; la science militaire des Carthaginois ne leur a été d'aucun secours; la politique rusée des Corinthiens ne les a point défendus; la communauté de mœurs et de langage avec Rome n'a point sauvé Frégelles. » Voyez encore : « La beauté se flétrit par la maladie, ou s'éteint par la vieillesse. » Dans ce dernier exemple l'une et l'autre idée, et dans l'exemple précédent chaque idée, se trouve déterminée par un mot spécial.

La *conjonction*, en interposant un mot, réunit la première partie d'une phrase à la seconde, comme : « La beauté se *flétrit* ou par la maladie ou par la vieillesse. »

Par l'*adjonction*, le mot qui sert de lien n'est point interposé, mais placé au commencement ou à la fin. Au commencement : *Deflorescit formæ dignitas aut morbo, aut vetustate*. A la fin : *Aut morbo, aut vetustate formæ dignitas deflorescit*. La disjonction est très-voisine du ton plaisant; aussi faut-il s'en servir rarement, de peur qu'elle n'engendre la satiété. La conjonction aime la brièveté, ce qui autorise à l'employer plus souvent. Ces trois figures découlent d'un seul et même genre.

XXVIII. La *conduplication* [49] est la répétition d'un seul mot ou de plusieurs, dans le but d'amplifier ou

verborum iteratio, hoc modo : « Tumultus Gracchi, Gracchi tumultus domesticos et intestinos comparant. » Item, « Commotus non es, quum tibi mater pedes amplexaretur, non es commotus? » Item, « Nunc etiam audes in horum conspectum venire, proditor patriæ, proditor, inquam, patriæ, venire audes in horum conspectum? » Vehementer auditorem commovet ejusdem redintegratio verbi, et vulnus majus efficit in contrario causæ; quasi aliquod telum sæpius perveniat in eamdem partem corporis.

Interpretatio est, quæ non iterans idem redintegrat verbum, sed id commutat, quod positum est, alio verbo, quod idem valeat, hoc modo : « Rempublicam radicitus evertisti, civitatem funditus dejecisti. » Item, « Patrem nefarie verberasti, parenti manus scelerate intulisti. » Necesse est ejus, qui audit, animum commoveri, quum gravitas prioris dicti renovatur interpretatione verborum.

Commutatio est, quum duæ sententiæ inter se discrepantes ex transjectione ita efferuntur, ut a priore posterior, contraria priori, proficiscatur, hoc modo : « Esse oportet, ut vivas; non vivere, ut edas. » Item, « Ea re poemata non facio, quia, cujusmodi volo, non possum; cujusmodi possum, nolo. » Item, « Quæ de illo dicuntur, dici non possunt; quæ dici possunt, non dicuntur. » Item, « Si poema loquens pictura est, pictura tacitum poema

d'émouvoir ; en voici trois exemples : « Les Gracques, oui les Gracques, excitent des troubles dans les familles, des troubles dans l'état. » — « Tu ne fus point touché quand une mère embrassait tes genoux, tu ne fus point touché ? » — « Osez-vous bien encore aujourd'hui paraître devant cette assemblée, vous traître à la patrie, oui, traître à la patrie, osez-vous paraître devant cette assemblée ? » La répétition du même mot frappe fortement l'auditeur, et fait à la cause adverse une plus large blessure, semblable à un glaive qui frappe à plusieurs reprises l'ennemi au même endroit.

L'interprétation ne répète pas le même mot, mais y substitue un mot différent qui a la même valeur, comme dans ces deux phrases : « Vous avez renversé la république de fond en comble ; vous l'avez radicalement détruite. » — « Vous avez indignement frappé votre père ; vous avez porté sur l'auteur de vos jours une main criminelle. » Il est nécessaire que l'esprit de l'auditeur soit ébranlé, lorsque l'impression faite par le premier mot est renouvelée par celui que l'interprétation y substitue.

La *commutation* [50] transpose réciproquement deux pensées différentes, de manière que la dernière naisse de la première, et que celle-ci sorte de l'autre ; par exemple : « Il faut manger pour vivre, et non vivre pour manger. » — « Je ne fais pas de poëme, parce que je ne puis en faire comme je voudrais, et que je ne veux pas en faire comme je pourrais. » — « Ce qu'on dit de cet homme, ne se peut dire ; ce qu'on pourrait dire, ne se dit pas de lui. » — « Si un poëme est un tableau parlant, un tableau doit être un poëme muet [51]. » — « C'est parce

debet esse. » Item, « Quia stultus es, ea re taces; non tamen, quia taces, ea re stultus es. » Non potest dici, quam commode fiat, quum contrariæ sententiæ translatione verba quoque convertantur. Plura subjecimus exempla, ut, quoniam difficile est hoc genus exornationis inventu, dilucidum esset, ut, quum bene esset intellectum, facilius in dicendo inveniretur.

XXIX. Permissio est, quum ostendimus in dicendo, nos aliquam rem totam tradere et concedere alicujus voluntati, sic : « Quoniam omnibus rebus ereptis, solus superest animus et corpus, hæc ipsa, quæ mihi de multis sola relicta sunt, vobis et vestræ condono potestati. Vos me, quo pacto vobis videbitur, utamini, atque abutamini licebit impune : in me, quidquid libet, statuite : dicite, atque obtemperabo. » Hoc genus tametsi alias quoque nonnunquam tractandum est, tamen ad misericordiam commovendam vehementissime est accommodatum.

Dubitatio est, quum quærere videtur orator, utrum de duobus potius, aut quid de pluribus potissimum dicat, hoc modo : « Obfuit eo tempore plurimum reipublicæ consulum sive stultitiam, sive malitiam dicere oportet, sive utrumque. » Item, « Tu istud ausus es dicere, homo omnium mortalium... ? nam quo te, digno moribus tuis, appellem nomine ? »

Expeditio est, quum, rationibus compluribus enumeratis, quibus aliqua res aut fieri, aut non fieri potuerit,

que vous êtes un sot, que vous vous taisez; ce n'est pas parce que vous vous taisez, que vous êtes un sot. » On ne peut dire tout ce qu'il y a de piquant dans cette transposition de deux pensées contraires où les mots se trouvent renversés. Nous en avons présenté plusieurs exemples, parce que, cette figure étant difficile à trouver, nous voulions en donner une idée nette, afin qu'il fût plus aisé de la traiter dans le discours.

XXIX. Par la *permission* [52], l'orateur déclare qu'il abandonne une chose, qu'il la livre sans réserve à la discrétion de quelqu'un; ainsi : « Puisque j'ai tout perdu, puisqu'on ne m'a laissé que mon âme et mon corps, je vous confie ce qui me reste de tant de biens, je les remets en votre pouvoir. Usez, abusez de ma personne comme il vous plaira, tout vous est permis sur moi : prononcez sur mon sort, parlez, et j'obéis. » Quoiqu'on puisse employer quelquefois cette figure dans d'autres circonstances, cependant elle convient plus particulièrement pour exciter la compassion.

Par la *dubitation* [53], l'orateur semble se demander laquelle de deux, ou de plusieurs choses, il doit dire de préférence; exemple : « La république souffrit beaucoup alors, dirai-je par l'incapacité ou par la perversité du consul, ou par l'une et l'autre à la fois. » — « Tu as osé tenir ce langage, ô de tous les hommes !.... en vérité je ne sais où trouver un nom digne de ton caractère. »

L'*expédition*, après avoir énuméré plusieurs raisons qui expliquent comment une chose a pu arriver ou ne

ceteræ tolluntur, una relinquitur, quam nos intendimus, hoc modo : « Necesse est, quum constet istum fundum nostrum fuisse, ostendas, te aut vacuum possedisse, aut usu tuum fecisse, aut emisse, aut hereditate tibi venisse. Vacuum, quum ego adessem, possidere non potuisti; tuum usu fecisse etiamnum non potes; emtio nulla profertur; hereditate tibi, me vivo, mea pecunia venire non potuit. Relinquitur ergo, ut me vi de meo fundo dejeceris. » Hæc exornatio plurimum juvabit conjecturales argumentationes; sed non erit, tanquam in plerisque, ut, quum velimus, ea possimus uti : nam facere id non poterimus, nisi nobis ipsa negotii natura dabit facultatem.

XXX. Dissolutio est, quæ, conjunctionibus verborum e medio sublatis, partibus separatis effertur, hoc modo: « Gere morem parenti, pare cognatis, obsequere amicis, obtempera legibus. » Item, « Descende in integram defensionem, noli quidquam recusare, da servos in quæstionem, stude verum invenire. » Hoc genus et acrimoniam habet in se, et vehementissimum est, et ad brevitatem accommodatum.

Præcisio est, quum dictis quibusdam, reliquum, quod cœptum est dici, relinquitur in audientium judicio, sic: « Mihi tecum præcertatio non est, ideo quod populus romanus me... nolo dicere, ne cui forte arrogans videar:

pas arriver, les élimine toutes, à l'exception d'une seule que nous dirigeons contre l'adversaire. On s'y prend ainsi : « Puisqu'il est constant que ce fonds m'appartenait, vous devez nécessairement établir qu'il était sans possesseur quand vous vous en êtes emparé, ou qu'il est devenu votre propriété par droit de prescription, ou que vous l'avez acheté, ou qu'il vous est arrivé par succession. Or, vous n'avez pu le prendre comme étant sans possesseur, puisque j'ai toujours fait acte de propriété ; vous ne sauriez alléguer la prescription ; on ne présente aucun titre de vente ; moi vivant, vous n'avez pu hériter de mon bien. Il en résulte que c'est par la violence que vous m'avez dépossédé. » Cette figure est d'un grand secours pour l'argumentation conjecturale ; mais nous ne pouvons pas l'employer à notre gré, comme la plupart des autres. Pour la mettre en œuvre, il faut que la nature du sujet nous y autorise.

XXX. La *dissolution*[54] est une figure qui, supprimant les conjonctions, présente les membres de phrase séparés. Exemple : « Suivez la volonté de votre père ; obéissez à votre famille ; cédez à vos amis ; soumettez-vous aux lois. » Autre exemple : « Descendez à une justification complète ; ne vous refusez à rien ; livrez vos esclaves à la question ; ne négligez rien pour découvrir la vérité. » Cette figure, pleine de vivacité et de véhémence, se prête à une expression rapide.

La *réticence*[55] a lieu lorsque, après avoir prononcé quelques mots, on s'interrompt et l'on abandonne au jugement de l'auditeur la phrase commencée. Exemple : « Mon démêlé avec vous ne vient point de ce que le peuple romain m'a..... je me tais, de peur qu'on ne

te autem saepe ignominia dignum putavit. » Item, « Tu ista nunc audes dicere, qui nuper alienae domui...? non ausim dicere, ne, quum te digna dixero, me indignum quidpiam dixisse videar. » Hic atrocior tacita suspicio, quam diserta explanatio facta est.

Conclusio est, quae brevi argumentatione ex iis, quae ante dicta sunt, aut facta, conficit id, quod necessario consequatur, hoc modo : « Quod si Danais datum erat oraculum, non posse capi Trojam sine Philoctetae sagittis, hae autem nihil aliud fecerunt, nisi Alexandrum perculerunt : hunc exstinguere, id nimirum capi fuit Trojam. »

XXXI. Restant etiam decem exornationes verborum, quas idcirco non vage dispersimus, sed a superioribus separavimus, quod omnes in uno genere positae sunt. Nam earum omnium hoc proprium est, ut ab usitata verborum potestate recedatur, atque in aliam rationem cum quadam venustate oratio conferatur.

De quibus exornationibus nominatio est prima, quae nos admonet, ut, cui rei nomen aut non sit, aut satis idoneum non sit, eam nosmet idoneo verbo nominemus, aut imitationis, aut significationis causa. Imitationis, hoc modo, ut majores « rudere, et vagire, et mugire, et murmurare, et sibilare » appellaverunt. Significandae rei causa, sic : « Postquam iste in rempublicam fecit

m'accuse de vanité; pour vous, il vous a souvent jugé digne de mépris. » — « Quoi! tu oses tenir ce langage, toi qui dernièrement dans la maison d'autrui...; je n'ose achever, de peur qu'en racontant des choses dignes de toi, je ne paraisse tenir des propos indignes de moi. » Ici la réticence fait naître un soupçon bien plus odieux que ne le serait une explication complète.

La *conclusion* [56] est une figure qui, par une courte argumentation, tire de ce qui a été dit ou fait précédemment, une conséquence nécessaire. Voici comme on s'y prend : « Puisqu'un oracle avait annoncé aux Grecs que Troie ne pourrait être prise sans les flèches de Philoctète, et que ces flèches n'ont servi qu'à tuer Pâris, il en résulte qu'immoler ce prince, ce fut prendre Troie. »

XXXI. Restent encore dix figures de mots [57] que nous n'avons pas voulu disperser çà et là, et que nous séparons des autres, parce qu'elles appartiennent au même genre. En effet, elles ont toutes la propriété d'éloigner les mots de leur signification usitée, pour les amener à une acception nouvelle qui contribue à l'ornement du discours.

La première de ces figures est l'*onomatopée* qui, lorsqu'une chose n'a point de nom, ou lorsqu'elle n'a pas un nom assez expressif, nous enseigne à trouver un mot qui la désigne avec exactitude, sous le rapport de l'imitation ou de la signification. Par imitation nos ancêtres ont créé ces mots : *rudere, mugire, vagire, murmurare, sibilare*. On voit, dans la phrase suivante, comment on renouvelle la signification d'un mot : *Postquam iste in rempublicam fecit impetum, fragor ci-*

impetum, fragor civitatis in primis est auditus. » Hoc genere raro utendum est, ne novi verbi assiduitas odium pariat : sed si commode quis eo utatur, et raro, non modo non offendet novitate, sed exornabit etiam orationem.

Pronominatio est, quæ sicuti cognomine quodam extraneo demonstrat id, quod suo nomine appellari non potest; ut, si quis, quum loquatur de Gracchis : « At non Africani nepotes, inquiet, istiusmodi fuerunt. » Item, si quis, de adversario quum dicat : « Videte nunc, inquiet, judices, quemadmodum me Plagiosippus iste tractarit. » Hoc pacto non inornate poterimus et in laudando, et in lædendo, aut corpore, aut animo, aut extraneis rebus dicere, sicuti cognomen, quod pro certo nomine collocemus.

XXXII. Denominatio est, quæ a propinquis et finitimis rebus trahit orationem, qua possit intelligi res, quæ non suo vocabulo sit appellata. Id aut ab inventore conficitur, ut si quis Tarpeium, loquens de Capitolio, nominet : aut ab invento, ut si quis pro Libero vinum, pro Cerere frugem appellet : aut ab instrumento dominum, ut si quis Macedonas appellarit, hoc modo : « Non tam cito sarissæ Græcia politæ sunt; » aut idem, Gallos significans, dicat : « Nec tam facile ex Italia materis Transalpina depulsa est : » aut id, quod fit, ab eo, qui facit; ut, si quis, quum bello velit ostendere aliquid

vitatis in primis est auditus. Il faut user rarement de l'onomatopée : le retour fréquent des termes nouveaux pourrait déplaire; mais si vous l'employez avec adresse et avec sobriété, cette originalité d'expression, loin d'offenser le goût, ajoute à la beauté du style.

L'*antonomase*[58] désigne par une espèce de surnom emprunté, ce qui ne peut être désigné par son propre nom. Par exemple, en parlant des Gracques : « Mais les petits-fils de l'Africain, dira-t-il, ne se conduisirent pas ainsi. » De même, si l'on disait d'un adversaire : « Voyez maintenant, juges, de quelle manière m'a traité ce *Plagiosippus*[59]. » Par cette figure nous pouvons, dans l'éloge ou dans le blâme, emprunter élégamment au corps, ou à l'esprit, ou aux choses extérieures, une espèce de surnom qui remplace le terme propre.

XXXII. La *métonymie*[60], pour exprimer une idée, n'emploie pas le terme propre, mais va chercher le nom d'une autre idée, voisine ou corrélative. Tantôt elle désigne une chose par le nom de l'inventeur, comme si, pour parler du *Capitole*, on se servait du mot *Tarpeius*. Tantôt elle donne pour le nom de l'inventeur celui de la chose inventée; ainsi, pour *Bacchus*, on dit *le vin;* pour *Cérès, le blé*[61]. Quelquefois on prend l'arme pour celui qui en fait usage, comme si on désignait ainsi les Macédoniens : « Les *Sarisses*[62] ne s'emparèrent pas de la Grèce si promptement. » Ou si l'on indiquait les Gaulois par ce mot : « La *matière* transalpine ne fut pas si aisément chassée de l'Italie. » La métonymie substitue

quempiam fecisse, dicat : « Mars istud te facere necessario coegit : » aut si, quod facit, ab eo, quod fit, ut, quum « desidiosam » artem dicemus, quia desidiosos facit; et frigus « pigrum, » quia pigros facit. Ab eo, quod continet, id, quod continetur, hoc modo denominabitur : « Armis Italia non potest vinci, nec Græcia disciplinis. » Nam hic pro Græcis et Italis, quæ continent, notata sunt. Ab eo, quod continetur, id, quod continet; ut, si quis aurum, vel argentum, aut ebur nominet, quum divitias velit nominare. Harum omnium denominationum magis in præcipiendo divisio, quam in quærendo difficilis inventio est, ideo quod plena consuetudo est non modo poetarum et oratorum, sed etiam quotidiani sermonis, hujusmodi denominationum.

Circuitio est oratio, rem simplicem assumta circumscribens elocutione, hoc pacto : « Scipionis providentia Carthaginis opes fregit. » Nam hic, nisi ornandi ratio quædam esset habita, Scipio potuit et Carthago simpliciter appellari.

Transgressio est, quæ verborum perturbat ordinem perversione, aut transjectione. Perversione, sic : « Hoc vobis deos immortales arbitror dedisse pietate pro vestra. » Transjectione, hoc modo : « Instabilis in istum plurimum fortuna valuit. » Item, « Omnes invidiose eripuit tibi bene vivendi casus facultates. » Hujusmodi transjectio, quæ rem non reddit obscuram, multum proderit

encore la cause à l'effet : pour montrer qu'une action a été faite à la guerre, on dira : « C'est *Mars* qui vous a contraint à vous conduire ainsi; » l'effet à la cause : on appelle *oisif* un art qui accoutume à l'oisiveté; on dit, dans le même sens, le froid *paresseux*, parce qu'il engourdit notre activité. Elle prend le contenant pour le contenu : « L'Italie ne peut être vaincue dans la guerre, ni la Grèce dans les arts. » Ici, au lieu des Grecs et des Italiens, on a nommé le pays qui contient ces peuples. Le contenu pour le contenant : si quelqu'un voulait désigner les richesses, il pourrait nommer l'or, ou l'argent, ou l'ivoire. Il est plus difficile de donner des règles sur ces différentes espèces de métonymies, que d'en trouver des exemples : car non-seulement les poètes et les orateurs en sont habituellement pleins, mais elles fourmillent dans nos conversations journalières.

La *périphrase*[63] prend une circonlocution pour exprimer une chose simple. Exemple : « La prudence de Scipion a brisé la puissance de Carthage. » Si l'orateur n'avait pas voulu embellir sa phrase, il aurait pu nommer simplement *Scipion*, *Carthage*.

L'*hyperbate*[64] ou *transgression* change l'ordre des mots, en les renversant ou en les transposant. En les renversant; par exemple : *Hoc vobis deos immortales arbitror dedisse* PIETATE PRO VESTRA. En les transposant : *Instabilis in istum plurimum fortuna valuit.* — *Omnes invidiose eripuit tibi bene vivendi casus facultates.* Quand ces transpositions ne rendent pas le sens obscur, elles sont très-favorables à la *continuation*,

ad continuationes, de quibus ante dictum est : in quibus oportet verba sint ad poeticum quemdam exstructa numerum, ut perfecte et perpolitissime possint esse absolutæ.

XXXIII. Superlatio est oratio superans veritatem, alicujus augendi, minuendive causa. Hæc sumitur separatim, aut cum comparatione. Separatim sic : « Quod si concordiam retinebimus, imperii magnitudinem solis ortu atque occasu metiemur. » Cum comparatione, aut similitudine, aut a præstantia [superlatio sumitur]. A similitudine sic : « Corpore niveum candorem, adspectu igneum ardorem assequebatur. » A præstantia, hoc modo : « Cujus ore sermo melle dulcior profluebat. » Ex eodem genere hoc est : « Tantus erat in armis splendor, ut solis fulgor obscurior videretur. »

Intellectio est, quum res tota parva de parte cognoscitur, aut de toto pars. De parte totum sic intelligitur : « Non illæ te nuptiales tibiæ ejus matrimonii commonebant? » Nam hic omnis sanctimonia nuptiarum, uno signo tibiarum intelligitur. De toto pars, ut si quis ei, qui vestitum aut ornatum sumtuosum ostentet, dicat : « Ostentas mihi divitias, et locupletes copias jactas. » Ab uno plura intelliguntur, hoc modo : « Pœno fuit Hispanus auxilio, fuit immanis ille Transalpinus : in Italia quoque idem nonnemo togatus sensit. » A pluribus unum sic intelligitur : « Atrox calamitas pectora mœrore pulsabat.

dont nous avons parlé plus haut, parce que cette figure construit les phrases selon le rhythme poétique, afin de leur donner le dernier poli et la dernière perfection.

XXXIII. L'*hyperbole*[65] est une expression qui sort des bornes de la vérité, soit pour augmenter, soit pour diminuer une chose. Elle a lieu séparément, ou par comparaison. Séparément, comme dans cette phrase : « Si nous restons unis, l'étendue de l'empire se mesurera entre le lever et le coucher du soleil. » L'hyperbole par comparaison est avec similitude, ou avec supériorité. Avec similitude : « Son corps était blanc comme la neige, et ses yeux ardens comme le feu » Avec supériorité : « De sa bouche coulaient des discours plus doux que le miel. » Autre hyperbole du même genre : « Tel était l'éclat de ses armes qu'il semblait obscurcir l'éclat du soleil. »

La *synecdoche* donne l'idée du tout en nommant une petite partie, ou l'idée d'une partie en nommant le tout. Exemple qui présente une partie pour le tout : « Ces flûtes nuptiales ne te rappelaient-elles pas ce mariage ? » Ici toute la cérémonie des noces est comprise sous cette seule idée de flûtes nuptiales. On présenterait le tout pour la partie, si l'on disait à un homme vêtu avec luxe, paré avec ostentation : « Vous étalez à mes yeux toutes vos richesses; vous jetez avec profusion les trésors de votre opulence. » La synecdoche donne encore le singulier pour le pluriel : « Le Carthaginois eut pour auxiliaire l'Espagnol; il eut le farouche Transalpin; et même l'Italien, sous la toge, a parfois embrassé sa cause. » Le

Itaque anhelans ex imis pulmonibus præ cura spiritus ducebatur. » Nam in superioribus plures Hispani, et Galli, et togati, hic unum pectus et unus pulmo intelligitur : et erit illic deminutus numerus festivitatis, hic adauctus gravitatis gratia.

Abusio est, quæ verbo simili et propinquo pro certo et proprio abutitur, hoc modo : « Vires hominis breves sunt, aut parva statura, aut longum in homine consilium; aut oratio magna; aut uti pauco sermone. » Nam hic facile est intellectu, finitima verba rerum dissimilium, ratione abusionis esse traducta.

XXXIV. Translatio est, quum verbum in quamdam rem transfertur ex alia re, quod propter similitudinem recte videbitur posse transferri. Ea utimur rei ante oculos ponendæ causa, sic : « Hic Italiam tumultus expergefecit terrore subito. » Brevitatis causa, sic : « Recens adventus exercitus subito civitatem exstinxit. » Obscœnitatis vitandæ causa, sic : « Cujus mater quotidianis nuptiis delectatur. » Augendi causa, sic : « Nullius mœror et calamitas istius explere inimicitias, et nefariam saturare crudelitatem potuit. » Minuendi causa, sic : « Magno se prædicat auxilio fuisse, quia paullulum in rebus difficillimis adspiravit. » Ornandi causa, sic : « Aliquando reipublicæ rationes, quæ malitia nocentum

pluriel pour le singulier : « Une affreuse calamité affligeait son cœur (*pectora*) : aussi, du fond de sa poitrine (*pulmonibus*) oppressée par le chagrin, arrachait-il avec peine un souffle haletant. » Dans le premier exemple, on veut faire entendre plusieurs Espagnols, plusieurs Gaulois, plusieurs Italiens; dans le second, on ne parle que d'un seul cœur, d'une seule poitrine. Le moins pour le plus a de la grâce; le plus pour le moins a de l'énergie.

La *catachrèse* [66], par une sorte d'abus, emploie au lieu de l'expression juste et propre, un mot analogue et d'un sens rapproché. Exemple : « *Vires hominis breves sunt; parva statura; longum in homine consilium; — oratio magna; — uti pauco sermone.* Dans ces expressions il est facile de remarquer que l'on a emprunté, par une sorte d'abus, les noms de choses différentes, mais rapprochées.

XXXIV. La *métaphore* [67] transporte le nom d'un objet à un autre objet, auquel il convient en vertu d'une similitude. Nous nous en servons pour mettre la chose sous les yeux; ainsi : « Ce bruit tumultueux éveilla l'Italie frappée d'une terreur subite. » Pour être plus rapide : « L'arrivée récente des troupes éteignit la liberté civile. » Pour éviter un mot obscène : « Sa mère se plaît à faire tous les jours un nouveau mariage. » Pour amplifier : « Il n'y eut ni gémissemens ni infortunes qui pussent assouvir le ressentiment, et rassasier la barbarie de ce monstre. » Pour diminuer : « Il se vante de nous avoir été d'un grand secours, parceque, dans des circonstances très-difficiles, il nous a aidés d'un léger souffle. » Enfin, pour orner le style : « Un jour, cette république qui languit desséchée par les crimes des citoyens pervers,

exaruerunt, virtute optimatum revirescent. » Translationem dicunt pudentem esse oportere, ut cum ratione in consimilem rem transeat, ne sine delectu temere et cupide videatur in dissimilem transcurrisse.

Permutatio est oratio, aliud verbis, aliud sententia demonstrans. Ea dividitur in tres partes, similitudinem, argumentum, contrarium. Per similitudinem sumitur, quum translationes [una aut plures] frequenter ponuntur a simplici ratione ductæ, sic : « Nam quum canes funguntur officiis luporum, cui præsidio pecua credemus? » Per argumentum tractatur, quum a persona, aut a loco, aut a re aliqua, similitudo, augendi aut minuendi causa, ducitur : « Ut si quis Drusum Gracchi nitorem obsoletum dicat. » Ex contrario ducitur sic : « Ut si quis hominem prodigum et luxuriosum illudens, parcum, et diligentem appellet. » Et in hoc postremo, quod ex contrario sumitur; et in illo primo, quod a similitudine ducitur, per translationem argumento poterimus uti. Per similitudinem, sic : « Quid ait hic rex, atque Agamemnon noster, sive, ut crudelitas est, potius Atreus? » Ex contrario : « Si quem impium, qui patrem verberaverit, Æneam vocemus; intemperantem et adulterum, Hippolytum nominemus. » Hæc sunt fere, quæ dicenda videbantur de verborum exornationibus. Nunc res ipsa monet, ut deinceps ad sententiarum exornationes transeamus.

reverdira par les vertus des gens de bien. » On veut que la métaphore ait une certaine retenue, qu'elle passe avec convenance de l'idée qui nous occupe à une idée semblable, et qu'elle n'aille pas sans discernement, dans sa folle ambition, courir après une idée toute différente.

La *permutation* [68] présente deux sens ; l'un, dans les mots ; l'autre, dans la pensée. On en distingue trois espèces : l'allégorie, l'allusion, l'antiphrase. Par l'allégorie on rassemble plusieurs métaphores dérivées de la même similitude. Exemple : « Lorsque les chiens font l'office des loups, à quelle garde confierons-nous les troupeaux ? » Par l'allusion nous tirons une similitude d'une personne, d'un lieu ou de quelque autre chose, pour donner plus de force à l'idée, ou pour l'affaiblir ; ainsi l'on dirait de Drusus : « Voilà l'éclat suranné de Gracchus. » Par antiphrase, « pour plaisanter un homme prodigue et débauché, vous le direz économe et sévère dans ses mœurs. » Dans cette dernière espèce de permutation qui repose sur l'antiphrase, et dans la première qui constitue l'allégorie, on peut aussi employer l'allusion métaphorique. En voici un exemple pour l'allégorie : « Que dit ce roi, notre Agamemnon, ou plutôt, car il est cruel, que dit cet Atrée ? » Pour l'antiphrase : « Si un impie a battu son père, nous disons c'est un Énée ; est-ce un homme intempérant, un adultère ? nous l'appelons Hippolyte. » Voilà, à peu près, ce que nous avions à dire sur les figures de mots. L'ordre des idées nous avertit de passer maintenant aux figures de pensées.

XXXV. Distributio est, quum in plures res, aut personas, negotia quædam dispertiuntur, hoc modo: « Qui vestrum, judices, nomen senatus diligit, hunc oderit necesse est : petulantissime enim semper iste oppugnavit senatum. Qui equestrem locum splendidissimum cupit esse in civitate, is oportet istum maximas pœnas dedisse velit, ne iste sua turpitudine ordini honestissimo maculæ atque dedecori sit. Qui parentes habetis, ostendite istius supplicio, vobis homines impios non placere. Quibus liberi sunt, statuite exemplum, quantæ pœnæ in civitate sint hominibus istiusmodi comparatæ. » Item, « Senatus officium est, consilio civitatem juvare; magistratus officium est, opera et diligentia consequi voluntatem senatus; populi officium est, res optimas, et homines idoneos maxime, suis sententiis deligere et probare. » — « Accusatoris officium est, inferre crimina; defensoris, diluere et propulsare; testis est, dicere, quæ sciat, aut audierit; quæsitoris est, unumquemque horum in officio suo continere. Quare, L. Cassi, si testem, præterquam quod sciat, aut audierit, argumentari, et conjectura prosequi patieris; jus accusatoris cum jure testimonii commiscebis, testis improbi cupiditatem confirmabis, reo duplicem defensionem parabis. » Est hæc exornatio copiosa : comprehendit enim brevi multa, et suum cuique tribuens officium, separatim res dividit plures.

XXXV. La *distribution* a lieu lorsque nous partageons certaines choses entre plusieurs objets ou plusieurs personnes ; exemple : « Celui d'entre vous, juges, à qui le nom du sénat est cher, doit détester l'accusé : car il attaqua toujours le sénat avec la dernière insolence. Celui qui désire que l'ordre équestre brille du plus vif éclat dans la république, doit vouloir qu'on livre ce misérable au dernier supplice, de peur que son infamie ne souille et ne déshonore un ordre respectable. Vous qui avez un père, montrez par le châtiment du coupable l'horreur que vous inspirent les cœurs dénaturés. Vous qui avez des enfans, montrez par un grand exemple quelle est la punition que nos lois réservent à des hommes tels que lui. » — « C'est le devoir du sénat de soutenir la république de ses conseils ; c'est le devoir des magistrats d'exécuter les décisions du sénat avec zèle et fidélité ; c'est le devoir du peuple de choisir ou de confirmer par ses suffrages les hommes les plus capables, les lois les plus justes. » — « Le devoir de l'accusateur est de dénoncer les crimes ; celui du défenseur, de les réfuter et de les repousser ; celui du témoin, de dire ce qu'il sait ou ce qu'il a entendu ; celui du président, de contenir chacun d'eux dans son devoir. C'est pourquoi, L. Cassius [69], si vous souffrez qu'un témoin, au delà de ce qu'il a vu ou entendu, poursuive des argumens et des conjectures, vous confondrez le droit de l'accusateur avec celui du témoin ; vous enhardirez les mensonges d'un témoin passionné ; vous réduirez l'accusé à se défendre deux fois. » Cette figure a de l'abondance ; elle comprend beaucoup en peu de mots, et attribuant à chacun son devoir, elle établit entre plusieurs choses des divisions bien marquées.

XXXVI. Licentia est, quum apud eos, quos aut vereri, aut metuere debemus, tamen aliquid pro jure nostro dicimus, quod eos minime offendat, aut quos ii diligunt, quum in aliquo errato vere reprehendi posse videantur, hoc modo : « Miramini, Quirites, quod ab omnibus vestræ rationes deserantur? quod causam vestram nemo suscipiat? quod se nemo vestri defensorem profiteatur? Id tribuite vestræ culpæ; atque desinite mirari. Quid enim est, quare non omnes istam rem fugere ac vitare debeant? Recordamini, quos habueritis defensores; studia eorum vobis ante oculos proponite; deinde exitus omnium considerate. Tum vobis veniet in mentem, ut vere dicam, negligentia vestra, sive ignavia potius illos omnes ante oculos vestros trucidatos esse, inimicos eorum vestris suffragiis in amplissimum locum pervenisse. » Item, « Nam quid fuit, judices, quare in sententiis ferendis dubitaveritis, aut istum hominem nefarium ampliaveritis? Non apertissimæ res erant crimini datæ? non omnes hæ testibus comprobatæ? non contra tenuiter et nugatorie responsum? Hic vos veriti estis, si primo cœtu condemnassetis, ne crudeles existimaremini? Dum eam vitastis vituperationem, quæ longe a vobis erat abfutura, eam invenistis, ut timidi atque ignavi putaremini. Maximas, et privatas, et publicas calamitates accepistis : quum etiam majores impendere videantur, sedetis et oscitamini. Luce noctem, nocte lucem

XXXVI. Nous nous servons de la *licence* 70 lorsque, parlant à des personnes que nous devons respecter ou craindre, nous leur reprochons, sans sortir de notre droit, sans les blesser, sans offenser leurs amis, les fautes dans lesquelles ils sont tombés. « Vous vous étonnez, Romains, que tout le monde abandonne vos intérêts, que personne n'embrasse votre cause, que personne ne se déclare votre défenseur? Attribuez cette conduite à vos propres fautes, et cessez d'en être surpris. Et comment chacun ne s'empresserait-il pas de fuir et d'éviter votre parti? Ressouvenez-vous de ceux que vous avez eus pour défenseurs; remettez-vous sous les yeux leur dévoûment à vos intérêts, et considérez ensuite quel fut leur sort! Alors vous reconnaîtrez, pour parler avec franchise, que votre insouciance, ou plutôt votre lâcheté, les a laissé massacrer devant vos yeux, tandis que vos suffrages ont élevé leurs ennemis aux plus hautes dignités. » Autre exemple: « Quel motif, juges, vous a fait différer votre sentence? pourquoi accorder à ce scélérat un plus ample informé? N'avait-on pas appuyé l'accusation des preuves les plus manifestes? Ces preuves n'étaient-elles pas toutes confirmées par les témoins? Qu'a-t-il répondu? des puérilités, des bagatelles. Sans doute vous avez craint, si vous le condamniez dès la première audience, d'être accusés de cruauté. En voulant éviter un blâme, qui ne pouvait vous atteindre, vous avez mérité le reproche de faiblesse et de lâcheté. Vous avez attiré sur les particuliers et sur l'état des calamités sans nombre; et lorsque de plus grandes encore semblent nous menacer, vous restez immobiles, incertains! Le jour, vous attendez la nuit; la nuit, vous attendez le jour. A chaque instant vous recevez une nouvelle affligeante, douloureuse; et

exspectatis. Aliquid quotidie acerbi atque incommodi nuntiatur, et eum, cujus opera vobis hæc accidunt, remoramini diutius et alitis; ac reipublicæ perniciem retinetis, quoad potestis, in civitate. »

XXXVII. Ejusmodi licentia si nimium videbitur acrimoniæ habere, multis mitigationibus lenietur. Nam continuo aliquid hujusmodi licebit inferre : « Hic ego virtutem vestram quæro, sapientiam desidero, veterem consuetudinem requiro; » ut quod erit commotum licentia, id mitigetur laude; ut altera res ab iracundia et molestia removeat, altera ab errato deterreat. Hæc res, sicut in amicitia, ita in dicendo, si loco fit, maxime facit, ut et illi, qui audient, a culpa absint, et nos, qui dicimus, amici ipsorum et veritatis esse videamur.

Est autem quoddam genus licentiæ in dicendo, quod astutiore ratione comparatur : quum aut ita objurgamus eos, qui audiunt, quomodo ipsi se cupiant objurgari : aut id, quod scimus facile omnes audituros, dicimus nos timere, quomodo accipiant; sed tamen veritate commoveri, ut nihilo secius dicamus. Horum amborum generum exempla subjiciemus. Prioris, hujusmodi : « Nimium, Quirites, animis estis simplicibus et mansuetis; nimium creditis unicuique. Existimatis unumquemque eniti, ut perficiat, quæ vobis pollicitus sit. Erratis, et frustra falsa spe jam diu detinemini. Stultitia vestra id, quod erat in vestra potestate, ab aliis petere, quam ipsi sumere ma-

vous conservez, vous nourrissez dans votre sein l'auteur de tous ces maux ! Autant que vous le pouvez, vous retenez dans la république, le fléau de la patrie. »

XXXVII. Si une licence de ce genre paraît avoir trop de violence, il y a beaucoup de correctifs qui l'adouciront. On peut ajouter immédiatement : « Ici je cherche en vain votre vertu; je regrette votre sagesse; je ne retrouve plus vos anciennes coutumes. » Ainsi l'irritation soulevée par la licence, se calmera par une louange adroite, et nous écarterons le mécontentement et la colère, en même temps que nous détournerons d'une faute. Ces précautions prises à propos, dans l'usage de la parole, comme dans l'amitié, ont le grand avantage de préserver d'un faux pas ceux qui nous écoutent, et de prouver que nous sommes à la fois leurs amis et ceux de la vérité.

Il est une autre espèce de licence oratoire qui exige plus de finesse : c'est lorsque nous reprenons nos auditeurs de la manière dont ils veulent être repris, ou lorsque, sachant bien qu'ils entendront volontiers nos reproches, nous semblons craindre qu'ils ne les reçoivent mal, et cependant persister à les exprimer, parce que la vérité nous entraîne. Nous ajouterons des exemples de ces deux sortes de licences. Exemple de la première : « Romains, vous avez dans l'esprit trop de candeur et de bonté; vous vous livrez à tout le monde avec une confiance excessive. Vous pensez que chacun s'efforce d'accomplir ce qu'il vous a promis. C'est une erreur, et depuis long-temps cette fausse espérance vous abuse. Quand votre destinée était entre vos mains, vous avez

luistis. » Posterioris licentiæ hoc erit exemplum : « Mihi cum isto, judices, fuit amicitia; sed ista amicitia, tametsi vereor quomodo accepturi sitis, dicam tamen, vos me privastis. Quid ita ? Quia, ut vobis essem probatus, eum, qui vos oppugnabat, inimicum, quam amicum habere malui. » Ergo hæc exornatio, cui licentiæ nomen est, sicuti demonstravimus, duplici ratione tractabitur : acrimonia, quæ si nimium fuerit aspera, mitigabitur laude : et assimulatione, de qua posterius diximus, quæ non indiget mitigationis, propterea quod imitatur licentiam, et sua sponte ad animum auditoris se accommodat.

XXXVIII. Deminutio est, quum aliquid esse in nobis, aut in iis, quos defendimus, aut natura, aut forma, aut industria dicemus egregium : quod, ne qua significetur arrogans ostentatio, deminuitur et attenuatur oratione, hoc modo : « Nam hoc pro meo jure, judices, dico, me labore et industria curasse, ut disciplinam militarem non in postremis tenerem. » Hic si quis dixisset, « ut optime tenerem, » tametsi vere dixisset, tamen arrogans visus esset. Nunc et ad invidiam vitandam, et ad laudem comparandam satis dictum est. Item, « Utrum igitur avaritiæ causa, an egestatis, accessit ad maleficium ? Avaritiæ ? at largissimus fuit in amicos; quod signum liberalitatis est, quæ est contraria avaritiæ. Egestatis ? at huic quidem pater (nolo nimium dicere) non

eu la folie de demander aux autres ce qui ne dépendait que de vous. » Exemple de la seconde espèce de licence : « Entre cet homme et moi, juges, il y eut des liens d'amitié ; mais cette amitié (bien que je craigne de vous déplaire, je parlerai franchement), c'est vous qui me l'avez ravie. Et comment ? parce que, afin de conserver votre faveur, j'ai mieux aimé avoir pour ennemi que pour ami celui qui vous attaquait. » Ainsi, la figure nommée licence peut, comme nous l'avons montré, se traiter de deux manières : avec une véhémence, que l'on tempérera par un mot d'éloge, si elle paraît trop violente ; ou bien avec cette feinte dont nous avons parlé en dernier lieu, et qui n'a pas besoin de correctif, parce que, si elle prend les dehors de la licence, elle s'applique néanmoins à s'introduire dans l'esprit des auditeurs.

XXXVIII. L'orateur emploie la *diminution*[71] lorsqu'il lui faut louer, en lui-même ou dans ses cliens, le caractère, la beauté, les talens ; alors, pour ne point se donner un air d'arrogance, on diminue, on affaiblit par ses paroles les avantages que l'on rappelle ; comme dans cet exemple : « Car il m'est permis de le dire, juges, j'ai employé mes efforts et mon application, pour ne point être un des derniers dans la science militaire. » Si l'orateur avait dit : « Pour être au premier rang, » quand même il eût dit vrai, on l'aurait accusé de présomption. Il a dit précisément ce qu'il fallait, et pour ne point éveiller l'envie, et pour faire valoir son mérite. Autre exemple : « Est-ce l'avarice ou le besoin qui l'a entraîné au crime ? L'avarice ? mais il a été prodigue envers ses amis, ce qui est un effet de la libéralité, c'est-à-dire, du contraire de l'avarice. Le besoin ? mais son père (je ne veux point exagérer) ne lui a pas laissé un mince héri-

tenuissimum patrimonium reliquit. » Hic quoque vitatum est, ne magnum aut maximum diceretur. Hoc igitur in nostris, aut eorum, quos defendemus, egregiis commodis proferendis observabimus. Nam ejusmodi res et invidiam contrahunt in vita, et odium in oratione, si inconsiderate tractes. Quare, quemadmodum ratione in vivendo fugitur invidia, sic in dicendo, consilio vitatur odium.

XXXIX. Descriptio nominatur, quæ rerum consequentium continet perspicuam et dilucidam cum gravitate expositionem, hoc modo : « Quod si istum, judices, vestris sententiis liberaveritis, statim sicut e cavea leo missus, aut aliqua teterrima bellua soluta ex catenis, volitabit et vagabitur in foro, acuens dentes inultos, in cujusque fortunas, in omnes amicos atque inimicos, notos atque ignotos incursans; aliorum famam depeculans, aliorum caput oppugnans, aliorum domum atque omnem familiam perfringens, rempublicam funditus labefactans. Quare, judices, ejicite eum de civitate, liberate omnes formidine : vobis denique ipsis consulite; nam si istum impunitum dimiseritis, in vosmet ipsos, mihi credite, feram et truculentam bestiam immiseritis. » Item, « Nam si de hoc, judices, gravem sententiam tuleritis, uno judicio simul multos jugulaveritis. Grandis natu parens, cujus spes senectutis omnis in hujus adolescentia posita est, quare velit in vita manere, non

tage. » L'orateur évite de dire un grand ou un tres-grand héritage. Nous observerons donc cette réserve en parlant de nos avantages ou de ceux de nos cliens. Car celui qui parle de sa supériorité avec maladresse, dans la société soulève l'envie, dans un discours s'attire la haine. Or, de même que, dans la société, la prudence nous fait échapper à l'envie; ainsi, dans un discours, une sage réserve nous met à l'abri de la haine.

XXXIX. On appelle *description*[72] la peinture de toutes les conséquences d'un fait, dans un tableau qui réunit la clarté, l'éclat et la noblesse. Par exemple : « Juges, si vos suffrages le rendent à la liberté, aussitôt, semblable à un lion lâché de sa cage, ou à quelque autre animal féroce qui a rompu sa chaîne, vous le verrez courir, errer sur le Forum, aiguiser ses dents impunies, se ruer sur toutes les fortunes; attaquer amis, ennemis, connus, inconnus; piller la renommée des uns, menacer la vie des autres, briser l'asile des foyers domestiques, le sanctuaire des familles, saper la république jusque dans ses fondemens. C'est pourquoi, juges, chassez-le de notre patrie, délivrez tous les citoyens de la terreur qu'il leur inspire; songez enfin à votre propre salut; car, si vous le renvoyez impuni, ce sera, croyez-moi; un monstre farouche et sanguinaire que vous aurez déchaîné contre vous-mêmes. » Second exemple : « Juges, si vous prononcez sur ce malheureux une sentence funeste, vous frapperez du même coup bien d'autres victimes. Un père chargé d'années, qui fondait sur la jeunesse de son fils toutes les espérances de sa vieillesse, n'aura plus rien qui l'attache à la vie; des enfans en bas

habebit; filii parvi, privati patris auxilio, ludibrio et despectui paternis inimicis erunt oppositi; tota domus hujus indigna concidet calamitate : at inimici statim sanguinolenta palma, crudelissima victoria potiti, insultabunt in horum miserias, et superbi re simul et verbis invehentur. » Item, « Nam neminem vestrum fugit, Quirites, capta urbe, quæ miseriæ consequi soleant : arma qui contra tulerint, statim crudelissime trucidantur; ceteri, qui possunt per ætatem et vires laborem ferre, rapiuntur in servitutem; qui non possunt, vita privantur : uno denique atque eodem tempore domus hostili flagrat incendio, et quos natura, aut voluntas necessitudine, aut benivolentia conjunxit, distrahuntur: liberi partim e gremiis parentum diripiuntur, partim in sinu jugulantur, partim ante pedes constuprantur. Nemo, judices, est, qui possit satis rem consequi verbis, nec referre oratione magnitudinem calamitatis. » Hoc genere exornationis, vel indignatio, vel misericordia potest commoveri, quum res consequentes comprehensæ universæ perspicua breviter exprimuntur oratione.

XL. Divisio est, quæ rem semovens ab re, utramque absolvit, ratione subjecta, hoc modo : « Cur ego nunc tibi quidquam objiciam? Si probus es, non meruisti: sin improbus, non commoveris. » Item, « Quid nunc ego de meis promeritis prædicem? Si meministis, obtundam: sin obliti estis, quum re nihil egerim, quid est, quod

âge, privés des secours paternels, deviendront le jouet et la risée des ennemis de leur père; l'affreuse calamité qui s'appesantira sur lui, écrasera toute une famille; et cependant leurs persécuteurs, maîtres d'une palme sanglante et d'une victoire odieuse, insulteront à leur misère, et joindront l'arrogance des paroles, à l'arrogance de leur conduite. » Troisième exemple : « Romains, personne de vous n'ignore les maux horribles qui fondent sur une ville prise d'assaut. Quiconque a porté les armes est d'abord impitoyablement massacré; on traîne en esclavage ceux à qui leur âge et leurs forces permettent de supporter le travail; les malheureux qu'on juge inutiles, sont privés de la vie; en même temps, l'incendie qu'allume le vainqueur, dévore les maisons; ceux qu'avait unis la nature ou la tendresse sont violemment séparés; des enfans sont arrachés des bras de leurs parens, d'autres égorgés sur le sein de leurs mères, d'autres déshonorés sous leurs yeux. Il n'est personne, juges, qui puisse trouver des paroles pour un tel sujet, qui puisse exprimer dans un discours la grandeur de cette calamité. » Cette figure convient pour exciter l'indignation ou la pitié, lorsque toutes les suites d'un fait sont rassemblées dans une exposition claire et rapide.

XL. La *division* [73] est une figure qui, séparant deux idées, explique l'une et l'autre, en s'appuyant d'une raison pour chacune; par exemple : « Pourquoi vous adresserais-je maintenant des reproches? si vous êtes honnête homme, vous ne les avez point mérités; si vous êtes sans probité, il ne vous toucheront point. » De même : « Qu'ai-je besoin maintenant de vous rappeler

verbis proficere possim? » Item, « Duæ res sunt, quæ possunt homines ad turpe compendium commovere, inopia atque avaritia. Te avarum in fraterna divisione cognovimus : inopem atque egentem nunc videmus. Qui potes igitur ostendere causam maleficii non fuisse? » Inter hanc divisionem, et illam, quæ de partibus orationis tertia est, de qua in libro primo diximus secundum narrationem, hoc interest : illa dividit per enumerationem, aut per expositionem, quibus de rebus in tota oratione disputatio futura sit; hæc se statim explicat, et brevi duabus aut pluribus partibus subjiciens rationes, exornat orationem.

Frequentatio est, quum res in tota causa dispersæ coguntur in unum, quo gravior, aut acrior, aut criminosior oratio sit, hoc pacto : « A quo tandem abest iste vitio? Quid est, judices, cur velitis eum liberare? Suæ pudicitiæ proditor est, insidiator alienæ; cupidus, intemperans, petulans, superbus; impius in parentes, ingratus in amicos, infestus in cognatos, in superiores contumax, in æquos et pares fastidiosus, in inferiores crudelis, denique in omnes intolerabilis. »

XLI. Ejusdem generis est illa frequentatio, quæ plurimum conjecturalibus causis opitulatur, quum suspi-

mes services? si vous vous en souvenez, je ne ferai que vous fatiguer; si vous en avez perdu le souvenir, mes paroles laisseront-elles une impression plus durable que mes actions ? » De même encore : « Deux choses peuvent entraîner les hommes à rechercher un profit illégitime, la misère et l'avidité des richesses. Nous vous avons reconnu pour avide, dans le partage que vous avez fait avec votre frère; maintenant nous vous voyons dans la misère et dans le besoin. Comment donc nous prouver que vous n'aviez point de motifs pour commettre une mauvaise action ? » Entre cette division et la troisième partie du discours dont nous avons parlé dans le premier livre, à la suite de la narration, il y a cette différence : l'une divise, par énumération ou par exposition, les idées qui doivent être discutées dans tout le discours ; l'autre se développe sur-le-champ en deux ou plusieurs parties, ajoute à chacune sa preuve, et contribue ainsi à l'ornement du discours.

L'accumulation réunit en un seul faisceau des idées éparses dans toute la cause, afin de rendre l'argumentation plus forte, plus vive, plus accablante; ainsi : « Enfin, de quel vice est-il exempt? A quel titre, juges, voudriez-vous l'absoudre? lui, qui prostitue sa pudeur et tend des pièges à celle d'autrui; cupide, intempérant, effronté, arrogant; impie envers ses parens, ingrat envers ses amis, persécuteur de sa famille, rebelle à ses supérieurs, dédaigneux envers ses égaux et ses pareils, cruel envers ses inférieurs, véritable fléau insupportable à tout le monde! »

XLI. Il y a une accumulation du même genre, qui est d'un grand secours dans les causes conjecturales, lorsque des soupçons qui, présentés isolément, seraient

ciones, quæ separatim dictæ, minutæ et infirmæ erant, unum in locum coactæ rem videntur perspicuam facere, non suspiciosam, hoc pacto : « Nolite igitur, nolite, judices, ea, quæ dixi, separatim spectare; sed omnia colligite, et conferte in unum. Si et commodum ad istum ex illius morte veniebat, et vita hominis est turpissima, animus avarissimus, fortunæ familiares attenuatissimæ, et res ista bono nemini præter istum fuit; neque alius quisquam æque commode, neque iste aliis commodioribus rationibus facere potuit; neque præteritum quidquam est ab isto, quod opus fuerit ad maleficium, neque factum, quod opus non fuerit; et quum locus idoneus maxime quæsitus, tum occasio aggrediendi commoda, tempus adeundi opportunissimum, spatium conficiendi longissimum sumtum est, non sine maxima occultandi et perficiendi maleficii spe; et præterea ante, quam occisus homo is est, iste visus est in eo loco, in quo est occisio facta, solus; paullo post in ipso maleficio, vox illius, qui occidebatur, audita est; deinde post occisionem, istum multa nocte domum rediisse constat; postera die titubanter et inconstanter de occisione illius locutum; hæc partim testimoniis, partim quæstionibus et argumentis omnia comprobantur, et rumore populi, quem ex argumentis natum, necesse est esse verum : vestrum est, judices, his in unum locum collatis, certam sumere scientiam, non suspicionem maleficii. Nam unum aliquid,

faibles et légers, peuvent en se réunissant, conduire, non pas à la probabilité, mais à la certitude, comme dans cette argumentation : « N'allez pas, juges, considérer séparément les preuves que j'ai données : il faut les rapprocher, les voir dans leur ensemble. L'accusé trouvait son avantage dans la mort de cet homme ; on connaît la turpitude de sa vie, son avidité, le délabrement de sa fortune ; le crime ne fut avantageux qu'à lui ; nul autre n'eût pu l'exécuter aussi facilement, et lui-même ne pouvait mieux choisir ses moyens ; il n'a rien omis de ce qui devait assurer le succès ; il n'a rien fait qui pût le compromettre : le lieu était le plus propre à une surprise, l'occasion favorable, l'instant de l'attaque on ne peut plus propice ; il avait pris tout le temps nécessaire à l'accomplissement de son projet, et pouvait compter sur le secret et sur le succès de son crime ; ajoutez qu'avant l'assassinat on l'a vu seul dans le lieu où il a été commis ; peu après, au moment ou le meurtre s'exécutait, la voix de la victime a été entendue ; ensuite, après l'homicide, il est constant qu'il n'est rentré dans sa maison que bien avant dans la nuit ; le lendemain, en parlant de la mort de cet homme, il a balbutié et s'est contredit ; tous ces faits sont démontrés, en partie par les témoignages, en partie par la question, par les indices et par la rumeur publique, qui, fondée sur ces indices, doit être conforme à la vérité : c'est donc à vous, juges, de tirer de toutes ces preuves réunies, non pas le soupçon, mais la certitude de la culpabilité : car, si le hasard a pu élever contre le prévenu une ou deux de ces présomptions, il est impossible que toutes, depuis la première jusqu'à la dernière, s'accordent par un simple effet du hasard. » Cette figure est véhémente, et presque tou-

aut alterum potest in istum casu cecidisse suspiciose : ut omnia inter se a primo ad postremum conveniant [maleficia], necesse est casu non posse fieri. » Vehemens est hæc exornatio, et in conjecturali constitutione causæ ferme semper necessaria, et in ceteris generibus causarum, et in omni oratione adhibenda nonnunquam.

XLII. Expolitio est, quum in eodem loco manemus, et aliud atque aliud dicere videmur. Ea dupliciter fit, si aut eamdem plane rem dicemus, aut de eadem re. Eamdem rem dicemus, non eodem modo (nam id quidem obtundere auditorem est, non rem expolire), sed commutate. Commutabimus tripliciter, verbis, pronuntiando, tractando. Verbis commutabimus, quum, re semel dicta, iterum, aut sæpius, aliis verbis, quæ idem valeant, eadem res proferetur, hoc modo : « Nullum tantum est periculum, quod sapiens pro salute patriæ vitandum arbitretur. Quum agetur incolumitas perpetua civitatis, qui bonis erit rationibus præditus, profecto nullum vitæ discrimen sibi pro fortunis reipublicæ fugiendum putabit; et erit in ea sententia semper, ut pro patria studiose quamvis in magnam descendat vitæ dimicationem. » Pronuntiando commutabimus, si tum in sermone, tum in acrimonia, tum in alio atque alio genere vocis atque gestus, eadem verbis commutando, pronuntiationem quoque vehementius immutabimus. Hoc neque commodissime scribi potest, neque parum est apertum :

jours nécessaire dans les causes conjecturales ; mais on peut aussi l'employer quelquefois dans les autres genres de causes, et dans toutes sortes de discours.

XLII. *L'expolition* [74] s'arrête sur une même pensée, et semble cependant ajouter toujours quelque chose de nouveau. Elle se traite de deux façons : ou elle dit tout-à-fait la même chose, ou seulement elle parle de la même chose. Nous dirons la même chose, non pas de la même manière (car ce serait fatiguer l'auditeur, sans ajouter à l'éclat du discours), mais avec des changemens. Ces changemens se font, ou dans les termes, ou dans la prononciation, ou dans le tour de la pensée. Nous changerons l'idée au moyen des termes, lorsqu'après l'avoir d'abord énoncée, nous la répéterons une seconde fois, où à plusieurs reprises, en termes équivalens ; par exemple : « Il n'est point de danger si grand que le sage n'affronte pour le salut de sa patrie. Quand il s'agira de perpétuer la prospérité de l'état, le bon citoyen exposera sa tête à tous les périls, pour défendre la fortune publique ; et si l'intérêt du pays réclame son bras, il n'hésitera jamais, quel que soit le danger, à s'y précipiter avec ardeur. » Nous changerons l'idée au moyen de la prononciation, si, passant du ton simple au ton véhément et à toutes les autres modifications de la voix et du geste, en même temps qu'une pensée unique se diversifie par les termes, nous la varions plus énergiquement encore par le débit. Il n'est pas facile de réduire

quare non eget exempli. Tertium genus est commutationis, quod tractando conficitur, si sententiam trajiciemus aut ad sermocinationem, aut ad exsuscitationem.

XLIII. Sermocinatio est (de qua planius paullo post suo loco dicemus; nunc breviter ad hanc rem, quod satis sit, attingemus), in qua constituetur alicujus personæ oratio accommodata ad dignitatem, hoc modo, ut, quo facilius res cognosci possit, ne ab eadem sententia recedamus : « Sapiens, qui omnia reipublicæ causa suscipienda pericula putabit, sæpe ipse secum sic loquetur : Non mihi soli, sed etiam, atque adeo multo potius, natus sum patriæ : vita, quæ fato debetur, saluti patriæ potissimum solvatur. Aluit hæc me : tute atque honeste produxit usque ad hanc ætatem : muniit meas rationes bonis legibus, optimis moribus, honestissimis disciplinis. Quid est, quod a me satis ei persolvi possit, unde hæc accepta sunt? Quia hæc loquitur secum sapiens, sæpe ego in periculis reipublicæ nullum ipse periculum fugi. » Item mutatur res tractando, si traducitur ad exsuscitationem, quum et nos commoti dicere videamur, et auditoris animum commovemus, sic : « Quis est tam tenui cogitatione præditus, cujus animus tantis angustiis invidiæ continetur, qui non hunc hominem studiosissime laudet, et sapientissimum judicet, qui pro salute patriæ, pro incolumitate civitatis, pro reipublicæ fortunis quam-

ce conseil en préceptes, mais il est aisé de le mettre en pratique : on nous dispensera donc de donner des exemples. La troisième espèce de changement dépend du tour de la pensée, selon que nous donnons à notre phrase la forme du dialogisme ou celle de l'interrogation.

XLIII. Le *dialogisme*, dont nous parlerons bientôt avec plus de détails, ne nous arrêtera maintenant qu'autant que la question l'exige : c'est une figure qui met dans la bouche d'un personnage un discours conforme à sa dignité. Pour faire mieux saisir la chose, je ne m'éloignerai pas de mon premier exemple : « Le sage qui croira devoir braver tous les dangers pour la défense de l'état, se dira souvent : Ce n'est pas pour moi seul, mais c'est bien plus encore pour ma patrie que je suis né. Cette vie que je ne pourrai refuser au destin [75], sacrifions-la plutôt au salut de la patrie. La patrie m'a nourri; elle m'a assuré jusqu'à ce jour une existence paisible et honorable; elle a protégé ma vie par des lois sages, par d'excellentes coutumes, par une éducation libérale. Par quels services pourrai-je payer les bienfaits que j'ai reçus de ma patrie? Ces paroles du sage m'ont souvent déterminé, dans les dangers publics, à braver tous les périls pour la défense de mon pays. » Le changement opéré par le tour de phrase prend la forme de l'*interrogation*, lorsque, vivement émus nous-mêmes, nous voulons émouvoir les autres; ainsi : « Est-il un homme d'un esprit assez rampant, d'un cœur assez resserré par l'envie, pour ne pas louer avec enthousiasme, pour ne pas regarder comme vraiment sage, celui qui, pour le salut de la patrie, pour la prospérité de l'état, pour la conservation de la fortune publique, méprise les plus grands, les plus horribles dangers, les cherche

vis magnum atque atrox periculum studiose suscipiat, et libenter subeat? Equidem hunc hominem magis cupio satis laudare, quam possum; idemque hoc certo scio vobis omnibus usu venire. »

Eadem res igitur his tribus in dicendo commutabitur, rebus, verbis, pronuntiando, tractando : sed tractando dupliciter, sermocinatione, et exsuscitatione. Sed de eadem re quum dicemus, pluribus utemur commutationibus. Nam quum rem simpliciter pronuntiaverimus, rationem poterimus subjicere : deinde dupliciter, vel sine rationibus, vel cum rationibus pronuntiare sententiam : deinde afferre contrarium; de quibus omnibus diximus in verborum exornationibus : deinde simile et exemplum, de quo suo loco plura dicemus : deinde conclusionem, de qua in secundo libro, quæ opus fuerunt, diximus, demonstrantes, argumentationem quemadmodum concludere oporteat. In hoc libro docuimus, cujusmodi esset exornatio verbi, cui conclusioni nomen est.

XLIV. Ergo hujusmodi vehementer ornata poterit esse expolitio, quæ constabit ex frequentibus verborum exornationibus et sententiarum. Hoc modo igitur septem partibus tractabitur. Sed ab ejusdem sententiæ non recedemus exemplo, ut scire possis, quam facile præceptione rhetorica res simplex multiplici ratione tractetur. « Sapiens nullum pro republica periculum vitabit; ideo quod sæpe fit, ut, quum pro republica perire noluerit, necessario

avec ardeur, s'y précipite avec joie? Pour moi, je sens dans mon cœur le désir, bien plus que le pouvoir, de louer dignement un tel homme; et je suis assuré qu'il en est de même de vous tous. »

Une même chose peut donc se varier dans le discours de trois manières : par les termes, par la prononciation, par les tours de phrase; et ces derniers prennent ou la forme du dialogisme, ou celle de l'interrogation. Mais si nous nous bornons à parler sur une même chose, les moyens de varier le discours sont plus nombreux. Lorsque nous aurons simplement *énoncé la chose*, nous pourrons y joindre une *preuve*, puis prononcer une *sentence*, qui se présentera avec ou sans preuves; ensuite, nous ferons usage des *contraires* (on a parlé de tout cela dans les figures de mots); nous passerons à la *similitude*, à l'*exemple*, dont nous parlerons en détail quand le moment sera venu; nous finirons par la *conclusion*, sur laquelle on a enseigné tout ce qui était nécessaire, en exposant, dans le second livre, la manière de conclure une argumentation. Dans ce livre même, nous avons fait connaître la figure de mots qui porte le nom de *conclusion*.

XLIV. Ainsi une expolition de ce genre sera très-brillante, quand elle se composera d'un grand nombre de figures de mots et de pensées. En suivant la marche que nous indiquons, elle aura sept parties. Reprenons encore le même exemple, pour vous montrer avec quelle facilité, grâce aux règles de l'art, une seule idée peut se traiter de diverses manières : « Le sage, quand il s'agit de la patrie, ne se refuse à aucun danger; il sait que bien souvent celui qui n'a pas voulu périr pour

cum republica pereat. Et quoniam sunt omnia commoda a patria accepta, nullum incommodum pro patria grave putandum est. Ergo qui fugiunt id periculum, quod pro republica subeundum est, stulta faciunt. Nam neque effugere incommoda possunt, et ingrati in civitatem reperiuntur. At, qui patriae pericula suo periculo expetunt, hi sapientes putandi sunt, quum et eum, quem debent, honorem reipublicae reddunt, et pro multis perire malunt, quam cum multis. Etenim vehementer est iniquum, vitam, quam a natura acceptam propter patriam conservaveris, naturae, quum cogat, reddere; patriae, quum roget, non dare; et quum possis cum summa virtute et honore pro patria interire, malle per dedecus et ignaviam vivere; et quum pro amicis et parentibus et ceteris necessariis adire periculum velis, pro republica, in qua et haec, et illud sanctissimum nomen patriae continentur, nolle in discrimen venire. Itaque uti contemnendus est, qui in navigando se, quam navim, mavult incolumem: ita vituperandus, qui in reipublicae discrimine, suae plus, quam communi saluti, consulit. Nave enim fracta, multi incolumes evaserunt: ex naufragio patriae salvus nemo potest enatare. Quod mihi bene videtur Decius intellexisse, qui se devovisse dicitur; et pro legionibus in hostes immisisse medios; unde amisit vitam; at non perdidit: re enim vilissima certam, et parva maximam redemit. Dedit vitam, accepit patriam:

la république, est réduit à périr avec elle. Et puisque nous tenons de la patrie tous les avantages dont nous jouissons, pour elle aucun sacrifice ne doit nous paraître à charge. C'est donc une folie de ne pas offrir sa tête au danger, quand l'intérêt commun l'exige : car, sans pouvoir se soustraire au malheur public, on se souille du crime d'ingratitude envers la patrie. Au contraire, ceux qui voudraient détourner sur eux-mêmes les dangers de l'état, sont véritablement sages, puisqu'ils conservent à la république le dévoûment qui lui est dû, et préfèrent mourir pour leurs concitoyens que de mourir avec eux. En effet, cette vie reçue de la nature et conservée par les bienfaits de la patrie, ne serait-ce pas une injustice révoltante de la rendre à la nature quand elle l'exige, de la refuser à la patrie quand elle la demande? Quand vous pouvez mourir pour votre pays, avec courage, avec gloire, préférerez-vous une vie traînée dans l'opprobre et dans la lâcheté? et lorsque vous seriez prêt à braver les périls pour vos amis, vos parens, vos alliés, vous ne voudriez point vous exposer pour la république, qui contient, outre tous ces grands intérêts, le nom sacré de la patrie? Comme on doit blâmer celui qui, dans une navigation, aimerait mieux sauver sa vie que le vaisseau, on doit condamner avec une égale sévérité celui qui, dans les dangers de l'état, préfère son salut au salut commun. Souvent même, lorsqu'un vaisseau se brise, bien des passagers échappent au naufrage; mais, dans le vaste naufrage de la patrie, il n'est personne qui puisse se sauver. C'est une vérité que Decius me paraît avoir bien comprise, Decius qui, dit-on, se dévoua, et, pour sauver les légions, se précipita au milieu des ennemis : il y laissa la vie, mais il ne la perdit point; en échange d'une

amisit animam, potitus est gloria, quæ cum summa laude prodita vetustate quotidie magis enitescit. Quod si, pro republica debere accedere ad periculum, et ratione demonstratum est, et exemplo comprobatum, ii sapientes sunt existimandi, qui nullum pro salute patriæ periculum vitant.» In his igitur generibus expolitio versatur, de qua producti sumus ut plura diceremus, quod non modo, quum causam dicimus, adjuvat et exornat orationem, sed multo maxime per eam exercemur ad elocutionis facultatem. Quare conveniet extra causam in exercendo rationes adhibere expolitionis, in dicendo uti, quum exornabimus argumentationem, de qua diximus in libro secundo.

XLV. Commoratio est, quum in loco firmissimo, quo tota causa continetur, manetur diutius, et eodem sæpius reditur. Hac uti maxime convenit, et id est oratoris boni maxime proprium. Non enim datur auditori potestas animum de re firmissima dimovendi. Huic exemplum satis idoneum subjici non potuit, propterea quod hic locus non est tota causa separatus, sicuti membrum aliquod, sed tanquam sanguis, perfusus est per totum corpus orationis.

Contentio est, per quam contraria referuntur. Ea est in verborum exornationibus, ut ante docuimus, ejus-

chose fragile et sans valeur, il obtint un bien aussi solide que précieux ; il donna sa vie ; le salut de Rome en fut la récompense; il sacrifia ses jours et conquit une gloire qui, perpétuée par l'admiration des siècles, devient chaque jour plus belle en vieillissant. S'il est prouvé par le raisonnement, et confirmé par des exemples, que l'on doit affronter les périls pour le salut de l'état, il faut donc regarder comme sages ceux qui, pour le service de la patrie, ne reculent devant aucun danger. » Telles sont les différentes espèces d'expolitions : nous nous sommes arrêtés long-temps sur cette figure, non-seulement parce qu'elle donne de la force et de la grâce au discours, lorsque nous traitons une cause; mais surtout parce qu'elle offre un exercice très-avantageux au talent de l'élocution. Il conviendra donc, quand nous ne traiterons pas une cause réelle, de nous exercer sur les diverses formes de l'expolition, et de nous en servir aussi, quand nous parlerons en public, afin d'orner l'argumentation, dont on a parlé dans le second livre.

XLV. La *commoration* [76] s'arrête long-temps et revient souvent sur le point le plus solide de la cause, celui qui la contient tout entière. Il est très-avantageux de s'en servir : c'est une figure familière aux bons orateurs. Elle ne permet pas à l'auditeur de détacher son attention de l'argument essentiel. Il ne nous a pas été possible de donner ici un exemple assez convenable, parce que cette figure ne se présente jamais séparée de l'ensemble de la cause, comme un membre distinct des autres; elle est plutôt comme le sang qui circule dans tout le corps du discours.

L'*antithèse* oppose les contraires. Elle est au nombre des figures de mots, comme on l'a vu plus haut par cet

modi : « Inimicis te placabilem, amicis inexorabilem præbes. » In sententiarum, hujusmodi : « Vos hujus incommodis lugetis, iste reipublicæ calamitate lætatur. Vos vestris fortunis diffiditis, iste solus suis eo magis confidit. » Inter hæc duo contentionum genera hoc interest : illud ex verbis celeriter relatis constat; hic sententiæ contrariæ ex comparatione referantur oportet.

Similitudo est oratio traducens ad rem quampiam aliquid ex re dispari simile. Ea sumitur aut ornandi causa, aut probandi, aut apertius dicendi, aut ante oculos ponendi. Et quomodo quatuor de causis sumitur, ita quatuor modis dicitur : per contrarium, per negationem, per brevitatem, per collationem. Ad unamquamque sumendæ causam similitudinis accommodabimus singulos modos pronuntiandi.

XLVI. Ornandi causa sumitur per contrarium, sic : « Non enim, quemadmodum in palæstra, qui tædas ardentes accipit, celerior est in cursu continuo, quam ille, qui tradit; ita melior imperator novus, qui accipit exercitum, quam ille, qui decedit : propterea quòd defatigatus cursor integro facem, hic peritus imperator imperito exercitum tradit. » Hoc sine simili satis plane, et perspicue, et probabiliter dici potuit, hoc modo : « Minus bonos imperatores a melioribus exercitum accipere solere : » sed ornandi causa simile sumtum est, ut orationi dignitas quædam compararetur. Dictum est au-

exemple : « Vous vous montrez clément envers vos ennemis, inexorable pour vos amis. » Elle appartient aussi aux figures de pensées, comme : « Vous déplorez son infortune; il se réjouit des malheurs de la république. Vous vous défiez de vos ressources; seul, il n'en a que plus de confiance dans les siennes. » Entre ces deux sortes d'antithèses, il y a cette différence, que la première consiste dans deux mots rapidement opposés, la seconde dans deux pensées contraires, mises en regard.

La *similitude* est une figure qui applique à une chose quelques traits empruntés à une chose différente. On s'en sert ou pour orner, ou pour prouver, ou pour éclaircir la pensée, ou pour la mettre devant les yeux. Comme quatre motifs font recourir à cette figure, elle se traite de quatre manières : par les contraires, par négation, par un trait rapide, par un parallèle. Nous allons montrer comment à chacun de ces quatre modes correspond un des quatre motifs qui nous font employer la similitude.

XLVI. Quand la similitude a pour objet l'ornement, elle se fait par les contraires; exemple : « Si l'athlète qui, dans la palestre, reçoit le flambeau ardent[77], soutient mieux la rapidité de sa course que l'athlète qui le lui remet, ne croyez point que de même le nouveau général qui prend le commandement d'une armée, soit préférable à celui qu'il remplace : car c'est un coureur fatigué qui remet le flambeau à un coureur dans la plénitude de ses forces; c'est un général expérimenté qui remet le commandement à un général sans expérience. » On pouvait, en supprimant la similitude, exprimer la même pensée sans la rendre moins nette, moins frappante, moins solide; par exemple : « Des généraux moins

tem per contrarium. Nam tunc similitudo sumitur per contrarium, quum ei rei, quam nos probamus, aliquam rem negamus esse similem, ut paullo ante, quum de cursoribus disserebamus.

Per negationem dicetur, probandi causa, hoc modo : « Neque equus indomitus, quamvis natura bene compositus sit, idoneus potest esse ad eas utilitates, quæ desiderantur ab equo; neque homo indoctus, quamvis sit ingeniosus, ad virtutem potest pervenire. » Hoc probabilius factum est; quod magis est verisimile, non posse virtutem sine doctrina comparari, quoniam ne equus quidem indomitus idoneus possit esse. Ergo sumtum est probandi causa. Dictum est autem per negationem : id enim perspicuum est de primo similitudinis verbo.

XLVII. Sumetur et, apertius dicendi causa, similitudo per brevitatem, hoc modo : « In amicitia gerenda, sicut in certamine currendi, non ita convenit exerceri, ut, quoad necesse sit, pervenire possis; sed ut productus studio, et viribus, ultra facile procurras. » Nam hoc simile est, ut apertius intelligatur, mala ratione facere, qui reprehendant eos, qui, verbi causa, post mortem amici liberos ejus custodiant, propterea quod in cursore tantum velocitatis esse oporteat, ut efferatur usque ad finem; in amico tantum benivolentiæ, ut ultra, quam amicus sentire possit, procurrat amicitiæ studio. Dictum

habiles remplacent ordinairement les bons généraux. » Cette similitude ne sert ici qu'à l'ornement ; elle ajoute au style un certain éclat. Elle se fait par les contraires ; car la similitude est tirée d'une chose contraire, lorsque nous prétendons qu'une chose n'a point de ressemblance avec celle que nous avançons, comme dans notre comparaison prise des coureurs.

La similitude qui a pour objet de prouver, se fait par négation ; exemple : « Ni un cheval indompté, quelque bien conformé qu'il soit par la nature, ne peut être propre aux services qu'on attend d'un cheval ; ni un homme ignorant, quel que soit son esprit, ne peut parvenir au vrai mérite. » Ce qui prouve cette vérité, c'est qu'il devient plus vraisemblable que, sans l'éducation, on ne peut arriver au vrai mérite, dès qu'on a reconnu qu'un cheval indompté ne saurait être utile. Ici donc la similitude avait pour objet de prouver. De plus, elle s'est faite par négation, comme on le voit facilement dès le premier mot.

XLVII. La similitude qui a pour objet de rendre la pensée plus claire, se fait par un trait rapide ; ainsi : « Dans les devoirs de l'amitié, il ne faut pas, comme dans les courses du cirque, borner ses efforts à parvenir au but ; mais il faut déployer assez de zèle et de force pour atteindre au delà. » Par cette similitude, on fait voir plus clairement combien on aurait tort, par exemple, de reprocher à un homme de s'être chargé des enfans d'un ami après sa mort : car, s'il suffit au coureur d'avoir assez d'agilité pour arriver au but, un ami doit avoir assez de tendresse pour prolonger son dévoûment au delà du tombeau de son ami. Cette similitude est exprimée par un trait rapide ; en effet, les deux termes du

autem simile est per brevitatem : non enim ita, ut in ceteris rebus, res ab re separata est, sed utraque res conjuncte et confuse comparata.

Ante oculos ponendi negotii causa sumetur similitudo, quum dicetur per collationem, sic : « Uti citharœdus, quum prodierit optime vestitus, palla inaurata indutus, cum chlamyde purpurea, coloribus variis intexta, et cum corona aurea, magnis fulgentibus gemmis illuminata, citharam tenens exornatissimam, auro et ebore distinctam, ipse præterea forma et specie sit et statura apposita ad dignitatem; si, quum magnam populo commoverit his rebus exspectationem, repente silentio facto, vocem emittat acerbissimam cum turpissimo corporis motu; quo melius ornatus et magis fuerit exspectatus, eo magis derisus et contemtus, ejicitur : ita si quis in excelso loco, et in magnis ac locupletibus copiis collocatus, fortunæ muneribus, et naturæ commodis omnibus abundabit : si virtutis, et artium, quæ virtutis magistræ sunt, egebit; quo magis ceteris rebus copiosus erit, et illustris, et exspectatus, eo vehementius derisus et contemtus, ex omni conventu bonorum ejicietur. » Hoc simile, exornatione utriusque rei, et alterius inertiæ artificis alterius stultitia simili ratione collata, sub adspectum omnium rem subjecit. Dictum autem est per collationem, propterea quod, proposita similitudine, paria sunt omnia relata.

rapport ne sont point distincts, comme dans les autres exemples ; ils se présentent, au contraire, unis et confondus l'un avec l'autre.

La similitude qui a pour but de mettre la chose sous les yeux, se fait par un parallèle ; exemple : « Comme un joueur de cithare, qui s'avance sous un superbe costume, revêtu d'une robe brodée en or, et d'une chlamyde de pourpre, nuancée de diverses couleurs ; le front orné d'une couronne d'or étincelante de magnifiques pierreries ; tenant en main son élégante cithare, enrichie d'or et d'ivoire ; remarquable lui-même par sa beauté, par sa taille, et par la dignité de son maintien ; si, après avoir excité par cet appareil une grande attente parmi le peuple, tout à coup, au milieu du plus profond silence, il laisse échapper une voix discordante, accompagnée de gestes ignobles ; plus il aura étalé de pompe, plus il aura semblé promettre, plus on lui prodiguera de sarcasmes et de mépris en le chassant ; ainsi, lorsqu'un homme placé dans un rang élevé, au sein de la plus vaste opulence, se voit comblé de toutes les faveurs de la fortune, de tous les dons de la nature ; s'il ne possède ni la vertu, ni ces nobles études qui forment à la vertu ; plus il sera riche d'autres biens, plus son éclat fera attendre de lui, plus on l'accablera de ridicule et de mépris en le chassant de la société des honnêtes gens. » Cette similitude, en peignant avec de vives couleurs les deux parties de la comparaison, en traçant le parallèle de l'ignorance de l'un et de la sottise de l'autre, met la chose devant nos yeux. La similitude est ici sous la forme d'un parallèle, parce que, le rapport une fois établi, toutes les parties se répondent.

XLVIII. In similibus observare oportebit diligenter, ut, quum rem afferamus similem, cujus rei causa similitudinem attulerimus, verba quoque ad similitudinem habeamus accommodata. Id est hujusmodi : « Ut hirundines æstivo tempore præsto sunt, frigore pulsæ recedunt. » Ex eadem similitudine nunc per translationem verba sumimus : « Ita falsi amici sereno vitæ tempore præsto sunt; simul atque hiemem fortunæ viderint, devolant omnes. » Sed inventio similium facilis erit, si quis sibi omnes res animatas et inanimatas, mutas et loquentes, feras et mansuetas, terrestres et cœlestes et maritimas, artificio, casu, natura comparatas, usitatas atque inusitatas, frequenter ante oculos poterit ponere, et ex his aliquam venari similitudinem, quæ aut ornare, aut docere, aut apertiorem rem facere, aut ponere ante oculos possit. Non enim res tota toti rei necesse est similis sit, sed ad ipsum, ad quod conferetur, similitudinem habeat oportet.

XLIX. Exemplum est alicujus facti, aut dicti [præteriti], cum certi auctoris nomine proposito. Id sumitur iisdem de causis, quibus similitudo. Rem ornatiorem facit, quum nullius rei, nisi dignitatis, causa sumitur : apertiorem, quum id, quod sit obscurius, magis dilucidum reddit : probabiliorem, quum magis verisimilem facit : ante oculos ponit, quum exprimit omnia perspicue, ut res prope dicam manu tentari possit. Uniuscu-

XLVIII. Dans l'emploi des similitudes, il faut avoir soin de choisir des mots appropriés à l'idée sur laquelle reposent les deux termes de la comparaison. Si, par exemple, nous avons dit : « Comme les hirondelles restent dans nos climats durant l'été, et s'en éloignent chassées par le froid; » nous emprunterons, pour les mots suivans, nos métaphores à la même similitude : « De même les faux amis restent auprès de nous tant que nos jours sont sereins ; ils s'envolent tous, dès qu'ils voient arriver l'hiver de l'adversité. » Il sera facile de trouver des rapports de ce genre, si l'on peut se mettre fréquemment devant les yeux tous les êtres animés et inanimés, muets et doués de la parole, farouches et apprivoisés, habitant le ciel, la terre et les mers, si l'on peut se figurer tous les ouvrages de l'homme, du hasard et de la nature, tous les objets usités ou extraordinaires, pour y découvrir des similitudes qui contribuent à l'ornement, à la solidité et à la clarté du discours. Il n'est pas nécessaire que les deux choses comparées se ressemblent totalement, il suffit qu'elles soient en rapport sous le point de vue qui nous occupe.

XLIX. L'*exemple* est la citation d'un fait ou d'une parole, dont on nomme l'auteur. Cette figure est employée pour les mêmes motifs que la similitude : elle ajoute à l'ornement, lorsque nous n'y avons recours que pour embellir la pensée; elle rend la pensée plus claire, lorsqu'elle a pour but de faire mieux comprendre ce qui est obscur; elle sert à prouver, quand elle donne à l'idée plus de vraisemblance; elle met la chose devant nos yeux, lorsqu'elle en exprime tous les détails avec

jusque generis singula subjecissemus exempla, nisi exemplum, quod genus esset, in expolitione demonstrassemus, et causas sumendi in similitudine aperuissemus. Quare noluimus, neque pauca, quo minus intelligeretur, neque, re intellecta, plura conscribere.

Imago est formæ cum forma cum quadam similitudine collatio. Hæc sumitur aut laudis, aut vituperationis causa. Laudis causa, sic : « Ibat in prœlium, corpore tauri validissimi, impetu leonis acerrimi similis. » Vituperationis, ut in odium, aut in invidiam, aut in contemtionem adducat. Ut in odium, hoc modo : « Iste quotidie per forum medium tanquam jubatus draco serpit, dentibus aduncis, adspectu venenato, spiritu rabido, circumspectans huc et illuc, si quem reperiat, cui aliquid mali faucibus afflare [ore attingere], dentibus insecare, lingua adspergere possit. » Ut in invidiam adducat, hoc modo : « Iste, qui divitias suas jactat, sicut Gallus e Phrygia, aut hariolus quispiam, depressus et oneratus auro, clamat, et dejerat. » Ut in contemtionem adducat, sic : « Iste, qui tanquam cochlea, abscondens et retentans sese tacitus, cum domo sua totus, ut comedatur, aufertur. »

Effictio est, quum exprimitur et effingitur verbis corporis cujuspiam forma, quod satis sit ad intelligendum, hoc modo : « Hunc dico, judices, rubrum, brevem, in-

une vérité si frappante, qu'on croirait presque pouvoir la toucher. Nous ajouterions ici des exemples de chacune de ces espèces, si nous n'avions déjà fait connaître le caractère de cette figure, en parlant de l'expolition [78], et les motifs qui nous y font recourir, en parlant de la similitude. Voilà pourquoi je n'ai voulu ni me restreindre à quelques mots qu'on n'aurait pas compris, ni revenir sur des idées que l'on doit suffisamment comprendre.

L'*image* rapproche deux objets entre lesquels on saisit une similitude. On l'emploie pour louer ou pour blâmer. Pour louer : « Il allait au combat, semblable, par sa force, au taureau le plus vigoureux; par son impétuosité, au lion le plus redoutable. » Pour blâmer, l'image inspirera la haine, ou l'envie, ou le mépris. Exemple de la manière d'inspirer la haine : « Ce monstre se glisse tous les jours au milieu du forum : tel qu'un dragon à la crête menaçante, aux défenses recourbées, au regard empoisonné, au souffle mortel, il promène ses yeux autour de lui, cherchant une victime qu'il puisse infecter de son haleine, atteindre de sa gueule impure, déchirer de ses dents, couvrir de son écume. » Exemple de la manière d'inspirer l'envie : « Cet homme qui vante ses richesses, crie et jure, courbé sous le poids de son or, comme un prêtre de Phrygie ou comme un devin. » Exemple de la manière d'inspirer le mépris : « Il est semblable au limaçon, qui, se retirant en silence et s'enfermant dans sa coquille, est emporté tout entier avec sa maison pour être mangé. »

Le *portrait* exprime et représente à l'aide des mots l'extérieur d'une personne, avec assez d'exactitude pour la faire reconnaître; ainsi : « Je parle, juges, de ce petit homme roux, voûté, qui a les cheveux blancs et un peu

curvum, canum, subcrispum, cæsium, cui sane magna est in mento cicatrix, si quo modo potest vobis in memoriam redire. » Habet hæc exornatio quum utilitatem, si quem velis demonstrare; tum venustatem, si breviter et dilucide facta est.

L. Notatio est, quum alicujus natura certis describitur signis, quæ, sicuti notæ quædam, naturæ sunt attributa. Ut si velis non divitem, sed ostentatorem pecuniæ describere : « Iste, inquies, judices, qui, se dici divitem, putat esse præclarum, primum nunc videte, quo vultu nos intueatur. Nonne vobis videtur dicere : Darem, si mihi molesti non essetis ? Quum vero sinistra mentum sublevat, existimat se gemmæ nitore et auri splendore adspectus omnium præstringere. Quum puerum respicit hunc unum, quem ego novi (vos non arbitror novisse), alio nomine appellat, deinde alio atque alio. Heus tu, inquit, veni, Sannio, ne quid isti barbari turbent : ut ignoti, qui audiunt, unum putent eligi de multis. Ei dicit in aurem, ut aut domi lectuli sternantur, aut ab avunculo rogetur Æthiops, qui ad balneas veniat, aut asturconi locus ante ostium suum detur, aut aliquod fragile falsæ choragium gloriæ comparetur. Deinde exclamat, ut omnes audiant : Videto, ut diligenter numeretur, si potest, ante noctem. Puer, qui jam bene hominis naturam novit, Tu illo plures mittas oportet, inquit, si hodie vis transnumerari. Age, inquit,

crépus, les yeux d'un bleu-pers, et une grande cicatrice au menton : si toutefois, à ces traits, vous pouvez vous en souvenir. » Cette figure a de l'utilité quand on veut faire connaître quelqu'un ; en même temps, elle a de la grâce, quand l'expression en est claire et rapide.

L. L'*éthopée* décrit un caractère, en présentant certains traits qui en signalent la nature. Voici, par exemple, comme on peindrait, non pas le riche, mais celui qui prend des airs d'opulence[79] : « Voyez, juges, cet homme qui trouve si beau de passer pour riche, voyez d'abord de quel œil il nous regarde! Ne-semble-t-il pas vous dire : Je vous donnerais volontiers, si vous ne m'importuniez pas? Lorsque de la main gauche il se soulève le menton, il s'imagine éblouir tous les yeux par l'éclat du diamant et de l'or qui brillent à son doigt. Il se retourne vers son unique esclave que je connais, et que vous ne connaissez pas, je pense; il l'appelle par un nom, puis par un autre, et par un autre encore : Holà, dit-il, viens ici, Sannion, de peur que ces rustres n'exécutent mes ordres de travers. Par ces mots, il veut faire croire à ceux qui ne le connaissent point, qu'il choisit l'un de ses nombreux esclaves. Il lui dit à l'oreille de disposer les lits à la maison, ou d'aller emprunter à son oncle un Éthiopien pour l'accompagner aux bains, ou de placer devant sa porte un cheval d'Espagne, ou de préparer quelque autre fragile ornement de sa fausse gloire. Ensuite, il crie pour que tout le monde l'entende: Veille à ce que la somme soit exactement comptée, s'il se peut, avant la nuit. Sannion, qui depuis long-temps connaît le faible de l'homme, lui répond : Il faut envoyer plus d'un esclave, si vous voulez que la somme

duc tecum Libanum et Sosiam. Sane. Deinde casu veniunt hospites homini, qui istum splendide, dum peregrinaretur, receperant. Ex ea re homo hercle sane conturbatur : sed tamen a vitio naturæ non recedit. Bene, inquit, facitis, quum venitis : sed rectius fecissetis, si ad me domum recta abiissetis. Id fecissemus, inquiunt illi, si domum novissemus. At istud quidem facile fuit undelibet invenire : verum ite mecum. Sequuntur illi. Sermo interea hujus consumitur omnis in ostentatione. Quærit, in agris cujusmodi frumenta sint : negat se, quia villæ incensæ sint, accedere posse, nec ædificare etiam nunc audere; tametsi in Tusculano quidem cœpi insanire, et in iisdem fundamentis ædificare.

LI. « Dum hæc loquitur, venit in ædes quasdam, in quibus sodalitium erat eodem die futurum : quo iste pro notitia domini ædium ingreditur cum hospitibus. Hic, inquit, habito. Perspicit argentum, quod erat expositum, triclinium stratum : probat. Accedit servulus : dicit homini clam dominum jam venturum, si velit exire. Itane? inquit; eamus, hospites; frater venit ex Salerno : ego illi obviam pergam : vos huc decuma venitote. Hospites discedunt. Iste se raptim domum suam conjicit : illi decuma, quo jusserat, veniunt. Quærunt hunc. Reperiunt, domus cuja sit : in deversorium derisi conferunt sese. Vident hominem postera die : narrant, ex-

soit aujourd'hui transportée et comptée chez vous. Eh bien! dit le maître, prends avec toi Libanus et Sosie. Vous serez obéi, dit l'autre. Ensuite le hasard amène à notre glorieux des hôtes, qui, dans un de ses voyages, l'ont splendidement reçu. Il en est, sans doute, passablement troublé; mais, sans renoncer à cette vanité qui fait son caractère : Vous avez bien fait, dit-il, de venir me trouver; mais vous eussiez encore mieux fait d'aller droit à ma maison. Nous l'aurions fait, répondent-ils, si nous avions connu votre demeure. — Mais il était facile de l'apprendre de tout le monde. Au reste, venez avec moi. Ils le suivent. Chemin faisant, toutes ses paroles ont pour but l'ostentation. Il demande si la moisson s'annonce bien, ajoutant qu'il ne peut visiter ses terres, parce que ses maisons de campagne ont été brûlées, et qu'il n'ose pas encore les rebâtir. Cependant, poursuit-il, j'ai commencé à faire cette folie dans mon bien de Tusculum, et à construire sur les anciens fondemens.

LI. « Parlant ainsi, il arrive dans une maison, où ce jour même doit avoir lieu un banquet d'amis. Comme il connaît le maître du logis, il entre avec ses hôtes : C'est ici, dit-il, que je demeure. Voyant l'argenterie sur la table, et les trois lits préparés, il trouve que tout est bien. Mais un petit esclave s'approche, lui dit tout bas que son maître vient, et l'invite à sortir. Est-ce bien vrai? dit-il : partons, mes hôtes; mon frère arrive de Salerne; je vais au devant de lui. Pour vous, revenez ici à la dixième heure. Les étrangers s'éloignent, et lui se jette à la dérobée dans sa maison. A l'heure que lui-même a fixée, ils reviennent, ils le cherchent, ils apprennent quel est le maître du logis, et, raillés de leur méprise, se retirent dans une hôtellerie. Le lendemain

postulant, accusant. Ait iste, eos, similitudine loci deceptos, angiporto toto deerrasse : se contra valitudinem suam ad noctem multam exspectasse. Sannioni puero negotium dederat, ut vasa, vestimenta, pueros corrogaret. Servulus non inurbanus satis strenue et concinne comparat : iste hospites domum deducit. Ait se ædes maximas cuidam amico ad nuptias commodasse. Nuntiat puer, argentum repeti (pertimuerat enim, qui commodarat). Apagete, inquit, ædes commodavi, familiam dedi : argentum quoque vult? tametsi hospites habeo, tamen utatur licet, nos Samiis delectabimur. Quid ego, quæ deinde efficiat, narrem? ejusmodi est hominis natura, ut, quæ singulis diebus efficiat gloria atque ostentatione, ea vix annuo sermone enarrare possim. » Hujusmodi notationes, quæ describunt, quid consentaneum sit uniuscujusque naturæ, vehementer habent magnam delectationem. Totam enim naturam cujuspiam ponunt ante oculos, aut gloriosi, ut nos, exempli causa, cœperamus, aut invidi, aut timidi, aut avari, ambitiosi, amatoris, luxuriosi, furis, quadruplatoris : denique cujusvis studium protrahi potest in medium tali notatione.

LII. Sermocinatio est, quum alicui personæ sermo attribuitur, et is exponitur cum ratione dignitatis, hoc pacto : « Quum militibus urbs redundaret, et omnes ti-

ils retrouvent leur homme, lui racontent leur aventure, se plaignent, l'accusent. La ressemblance des lieux vous a trompés, dit-il; vous vous êtes égarés de la longueur de la rue. Moi, je vous ai attendus bien avant dans la nuit, ce qui est contraire à ma santé. Cependant il avait chargé Sannion d'emprunter de la vaisselle, des tapis, des serviteurs. Le petit esclave, qui ne manque pas d'adresse, s'est acquitté de la commission avec promptitude et avec habileté. Le menteur conduit ses hôtes chez lui. Il prétend avoir prêté ses grands appartemens à un ami pour y célébrer ses noces. Tout à coup, Sannion l'avertit qu'on redemande l'argenterie (le prêteur avait des inquiétudes). Laissez-moi tranquille, s'écrie-t-il : j'ai prêté ma maison, j'ai cédé mes esclaves, et il veut encore mon argenterie?... Toutefois, bien que j'aie des hôtes, je ne puis me résoudre à la refuser; nous nous contenterons de vaisselle de Samos. — Qu'ai-je besoin de vous raconter ce qu'il fait ensuite? Tel est le caractère de cet homme, que tous les traits de vanité et d'ostentation qui lui échappent en un jour, ne sauraient être racontés dans une année entière. » Ces éthopées, qui peignent un caractère au naturel, offrent un charme très-puissant. Elles placent devant nos yeux l'esprit et les mœurs d'un homme, soit d'un glorieux, comme dans l'esquisse que nous avons donnée pour exemple, soit d'un envieux, d'un lâche, d'un avare, d'un ambitieux, d'un amant, d'un débauché, d'un fripon, ou d'un délateur; en un mot, tous les penchans peuvent être mis en scène par cette figure.

LII. Le *dialogisme* fait parler une personne en conservant le ton qui convient à son caractère. En voici un exemple : « Tandis que la ville était inondée de soldats,

more oppressi domi continerentur, venit iste cum sago, gladio succinctus, tenens jaculum : quinque adolescentes hominem simili ornatu subsequuntur. Irrumpit in ædes subito, deinde magna voce : Ubi est iste beatus, inquit, ædium dominus? quin mihi præsto fit? quid tacetis? Hic alii omnes stupidi timore obmutuerunt. Uxor illius infelicissimi cum maximo fletu ad istius pedes abjecit sese. Parce, inquit, et per ea, quæ tibi dulcissima sunt in vita, miserere nostri; noli exstinguere exstinctos : fer mansuete fortunam; nos quoque fuimus beati; nosce te esse hominem. At ille : Quin illum mihi datis, ac vos auribus meis opplorare desinitis? non abibit. Illi nuntiatur interea venisse istum, et clamore maximo mortem minari. Quod simul ut audivit, Heus, inquit, Gorgia, pediseque puerorum, absconde pueros; defende; fac, ut incolumes ad adolescentiam perducas. Vix hæc dixerat, quum ecce iste præsto, Sedes, inquit, audax? non vox mea tibi vitam ademit? Exple inimicitias meas, et iracundiam satura tuo sanguine. Ille cum magno spiritu, Metuebam, inquit, ne plane victus essem : nunc video; in judicio mecum contendere non vis, ubi superari turpissimum, et superare pulcherrimum est : interficere me vis. Occidar equidem, sed victus non peribo. At iste, In extremo vitæ tempore etiam sententiose loqueris? neque ei, quem vides dominari, vis supplicare? Tum mulier, Imo quidem ille rogat et supplicat. Sed

et que tous les habitans, saisis d'effroi, restaient enfermés chez eux, ce brigand survient, en habit de guerre, l'épée au côté, un javelot à la main : cinq jeunes gens armés comme lui l'accompagnent. Tout à coup il se précipite dans la maison, et s'écrie d'une voix terrible : Où est l'heureux propriétaire de ce logis? Pourquoi n'est-il pas devant moi? D'où vient ce silence? Immobiles d'épouvante, les autres n'osent ouvrir la bouche; seule, l'épouse de cet infortuné, fondant en larmes, se jette aux pieds du barbare : Grâce! dit-elle : au nom de ce que vous avez de plus cher au monde, prenez pitié de nous! Voulez-vous éteindre une famille déjà éteinte? Soyez modéré dans la fortune; nous aussi nous fûmes heureux; songez que vous êtes homme. Mais lui : Qu'attend-on pour me le livrer? cessez de m'étourdir de vos lamentations : il n'échappera point. Cependant on annonce au proscrit que son ennemi est là, qu'il profère à grands cris des menaces de mort. A cette nouvelle : Gorgias, dit-il, fidèle gouverneur de mes enfans, cache-les, défends-les; que tes soins les fassent parvenir heureusement à l'adolescence. A peine a-t-il prononcé ces mots, que l'assassin se présente : Tu ne viens pas, dit-il, téméraire? et ma voix ne t'a pas déjà arraché la vie? Que ton sang assouvisse mon inimitié, rassasie ma colère! Alors le courageux citoyen lui répond : Je craignais d'être réellement vaincu; mais, je le vois, tu ne veux pas vider notre querelle devant les tribunaux, où la défaite est honteuse et la victoire honorable; tu veux me tuer. Eh bien! je périrai assassiné, mais non vaincu. — Comment! même à ta dernière heure, tu parles encore par sentences! et tu ne veux point supplier celui qui a tout pouvoir sur toi! Détrompez-vous, s'écrie la

tu, quæso, commovere; et tu, per deos, inquit, hunc examplexare. Dominus est; vicit hic te, vince tu nunc animum. Cur non desinis, inquit, uxor, loqui, quæ me digna non sunt? Tace, et quæ curanda sunt, cura. Tu cessas mihi vitam, tibi omnem bene vivendi spem mea morte eripere? Iste mulierem repulit ab se lamentantem: illi, nescio quid incipienti dicere, quod dignum videlicet illius virtute esset, gladium in latere defixit. » Puto in hoc exemplo datos esse unicuique sermones ad dignitatem accommodatos : quod oportet in hoc genere observare. Sunt item sermocinationes consequentes, hoc genus : « Nam quid putamus illos dicturos, si hoc judicaveritis? Nonne hac omnes utentur oratione? » Deinde subjicere sermonem.

LIII. Conformatio est, quum aliqua, quæ non adest, persona confingitur, quasi adsit, aut quum res muta, aut informis, fit eloquens et formata, et ei oratio attribuitur ad dignitatem accommodata, aut actio quædam, hoc pacto : « Quod si nunc hæc urbs invictissima vocem mittat, non hoc pacto loquatur : Ego illa plurimis tropæis ornata, triumphis ditata certissimis, clarissimis locupletata victoriis, nunc vestris seditionibus, o cives, vexor? quam dolis malitiosa Carthago, viribus probata Numantia, disciplinis erudita Corinthus labefactare non potuit, eam patiemini nunc ab homunculis deterrimis proteri atque conculcari? » Item, « Quod si nunc L. ille

femme, il prie, il conjure; mais vous, ne soyez point inflexible; et toi, cher époux, au nom des dieux, presse-le de tes bras supplians. C'est ton maître; il t'a vaincu; sache te vaincre toi-même. — O ma femme, ne cesseras-tu point de me tenir des discours indignes de moi? étouffe tes plaintes; songe aux devoirs que tu as à remplir... Et toi, que tardes-tu à m'arracher la vie, et à perdre par ce crime tout espoir de vivre honorablement? Le bourreau repousse la femme éplorée, et comme le père de famille commençait à proférer quelques paroles dignes de son courage, il lui plonge son épée dans le flanc. » Je pense que, dans cet exemple, on a donné à chacun le langage qui convient à son caractère; c'est ce qu'il y a de plus essentiel dans cette figure. On trouve aussi des dialogismes présentés comme conséquences. « Que dira-t-on, si vous portez cette sentence? Tout le monde ne tiendra-t-il pas ce langage? » Puis on ajoute les paroles.

LIII. La *prosopopée* est une figure par laquelle une personne absente est présentée comme si elle était devant nous; une figure, qui donne aux êtres muets et immatériels, un langage, une forme, et les fait agir ou parler selon leur nature. Par exemple : « Si maintenant notre invincible cité élevait la voix, ne pourrait-elle pas vous dire : Moi, cette patrie, belle de tant de trophées, riche des plus glorieux triomphes, parée de l'éclat des plus nobles victoires, maintenant, ô citoyens, je me vois déchirée par vos séditions! Cette Rome, que ni les ruses de la perfide Carthage, ni les forces de la redoutable Numance, ni le génie de la savante Corinthe, n'ont pu même ébranler, souffrirez-vous qu'elle soit écrasée et foulée aux pieds par les plus méprisables des hommes? »

Brutus reviviscat, et hic ante pedes vestros adsit, non hac utatur oratione? Ego reges ejeci, vos tyrannos introducitis : ego libertatem, quæ non erat, peperi, vos partam servare non vultis : ego capitis mei periculo patriam liberavi, vos liberi sine periculo esse non curatis. » Hæc conformatio, licet in plures res mutas atque inanimas transferatur, proficit tamen plurimum in amplificationis partibus et commiseratione.

LIV. Significatio est, quæ plus in suspicione relinquit, quam positum est in oratione. Ea fit per exuberationem, ambiguum, consequentiam, abscissionem, similitudinem. Per exuberationem, quum plus dictum est, quam patitur veritas, augendæ suspicionis causa, sic : « Hic de tanto patrimonio tam cito testam, qua sibi petat ignem, non reliquit. » Per ambiguum, quum verbum potest in duas pluresve sententias accipi, sed accipitur in eam partem, quam vult is, qui dixit; ut de eo si dicas, qui multas hereditates adierit : « Prospice tu, qui plurimum cernis. » Ambigua quemadmodum vitanda sunt, quæ obscuram reddunt orationem; ita hæc consequenda, quæ conficiunt hujusmodi significationem. Ea reperientur facile, si noverimus et animadverterimus verborum ancipites aut multiplices potestates. Per consequentiam significatio fit, quum res, quæ sequuntur aliquam rem, dicuntur, ex quibus tota res relinquitur

Autre exemple : « Si maintenant L. Brutus revenait à la vie, s'il paraissait à vos yeux, ne vous adresserait-il pas ces reproches : J'ai chassé les rois, et vous introduisez les tyrans ! Vous n'aviez pas la liberté, je vous l'ai donnée ; vous la possédez, et vous ne voulez point la garder ! Au péril de ma tête j'ai délivré ma patrie ; et quand vous pouvez être libres sans danger, vous ne le voulez point ! » Cette figure, qui le plus souvent personnifie les choses muettes et inanimées, est cependant aussi d'une grande utilité dans les diverses parties de l'amplification, et pour exciter la pitié.

LIV. La *signification* [80] est une figure qui laisse plus à deviner qu'elle n'exprime. Elle se traite par exagération, par un terme ambigu, par conséquence, par réticence, par similitude. Par exagération, lorsqu'on dit plus que la vérité ne permet, afin de fortifier un soupçon ; ainsi : « En si peu de temps, il ne s'est pas même réservé, d'un si grand patrimoine, un vase de terre pour aller chercher du feu. » Par un terme ambigu, lorsqu'un même mot, usité dans deux ou plusieurs acceptions, doit être pris dans celle que veut lui donner l'orateur ; comme si, en parlant d'un homme qui a couru après beaucoup d'héritages, on disait : « Regardez, vous qui avez si bonne vue. » Autant il faut éviter les termes ambigus qui rendent le style obscur, autant on doit rechercher ceux qui produisent des *significations* de ce genre. Nous en trouverons aisément, si nous remarquons la valeur multiple des termes équivoques. La signification se fait par conséquence, lorsqu'on énonce les suites d'une chose, afin de faire naître l'idée de la chose elle-même ; comme si l'on disait au fils d'un marchand de marée : « Ne parlez pas si haut, vous dont le père se mouchait avec le

in suspicione, ut si salsamentarii filio dicas : « Quiesce tu, cujus pater cubito se emungere solebat. » Per abscissionem, si, quum incipimus aliquid dicere, præcidimus, et ex eo, quod jam diximus, satis relinquitur suspicionis, sic : « Qui ista forma et ætate nuper alienæ domui..... nolo plura dicere. » Per similitudinem, quum, aliqua re simili allata, nihil amplius dicimus, sed ex ea significamus, quid sentiamus, hoc modo : « Noli, Saturnine, nimium populi frequentia fretus esse. Inulti jacent Gracchi. » Hæc exornatio plurimum festivitatis habet interdum, et dignitatis; sinit quiddam, tacito oratore, ipsum auditorem suspicari.

Brevitas est res ipsis tantummodo verbis necessariis expedita, hoc modo : « Lemnum præteriens cepit; inde Thasi præsidium reliquit; post urbem in Bithynia sustulit; inde pulsus in Hellespontum, statim potitur Abydo. » Item, « Modo consul, quondam tribunus, deinde primus erat civitatis. » — Tum : « Proficiscitur in Asiam, deinde exsul et hostis est dictus, post imperator, postremo consul factus est. » Habet paucis comprehensa brevitas multarum rerum expeditionem. Quare adhibenda sæpe est, quum aut res non egent longæ orationis, aut tempus non sinit commorari.

LV. Demonstratio est, quum ita res verbis exprimitur, ut geri negotium, et res ante oculos esse videatur.

coude. » Par réticence, lorsqu'après avoir commencé une phrase, nous nous interrompons, et que nos premières paroles laissent suffisamment soupçonner le reste; ainsi : « Lui qui, si beau, si jeune, dernièrement dans une maison étrangère..... je ne veux pas en dire davantage. » Par similitude, lorsque rappelant un fait analogue, sans ajouter aucune explication, nous indiquons par là notre pensée; ainsi : « Saturninus, ne t'appuie pas avec trop de confiance sur cette multitude qui t'environne; les Gracques sont tombés, et leur mort reste sans vengeance. » Cette figure joint parfois beaucoup de finesse à beaucoup de dignité : elle laisse deviner à l'auditeur ce que l'orateur ne dit pas.

Le *laconisme* n'emploie que les mots nécessaires pour exprimer l'idée. Exemple : « Il prit Lemnos en passant; ensuite il laissa une garnison à Thasos; puis il ruina une ville en Bithynie; de là, passant dans l'Hellespont, il s'empara d'Abydos. » — « Naguère consul, autrefois tribun, il devint ensuite chef de la république. » — « Il part pour l'Asie; on l'exile, on le déclare ennemi de l'état; ensuite on le nomme *imperator;* enfin on le fait consul. » Le laconisme renferme en peu de mots beaucoup de choses. Aussi faut-il l'employer souvent, lorsque la pensée n'exige pas de longs développemens, ou que le temps ne permet pas de s'arrêter.

LV. La *démonstration* présente un fait avec tant de vérité, qu'on croit l'avoir sous les yeux. Pour produire

Id fieri poterit, si, quæ ante, et post, et in ipsa re facta erunt, comprehendemus, aut si a rebus consequentibus, aut a circumstantibus non recedemus, hoc modo : « Quod simul atque Gracchus prospexit, fluctuare populum, verentem, ne ipse auctoritate senatus commotus a sententia desisteret, jubet advocari concionem. Iste interea scelere et malis cogitationibus redundans, evolat ex templo Jovis, et sudans, oculis ardentibus, erecto capillo, contorta toga, cum pluribus aliis ire celerius cœpit. Illi præco faciebat audientiam : hic subsellium quoddam calce premens, dextra pedem defringit, et alios hoc idem jubet facere. Quum Gracchus deos inciperet precari, cursim isti impetum faciunt; ex aliis aliisque partibus convolant; atque e populo unus, Fuge, inquit, Tiberi, fuge. Non vides? respice, inquam. Deinde vaga multitudo, subito timore perterrita, fugere cœpit. At iste spumans ex ore scelus, anhelans ex intimo pectore crudelitatem, contorquet brachium; et dubitanti Graccho, quid esset, neque tamen locum, in quo constiterat, relinquenti, percutit tempus. Ille, nulla voce delibans insitam virtutem, concidit tacitus. Iste viri fortissimi miserando sanguine adspersus, quasi facinus præclarissimum fecisset, circumspectans, et hilaris sceleratam gratulantibus manum porrigens, in templum Jovis contulit sese. » Hæc exornatio plurimum prodest in amplificanda et commiseranda re, hujusmodi enarra-

cet effet, il faut rassembler dans un seul tableau ce qui a précédé, suivi et accompagné l'action; en d'autres termes, ne négliger ni les circonstances, ni les suites. Exemple : « Aussitôt que Gracchus s'aperçoit que le peuple s'agite et semble craindre qu'il ne soit lui-même entraîné par l'autorité du sénat à renoncer à ses projets, il convoque l'assemblée. Cependant, ce furieux, ne respirant que le crime et les projets les plus funestes, s'élance du temple de Jupiter, et les cheveux hérissés, l'œil ardent, le visage couvert de sueur, la toge retroussée, il précipite sa course, suivi de nombreux complices. En ce moment, le crieur commandait le silence pour Gracchus. L'autre, pressant du pied un des sièges, le brise, en arrache un fragment, et ordonne aux autres de l'imiter. Comme Gracchus commençait à invoquer les dieux, ils se précipitent sur lui au pas de course : de toutes parts on vole, on vient grossir leur troupe. Alors un homme du peuple s'écrie : Fuis, Tiberius, fuis; ne vois-tu pas? regarde, te dis-je! Bientôt la multitude inconstante, frappée d'une terreur soudaine, prend la fuite. L'assassin, vomissant le crime de sa bouche écumante, exhalant la cruauté du fond de sa poitrine, roidit son bras, et tandis que Gracchus doute encore de ce qui se passe, mais ne recule point, il le frappe à la tempe. Le tribun, sans démentir sa vertu par un seul mot, tombe en silence. Le patricien, arrosé du sang à jamais déplorable de ce généreux citoyen, comme s'il avait accompli l'action la plus glorieuse, promène autour de lui ses regards, présente gaîment sa main sacrilège à ceux qui le félicitent, et retourne au temple de Jupiter. » Cette figure est d'un grand secours dans les récits de ce genre, pour amplifier, et pour exciter la commisération.

tionibus: statuit enim totam rem, et prope ponit ante oculos.

- - - - LVI. Omnes rationes honestandæ elocutionis studiose collegimus; in quibus, Herenni, si te diligenter exercueris, et gravitatem, et dignitatem, et suavitatem habere in dicendo poteris, ut oratorie plane loquaris : ne nuda atque inornata inventio vulgari sermone efferatur. Nunc identidem nosmet ipsi nobis instemus. Res enim communis agitur, ut frequenter et assidue consequamur artis rationem studio et exercitatione : quod alii cum molestia tribus de causis maxime faciunt; aut si, cum quibus libenter exerceantur, non habent; aut si sibi diffidunt; aut si nesciunt, quam viam sequi debeant: quæ a nobis absunt omnes difficultates. Nam et simul libenter exercemur propter amicitiam, cujus initium cognatio fecit, cetera philosophiæ ratio confirmavit : et nobis non diffidimus, propterea quod et aliquantulum processimus; et alia meliora sunt, quæ multo intentius petimus in vita, ut, etiamsi non pervenerimus in dicendo, quo volumus, parva pars vitæ perfectissimæ desideretur : et viam, quam sequamur, habemus, propterea quod in his libris nihil præteritum est rhetoricæ præceptionis. Demonstratum est enim, quomodo res in omnibus generibus causarum inveniri oporteret : dictum est, quo pacto eas disponere conveniret : traditum est, qua ratione esset pronuntiandum : præceptum est, qua via me-

Elle met l'action en scène, et l'expose, pour ainsi dire, à nos yeux.

LVI. Nous avons soigneusement recueilli tous les moyens de perfectionner l'élocution : à ces préceptes, Herennius, joignez un exercice assidu, et vous réunirez dans votre diction la force, la beauté, la grâce : vous parlerez en orateur, et l'on ne vous reprochera point une invention nue et stérile, se produisant dans un langage trivial. Maintenant il convient de nous appuyer mutuellement l'un sur l'autre : car il s'agit d'un intérêt commun, je veux dire, de nous approprier tous les secrets de l'art par une étude constante, et par de fréquens exercices. D'autres sont rebutés de ce travail pour trois motifs surtout : ou ils n'ont personne avec qui ils puissent s'exercer en toute confiance; ou ils se défient d'eux-mêmes; ou ils ne savent quelle marche suivre. Nous ne rencontrons aucune de ces difficultés. En effet, nous nous exerçons très-volontiers ensemble, à cause de cette amitié que la parenté fit naître, et que la direction de nos études philosophiques a fortifiée; ensuite nous ne saurions nous défier de nous-mêmes, puisque nous avons fait déjà quelques progrès : d'ailleurs, il est des succès plus importans que nous poursuivons avec bien plus d'ardeur; aussi, lors même que nous n'atteindrions pas notre but dans la carrière oratoire, il ne nous manquerait que peu de chose pour parvenir à la position sociale la plus brillante; enfin nous savons quelle est la marche à suivre, puisque, dans ce traité, nous n'avons omis aucun des préceptes de la rhétorique. On a expliqué comment se trouvent les moyens propres à chaque genre de causes, et comment on doit les disposer; puis on a

minisse possemus : demonstratum est, quibus modis perfecta elocutio compararetur. Quæ si exsequimur, acute et cito reperiemus, distincte et ordinate disponemus, graviter et venuste pronuntiabimus, firme et perpetuo meminerimus, ornate et suaviter eloquemur : ergo amplius in arte rhetorica nihil est. Hæc omnia adipiscemur, si rationes præceptionis diligentia consequemur exercitationis.

tracé les règles de la prononciation et de la mémoire; on a fini par exposer les préceptes qui peuvent donner au style de la perfection. Ne nous écartons pas de ces principes, et notre invention sera prompte et intelligente, notre disposition méthodique et lumineuse, notre prononciation forte et gracieuse, notre mémoire fidèle et tenace, notre élocution élégante et persuasive : or, voilà tout ce que la rhétorique nous enseigne: C'est aussi tout ce que nous pouvons apprendre, si nous fécondons les préceptes de l'art par un exercice assidu.

NOTES

SUR LE LIVRE QUATRIÈME.

1. LIVRE QUATRIÈME. Dans plusieurs manuscrits, ce quatrième livre est divisé en trois, ce qui porte l'ouvrage à six livres.

2. *J'exposerai d'abord celles des rhéteurs.* Remarquons, une fois pour toutes, que cette discussion ridicule, remplie des sophismes les plus faibles, atteste la suffisance étourdie d'un écolier.

3. *Eh quoi! faut-il donc rappeler le respect dû aux anciens?* Horace combat ce préjugé en faveur des anciens :

> Si meliora dies, ut vina, poemata reddit,
> Scire velim pretium chartis quotus arroget annus.

4. *Comment Ladas ou Boius coururent avec des souliers de Sicyone.* Xénophon (*Anabas.*, liv. v) parle d'un athlète nommé *Boiscus*; Pausanias (*Laconic.*) mentionne un Βοιός. Les manuscrits portent *Bois, Boys, Boiscus, Boiuscus*. Catulle cite Ladas, élégie LII :

> Non si Pegaseo ferar volatu,
> Non Ladas si ego, pennipesve Perseus.

Sur les souliers de Sicyone, *voyez* LUCRÈCE, liv. IV, vers 1118 :

> Unguenta et pulchra in pedibus *Sicyonia* rident.

CICÉRON, *de l'Orat.*, liv. I, ch. 54 : « Si mihi calceos Sicyonios adtulisses, non uterer, quamvis essent habiles et apti ad pedem. Conf. FESTUS au mot *Sicyonia*.

5. *Quibus possumus et debemus.* Ces mots sont tirés du discours de Crassus au peuple en faveur de la loi de Servilius Cépion, an de Rome 647. Le même passage est cité *de l'Orat.*, liv. I, ch. 52 : « Nolite sinere nos cuiquam servire, nisi vobis universis quibus et possumus et debemus. » Conf. *Paradoxes*, V, 3. La

consonnance française, *nous le pouvons et le devons*, ne fait pas le même plaisir à l'oreille que les expressions latines.

6. *Les expressions grecques qu'il m'a fallu traduire sont éloignées de notre usage.* Cicéron, dans ses ouvrages de philosophie et de rhétorique, se plaint souvent de cette nécessité. Nous retrouvons, à chaque pas, l'esprit et les opinions du grand orateur, son amour pour la gloire, sa vanité, sa brillante imagination, et quelquefois même son style.

7. *Nous ferons connaître les qualités qu'elle* (l'élocution) *doit avoir.* Cette division est exprimée en termes bien vagues : au reste, la suite de ce quatrième livre prouve que l'auteur n'a point envisagé le sujet dans toute son étendue.

8. *Le sublime, le tempéré, le simple.* La distinction des trois genres de style est très-philosophique; elle repose sur la nature même de l'esprit, et correspond aux diverses facultés. Le style simple est le langage de la raison; le style tempéré convient à l'imagination et aux sentimens calmes ou affectueux; le style sublime appartient aux passions. Sur cette question, consultez Cicéron, *Orat.*, ch. xxiii et suivans; Quintil., liv. xii, ch. 10; Rollin, *Traité des études*, liv. iii, ch. 3, art. 1. Conf. La Harpe, *Cours de littérature*; Blair, *Rhét.*; Le Batteux, *Élémens de littérature*; Marmontel, *id.*; Voltaire, *Dict. philosoph.*, aux mots *Style* et *Genre de style*.

9. *En voici un exemple.* Cet exemple est imité probablement d'un discours prononcé dans la guerre Sociale ou italique. *Voyez* plus bas, ch. xi, un autre fragment de la même harangue.

10. *Les habitans de Frégelles.* Frégelles, ville du Latium, se révolta l'an de Rome 628 : elle fut prise et détruite par le préteur Opimius. *Voyez* Tite-Live, *Epitome* lx; Vell. Patercul., liv. ii, ch. 6, 4; Cicéron, *Inv.*, liv. i, ch. 8; liv. ii, ch. 34; et plus bas, dans ce même livre, les ch. xv et xxvii.

11. *Nous donnerons l'exemple suivant.* Le sens qu'on prête ordinairement à ce récit paraît peu satisfaisant. Les propos mis dans la bouche de l'agresseur ne sont pas de nature à faire rougir le jeune homme. Nous avons adopté l'interprétation de Schütz,

qui voit dans les mots *satisfacias oportet* une proposition infâme. *Petulans* et *acer* sont dans le même ordre d'idées. *Petulans* signifie *lascif.* (Cicéron, Salluste, Pétrone, etc.) *Amator acer*, dans Cicéron, signifie *qui aime ardemment.* — *Solarium* désigne une espèce de terrasse qui se trouvait au-dessus de la maison, et où l'on prenait le soleil. (Plaute, *Miles gloriosus*, act. ii, sc. 3, v. 68; Suétone, *Claude*, x, 3; *Néron*, xvi, 1; Macrobe, *Saturnales*, ii, 14.)

12. *Il faut nous garder de tomber dans les défauts voisins et, pour ainsi dire, limitrophes.* Ce précepte a beaucoup de rapport avec celui qu'Horace donne au vers 24 de son *Art poétique* :

> Maxima pars vatum, pater, et juvenes patre digni,
> Decipimur specie recti. Brevis esse laboro,
> Obscurus fio : sectantem levia, nervi
> Deficiunt animique : professus grandia turget :
> Serpit humi tutus nimium, timidusque procellæ.

13. *Ces trois genres, le sublime, le tempéré et le simple, doivent leur noblesse aux figures.* Nous rendons, avec tous les traducteurs, *figuras* par genres de style, *exornationes* par figures. En parcourant la liste des figures décrites par l'auteur, on se convaincra que ces prétendus *ornemens* comprennent, à peu près, toutes les formes que peut revêtir la pensée. — *Oblita oratio*, discours fardé. Plaute, *Mostell.*, 1, 3, 100 : « Quid cerussa opus est ? — Nam qui malas oblinam. »

14. *On blesse les lois de la langue ou par les solécismes, ou par les barbarismes.* — *Voyez* Quint., liv. 1, ch. 5; Aulu-Gelle, liv. v, ch. 20.

15. *La grammaire nous enseigne comment on peut éviter ces défauts.* Les manuscrits donnent *dicemus*, qui ne paraît pas convenir à notre auteur; car il n'annonce nulle part l'intention d'écrire un jour sur la grammaire. Nous avons préféré, avec quelques éditeurs, *discemus*, auquel on ne fait qu'un reproche; c'est de ne pas se construire assez naturellement avec *dilucide*. Mais nous ne voyons pas pourquoi, lorsque le maître met de la clarté dans son enseignement, le disciple n'en trouverait pas dans son étude.

16. *Comme dans cette phrase.* Nous traduirons dans les notes les exemples qu'il a fallu conserver textuellement pour l'intelligence des préceptes. *Baccæ æneæ amœnissimæ impendebant*, peut signifier *des chaînes d'airain, très-agréables à voir, étaient suspendues.* Les manuscrits varient sur les deux premiers mots : *Vaccæ æneæ*, qu'on n'explique point ; *bacchæ æneæ*, qui peut signifier des ornemens d'airain sur lesquels on avait figuré des bacchantes ; enfin Dorat a proposé *baccæ œoæ*, des perles orientales. Sur l'emploi des hiatus, *voyez* Quint., liv. ix, ch. 4 ; Cicéron, *Orat.*, ch. lxxvii ; Martiani Capellæ *de Rhet. lib.*, édit. Capperon, page 426.

O Tite, etc. « O tyran, Titus Tatius, tu t'es attiré tous ces maux ! » Vers d'Ennius.

Quidquam quisquam, etc. « Quelqu'un refusera-t-il à quelqu'un quelque chose qui soit convenable ? »

Nam cujus rationis, etc. « Il n'est pas raisonnable d'ajouter foi à une raison dont il n'est pas possible de donner raison. »

Has res ad te, etc. « Je vous envoie, Lucius Élius, ce que j'ai écrit pour vous. »

Flentes, plorantes, etc. « Pleurant, gémissant, larmoyant, suppliant. »

17. *La figure de pensées n'emprunte pas son éclat aux mots, mais aux idées.* M. Le Clerc, d'accord avec Ernesti, Schütz et Wetzel, voit ici une lacune. Schütz propose d'ajouter ces mots : *de verborum exornationibus primum dicemus.* Remarquez, à la fin du chapitre xxxiv, la transition qui indique le passage des figures de mots aux figures de pensées. Notre auteur marque sa route avec un soin si minutieux, qu'il n'est pas à présumer qu'il ait négligé de nous avertir ici de la question dans laquelle il entre.

18. *Autre exemple.* M. Le Clerc pense que cet exemple est extrait peut-être de l'accusation de Carbon par Crassus ; mais il faudrait supposer que notre auteur s'est éloigné de sa méthode favorite, et qu'il cite des exemples qui ne sont pas de lui.

19. « *On sait quelle fut l'activité de Lélius.* » Tous les manuscrits donnent *novus*, qui ne convient ni à la personne de Lélius, ni à la conclusion de la phrase, *ergo in civitate primus erat.* Lambin a proposé *navus*, qui depuis a été généralement adopté.

20. La COMPLEXION. — Συμπλοκή (QUINTIL., liv. IX, ch. 3, 31). Plus bas, *complexio* est pris dans un autre sens.

21. *La figure appelée* TRADUCTIO. Cette figure est celle que les Grecs nomment ἀντανάκλασις, *repercussio*, parce que la même expression frappe plusieurs fois l'oreille. *Voyez* QUINTIL., liv. IX, ch. 3. A l'exemple des traducteurs qui nous ont précédés, nous nous sommes efforcés de rendre en français la plupart des exemples, en leur conservant, autant que possible, le caractère de l'original; souvent même nous nous sommes résignés à être barbares par un scrupule de fidélité. Nous continuerons à expliquer en note les exemples qui ne peuvent passer dans notre langue qu'en cessant d'être applicables aux définitions ou aux préceptes de notre rhétorique.

22. *En voici des exemples.* « Cur eam rem, etc. » — « Pourquoi vous occuper avec tant d'ardeur d'une affaire qui vous causera tant de soucis ? »

Amari jucundum est, etc. « Aimer est doux lorsqu'il ne s'y mêle rien d'amer. » Le même exemple est cité par Quintilien, IX, 3.

Veniam ad vos, etc. « J'irai auprès de vous, si le sénat m'en accorde la permission. »

Ces jeux de mots, si méprisés chez nous, étaient recherchés à Rome par les plus grands écrivains.

23. L'ANTITHÈSE. Sur l'antithèse, voyez *Orat.*, ch. XLIX, L. Plus bas, ch. XLV, nous la retrouverons parmi les figures de pensées.

24. L'EXCLAMATION. L'exclamation, dont Quintilien parle en passant, liv. IX, ch. 2, est un cri échappé de l'âme lorsqu'elle est vivement agitée : *O tempora! o mores!* (*Catilin.* 1, c. 2). — *Vos illustres petits-fils*. L'auteur parle ici des Gracques.

25. L'INTERROGATION. L'interrogation est une figure très-puissante quand elle est employée à propos, mais dont les écrivains médiocres abusent souvent. *Voyez* QUINTIL., liv. IX, ch. 2.

26. *La* RATIOCINATION. Cette figure a beaucoup de rapport avec la subjection dont l'auteur parle plus bas, ch. XXV. L'exemple qui suit peut, selon M. Le Clerc, avoir été imité de Crassus, dans sa défense de la vestale Licinia. Mais l'argumentation de ce fragment ne nous parait pas digne d'un aussi grand orateur.

27. *Les coups de l'adversité.* Cette pensée a été exprimée par Horace, liv. II, *Ode* 10, v. 13 :

> Sperat infestis, metuit secundis.
> Alteram sortem bene præparatum
> Pectus.

28. *Le* CONTRAIRE. Sur le contraire, *voyez* QUINTIL., liv. V, ch. 10, et liv. IX, ch. 3, où se trouvent ces mots : « Contrārium puto esse quod dicitur ἐναντιότης, sumta ex adverso probatio. » Conf. CICÉR., *Orat.*, ch. XII et L.

29. *On appelle* MEMBRE *de phrase.* Notre auteur n'entend pas par les mots *membres* et *articles*, les divisions de la période : les coupures qu'il indique nous paraissent constituer le *style coupé.* Quant au style périodique, il est manifestement compris sous la définition de la figure que notre auteur nomme *continuation*, un peu plus bas dans le même chapitre.

Rufin, grammairien qui écrivait à Antioche au ve siècle, cite les premières phrases de ce XIXe chapitre dans son commentaire sur Terentianus Maurus. L'ouvrage est indiqué ainsi : *Cicero ad Herennium in arte rhetorica de membro*, id est περὶ κώλου, *sic dicit*, etc. Le même grammairien cite encore autre part notre *Rhétorique* sous le nom de Cicéron. *Voyez* plus bas, note 64. Ici Rufin donne *excipiatur hoc pacto*, au lieu de *excipitur hoc modo*; *quod appellamus membrum*, au lieu de *appellatur*; *oportet altero*, au lieu de *ab altero*; enfin, dans ce membre, *et tibi ipsi non consulebas*, il passe *ipsi.*

30. *La* CONTINUATION. Sur la continuation, voyez *de l'Orateur*, liv. III, ch. 54. Il a été question de la sentence, ch. XVII; des contraires, ch. XVIII : on traitera de la conclusion, ch. XXX.

31. *L'union intime des mots est si indispensable à la force de l'expression.* Nous avons préféré, avec Schütz, *orationis* à *continuationis.* Il est inutile d'ajouter *ad continuationis vim frequentatio est necessaria*, lorsqu'on vient de dire *continuatio est densa et continens verborum frequentatio.*

32. *On appelle* COMPAR. Sur la figure appelée *compar*, voyez CICÉRON, *de l'Orateur*, liv. III, ch. 54 : « Quæ paribus paria re-

feruntur. » *Orat.*, ch. XII : « Si verba verbis quasi demensa et paria respondent. » Les Grecs nomment cette figure ἰσόκωλον (QUINTIL., liv. IX, ch. 3).

33. « *Un sort cruel tous deux les conduisait.* » La plupart des manuscrits portent : « Hæc omnia graves *casus* administrabant. » Wetzel regarde ce membre comme suspect; et ce n'est pas sans raison, car il n'est en rapport avec les précédens, ni pour l'idée, ni pour le nombre des syllabes. Lambin, d'après un manuscrit, propose : « Hæc omnia *gravis casus* administrabat. » Nous avons préféré cette leçon.

34. *Et qu'en même temps.* Pour rendre compte de cette phrase, il faut substituer *et si* à *aut si*.

35. *Comme dans ces phrases.* Voici la traduction des exemples qui se trouvent dans le chap. XX : « Vous louez un homme pauvre en mérite, riche en bonheur. — Celui qui a mis tout son espoir dans l'argent, a l'esprit bien éloigné de la sagesse. Il n'a d'activité que pour acquérir des richesses; il néglige son âme, qui se corrompt. Et cependant, en vivant de cette sorte, il pense que personne, au prix de lui, n'est homme. — Tu oses agir honteusement, tu t'appliques à parler méchamment. Tu es odieux dans ta conduite, tu recherches le crime, tu blesses par tes paroles. — Audacieux quand tu menaces, tu es humble quand tu supplies. — C'est la conduite la plus honteuse, que de se livrer à l'amour, et de renoncer à la pudeur; de se passionner pour la beauté, et de négliger sa réputation. »

36. *L'ANNOMINATION.* En grec, παρονόμασις. Plus haut, l. I, c. 6, la même figure est désignée par ces mots *litterarum mutatio.* CICÉRON, *de l'Orat.*, liv. III, ch. 54 : « Verbum paullum immutatum et deflexum. » *Orat.* XXXIX : « Quum verba breviter commutata ponuntur. » Traduisons les exemples du ch. XXI : « Cet homme qui étale tant de jactance et d'ostentation, fut vendu par toi, avant qu'il vînt à Rome. — Ceux qu'il a vaincus au jeu, il les charge à l'instant de chaînes. — Le chant des oiseaux le détourne de son chemin (exemple cité par Quintilien, liv. IX, ch. 3). — Bien qu'il paraisse ambitionner les honneurs, cependant il ne chérit point le sénat, autant qu'il chérit Curia (nom de femme). — Il pourrait

se tempérer, s'il n'aimait mieux obtempérer à sa passion. — S'il eût évité les corrupteurs comme des lions, il eût conservé la vie. — Voyez, juges, si vous préférez ajouter foi à un homme de cœur, ou à un homme sans cœur. — Je ne veux pas être louangeur de peur de paraître flatteur. — Il faut bien choisir celui que vous voulez aimer. »

Quoique la délicatesse du goût français proscrive ces jeux de mots qu'il nous a été impossible de faire passer dans la traduction, cependant nos bons écrivains ont quelquefois rencontré des *annominations* qui ne manquent pas de grâce. On connaît cette phrase de J.-J. Rousseau : « Le temps passerait sans le compter, *le repas serait le repos*, et durerait autant que l'ardeur du jour. »

Voici la traduction des exemples cités dans le chapitre XXII : « Vous connaîtrez bientôt la cause qui m'amène, qui je suis, ce que je me propose, qui j'accuse, qui je protège, qui je cite en justice. — Prenons garde, Romains, qu'on ne croie les sénateurs entièrement circonvenus. — Alexandre de Macédoine, dès son enfance, exerça laborieusement son âme à la vertu. Les vertus d'Alexandre se conservent avec gloire dans le souvenir du monde entier. Si Alexandre avait reçu des dieux une plus longue vie, une poignée de Macédoniens aurait volé par delà l'Océan. Si Alexandre fut la terreur des nations, il en fut aussi l'amour. — Tiberius Gracchus prenait part au gouvernement de l'état, lorsqu'une mort indigne le ravit à la république. Ce fut encore un assassinat qui vint arracher du sein de la patrie Caïus Gracchus, qui l'aimait avec tant de tendresse. Saturninus, victime de sa confiance en des pervers, périt sous les coups de ses perfides amis. Ton sang, ô Drusus! a rejailli sur les murs de ta maison, et sur le visage même de ta mère. Sulpicius, à qui, peu auparavant, ils ne refusaient rien, fut bientôt privé par eux, non-seulement de la vie, mais encore des honneurs funèbres. (Ces cinq tribuns ont succombé de 620 à 665.)

37. *L'agréable et le joli inspirent bientôt de la satiété à l'oreille dédaigneuse.* Cicéron exprime plus d'une fois la même idée ; *voyez* surtout *Orat.*, ch. XLIV : « Aures quarum est judicium superbissimum. » Conf. QUINTIL., liv. IX, ch. 4, *passim*.

38. *Par la* SUBJECTION. Voici comment Quintilien, liv. IX, ch. 2,

s'exprime sur la subjection : « Interrogandi se ipsum et respondendi sibi solent esse non ingratæ vices. » Les mots : *quod dici oportet, aut non oportet,* ont embarrassé quelques critiques. Ils sont expliqués dans le chapitre suivant : « Quum quæsitum est quid oporteat, subjicitur id non esse factum. »

39. *Rappellera-t-il sa vie passée ?* Au lieu de la leçon que nous avons adoptée avec les meilleures éditions, les différens manuscrits combinés présentent : « An ad suam revertetur vitam ? quam ? aut ubi honeste tractatam ? nam hic quidem, etc. » On aurait pu s'en tenir à cette leçon.

40. « *Que devais-je faire ?* » C'est Popillius Lænas qui parle. *Voyez* plus haut, liv. I, ch. 15.

41. *La* GRADATION. — Χλίμαξ (QUINTIL., liv. IX, ch. 13). Les anciens mettaient dans l'emploi de cette figure beaucoup plus de symétrie que les modernes ; ils ne passaient à une expression plus forte qu'en répétant la précédente. La définition de Quintilien est plus nette que celle de notre auteur : *Repetit quæ dicta sunt, et priusquam ad aliud descendat, in prioribus resistit.*

42. « *Je ne l'ai point achevé sans obtenir l'assentiment général.* » Cet exemple est imité de Démosthène, *Disc. pour la couronne,* ch. XL. Quintilien, liv. IX, ch. 3, cite le passage grec en le traduisant. Ce rhéteur donne aussi l'exemple de Scipion, que nous avons ici.

43. *La* DÉFINITION. Sur la définition, *voyez* CICÉR., *Topiques,* ch. V, VI, VII et VIII.

44. *Qu'il paraît impossible d'ajouter un mot, impossible d'en retrancher.* La plupart des éditions portent « neque *lucidius* potuisse dici putetur; » mais deux manuscrits, au lieu de *lucidius,* donnent *brevius,* qu'il faut admettre comme indispensable à la construction.

45. *La* TRANSITION. En grec, μετάστασις, qu'il ne faut pas confondre avec la *métastase* ou *translatio criminis,* dont parle Quintilien, liv. VII, ch. 4. Le même terme est encore employé dans des acceptions différentes par Aquila Romanus, *de Figuris sententiarum et elocutionis,* et par Julius Rufinianus, *de schematis lexeos.*

46. *La* CORRECTION. Sur la correction, en grec, ἐπανόρθωσις, voyez CICÉRON, *de l'Orat.*, liv. III, ch. 53; *Orat.*, ch. XXXIX.

47. *La* PRÉTÉRITION. Ne confondez pas la figure appelée ici *occupatio* avec l'*anteoccupatio* ou πρόληψις. Il est évident que notre auteur parle de la prétérition.

48. *La* DISJONCTION. La disjonction de notre rhétorique, διεζευγμένον, diffère de la disjonction des rhéteurs modernes. Elle se fait lorsqu'en parlant de plusieurs choses, on caractérise chacune par un mot à part, comme ici *delevit, sustulit, disjecit, evertit*. Quelques critiques ont confondu cette figure avec celle que Quintilien et notre auteur nomment *dissolutio*. Conf. AQUILA ROMANUS, p. 27; MARTIANUS CAPELLA, page 30, édit. Capperon. *Voyez* plus bas la note 54.

49. *La* CONDUPLICATION. — Ἐπίζευξις, ἐπαναδίπλωσις, παλιλλογία (QUINTIL., liv. IX, ch. 3). CICÉRON, *de l'Orat.*, liv. III, ch. 54 : *geminatio verborum*. —*Orat.*, ch. XXXIX : *quum duplicantur verba*.

50. *La* COMMUTATION. — Ἀντιμεταβολή (QUINTILIEN, liv. IX, ch. 3).

51. « *Si un poëme est un tableau parlant, un tableau doit être un poëme muet.* » Pensée de Simonide, au rapport de Plutarque, *De Audiendis poetis*, cap. III; et *Quest. conviv.*, IX, 15. — La pensée suivante rappelle cet impromptu de Théophile à un mauvais plaisant qui lui disait : « Il faut avouer que tous les poètes sont fous : »

> J'avoûrai avecque vous
> Que tous les poètes sont fous;
> Mais sachant ce que vous êtes,
> Tous les fous ne sont pas poètes.

52. *La* PERMISSION. La permission, ἐπιτροπή, diffère essentiellement de la concession : celle-ci accorde à l'adversaire ce qu'elle pourrait lui refuser, afin de le battre, même sur son terrain. La permission est la dernière ressource d'un homme vaincu, qui s'abandonne sans réserve à la discrétion de son adversaire ou de son juge.

53. *La* DUBITATION. — Ἀπορία (QUINTILIEN, liv. IX, ch. 2). *Voyez* CICÉRON, *des Orateurs illustres*, liv. III, ch. 53, 54.

54. *La* DISSOLUTION. — Ἀσύνδετον, διάλυτον, βραχυλογία. Cette figure est appelée *disjonction* par quelques rhéteurs. *Voyez* QUINTILIEN, liv. IX, ch. 3; CICÉR., *Partit. orat.*, c. VI; *de l'Orateur*, liv. III, ch. 54; *Orat.*, ch. XXXIX.

55. *La* RÉTICENCE. — Ἀποσιώπησις. (QUINTIL., liv. IX, ch. 2). *Voyez* CICÉRON, *de l'Orateur*, liv. III, ch. 53; et dans notre *Rhétorique*, plus bas, ch. LIV, *abscissio*.

56. *La* CONCLUSION. On a demandé si la *conclusion* était une figure. Non, sans doute, si l'on entend le mot figure comme nos rhéteurs modernes. Mais nous avons déjà fait remarquer que le mot *exornationes*, dans ce livre, désigne à peu près toutes les formes que peut revêtir la pensée. Dès-lors il n'y a point de motif pour exclure la conclusion.

57. *Restent encore dix figures de mots.* Ce sont les tropes, parmi lesquels plusieurs rhéteurs rangent à tort l'onomatopée, ὀνοματοποιία. *Voyez* QUINTIL., liv. I, ch. 4; liv. VIII, ch. 6, 7. Traduisons les exemples : « Rugir, mugir, vagir, murmurer, siffler. — Dès que ce brigand se jeta sur Rome, soudain le *craquement* de la république se fit entendre. » — Ce que l'auteur voit de neuf dans cette phrase, c'est l'alliance des deux mots *fragor civitatis*; on trouve ici l'application du précepte d'Horace (*Art poét.*, v. 47) :

> Dixeris egregie, notum si callida verbum
> Reddiderit junctura novum.

58. L'ANTONOMASE. — *Pronominatio*, ἀντονομασία (QUINTIL., liv. VIII, ch. 6).

59. *Plagiosippus.* On lit dans les différens manuscrits *plagiosippus*, *plagioxippus*, *plagioxiphus*. Le grammairien Priscien, qui cite ce mot, lit *plagioxippus*. Ces diverses leçons s'expliquent très-bien par des étymologies grecques et latines, et peuvent désigner un homme fourbe et violent.

60. *La* MÉTONYMIE. — *Denominatio*, μετωνυμία. CICÉR., *Orat.*,

c. XXVII : « Mutata, in quibus pro verbo proprio subjicitur aliud quod idem significet, sumtum ex aliqua re consequenti. » Le commencement de ce XXXIIIe chapitre a été bien maltraité par les copistes; on voit aux variantes des manuscrits que le texte a été torturé en tous sens. Aussi les traducteurs se sont-ils mis à l'aise, prenant quelquefois le contre-pied du sens littéral : « Id aut ab inventore conficitur, ut si quis de Tarpeio loquens eum Capitolinum nominet. » Si l'on adopte cette leçon, il faut admettre que *Capitolinus* est le nom d'un homme qui a inventé le mont *Tarpéien*; car la définition de l'auteur exige que le nom de l'inventeur se trouve ici à la place de la chose inventée. La raison et l'histoire repoussent une pareille interprétation. M. Le Clerc traduit : Ainsi, *en parlant de Tarpeius, on l'appellera Capitolin*; mais, pour en venir là, il a supposé que *ab inventore conficitur* peut signifier, désigner l'inventeur par l'invention; ce qui est inadmissible; en second lieu, il prend *Capitolinus* comme adjectif, ce qui détruit la métonymie. Un manuscrit porte *ut si quis Tarpeium, loquens de Capitolio, nominet.* Cette leçon nous a paru satisfaisante. *Tarpeius* peut bien être considéré comme le fondateur du *Capitole* : dès-lors, si l'on appelle le Capitole *Tarpeius*, c'est le nom de l'inventeur pour celui de la chose inventée.

61. *Pour* BACCHUS, *on dit le* VIN; *pour* CÉRÈS, *le* BLÉ. Autre difficulté : « Aut ab invento, ut si quis pro Libero vinum; pro Cerere frugem appellet. » Le sens littéral se présente tout seul; mais il a été généralement repoussé, et M. Le Clerc traduit : « Tantôt elle donne le nom de l'inventeur à la chose même, ainsi *Bacchus* pour le *vin*, *Cérès* pour le *blé*. » Ce sens est très-raisonnable, mais il est diamétralement opposé au texte. Quintilien dit, il est vrai : *Liberum* et *Cererem* pro *vino* et *pane*. La plupart des rhéteurs citent les mêmes exemples : *Res per autorem rei significatur, ut pro bello Martem pro frugibus Cererem.* (ALCUINI sine ALBINI *de Arte rhet. dialogus.*) Après avoir parlé de la métonymie *ab inventore*, Quintilien (liv. VIII, ch. 6) ajoute même que la réciproque est forcée, *quod fit retro durius* Malgré ces autorités, il est certain que notre auteur parle ici de cette métonymie peu usitée, *confecta ab invento*. Il a été entendu ainsi par Béda, *lib. de Tropis*

sanctæ scripturæ : « Per inventum inventorem demonstrat (*metonymia*) ut *vinum* precamur pro *Libero*. »

62. *Les sarisses.* Les sarisses étaient les piques macédoniennes qui pouvaient avoir vingt et un pieds de longueur. Les *matères* étaient des espèces de lances dont se servaient les anciens Gaulois. *Voyez* CÉSAR, *Guerre des Gaules*, liv. I, ch. 26; TITE-LIVE, liv. VII, ch. 24.

63. *La* PÉRIPHRASE. — Περίφρασις, *circuitus loquendi* (QUINTIL., liv. VIII, ch. 6). Les rhéteurs latins se servent encore du mot *circumlocutio*.

64. *L'*HYPERBATE. Le grammairien Rufin, dans l'ouvrage déjà cité à la note 29, transcrit les dernières lignes de ce chapitre, en donnant encore la *Rhétorique* comme ouvrage de Cicéron. Cette citation nous offre une variante précieuse : « In quibus oportet verba *sicuti* ad poeticum *extruere numerum*. » (*Antiq. rhet.*, édit. Capperon, page 349.)

L'hyperbate, ὑπερβατὸν, figure de syntaxe, intervertit l'ordre grammatical, comme dans ce vers de Corneille :

Rome à qui vient ton bras d'immoler mon amant.

Conf. CICÉRON, *de l'Orat.*, liv. III, ch. LIV; QUINTIL., liv. IX, ch. 4. Voici la traduction des exemples : « Je pense que les dieux immortels vous ont accordé cette faveur pour prix de votre piété. — La fortune inconstante a exercé sur lui tout son empire. — Son envie vous a enlevé tous les moyens de bien vivre. » — La *continuation*, que l'auteur rappelle ensuite, a été définie plus haut, ch. XIX.

65. *L'*HYPERBOLE. —*Superlatio veritatis* (CICÉRON, *de l'Orat.*, liv. III, ch. 53, 6; *Orat.*, ch. XL; *Brutus*, liv. II, ch. 66; QUINTIL., liv. VIII, ch. 4, 6).

66. *La* CATACHRÈSE. QUINTIL., liv. VIII, ch. 6. Traduction de l'exemple : « Les forces de l'homme sont bornées, sa taille petite; la sagesse de l'homme est étendue; un long discours; user de peu de paroles. »

67. *La* MÉTAPHORE. Sur cette figure, *voyez* QUINTIL., liv. VIII, ch. 6. Pour conserver les images de l'original, nous avons été

condamnés à traduire les exemples avec une fidélité scrupuleuse qui souvent touche au ridicule.

68. *La* PERMUTATION. Cette figure est appelée par Quintilien, liv. VIII, ch. 6, *allegoria* ou *inversio*. Ces mots, *una aut plures*, sont supprimés dans deux manuscrits. — *Gracchi nitorem obsoletum*. Nous adoptons cette correction de Schütz. Des manuscrits donnent *Gracchum Numitorem obsoletum*, ce qui est inexplicable; d'autres *Gracchum nitorem*, qui ne vaut guère mieux.

69. *L. Cassius*. Juge sévère et incorruptible dont parle Cicéron dans son discours pour *Roscius d'Amérie*, ch. XXX.

70. *Nous nous servons de la* LICENCE. Quintilien, liv. IX, c. 12, reproche à Cornificius d'avoir mis la *licence* au nombre des figures.

71. *La* DIMINUTION. — *Diminutio*, λιτότης, figure très-usitée dans le langage ordinaire, et dans le style noble. En paraissant affaiblir une idée, un sentiment, elle en fait mieux ressortir l'énergie. *Va, je ne te hais point*, dit Chimène à Rodrigue.

72. *On appelle* DESCRIPTION. — *Description, hypotypose*, figure du plus grand effet : par elle l'écrivain devient peintre (QUINTIL., liv. IX, ch. 2). — *Dentes inultos*, est une conjecture adoptée par Gruter, au lieu de *dentes multos*, qui ne présente pas un sens satisfaisant.

73. *La* DIVISION. Quintilien ne parle pas de cette figure : les exemples que donne notre auteur sont de vrais dilemmes.

74. *L'*EXPOLITION. Voici le tableau des subdivisions de cette figure :

EXPOLITIO.

Eamdem rem dicere, sed commutate :	De eadem re dicere :
1° verbis,	1° rem pronuntiare,
2° pronuntiando,	2° rationem subjicere,
3° tractando.	3° pronuntiare sententiam,
sermocinatio, exsuscitatio.	4° afferre contrarium,
	5° simile,
	6° exemplum,
	7° conclusionem.

75. *Cette vie que je ne pourrai refuser au destin.* On retrouve cette pensée dans la quatorzième *Philippique* : « O fortunata mors, quæ naturæ debita, pro patria est potissimum reddita! » Est-ce là ce qu'on a pris pour une citation des *Philippiques?* Voyez *Introduction*, pages 4 et 5.

76. La COMMORATION. — Ἐπιμονή. Cicéron, *Invent.*, liv. I, ch. 49, dit : « Rem augere et in ea commorari sunt synonyma. » Conf. *Orat.*, ch. xv : « Orator hæret in bonis, habitat in suis. » — *Contentio*, ἀντίθετον, dont on a déjà parlé plus haut, ch. xv.

77. *Comme l'athlète qui, dans la palestre, reçoit le flambeau ardent.* — *Voyez*, sur la course des flambeaux, le *Voyage du jeune Anacharsis*, ch. xxiv ; LUCRÈCE, *De la Nature des choses*, liv. II, v. 78 :

Et quasi cursores, vitaï lampada tradunt.

78. *En parlant de l'expolition.* On a parlé de *l'expolition* plus haut, ch. XLII ; et de la *similitude*, ch. XLVI. Sur *l'exemple*, voyez QUINTIL., liv. V, ch. 11.

79. *Celui qui prend des airs d'opulence.* — *Voyez* le caractère du *Glorieux* dans Théophraste, ἀλαζών, *Caract.*, xxiii, édition Coray.

80. La SIGNIFICATION. — *Emphasis* (QUINTIL., liv. VIII, ch. 3 ; liv. IX, ch. 2). — Sur les mots *testam qua sibi petat ignem*, voyez plus haut, ch. VI : « Prometheus cum testa ambulans carbunculos corrogaret. »

TABLE

DES MATIÈRES.

	Pages.
Notice sur Cicéron.	j
Rhétorique a C. Herennius.	1
Introduction.	2
Argument du livre Ier.	7
Livre Ier.	9
Notes.	50
Argument du livre II.	59
Livre II.	61
Notes.	140
Argument du livre III.	151
Livre III.	153
Notes.	214
Argument du livre IV.	221
Livre IV.	223
Notes.	370

FIN DU PREMIER VOLUME.